ntw nymphenburger texte zur wissenschaft
modelluniversität 3

Redaktion Hans A. Neunzig

Max Weber

Sein Werk und seine Wirkung

HERAUSGEBER
DIRK KÄSLER

Nymphenburger Verlagshandlung

Signet ntw: Holger Matthies
Satz und Druck: Passavia Passau
ISBN 3-485-03203-4 · Printed in Germany

Inhalt

Hinweis

Bei den Anmerkungen sämtlicher Beiträge wurde für die Verweise auf Schriften Max Webers ein einheitliches Abkürzungssystem eingeführt:

WuG = Wirtschaft und Gesellschaft
GAzRS = Gesammelte Aufsätze zur Religionssoziologie
GAzSuW = Gesammelte Aufsätze zur Sozial- und Wirtschaftsgeschichte
GAzSuS = Gesammelte Aufsätze zur Soziologie und Sozialpolitik
GAzW = Gesammelte Aufsätze zur Wissenschaftslehre
GPS = Gesammelte Politische Schriften

Welche Ausgabe der jeweilige Autor verwendet, ist, soweit im Original vermerkt, angegeben. Für genaue Angaben vgl. die Bibliographie S. 347.

Einleitung

I

Die Diskussion über die Bedeutung Max Webers für die heutigen Sozialwissenschaften, insbesondere für die Soziologie, dauert bis heute, mehr als fünfzig Jahre nach seinem Tod, noch immer an.

Diese Auseinandersetzung, die gleich nach Webers Tod 1920 einsetzte, und die in Deutschland nach 1945 wiederaufgenommen wurde, verlief im wesentlichen auf drei Ebenen:[1]

- zum einen geht es um die unterschiedlichen Bewertungen in verschiedenen »nationalen« Soziologien, vor allem um die unterschiedliche Weber-Rezeption in Amerika, größtenteils durch emigrierte deutsche Sozialwissenschaftler, und in Westdeutschland. Dabei sind die Webersche Herrschaftssoziologie, seine »Politische« Soziologie und seine tagespolitische Haltung von entscheidender Bedeutung.
- zum anderen rückte das Werk Webers, insbesondere seine methodologischen Schriften in das Zentrum jener Auseinandersetzungen, die bis heute das Bild der westdeutschen Soziologie prägen: die Kontroversen zwischen einer sich als »kritische, dialektische Gesellschaftstheorie« verstehenden Soziologie mit jener, von ihr als »neopositivistischen Sozialtechnologie« gedeuteten soziologischen Richtung. Hier spielte insbesondere das Webersche Konzept der »Wertfreiheit« der Sozialwissenschaften eine wesentliche Rolle.
- zum dritten wurde das Webersche Werk in seinen speziellen Ansätzen weiterverfolgt und diskutiert, wobei nationale Verschiedenheiten kaum ins Gewicht fielen. Hier handelte es sich um sämtliche »Spezialsoziologien«, bei denen Weber zum Teil Pionierleistungen erbracht hat, so z. B. die Religionssoziologie, die Rechtssoziologie, die Organisationssoziologie (besonders die Soziologie der Bürokratie), die Parteiensoziologie, die Musiksoziologie.

Das Jahr der hundertsten Wiederkehr von Webers Geburtstag 1964 brachte eine Fülle von Beiträgen, die sich zum größten Teil um eine Klärung der Frage bemühten, welche Bedeutung das Webersche Werk, oder besser: dessen Torso, für die heutigen Sozialwissenschaften besitzt. Der 15. deutsche Soziologentag stellte seine Verhandlungen unter das Thema »Max Weber und die Soziologie heute«, eine Fülle von Zeitschriftensondernummern wählten diese oder ähnliche Überschriften und an einer Reihe von Universitäten wurden Ringvorlesungen zum selben Thema veranstaltet. Die verschiedenen Argumente und Gesichtspunkte, die zur Beantwortung dieser Frage angeführt und eingesetzt wurden, und bei denen sich die oben angeführten drei »Ebenen« häufig ineinander verschoben, machten eher die Verschiedenheit als eine Gemeinsamkeit der Positionen deutlich.

Seit dem Jahr 1964, das geradezu eine Schwemme an Beiträgen über und zu Weber brachte, ist es etwas ruhiger um diese Problematik geworden.

Es scheint von daher geboten und möglich, eine erste, notwendigerweise unvollständige Übersicht über die verschiedenen Diskussionsverläufe zu geben. Der vorliegende Band setzt sich zur Aufgabe, eine Art von »Bestandsaufnahme« zu unternehmen, um damit dazu beizutragen, daß bestimmte Argumentationsmuster und -fronten deutlicher werden.

Angesichts dieser Zielsetzung soll die Einleitung kein Beitrag darüber sein, welche Bedeutung das Werk Max Webers für die heutigen Sozialwissenschaften nach Meinung des Herausgebers besitzt, es soll vielmehr eine Begründung der Auswahl geleistet werden sowie der Versuch, aufzuzeigen, worin die Gegenwartsbezogenheit der einzelnen Beiträge liegt. Dabei soll zugleich verdeutlicht werden, ob und in welchem Maß die Gedanken und Argumente Max Webers in den heutigen Diskussionen noch eine Rolle spielen. Es wird zu prüfen sein, ob hinter dem häufigen »Auftakt« beim Behandeln bestimmter Themen, mit einem Weber-Zitat oder einem Hinweis auf Weber zu beginnen, mehr steht als eine konventionelle Reverenz dem »Klassiker« Weber gegenüber, vergleichbar mit der nicht unüblichen Zitierung Goethes zu Beginn oder als Abschluß einer Erörterung.

Um diese Zielsetzung einlösen zu können, werden bei zwei Abschnitten dieser Textsammlung Originaltexte von Weber vorangestellt, damit der Leser selbst die Möglichkeit besitzt, die vorgebrachten Argumente und Gegenargumente daraufhin zu überprüfen, ob die Interpretationen begründet und nachvollziehbar sind. Weiterhin soll mit den Weber-Texten, die als »Bezugspunkt« für den jeweiligen Abschnitt fungieren, bei jenen Lesern ein Interesse an der Lektüre der Originaltexte geweckt werden, die zwar den Verlauf der heutigen Diskussion kennen und verfolgen, oft jedoch nicht deren Ausgangspunkt, der häufig genug im Werk Max Webers liegt.

Die Sammlung selbst besteht aus vier Teilen, die alle miteinander verbunden sind, jedoch unterschiedliche Schwerpunkte setzen. Im ersten Abschnitt *Max Webers Begriff der Rationalität* sind vier Beiträge zusammengestellt worden, die einen relativ konsequenten Diskussionsverlauf markieren. Von der programmatischen Schrift Webers bis zum Beitrag von Jürgen Habermas zieht sich das Problem der »Rationalität« des westlichen Kapitalismus, der »rationalen« Wissenschaft, der »rationalen« Kunst, des »rationalen« Rechtssystems, der »rationalen« Struktur der staatlichen Verwaltung, etc. wie ein roter Faden durch die Diskussion. Der wiedergegebene Diskussionsverlauf ist nicht der einzige, der zu diesem zentralen Thema der Arbeiten von Max Weber stattfand, aber er scheint doch einer der am meisten zukunftsrelevanten zu sein. Der Leser wird selbst feststellen, daß die anderen drei Abschnitte der Sammlung ebenso zu dieser Diskussion gehören: das Thema der »Rationalisierung« der modernen, insbesondere »westlichen« Welt durchzieht heute jede Auseinandersetzung mit dem Werk Max Webers.

Der zweite Abschnitt *Max Webers Religionssoziologie* widmet sich jenem Sektor des Weberschen Werks, der zweifellos als am ehesten geschlossener Bereich betrachtet werden kann, wenn wir auch wissen, daß Weber selbst noch weitere Bearbeitungen plante. In diesem Abschnitt soll im wesentlichen der Frage nachgegangen werden, ob und in welcher Weise die Anstöße, die die Weberschen Arbeiten für weiteres wissenschaftliches Forschen geben sollten, wahrgenommen wurden.

Der dritte Abschnitt *Max Webers Politische Soziologie* stellt einen Teil der heftig geführten Kontroverse über die Frage dar, mit welchem Demokratieverständnis Max Webers Herrschaftssoziologie und seine Politischen Schriften verfaßt wurden. Diese Diskussion, die insbesondere in Westdeutschland die Rezeption des Weberschen Gesamtwerkes überschattete, durchzog die Verhandlungen des 15. deutschen Soziologentages wie ein Leitmotiv. Sie wurde, vor allem unter dem Eindruck der NS-Zeit, zum Prüfstein für die Beurteilung der Person Max Webers als auch seines Werkes.

Die *Bibliographie* ist als Hilfe für weitere Beschäftigung mit dem Werk Max Webers gedacht. Spezifische Literaturangaben finden sich in den Anmerkungen zu den einzelnen Beiträgen.

Mit Hilfe der *Zeittafel* soll das Leben Max Webers in das Koordinatensystem des historischen Geschehens eingeordnet werden. »Historisch« heißen dabei Ereignisse, die sich im politischen, sozialen und wissenschaftlichen Bereich während der Lebenszeit Webers abspielten. Das chronologische Aufzählen von »Daten« appelliert an die Assoziationsfähigkeit des Lesers, die Verflochtenheit und »Bedingtheit« der Biographie Max Webers selbst nachzuvollziehen.

II Max Webers Begriff der Rationalität

Wollte man über das Gesamtwerk Max Webers, dessen thematische Spannweite von der Untersuchung der Verhältnisse der Landarbeiter im ostelbischen Deutschland bis zur Musiksoziologie reicht und dessen historischer Rahmen sowohl das antike Judentum als auch die Russische Revolution von 1917 umfaßt, eine einzige Überschrift setzen, so könnte man dafür etwa wählen: Beiträge zu einer idealtypisch vergleichenden Strukturlehre und -geschichte des okzidentalen Rationalisierungsprozesses.[2]

Dabei wäre es jedoch ein Mißverständnis, Weber eine Art von geradliniger Fortschrittsgläubigkeit zu unterstellen, die Weltgeschichte als steten Aufstieg zu einer Vollkommenheit rationaler Weltbeherrschung sehen würde.[3] Gerade das Unglaubliche, »Zufällige« an jenem Prozeß, den er Rationalisierung nannte, und zugleich dessen konstante Gefährdung und Unterbrechung durch nicht-rationale Entwicklungen war es, das Weber zeit seines Lebens faszinierte und das ihn die Fragestellung auf immer neue Gebiete anwenden ließ.

Diese Fragestellung, die im wesentlichen immer gleichartig blieb, lautete:

Warum hat nur das »Abendland«, der Okzident, eine spezifisch »rationale« Kultur von universalhistorischer Tragweite?

Warum entstanden gerade und nur im neuzeitlichen Westeuropa eine »rationale« Wissenschaft und Technik, ein »rationaler« Industriekapitalismus, eine »rational«-bürokratische Organisation des Staates?

Warum gab es einen ähnlichen »Rationalisierungsprozeß« nicht auch im außereuropäischen Raum, besonders in Asien, wo es doch weitaus ältere und differenziertere Kulturen gab?

Welche Vorzüge für die jeweilige Gesellschaft und einzelne Gruppen in ihr brachte diese »Rationalisierung«, und welcher Preis wurde von den Gesellschaften, sozialen Gruppen und vom einzelnen Individuum für diese Entwicklung gefordert?

Die »Vorbemerkung zu den Gesammelten Aufsätzen zur Religions soziologie«, die Weber erst im Todesjahr 1920 bei Herausgabe dieses Werkes verfaßt hatte, kann geradezu als das nachträglich formulierte »Programm« seiner wissenschaftlichen Analysen betrachtet werden. Dieser Webersche Text stellt eine Art von »Schlüssel« dar, mit dessen Hilfe man versuchen kann, bestimmte Texte und Fragestellungen, die auf den ersten Blick als widersprüchlich aufgefaßt werden könnten, in einen einheitlichen und gleichermaßen sinnvollen Zusammenhang zu bringen.

Es kann nicht Zweck dieser Einleitung sein, die abgedruckten Texte paraphrasiert wiederzugeben, es sei jedoch ganz besonders auf Webers Ausführungen über die »schicksalvollste Macht« innerhalb des okzidentalen »Rationalisierungsprozesses« verwiesen: den Kapitalismus. Insbesondere an den beiden zentralen Kriterien, die Weber als verantwortlich für die spezifisch okzidentale Rationalität bezeichnet, die Entstehung des *bürgerlichen Betriebskapitalismus* mit seiner rationalen Organisation der freien Arbeit und die Entstehung des *abendländischen Bürgertums*, die zwar zusammenhängen, aber nicht identisch sind, entzünden sich dann später Kritik und Diskussion. In vielen Attacken wird Weber unterstellt, er habe diese Entwicklung als ungeheuer positiv und erstrebenswert geschildert, und seine tiefe Skepsis und Befürchtung gegenüber einigen Aspekten der von ihm aufgezeigten Entwicklungstendenzen wird verkannt. Der das Übel diagnostizierende »Arzt« wurde häufig für die »Krankheit« verantwortlich gemacht und als ihr Verursacher oder Lobredner denunziert. »Wer ›Schau‹ wünscht, gehe ins Lichtspiel (...), wer ›Predigt‹ wünscht, gehe ins Konventikel« (S. 47). Viele derjenigen, die an Webers Konzept der »Rationalität« Kritik übten, erwarteten offensichtlich doch mehr die »Predigt« und kehrten die enttäuschte Erwartung gegen den, der die »Entzauberung der Welt« nicht nur konstatierte, sondern auch fördern wollte.

Die Rede von Reinhard Bendix »Max Webers Soziologie heute«, ein Versuch, die Gesamtkonzeption des Weberschen Werks zu skizzieren, betont ebenfalls den Begriff der Rationalisierung als das zentrale Thema Max Webers. Dabei geht es Bendix jedoch insbesondere darum, die »systematische Offenheit der Fragestellung und Begriffsbildung« (S. 52) Max Webers herauszustellen. Gerade die Betonung der Mehrdeutigkeit und Fragwürdigkeit, die die Rationalisierung in den Augen Webers besaß, macht sein Werk – über alle Zeitgebundenheit, die von Bendix unterstrichen wird – auch heute noch zu einem

»Anhaltspunkt« für weitere wissenschaftliche Arbeit. Dies um so mehr, als das forschungsstrategische Postulat von Weber, Ideen und Interessen zwar als eigenständig dynamische Komponenten aufzufassen, die sich aber zugleich gegenseitig ergänzen, einen Ausweg aus einer Eindimensionalität der Forschungsrichtung eröffnet. Die Auffassung der »materialistischen« und »idealistischen« Perspektive als zweier gleichbedeutender heuristischer Prinzipien weist das Werk Webers auch heute noch als fruchtbaren Ausgangspunkt sozialwissenschaftlicher Analyse aus.

Das Referat »Industrialisierung und Kapitalismus« von Herbert Marcuse, das letzte im Rahmen der Verhandlungen des 15. deutschen Soziologentages 1964 in Heidelberg, machte wie kein anderer Beitrag die Gegensätze bei der Behandlung der Thematik deutlich, die auch als indirekte Frage verstanden werden kann: »Max Weber und die Soziologie heute«.

Liest man den Wortlaut heute, acht Jahre nach den Heidelberger Diskussionen noch einmal genau, so wird vielleicht klarer als damals, daß Referent und Diskussionsredner aneinander vorbeiredeten.[4] Im Grunde genommen ging es Marcuse, so scheint es, nicht um Max Weber, d. h. nicht um eine Exegese seines Werkes. Sein Anliegen war doch vielmehr, jene Fragen nochmals zu stellen, die Max Weber über vierzig Jahre früher gestellt hatte. Und selbst dabei wird die Verlegenheit deutlich, die Kritiker Max Webers ergreift, wenn sie die Analysen und insbesondere die Prognosen dieses »intellektuellsten aller Soziologen« (S. 73) überwinden wollen. Die Forderung nach Überwindung des »Schicksalhaften« des Rationalisierungsprozesses, so wie ihn Weber dargestellt hat, wird dabei im wesentlichen mit Hilfe zweier Denkansätze versucht:

– einmal versucht Marcuse, und mit ihm andere[5], die historische und soziale Bedingtheit der Weberschen Analysen aufzuzeigen. Die »Entlarvung« der Weberschen Darstellung als die eines im Wilhelminischen Reich beheimateten »Bürgers«, der seine Arbeit mit der geschichtlichen Mission des Bürgertums identifiziert, erleichtert einer anti-bürgerlichen, anti-kapitalistischen Kritik vermeintlich das Vorgehen.
– der zweite Mechanismus, der die Webersche Sicht zu überwinden helfen soll, ist der Hinweis auf fundamentale qualitative Veränderungen jenes Rationalisierungsprozesses. »Im Vollzug der kapitalistischen Rationalität selbst sind die ihr von Max Weber zugesprochenen Formen abgebaut, überholt worden, und ihr Abbau läßt die

Ratio der kapitalistischen Industrialisierung im anderen Lichte erscheinen – im Licht ihrer *Irrationalität.*« (S. 72)

Die Betonung der »Dialektik der bürgerlichen Vernunft« – wobei auch Marcuse ausdrücklich festhält, daß Weber darüber »immer wieder beunruhigt« war –, die Herausarbeitung der Irrationalität und Unmenschlichkeit dieser »Rationalität« werden zu Instrumenten beim Versuch der Überwindung, nicht so sehr des Weberschen Werkes, sondern des Gegenstandes seiner Forschungen selbst: des westlichen, »bürgerlichen« Kapitalismus, dessen Schicksalshaftigkeit entschieden verneint wird. »Dieses Schicksal ist *gewordenes*, und als gewordenes kann es – *aufgehoben* werden.« (S. 78) Die dazu notwendige Diskussion, um die es Marcuse sicher in der Hauptsache ging, verweist somit weg vom Werk Max Webers, dem Marcuse abschließend zugesteht, daß er, bis jetzt zumindest, »recht« hatte. Die Gleichsetzung von »technischer Vernunft« mit »bürgerlich-kapitalistischer Vernunft«, die als »Ideologie«, als jeweils herrschende gesellschaftliche »Vernunft« gesehen wird, – diese Gleichsetzung entsteht als eine Fragestellung aus dem Werk Max Webers. Sie wird sich aber nicht mehr nur aus einer Exegese des Weberschen Oeuvre beantworten lassen, sie muß diskutiert werden im Licht empirisch nachweisbarer Realität, d. h. gesellschaftlicher »Praxis«, bestehender wirtschaftlicher, sozialer, politischer, kultureller, etc. Institutionen, und der, Praxis wie Institutionen normierenden und »Sinn« gebenden, Ordnungskonzeptionen.

Der Beitrag von Jürgen Habermas »Technik und Wissenschaft als ›Ideologie‹« wird hier als ein Beispiel für diese, über Weber hinausführende Diskussion aufgenommen, insbesondere deswegen, weil Habermas sich explizit auf die Ausgangsbasis von Weber und Marcuses Kritik daran bezieht. Die Dialektik der bürgerlichen Vernunft, die »Zweideutigkeit« des Rationalisierungsprozesses ist für ihn anerkannte Realität. Seiner Ansicht nach jedoch reicht das Vorgehen von Marcuse noch nicht aus, um über die Entlarvung bürgerlich-kapitalistischer Zweck-Mittel-Rationalität hinauszukommen. »(. . .) – die Zwiespältigkeit dieser Rationalität wird weder durch eine Historisierung des Begriffs noch durch eine Rückkehr zur orthodoxen Auffassung, wird weder von dem Modell des *Sündenfalls* noch von dem der *Unschuld* des wissenschaftlich-technischen Fortschritts zureichend repräsentiert.« (S. 96)

Der »Versuch« von Habermas beinhaltet die Neuformulierung des Weberschen Begriffs der Rationalisierung in einem anderen Bezugssystem, »um auf dieser Grundlage Marcuses Kritik an Weber ebenso wie seine These von der Doppelfunktion des wissenschaftlich-technischen Fortschritts (als Produktivkraft und Ideologie) zu erörtern.« (S. 97)

Zentrum des vorgeschlagenen Bezugssystems von Habermas bildet die »fundamentale« Unterscheidung von »Arbeit« (= »zweckrationales Handeln«) und »Interaktion« (= »kommunikatives Handeln«), die durch »technokratisches Bewußtsein« verschleiert werde. Technik und Wissenschaft, die für Weber treibenden Kräfte des Rationalisierungsprozesses, werden interpretiert als Ersatzideologie für die abgebauten bürgerlichen Ideologien.

Gerade der auch von Habermas betonte »dezisionistische« Bestandteil des Weberschen Ansatzes wurde dann fundamental für jene Auseinandersetzung, die pauschal als »Technokratie-Diskussion« bezeichnet wird. In dieser Diskussion ist dabei, ähnlich wie bei Habermas, der immer wieder vorgenommene, meistens kritische Bezug auf Max Weber zu verzeichnen.[6]

Ging Max Weber, wie oben angeführt, insbesondere von der Frage aus, warum sich gerade im Okzident eine spezifisch »rationale« Kultur von universalhistorischer Tragweite entwickelte, so ist die heutige Diskussion stärker geprägt von der Frage nach den Folgen und Gefahren dieser Entwicklung, sowohl für Gesamtgesellschaften als auch für das einzelne Individuum. Daran schließen sich meistens Überlegungen darüber an, welche materiellen und geistigen Voraussetzungen erfüllt sein müssen, um derartige Entwicklungen abzufangen oder aber den dahinter stehenden Kausalzusammenhang aufzuheben.

Das Werk Max Webers scheint in der heutigen Diskussion zum Problem der »Rationalität« dabei von zweierlei Bedeutung zu sein:

- seine Analyse der historischen Entwicklung jenes Prozesses, den er »Rationalisierung« nannte, bildet Grundlage und Ausgangspunkt für gegenwärtiges Nachdenken über diesen Problemzusammenhang. Die von ihm entwickelten historischen »Kausal«-ketten, die immer mehr auf »Affinitäten« als auf Ursachen verweisen, wie und warum es zur spezifischen »Rationalität« heutiger industrieller, spätkapitalistischer und staatssozialistischer Sozialsysteme kam, darf – unter Berücksichtigung der Limitierung durch seine idealtypische, verstehende Methode – als gesichertes wissenschaftliches Wissen betrachtet werden.
- seine eigenen Ausführungen über die mögliche »Irrationalität« der von ihm untersuchten Rationalisierungsprozesse, die neben der Ef-

fektivitätssteigerung auch eine weitreichende »Entmenschlichung« mit sich bringen, machen ihn über den Vorwurf erhaben, zum Apologeten derartiger Entwicklungen geworden zu sein. Daß mittlerweile Entwicklungen eingetreten sind, die einerseits die weitgehende Richtigkeit der Weberschen Prognosen erwiesen haben, zugleich aber gerade die »Irrationalität« und Unmenschlichkeit der »rationalen« Wirtschaft, Wissenschaft und Herrschaft deutlich machen, kann redlicherweise nicht als Argument gegen Weber in Anspruch genommen werden.

Gerade für den mit dem Werk Max Webers nicht so vertrauten Leser seien hier einige Zitate zusammengestellt, die das eben über die Irrationalität und Entmenschlichung der »Rationalität« Gesagte bei Weber belegen sollen.

Ein signifikantes Indiz für die zunehmende »Rationalisierung« sah Weber im immer stärkeren Vordringen bürokratischer Herrschaftsformen in alle Lebensbereiche. Die Begründung für diese Entwicklung lautet bei ihm: »Der entscheidende Grund für das Vordringen der bürokratischen Organisation war von jeher ihre rein *technische* Überlegenheit über jede andere Form.«[7] – Diese technische Überlegenheit der Bürokratie geht mit deren »Entmenschlichung« Hand in Hand: »Die Bürokratie in ihrer Vollendung steht in einem spezifischen Sinn auch unter dem Prinzip des ›sine ira ac studio‹. Ihre spezifische, dem Kapitalismus willkommene, Eigenart entwickelt sie um so vollkommener, je mehr sie sich ›entmenschlicht‹, je vollkommener, heißt das hier, ihr die spezifische Eigenschaft, welche ihr als Tugend nachgerühmt wird, die Ausschaltung von Liebe, Haß, und allen rein persönlichen, überhaupt allen irrationalen, dem Kalkül sich entziehenden Empfindungselementen aus der Erledigung der Amtsgeschäfte gelingt. Statt des durch persönliche Anteilnahme, Gunst, Gnade, Dankbarkeit, bewegten Herrn der älteren Ordnungen verlangt eben die moderne Kultur für den äußeren Apparat, der sie stützt, je komplizierter und spezialisierter sie wird, desto mehr den menschlich unbeteiligten, daher streng ›sachlichen‹ *Fachmann*.«[8]

Daß diese »Entmenschlichung« einer Organisationsform, die noch dazu immer mehr soziale und politische Handlungsbereiche erfaßt, große Probleme aufwirft, hat Weber klar erkannt: »Auch hier ist die Stellungnahme jeder ›demokratischen‹, d. h. in diesem Fall: auf Minimisierung der ›Herrschaft‹ ausgehenden Strömung notwendig zwiespältig. Die ›Rechtsgleichheit‹ und das Verlangen nach Rechtsgarantien gegen Willkür fordert die *formale* rationale ›Sachlichkeit‹

der Verwaltung im Gegensatz zu dem persönlichen freien Belieben aus der Gnade der alten Patrimonialherrschaft. Das ›Ethos‹ aber, wenn es in einer Einzelfrage die Massen beherrscht (...), stößt mit seinem am konkreten Fall und der konkreten Person orientierten Postulaten nach *materieller* ›Gerechtigkeit‹ mit dem Formalismus und der regelgebundenen kühlen ›Sachlichkeit‹ der bürokratischen Verwaltung unvermeidlich zusammen und muß dann aus diesem Grund emotional verworfen werden, was rational gefordert worden war.«[9]

Die »Unentrinnbarkeit« vor dem immer weiteren Vordringen bürokratischer Herrschaftsformen erfüllte Weber mit großer Sorge, und so stellte er bereits 1917 folgende Fragen:

»Angesichts der Grundtatsache des unaufhaltsamen Vormarsches der Bürokratisierung kann die Frage nach den künftigen politischen Organisationsformen überhaupt nur so gestellt werden:

1. Wie ist es angesichts dieser Übermacht der Tendenzen zur Bürokratisierung *überhaupt noch möglich, irgendwelche* Reste einer in *irgend*einem Sinn ›individualistischen‹ Bewegungsfreiheit zu retten? Denn schließlich ist es eine gröbliche Selbsttäuschung zu glauben, ohne diese Errungenschaften aus der Zeit der ›Menschenrechte‹ vermöchten wir heute (...) überhaupt zu leben. (...)

2. Wie kann, angesichts der steigenden Unentbehrlichkeit und der dadurch bedingten steigenden Machtstellung des uns hier interessierenden *staatlichen* Beamtentums, *irgend*welche Gewähr dafür geboten werden, daß Mächte vorhanden sind, welche die ungeheure Übermacht dieser an Bedeutung stets wachsenden Schicht in Schranken halten und sie wirksam kontrollieren? Wie wird Demokratie auch nur in diesem beschränkten Sinn überhaupt möglich sein?«[10]

Welche Antworten Weber auf diese Frage gab, soll bei der Skizzierung seiner politischen Konzeptionen angedeutet werden und wird in den Beiträgen von Karl Loewenstein und Wolfgang J. Mommsen behandelt. Hier ging es einerseits darum, darauf hinzuweisen, in welcher Richtung sich die Diskussion über das Webersche Konzept der Rationalität entwickelte und andererseits anzudeuten, daß dieser Begriff der »Rationalisierung« für Weber eine weit größere Fragwürdigkeit besaß, als es bei seinen Kritikern gemeinhin anerkannt wird.

III Max Webers Religionssoziologie

Die wissenschaftliche Arbeit Max Webers galt dem Bestreben, soziale Wirklichkeit deutend zu verstehen und in Ablauf und Wirkungen ursächlich zu erklären.[11] Um dieses Vorhaben einlösen zu können, unterschied Weber drei einander überschneidende Dimensionen sozialen Lebens: materielles Interesse, Wertorientierung und Herrschaft. Dieser forschungsstrategische Ansatz steht dabei im Rahmen seiner oben angedeuteten Absicht, eine vergleichende Strukturlehre und -geschichte des okzidentalen Rationalisierungsprozesses zu leisten.

In der unten abgedruckten »Vorbemerkung zu den Gesammelten Aufsätzen zur Religionssoziologie« wird von Weber selbst jene Zweidimensionalität seiner *Analyse* sozialen Geschehens betont, die auch von Reinhard Bendix unterstrichen wurde: Ideen *und* Interessen bedingen, einzeln und voneinander abhängig, menschliches soziales Handeln. Gerade dieser Doppelaspekt ist der Ausgangspunkt der Weberschen Religionssoziologie, die aus den »Gesammelten Aufsätzen zur Religionssoziologie« (3 Bände) und dem fünften Kapitel aus »Wirtschaft und Gesellschaft« (»Typen religiöser Vergemeinschaftung«) besteht.

»Die Protestantische Ethik und der Geist des Kapitalismus«, Webers bekanntester Aufsatz aus seinen religionssoziologischen Arbeiten, der 1904/05 im »Archiv für Sozialwissenschaften und Sozialpolitik« erschien, blieb ebenso Fragment wie die meisten seiner Arbeiten. Nach der Veröffentlichung der Arbeit »Die Soziallehren der christlichen Kirchen und ihrer Gruppen« (1912) von Ernst Troeltsch, mit dem Max Weber befreundet war, brach Weber seine Arbeiten über den Protestantismus ab und wandte sich dem übergeordneten Problem, der Beziehung zwischen Religion und Gesellschaft zu. Auch hier war der Leitgedanke, die unterschiedlichen Merkmale gerade der westlichen Kultur und ihres Rationalisierungsprozesses zu bestimmen und zu erklären. Für Weber war die protestantische Ethik insbesondere puritanischer Provenienz nur eines von verschiedenen Phänomenen, die in Richtung eines erhöhten »Rationalismus« in verschiedenen Bereichen des sozialen Lebens wiesen.

Der erste Paragraph der Religionssoziologie aus »Wirtschaft und Gesellschaft« über »Die Entstehung der Religionen« soll einen Eindruck davon vermitteln, in welcher Weise Max Weber sich dem Problem »Religion« annähert. Gerade weil ihm am Verstehen sozialen *Handelns* liegt, fragt er nicht nach dem »Wesen« von Religion, sondern nach »Bedingungen und Wirkungen einer bestimmten Art von Gemeinschaftshandeln« (S. 130).

Schon an dem – im Vergleich zum Volumen aller Arbeiten Webers, die sich mit den Beziehungen zwischen Religion und Gesellschaft befassen – winzigen Ausschnitt kann zweierlei sehr deutlich gemacht werden:

- einmal die ungeheure Materialfülle, mit der dieser Forscher zu beschäftigen sich aufgegeben hatte, und die auch verantwortlich für seinen schwer zugänglichen Stil wurde. Sein Eindringen in die verschiedensten Wissenschaften und Sprachen und insbesondere sein »Zuhausesein in der historischen Wirklichkeit der Jahrtausende« (Karl Jaspers), noch dazu in den verschiedensten Kulturen, lassen ihn uns heute mehr als Zeitgenossen der französischen Enzyklopädisten des 18. Jahrhunderts erscheinen denn als Menschen des 20. Jahrhunderts.
- zum anderen macht schon dieser bruchstückhafte Ausschnitt die Vielschichtigkeit der Weberschen Analyse deutlich: die Beziehungen zwischen religiösen Ordnungsentwürfen und dem jeweils geltenden Erbrecht werden ebenso erwähnt wie die Beziehungen zwischen wirtschaftlichen Produktionssparten und -techniken und religiösen Haltungen.

Diese Vielschichtigkeit der Weberschen Religionssoziologie deutlich zu machen und zugleich eine versuchsweise Systematik einzuführen, ist die Absicht des Beitrags von Reinhard Bendix »Max Webers Religionssoziologie«. Gerade die Verknüpfung der Weberschen Arbeiten mit Webers Bild von der Gesellschaft, seiner »Lebensanschauung«, macht die Bedeutung deutlich, die seine Untersuchungen über die ökonomische, soziale, politische und kulturelle Rolle der Religionen für ihn besaßen. Und auch Bendix sieht in Webers Religionssoziologie nur eine »Vorarbeit« für die Aufgabe, den Rationalismus der westlichen Welt zu erklären. Er betont dabei ausdrücklich, daß der Vorgang der »Rationalisierung« für Weber in keiner Weise als unausweichlich, unwiderruflich oder unumkehrbar galt.

Der Beitrag »Das Problem der Religion in der modernen Soziologie«[11] von Thomas Luckmann steht im Zusammenhang einer Arbeit, die aus einer Sammelbesprechung von Schriften zur neueren Religionssoziologie hervorging[13] und die mittlerweile in einer überarbeiteten englischen Version vorliegt.[14] Das Hauptanliegen des abgedruckten Textes ist ein doppeltes: einerseits aufzuzeigen, was aus dem klassischen Ansatz einer Religionssoziologie von Emile Durkheim und Max Weber in der heutigen Religionssoziologie geworden ist, und andererseits Anstöße und Vorarbeiten dafür zu leisten, daß diese klassische Fragestellung wiederaufgenommen wird. Die Frage nach dem Verhältnis von Individuum und Gesellschaft ist für ihn grundlegend für die Sozialwissenschaften, und das Problem der persönlichen Daseinsführung im konkreten sozialgeschichtlichen Zusammenhang, ebenso wie für Durkheim und Weber wesentlich ein religiöses Problem. So entsteht die Forderung, die heutige Religionssoziologie, die »kaum noch wesentliche Verbindungen zur klassischen Religionssoziologie Durkheims und Max Webers« (S. 181) hat, aus einer »Verengung« und »Verflachung« herauszuführen.

Das Kapitel »Die Säkularisierung der politischen Ethik: Max Weber« von Hans Bosse ist Teil seiner Untersuchung der Frage, welche Aussagekraft der Marxschen Religionskritik heute noch im Vergleich mit der Religionssoziologie Max Webers und Ernst Troeltsch' zukommen kann. Eine der Prämissen ist dabei, daß Max Weber »in seinen Arbeiten ständig um die Marxschen Fragestellungen und Behauptungen« kreist.[14a] Gerade der hier aufgenommene Text schlägt eine nützliche Verbindung zwischen den ersten beiden Teilen dieser Sammlung und dem folgenden. Hans Bosse macht deutlich, daß Webers Beschäftigung mit religiösen gesellschaftlichen Phänomenen und deren gesellschaftlicher Konditionierung und Auswirkung sich aus dem oben aufgezeigten Entwurf zunehmender Rationalisierung ergab. Der Begriff der »Säkularisation« signalisiert die Webersche Fragestellung, für die damit die Schlußphase des langen Rationalisierungsprozesses in der okzidentalen Geschichte beschrieben wird. Weiterhin wird verdeutlicht, was Rationalisierung in Form der Säkularisierung für Webers politische Vorstellungen und Analysen bedeutet. Kritik an Weber wird geäußert sowohl wegen seines zu einseitigen Verständnisses religiöser Erscheinungen als irrationalem Verhalten und Handeln, als auch auf der Ebene seiner politischen Konzeptionen, die ihren »Leitwert«, den der Machtnation, nicht in Frage stellen würden. Im Gegensatz z. B. zu Reinhard Bendix, der von Weber behauptet, seine Sicht des Prozesses der »Rationalisierung« sei keineswegs die eines unausweichlichen Schicksals, ist für Bosse der Terminus »Schicksal« »nichts anderes als die mythische Umschreibung für Webers heroisch-resignative Annahme der scheinbar unbeeinflußbaren politisch-gesellschaftlichen Zwangsmechanismen der europäischen Industrienationen.« (S. 195)

Will man auch hier zusammenfassend andeuten, welche Bedeutung die religionssoziologischen Arbeiten Max Webers für heutige sozialwissenschaftliche Forschung besitzen, so muß zuerst festgehalten werden, daß Weber heute unbestritten als Begründer der wissenschaftlichen Religionssoziologie gilt.[15] Es ist sein Verdienst, die Beschäftigung mit religionssoziologischen und wirtschaftsethischen Problemen entscheidend angeregt und Soziologen, Theologen und Historikern ein neues Arbeitsfeld und eine neue Sehweise erschlossen zu haben. In überzeugender Weise hat er gezeigt, daß Wirtschaft und Religion nicht voneinander unabhängige Größen sozialer Wirklichkeit sind. Ziel seiner Arbeiten war nicht, die kapitalistische Gesellschaft statt aus ökonomisch-soziologischen schlichtweg als aus religiösen Ursachen hervorgegangen zu deuten, sondern über eine multikausale Analyse zu einem differenzierteren Verständnis gegenwärtiger Gesellschaft zu gelangen. Daß die Anerkennung der Realität moderner Gesellschaft bei Weber, anders als im Fortschrittsbewußtsein des Neopositivismus, keine ungeteilte ist, muß immer wieder betont werden.

Die Entwicklung der Religionssoziologie in Deutschland nach 1945, die sich zur engen, extrem positivistischen »Kirchensoziologie« (Trutz Rendtorff)[16] entwickelte, bedarf einer Rückbesinnung auf das Werk Max Webers. Die Untreue zur eigenen klassischen Tradition kann als eine Ursache inhaltlicher Entleerung der zeitgenössischen, zumindest der westdeutschen Religionssoziologie gedeutet werden; die erneute Beschäftigung mit Webers Werk und seiner Methode könnte zum zeitgemäßen und wertvollen Wegweiser werden.

IV Max Webers Politische Soziologie

Schon die Überschrift dieses Abschnitts deutet die Schwierigkeiten an: die heutige Diskussion des Weberschen Werks und seiner Person ist, gerade in Westdeutschland, geprägt von der Debatte über Webers politischen Standort. Und diese Diskussion beschränkt sich dabei keineswegs auf jene Arbeiten, die nach Webers Tod unter dem Titel »Gesammelte Politische Schriften« von Marianne Weber herausgegeben wurden, oder auf das 9. Kapitel von »Wirtschaft und Gesellschaft« (1956[4]), das Johannes Winckelmann mosaikartig zusammensetzte und mit der Überschrift »Soziologie der Herrschaft« versah.[17] Die gesamte Soziologie Max Webers wird in die Auseinandersetzungen einbezogen, indem sie als eine »politische« interpretiert wird. Und gerade die besondere Quellenlage, die den torsohaften Charakter seines Gesamtwerkes verdeutlicht, macht den politischen Standort Webers vieldeutig.[18]

Den einen gilt er als getreuer Nachfolger Darwins und Nietzsches, der an der Macht »als an dem letzten Ziel festgehalten hat«, wenn er auch deren »diabolischen Charakter« und die Opfer, die der Machtstaat fordert, hervorhebt (Raymond Aron)[19]. Die anderen sehen ihn dagegen als einen »Sokrates des Dialoges Kriton, der nicht aus seinem Gefängnis herausgeht, sondern seinen ›freieren‹, weltläufigen Jüngern, die ihn ›befreien‹ wollen, antwortet: Nirgends anders will ich weiterleben (...)« (Eduard Baumgarten)[20]. Die einen sehen ihn als einen »deutschen Machiavelli« (Friedrich Meinecke, Jacob P. Mayer), die anderen als den »Idealisten von Heidelberg« (Bernhard Groethuysen). Einigkeit scheint nur insoweit zu bestehen, als das Werk Max Webers jeweils als ein auch eminent politisches verstanden wird. Dahinter steht jene Annahme, die Karl Jaspers über Webers Denken formulierte: »Sein Denken war die Wirklichkeit eines in jeder Faser politischen Menschen, war ein dem geschichtlichen Augenblick dienender politischer Wirkungswille.«[21]

Es wurde bereits oben darauf hingewiesen, daß die Diskussion über den politischen Standort Webers und seines Werkes die unterschiedliche Rezeption in Westdeutschland und insbesondere Nordamerika bestimmt hatte. Diese Problematik prägte auch in ganz besonderem Maß die Diskussionen im Rahmen des Max Weber gewidmeten 15. deutschen Soziologentages, so daß Reinhard Bendix sich dort besorgt äußerte: »Aber es gibt doch wohl zu denken, daß man hier in Deutschland nur immer wieder von dem Politiker Max Weber reden hört (...) Wenn man diese Sachlage in die Zukunft projiziert, könnte es dahin kommen, daß man in Deutschland Webers Beiträge nur von der politischen Seite her sieht (gelegentlich werden schon jetzt seine wissenschaftlichen Ideen durch diese Tendenz zur Politisierung einfach ad acta gelegt), während die Rezeption des wissenschaftlichen Werkes dem Ausland überlassen bleibt.«[22]

Die Gründe für diese »Politisierung« der westdeutschen Weber-Rezeption gab Jürgen Habermas an: »Ich beneide unsere amerikanischen Kollegen, in politischen Traditionen zu stehen, die eine so großzügige, im besten Sinne des Wortes liberale Rezeption Max Webers erlauben. Wir hier in Deutschland, immer noch auf der Suche nach Alibis, würden dem nur zu gerne folgen. Aber Webers politische Soziologie hat auf unserem Boden eine andere Geschichte gehabt: Weber hat in der Periode des ersten Weltkrieges das Bild der cäsaristischen Führerdemokratie auf der zeitgenössischen Grundlage eines nationalstaatlichen Imperialismus entworfen. Dieser militante Spätliberalismus hat in der Periode der Weimarer Zeit Folgen gehabt, die wir nicht Weber, aber uns zurechnen müssen, wenn wir Weber hier und heute rezipieren: wir können nicht daran vorbei, daß Carl Schmitt ein ›natürlicher Sohn‹ Max Webers war. Wirkungsgeschichtlich betrachtet, hat das dezisionistische Element in Webers Soziologie den Bann der Ideologie nicht gebrochen, sondern verstärkt.«[23]

Es kann hier auch nicht andeutungsweise versucht werden, den gesamten Verlauf und jetzigen Stand dieser Diskussion darzustellen; dazu ist der Kreis der Teilnehmer daran mittlerweile zu groß geworden.[24] Was dagegen paradigmatisch vorgeführt werden soll, sind die wesentlichen Argumente, die im Verlauf der Diskussion bis heute angeführt wurden.[25]

Der Beitrag von Wolfgang J. Mommsen »Vom liberalen Verfassungsstaat zur plebiszitären Führerdemokratie« bildet das Schlußkapitel seiner Arbeit über »Max Weber und die deutsche Politik 1890–1920« (1959), die heute zweifellos als entscheidender Ausgangspunkt der oben skizzierten Diskussion zu bewerten ist.[26] Mommsen versuchte mit seiner Untersuchung, die Entwicklung des Politikers Weber konkret in seiner Haltung gegenüber den aktuellen politischen Problemen seiner Zeit darzustellen, um von dort aus »die zentralen politischen Kategorien Max Webers auf ihre Substanz hin zu analysieren und den geschichtlichen Ort seiner leitenden politischen Ideale zu bestimmen«[27]. Das Ergebnis dieser Analyse ist der Aufweis, »wie stark Weber in vielen Grundzügen seines politischen Denkens im Bannkreis der Politik der Wilhelminischen Zeit und der großen Gestalt Bismarcks steht, wie weitgehend auch seine politisch-theoretischen Auffassungen aus der Polemik gegen die politischen und gesellschaftlichen Verhältnisse des Wilhelminischen Deutschland erwachsen sind.«[28]

Doch diese mehr historische Absicht der Arbeit, deren Ergebnis heute zweifellos ein Bestandteil des wissenschaftlichen Weber-Bildes darstellt, wurde ergänzt durch eine weitere Absicht: die der Bewertung dieser »politisch-theoretischen Auffassungen« Max Webers. Die Reduktion der Weberschen Demokratievorstellungen auf ein funktionalistisches System, das dem Volke nicht mehr gab als die Garantie, daß die Leitung der Staatsgeschäfte in den Händen von formal optimal qualifizierten »Führern« liege, diese »Beraubung« der demokratischen Gedanken um ihre inhaltlichen Wertgehalte, wird in den Rahmen der deutschen historischen Erfahrung der Jahre 1933–1945 gestellt. Die Absolutsetzung der Rolle der charismatisch qualifizierten Führer im System der plebiszitären Führerdemokratie, die Degradierung des Volkswillens zu bloßer Akklamation, die Reduzierung auf bloße formelle Legalität, die Webersche Unfähigkeit bzw. Unwilligkeit, zwischen »echtem« und

»falschem« Charisma zu unterscheiden – alle diese Komponenten der Weberschen Arbeiten führen zu der Anklage: »Gleichwohl wird man ehrlicherweise festellen müssen, daß Webers Lehre von der charismatischen Führerschaft, verbunden mit ihrer radikalen Formalisierung des Sinns der demokratischen Institutionen, ihr Teil dazu beigetragen hat, das deutsche Volk zur Akklamation der Führerstellung Adolf Hitlers innerlich willig zu machen.« (S. 222) Diese, von Wolfgang J. Mommsen und anderen[29] erhobene Anklage, die Max Weber eine zumindest mittelbare Mitschuld am Möglichwerden des Nazi-Regimes und dessen Terror anlastet, war der Auftakt zu einer heftig geführten Diskussion. Gerade jene gedankliche Konstruktion von Mommsen, die eine andeutungsweise kausale Verbindung von Weber über Carl Schmitt zu Adolf Hitler schlug, stand dabei im Zentrum der Auseinandersetzungen. Mit der wohl größten Leidenschaftlichkeit erhob Karl Loewenstein seine Stimme: »Der tote Max Weber kann sich nicht wehren, als Schaustück einer perniziösen Ahnengalerie gezeigt zu werden. Aber wir Älteren, die den Titanen noch gekannt haben und mehr von ihm zu wissen glauben, als in seinen Büchern und Schriften steht, haben eine Verpflichtung, ihn gegen diese schwere Verunglimpfung nach besten Kräften zu schützen.«[30]

In dem hier aufgenommenen Vortrag von Karl Loewenstein »Max Webers Beitrag zur Staatslehre in der Sicht unserer Zeit« ist immer noch deutlich die Verärgerung über und der Kampf gegen die These von der Weberschen »Ahnherrschaft« des plebiszitären Führerstaates zu erkennen: für Loewenstein ist diese Denunziation seines ehemaligen, hochverehrten Lehrers nichts als eine »dreiste Geschichtsklitterung«, der mit einem »erheblichen Maß an intellektueller Unehrlichkeit« Max Weber von »gewissen jüngeren Leuten« unterworfen wird. – Loewenstein bemüht sich in deutlicher Abgrenzung gegen derartige Darstellungen durch eine Konfrontation der »heutigen politischen Realität« mit Max Webers damaligen Auffassungen, das Bleibende und das Überholte in den Weberschen Konzeptionen herauszuarbeiten. Für ihn hat Webers Staatssoziologie und -lehre »nach wie vor in ihren Hauptzügen ihre Richtigkeit erwiesen«, und die Voraussicht der wesentlichen Züge gegenwärtiger Staatsgestaltung stellt die überzeitliche Leistung Max Webers dar. Die Ergänzungsbedürftigkeit z. B. der Typologie der Herrschaftsformen, der Ausarbeitung des Einflusses der Massenmedien etc. infolge mittlerweile eingetretener Entwicklungen schmälern nichts am Verdienst des »kompromißlos Gerechten«.

Die Diskussion über die »Politische« Soziologie Max Webers wandte sich seit etwa 1964 von der, nur aus der konkreten Situation der Wissenschaft im Nachkriegsdeutschland verständlichen, Fragestellung nach der Verantwortlichkeit Max Webers für die Entstehung der NS-Zeit weitgehend ab und fand seitdem einen neuen Schwerpunkt. Bei dieser bis heute aktuellen Erörterung geht es mehr um jene Probleme, die schon oben bei den Hinweisen zum Rationalitäts-Konzept Webers erwähnt wurden.

Im Zentrum steht dabei die Frage nach der Bewahrung bzw. Wiederherstellung persönlicher Freiheit des Einzelnen angesichts der zunehmenden »Versachlichung« und Bürokratisierung aller gesellschaftlicher Bereiche. Gerade weil Max Weber diese Entwicklungstendenzen, lange vor ihrer vollen aktuellen Realisierung, so weitgehend zutreffend vorausgesagt hat, wendet man sich wieder verstärkt seinem Werk zu, um darüber Auskunft zu erhalten, welchen Ausweg er aus dieser, von ihm selbst als äußerst bedrohlich interpretierten Entwicklung für möglich hielt.[31]

Der Aufsatz von Wolfgang J. Mommsen »Universalgeschichtliches und politisches Denken bei Max Weber« verfolgt in diesem Zusammenhang die Absicht, die geschichtsphilosophische »Grundkonzeption« Max Webers in ihren Hauptlinien nachzuweisen, um damit auch sein politisches Denken in seiner Bedeutung erfassen zu können. Die Methode, mit der diese Absicht verwirklicht werden soll, ist dabei eine stark eklektizistische, die sich ebenso auf sämtliche Schriften Max Webers, weitgehend ungeachtet der verschiedenen Entstehungszeiten, stützt, wie z. B. auch auf handschriftliche Randbemerkungen Webers in verschiedenen Büchern[32] oder einzelne Briefstellen. Obwohl Mommsen sich gegen eine Interpretation des Weberschen Werks als eines einheitlichen und geschlossenen Systems wendet[33], unternimmt er doch selbst den Versuch, das »disparate« Werk Webers zu einem Ganzen »zusammenzuschließen«, indem er es von seinem »anthropologischen Ansatzpunkt« her darzustellen sich bemüht. – Aus der Weberschen Polemik gegen die verschiedenen zeitgenössischen geschichtsphilosophischen Theorien und aus Webers eigenen Ausführungen konstruiert Mommsen eine Webersche Geschichtsphilosophie, die diesen in relative Nähe zum Entwurf von Friedrich Nietzsche rückt. Insbesondere aus Webers Analyse des Puritanismus und der vorexilischen jüdischen Prophetie, aber auch aus seinen Politischen Schriften leitet Mommsen eine quasi dialektische Konzeption ab[34], nach der Weltgeschichte für Weber als ein ständiger und wechselvoller Kampf zwischen Rationalisierung und Charisma zu verstehen war. »Der Prozeß der Geschichte (...) läßt sich (...) in dem Bilde eines stetigen ›Gefälles‹ von überwiegend charismatischen zu traditionalen und schließlich zu bürokratischen Lebens- und Herrschaftsformen beschreiben, das immer wieder ganz oder teilweise von charismatischen Eruptionen durchbrochen und in neue Richtungen gelenkt wird.« (S. 273) Und in diesem »ewigen Kampf« nun entscheidet sich das Schicksal der menschlichen Freiheit, für die Weber – nach Mommsen – resignierend und in »heroischem Pessimismus« wenig Chancen der Erhaltung und Verwirklichung sah. Einzig in der Hoffnung auf »Führer«, die mit charismatischen Fähigkeiten und einer ausgeprägten »Verantwortungsethik« ausgestattet sind, wären wir in der Lage, sowohl die Stagnation gesellschaftlicher Entwicklung zu verhindern, als auch die Würde des Menschen gegen das »stahlharte Gehäuse« zweckrationaler Regelungen und Normierungen zu verteidigen. Die plebiszitär-cäsaristische Herschaft großer, charismatisch qualifizierter Führergestalten war der politische Lösungsvorschlag des »aristokratischen Liberalen« Max Weber, der das Prinzip des Kampfes als integrierenden Bestandteil einer dynamischen Gesellschaft verstand. Und nur in einer dynamischen Gesellschaft sah Weber die Möglichkeit der Erhaltung individuell menschlicher Freiheit gewährleistet.

Eine zusammenfassende Beurteilung der heutigen Bedeutung der Weberschen »Politischen« Soziologie erweist sich als ungleich schwerer als die seiner Religionssoziologie; ein derartiger Versuch rückt in die Nähe einer Gesamtwürdigung der wissenschaftlichen Bedeutung Max Webers. Tentativ und in einem ersten Anriß lassen sich im wesentlichen zwei Ebenen einer derartigen Beurteilung trennen:

Die Bedeutung der »Herrschaftssoziologie« Max Webers hat mittlerweile eher abgenommen, zumindest was ihre Weiterbehandlung im Rahmen der Politischen Soziologie und Politischen Wissenschaft, speziell in Westdeutschland, betrifft. Die Webersche Machtbetrachtung des Politischen, die noch für die »Staatslehrer« Hermann Heller, Karl Loewenstein, Rudolf Smend und Carl Schmitt von richtungsweisender Bedeutung war, und die sich bei Otto Stammer, Ossip K. Flechtheim, Karl Dietrich Bracher u. a. weiterentwickelt wiederfindet, steht heute neben einer Vielzahl völlig anders orientierter Ansätze, politische Realität wissenschaftlich zu erfassen. Gerade die oben angeführte Diskussion über die geistesgeschichtliche Bedeutung der Weberschen »Politischen« Soziologie hat, über die Kritik hinaus, zu Ansätzen geführt, die die »Wertfreiheit« der Weberschen Darstellung zu überwinden suchen. Die Erfahrung des Faschismus und Totalitarismus ließ die Forderung nach einer mehr wertenden und engagierten Wissenschaft lautwerden. »Wir wissen wie sehr Max Weber als Persönlichkeit der Gesinnung und den politischen Mitteln des totalen Staates (...) Widerstand geleistet hätte, dessen Kommen als Reaktion er fürchtete. Aber wir finden in seiner Staatslehre keinen normgebenden Halt gegen die Entmenschlichung des Politischen die wir erlebt haben und erleben.« (Arnold Bergstraesser)[35] Derartige Kritik führte zu Ansätzen sowohl einer mehr liberal-konservativen Ausrichtung, wie z. B. bei Arnold Bergstraesser, Wilhelm Hennis, Leo Strauss, Eric Voegelin, als auch einer mehr »radikal demokratischen«, kritischen Richtung, wie z. B. bei Theodor W. Adorno, Jürgen Habermas, Herbert Marcuse, Gunnar Myrdal, Gerhard Weisser. Die Bedeutung und Wirkung Max Webers für diese Entwicklung könnte als eine außerordentlich große, jedoch mehr indirekte charakterisiert werden, da viele der heute dominanten Wissenschaftsvorstellungen sich oft gerade aus der Kritik an Max Weber ergaben.[36]

Die zweite Ebene der Bedeutung Max Webers »Politischer« Soziologie, stärker losgelöst vom konkreten Inhalt der Weberschen Herrschafts- und Staatssoziologie, wäre beim Problem der Bedeutung und Aufgabe von Wissenschaft ganz allgemein anzusiedeln. Die Frage nach der Verantwortung des Wissenschaftlers gegenüber der Gesellschaft und seinen Mitmenschen, als ein Teilaspekt dieser globalen Problematik, ist heute, wesentlich mitbedingt durch die Erfahrungen seit der Weimarer Republik, ein brennendes Problem geworden und betrifft alle Forschungsrichtungen, die Naturwissenschaftler ebenso wie die Sozialwissenschaftler. Und gerade die Diskussion über die Verantwortung des Sozialwissenschaftlers beginnt oft mit der Diskussion der Weberschen »Politischen« Soziologie und dessen Konzept einer »wertfreien« Wissenschaft. Der »Werturteilsstreit«, sowohl in seiner klassischen Version, bei der Max Weber noch persönlich und maßgebend in die Diskussion eingriff, als auch die aktuellere Version, die sich etwa im sogenannten »Positivismusstreit«[37] darstellte, ist in der vorliegenden Sammlung bewußt vernachlässigt worden. Die Diskussionen der methodologischen Ansätze Max Webers, vom Konzept der »Verstehenden Soziologie«[38], über das forschungsstrategische Instrument des »Idealtypus« bis hin zum Postulat der »Wertfreiheit« wissenschaftlicher Arbeit,[39] würde alleine einen derartigen Sammelband füllen. Und dennoch und gerade deswegen muß auch diese Diskussion, die auch heute noch oft genug ihren Ausgangspunkt im Werk Max Webers, und speziell seiner »Politischen« Soziologie, findet als eine der bis heute andauernden Wirkungen Max Webers betrachtet werden.

V Max Webers historische Bedeutung

Der durch die Überschrift angedeutete Anspruch wird durch die drei hier zusammengestellten Beiträge in keiner Weise vollständig eingelöst. Schon die davor abgedruckten Texte sind durchaus ebenso als Diskussionsbeiträge zur Frage nach der historischen Bedeutung Webers zu verstehen, und trotzdem vermögen alle zusammengenommen nicht eine umfassende Antwort zu geben. Eine »Bestandsaufnahme« einzelner Diskussionsverläufe versteht sich mehr als Vorarbeit zu einer umfassenden Untersuchung der historischen Bedeutung der Person und des Werks Max Webers.

Der Beitrag von Günther Roth »Max Webers Einfluß auf die amerikanische Soziologie 1945–1968« führt zu einem Zusammenhang, der bis heute noch keine erschöpfende Analyse erfahren hat. Oben wurde bereits mehrmals auf die sehr unterschiedliche Rezeptionsgeschichte des Weberschen Werks in Westdeutschland und Nordamerika hingewiesen. Diese Unterschiedlichkeit, wie sie etwa bei der Diskussion der »Politischen« Soziologie Max Webers angedeutet wurde, ist nur ein Aspekt eines komplexen Interdependenz-Zusammenhanges. Um diesen darstellen und erklären zu können, bedürfte es sowohl einer Analyse der historischen Entwicklung der Soziologie in Deutschland nach Webers Tod, als auch einer Analyse der nordamerikanischen Soziologie im gleichen Zeitraum. Beides kann hier nicht geleistet werden, eine Skizzierung soll jedoch den Zusammenhang andeuten.

Durch den vorzeitigen Tod Max Webers und den torsohaften Charakter seines Werks war seine Wirkung auf die zeitgenössische deutsche Soziologie nicht von entscheidender Bedeutung.[40] Insbesondere sein Kampf um »Wertfreiheit« und wissenschaftliche Klarheit hatte keine nachhaltigen und richtungsgebenden Auswirkungen. »Die kritische Distanz, die Max Weber in wissenschaftlicher Methodik und Trennung von Wissenschaft und Politik postuliert hatte, wird aufgegeben, und die praktische Synthesis bzw. die absolute, d. h. weltanschauliche Gewißheit werden zum Programm der wissenschaftlichen Erkenntnis« (Friedrich Jonas).[41] Weber blieb, bei aller verbalen Hochachtung, die ihm zuteil wurde, in der wissenschaftlichen und insbesondere soziologischen Welt ein Außenseiter. Die Soziologie jener Zeit brachte sich in eine Verfassung, die sie unfähig machte, den Ereignissen bis 1933 einen entscheidenden Widerstand entgegenzusetzen, was Helmut Schelsky zur Feststellung führte, diese Soziologie brauchte 1933 nicht brutal niedergeworfen zu werden, da sie »zu dieser Zeit selbst am Ende war«.[42]

Nationalsozialismus und Krieg führten zu einem Exodus deutscher Soziologen, die Deutsche Gesellschaft für Soziologie stellte 1934 ihre Tätigkeit ein. Die Beschäftigung mit dem Werk Max Webers wurde in der Zeit von 1933–1945 von amerikanischen Soziologen (Hans H. Gerth, C.Wright Mills, Talcott Parsons, u. a.) und von nach Amerika emigrierten deutschen Soziologen (Reinhard Bendix, Paul Honigsheim, u. a.) weitergeführt. – Diese Weiterführung traf dann nach 1945 in Deutschland auf die gerade beginnende Neuformierung einer westdeutschen Soziologie. Das Erlebnis des NS-Terrors war dabei ebenso konstitutiv wie die Notwendigkeit, die inzwischen stattgefundene Entwicklung der amerikanischen strukturell-funktionalen Theorie nachzuholen und aufzuarbeiten. Dadurch kam die Beschäftigung und Auseinandersetzung mit dem Weberschen Werk von vornherein in ein Kräftefeld, das bis heute die Diskussion geprägt hat. Und wiederum war das Webersche Konzept der »Werturteilsfreiheit« Zentrum der Debatten.

Gerade als Reaktion auf die deutsche unmittelbare Vergangenheit wird Max Weber vorgeworfen, den entscheidenden Anstoß dafür gegeben zu haben, daß die Soziologie ihre moralische Verantwortung im Sinne des Humanismus nicht erkannt, ja ausdrücklich vernachlässigt hat.[43] Damit zusammenhängend muß weiterhin jene Weber-Kritik gesehen werden, die ihn als Wegbereiter der strukturell-funktionalen Theorie und einer empirizistischen Sozialtechnologie betrachtet. Die Kritik an den theoretischen Entwürfen von Talcott Parsons dehnt sich aus zur Kritik an Max Weber, insbesondere weil Parsons sich immer wieder auf Weber beruft. Eine Analyse der Parsonsschen Weber-Rezeption, und insbesondere der darin vorgenommenen Verkürzungen und Einengungen der Weberschen Analysen steht bis heute aus, wäre aber dringend notwendig, um Max Weber unvoreingenommener, neu zu würdigen. Gerade eine humanistisch engagierte Soziologie, die sich emanzipatorische Aufgaben stellt, wie dies z. B. bei Theodor W. Adorno und Jürgen Habermas der Fall ist, könnte aus dem Versuch Max Webers, eine Interpretation unserer Kultur zu erstellen, lernen. Die geschulte Rücksichtslosigkeit des Blicks und das unbeirrbare Streben nach wissenschaftlicher Wahrheit sind Elemente seines Lebenswerkes, die es, über den konkreten Inhalt dieses oder jenes Theorems hinaus, auch heute zu einer wichtigen Etappe soziologischen Fragens machen können. Das Stehenbleiben bei der Denunziation seines politischen Standortes führt nicht aus der gegenwärtigen Polarisierung der westdeutschen Soziologie hinaus, deren zu hoher Preis die Eindimensionalität gegenwärtiger »symmetrischer Soziologie« (Walter L. Bühl) ist.

Der Beitrag von Karl Löwith »Max Webers Stellung zur Wissenschaft« scheint auf den ersten Blick nur eine, wenn auch kongeniale Interpretation des 1918/19 gehaltenen Vortrages »Wissenschaft als Beruf« zu sein. Und doch enthält der Text weit mehr: er vermittelt, stärker als alle sonstigen Beiträge dieser Sammlung, einen Eindruck von der Persönlichkeit Max Webers. Der leidenschaftliche Ernst und die geradezu unmenschliche Sachlichkeit dieses Verfechters einer radikalen Illusionslosigkeit, der jeden »Schwindel« und »Selbstbetrug« verabscheute, mußten ihn zu einem »Außenstehenden« machen, zu seiner Zeit ebenso wie heute. Der »eisige Wind« (Friedrich Meinecke), der aus Webers wissenschaftlichem Werk weht, und insbesondere aus den beiden Vorträgen »Wissenschaft als Beruf« und »Politik als Beruf«, ist wohl einer der wichtigsten Gründe dafür, Weber nicht nur in eine Ahnengalerie wichtiger, aber »überholter« Sozialwissenschaftler zu stellen, sondern ihm den Rang eines universalen Denkers, eines exemplarischen Menschen, nicht nur seiner Zeit zuzuweisen. »Sein Dasein war eine Ermutigung für alle, die ohne Illusionen in die Zukunft schreiten, tätig, solange es vergönnt ist, hoffend, solange nicht alles verloren ist. Er war der moderne Mensch, der sich keine Verschleierung gestattet, in dieser Wahrhaftigkeit den Schwung seines Lebens findet, kein Ausweichen in Verzweiflung zuläßt.« (Karl Jaspers)[44]

Diese exemplarische Bedeutung Max Webers wurde immer wieder hervorgehoben:

Für C. Wright Mills erreicht die klassische Tradition der Soziologie mit der Person Max Webers und seinem Werk einen »moralischen Gipfel«. »Weber stellt die soziale Welt als ein Chaos der Werte, eine hoffnungslose Pluralität der Götter dar; sein Weltbild ist von dem Pessimismus eines klassischen Liberalen von hoher Intelligenz und ungeheurem Wissen geprägt, das Weltbild eines Denkers am Ende der liberalen Ära, der keine Basis für Entscheidungen und kein anderes Kriterium als seinen persönlichen Willen und seine Integrität findet.«[45]

Für Leo Strauss symbolisiert die Person Max Webers und sein Werk die Krise des modernen Lebens und der modernen Wissenschaft. Die

Webersche Annahme einer Vielzahl gleichrangiger Werte, deren Forderungen einander widersprechen und deren Konflikt nicht durch menschliche Ratio gelöst werden könne – dieses Postulat führt nach Strauss »mit Notwendigkeit« zum Nihilismus. »Wenn wir diese Entwicklung nach ihrem Ende zu verfolgen, werden wir unweigerlich einen Punkt erreichen, jenseits dessen die Szene durch den Schatten Hitlers verdunkelt wird.«[46]

Die Annahme von Mills und Strauss, daß Sozialwissenschaft in den Augen Webers nicht mehr tun könne, als den Wertkonflikt mit allen seinen Nebenwirkungen darzustellen, daß seine Lösung jedoch der freien, nicht-rationalen Entscheidung eines jeden einzelnen überlassen sein müsse – diese Annahme wird im Beitrag von Eric Voegelin »Max Weber zwischen Abschluß und Neubeginn«[47] diskutiert. Wenn Leo Strauss, gegen Weber gerichtet, fordert: »Der Mensch kann nicht ohne Licht, Leitung und Erkenntnis leben; nur dadurch, daß er das Gute kennt, kann er das Gute finden, das er braucht.«[48], so weist Voegelin überzeugend nach, daß eine, für diesen Zusammenhang bedeutsame, Diskrepanz zwischen dem programmatischen Anspruch auf »Wertfreiheit« und der wissenschaftlichen Praxis bei Max Weber besteht. Max Weber betrachtete in seiner konkreten Arbeit durchaus nicht alle Werte als »gleichwertig«, er war durchaus gewillt und bestrebt, zwischen »Gutem« und »Bösem« zu trennen, wenn er auch tiefes Mißtrauen den »dämonischen« Grundlagen solchen Wertens gegenüber empfand. Und gerade deswegen interpretiert Voegelin das Webersche Werk als einen »Versuch«, der jedoch durch die peinlich genaue Beachtung des positivistischen Tabus gegenüber der Metaphysik nicht in der Lage war, den letzten, entscheidenden Schritt zu tun.[49]

Max Weber als der »Scheiternde«, als der, dem die entscheidende »Erfüllung« versagt blieb: dieses Bild wird in Betrachtungen, die über das Materielle des Weberschen Werks hinausfragen, immer wieder gebraucht. Und gerade dieses Scheitern macht ihn, so könnte es scheinen, zu einer auch und gerade heute aktuellen Gestalt. Karl Jaspers sieht im Scheitern Max Webers, dessen »tieferer Sinn« hinter einer bloßen Faktizität zu suchen sei, einen »Appell der Wahrheit«.[50] Die Einlösung und Verwirklichung dessen, was Weber »schlichte intellektuelle Rechtschaffenheit« nannte, wäre oberste Bedingung für jeden wissenschaftlichen Versuch der Annäherung an Wahrheit. Und diese Rechtschaffenheit wird es sein, die, über allem konkret Inhaltlichen seines Werkes, die zeitlose Bedeutung Max Webers ausmacht, und dessen »Pathos der Nüchternheit« (Theodor Heuss) Maßstab und Verpflichtung zugleich ist.

Anmerkungen

1 Diese drei Ebenen, auf denen sich die *Rezeption Max Webers* abspielt, und mit denen sich die vorliegende Textsammlung beschäftigt, sind jedoch klar von den verschiedenen »Ebenen« des *Werks Max Webers* zu unterscheiden. Eine Strukturierung des vielschichtigen und weitverzweigten Oeuvres Webers, wie sie etwa Reinhard Bendix oder Günter Abramowski unternommen haben (vgl. Bibliographie), wird hier weder angestrebt noch diskutiert.

2 Vgl. dazu Karl Löwith, Max Weber und Karl Marx, insbes. Abschnitt II: »Die ›Rationalität‹ als der problematische Ausdruck der modernen Welt«, und Abschnitt III: »Die Rationalität als Bedingung der freien Selbstverantwortung des Einzelnen inmitten allgemeiner Hörigkeit«, in: Karl Löwith, Gesammelte Abhandlungen. Zur Kritik der geschichtlichen Existenz, Stuttgart 1960, S. 19–30, 30–37.
Vgl. weiterhin Günter Abramowski, Das Geschichtsbild Max Webers, Stuttgart 1966, S. 15.

3 Eine derartige »Evolutionstheorie«, wie sie uns etwa bei Talcott Parsons begegnet, insbes. in seinem Buch »Societies. Evolutionary and Comparativ Perspectives«, Prentice Hall 1966, ist, selbst wenn sie sich explizit auf Weber beruft, solch ein Mißverständnis des Weberschen Ansatzes.

4 Vgl. dazu insbesondere die Koreferate von Reinhard Bendix und Benjamin Nelson, in: Max Weber und die Soziologie heute. Verhandlungen des 15. deutschen Soziologentages, Tübingen 1965, S. 184–191, S. 192–201, S. 216–218.

5 Vgl. dazu Georg Lukácz, Marx und das Problem des ideologischen Verfalls, in: »Einheit«. Theoretische Monatsschrift für Sozialismus, Heft 1 (1946), S. 108–123. ders., Die Zerstörung der Vernunft, Belin 1955.
Leo Strauss, Naturrecht und Geschichte, Stuttgart 1956.
Wolfgang J. Mommsen, Max Weber und die deutsche Politik 1890–1920, Tübingen 1959.

6 Vgl. dazu Helmut Schelsky, Der Mensch in der wissenschaftlichen Zivilisation, Köln/Opladen 1961.
J. Ellul, The Technological Society, New York 1964.
C. Koch/D. Senghaas (Hrsg.), Texte zur Technokratiediskussion, Frankfurt a. M. 1970. Insbes. daraus den Beitrag von H. P. Dreitzel: Rationales Handeln und politische Orientierung, a. a. O., S. 14–53.

7 Hier zitiert nach der Studienausgabe Max Weber, Wirtschaft und Gesellschaft. Grundriß der verstehenden Soziologie. Studienausgabe, hrsg. v. Johannes Winckelmann, 2 Bde., Köln/Berlin 1964, S. 716.

8 A. a. O., S. 718.

9 A. a. O., S. 721.

10 Max Weber, Parlament und Regierung im neugeordneten Deutschland. Zur Kritik des Beamtentums und Parteiwesens, in: Max Weber, Gesammelte Politische Schriften, hrsg. v. Johannes Winckelmann, Tübingen [2]1958, S. 321.
Vgl. dazu Dirk Käsler, Revolution wider die Vernunft, in: »Hochland«, 61. Jg. Sept/Okt. 1969, S. 403–413.

11 Max Weber, Wirtschaft und Gesellschaft (vgl. Anm. 7), S. 3.

12 Titel vom Hrsg.

13 Vgl. dazu Thomas Luckmann, Neuere Schriften zur Religionssoziologie, in: Kölner Zeitschrift für Soziologie und Sozialpsychologie. 12:2 (1960), S. 315–326.

14 Thomas Luckmann, The Invisible Religion. The Problem of Religion in Modern Society, New York/London 1967.

14a Hans Bosse, Marx–Weber–Troeltsch. Religionssoziologie und marxistische Ideologiekritik. München/Mainz 1970.

15 Vgl. z. B. Demostenes Savramis, Religionssoziologie, München 1968, S. 36–49.

16 Vgl. dazu Trutz Rendtorff, Zur Säkularisierungsproblematik. Über die Weiterentwicklung der Kirchensoziologie zur Religionssoziologie, in: Intern. Jahrbuch für Religionssoziologie II, 1966, S. 51–72.

17 Auch separat erschienen als: Staatssoziologie. Soziologie der rationalen Staatsanstalt und der modernen politischen Parteien und Parlamente, hrsg. v. Johannes Winckelmann, Tübingen [2]1966.

18 Die Subsumtion der Weberschen »Herrschaftssoziologie« und seiner »Politischen Schriften« zu einer Weberschen »Politischen Soziologie« erscheint deshalb als so fatal, als dabei nicht genügend beachtet wird, daß es sich bei der »Herrschaftssoziologie« im wesentlichen um die Entwicklung von Begriffs-Konstrukten handelt, bei den »Politischen Schriften« dagegen um tagespolitische Kommentare.
Es ist zweifellos zutreffend, daß Max Weber die, von ihm geforderte Rollentrennung zwischen »Wissenschaftler« und »Politiker« selbst nicht konsequent durchgehalten hat; trotzdem erscheint es als wenig sachdienlich, Schriften, oder gar nur einzelne Textstellen, die in sehr unterschiedlichen Zusammenhängen stehen, ohne weiteres zusammenzuspannen. Vgl. dazu etwa das Referat von Raymond Aron und die Diskussionsbeiträge dazu auf dem 15. deutschen Soziologentag, in: Max Weber und die Soziologie heute. Verhandlungen des 15. deutschen Soziologentages, Tübingen 1965, S. 103–156.

19 Raymond Aron, Max Weber und die Machtpolitik, in: Max Weber und die Soziologie heute (vgl. Anm. 18), S. 108.

20 Eduard Baumgarten, Diskussionsbeitrag zu Raymond Arons Referat, a. a. O., S. 149.

21 Karl Jaspers, Max Weber, München 1958, S. 14.

22 Reinhard Bendix, Diskussionsbeitrag zu Herbert Marcuses Referat, a. a. O., S. 81.

23 Jürgen Habermas, Diskussionsbeitrag zu Talcott Parsons' Referat., a. a. O., S 187.

24 Vgl. dazu Anm. 1 des Beitrages von Wolfgang J. Mommsen, »Universalgeschichtliches ...«, S. 286 f.

25 Ursprünglich sollte als »Bezugspunkt« für die nachfolgende Diskussion

der Vortrag »Politik als Beruf« abgedruckt werden, den Max Weber im Revolutionswinter 1918/19 in München hielt. Da diese Arbeit in einer Einzelausgabe vorliegt, konnte sich der Verlag Duncker & Humblot, Berlin, nicht zur Vergabe des Nachdruckrechts entschließen. Es sei statt des Abdrucks auf diese Ausgabe verwiesen: Max Weber, Politik als Beruf, Berlin [5]1969.

26 Das gilt zumindest für die Diskussion in Deutschland. Die Arbeit von J. P. Mayer, Max Weber in German Politics (London 1944), beeinflußte stärker den angelsächsischen Raum, war wesentlich polemischer und weniger gut mit Zitaten und eigenen Quellenforschungen untermauert.

27 Wolfgang J. Mommsen, Max Weber und die deutsche Politik 1890–1920, Tübingen 1959, S. VII.

28 A. a. O., S. X.

29 Vgl. dazu z. B. Karl Löwith, Max Weber und seine Nachfolger, in: Maß und Wert, 3. Jg., (1939), Heft 1, S. 171.
Wilhelm Hennis, Zum Problem der deutschen Staatsanschauung, in: Vierteljahreshefte für Zeitgeschichte, 7. Jg. (1959), Heft 1.

30 Karl Loewenstein, Max Weber als »Ahnherr« des plebiszitären Führerstaates, zuerst abgedruckt in: Kölner Zeitschrift für Soziologie und Sozialpsychologie, 13. Jg. (1961) Heft II, S. 75–89; ebenfalls aufgenommen in: Karl Loewenstein, Beiträge zur Staatssoziologie, Tübingen 1961, S. 311 bis 328.
Das obige Zitat stammt aus dieser Sammlung S. 326.

31 Zu dieser Diskussion vgl. neben dem Artikel von Wolfgang J. Mommsen, »Universalgeschichtliches ...« auch:
Reinhard Bendix, Max Webers Gesellschaftsbild, in: Reinhard Bendix, Max Weber. Das Werk, München 1964, S. 347–366.
Günter Abramowski, Die aktuelle Perspektive und das ethische Motiv der universalhistorischen Forschungen Max Webers, in: Günter Abramowski, Das Geschichtsbild Max Webers, Stuttgart 1966, S. 160–185.

32 Vgl. die Anm. 24, 41, 49, 125, 130 im unten abgedruckten Beitrag.

33 vgl. Anmerkung 7 des abgedruckten Beitrages.

34 Eine ähnliche Konzeption begegnet uns auch bei H. H. Gerth/C. W. Mills, From Max Weber. Essays in Sociology, New York 1946, pp. 51–55.
Reinhard Bendix, Max Weber. Das Werk, München 1964, S. 247 ff.

35 Arnold Bergstraesser, Max Weber, der Nationalstaat und die Politik, in: Arnold Bergstraesser, Politik in Wissenschaft und Bildung, Freiburg 1961, S. 72.

36 Vgl. dazu Hans Maier, Max Weber und die deutsche politische Wissenschaft in: Max Weber. Gedächtnisschrift der Ludwig-Maximilians-Universität München zur 100. Wiederkehr seines Geburtstages 1964, Berlin 1966, S. 163–183.

37 Vgl. dazu die Beiträge aus: Der Positivismusstreit in der deutschen Soziologie, Neuwied/Berlin 1969.

38 Vgl. dazu den Band Walter L. Bühl, Verstehende Soziologie, ntw 9 München 1972.

39 Vgl. dazu Hans Albert/Ernst Topitsch (Hrsg.), Werturteilsstreit, Darmstadt 1971.

40 Vgl. dazu Friedrich Jonas, Geschichte der Soziologie. Bd. IV. Deutsche und amerikanische Soziologie, Hamburg 1968, S. 58–101.

41 Friedrich Jonas, a. a. O., S. 59.
42 Helmut Schelsky, Ortsbestimmung der deutschen Soziologie, Düsseldorf/Köln 1959, S. 37.
43 Vgl. dazu Ralf Dahrendorf, Homo Sociologicus, in: Ralf Dahrendorf, Pfade aus Utopia, München 1967, S. 191ff.
44 Karl Jaspers, Max Weber, München 1958, S. 9.
45 C. Wright Mills, Klassik der Soziologie. Eine polemische Auslese, Frankfurt a. M. 1966, S. 14 f.
46 Leo Strauss, Naturrecht und Geschichte, Stuttgart 1956, S. 44.
47 Titel vom Hrsg.
48 Leo Strauss, a. a. O., S. 77.
49 Vgl. dazu Max Scheler, Max Webers Ausschaltung der Philosophie, in: Max Scheler, Die Wissensformen und die Gesellschaft, Bern/München 1960, S. 430–438.
50 Karl Jaspers, Max Weber, München 1958, S. 87.

Max Webers Begriff der Rationalität

MAX WEBER

Vorbemerkung zu den Gesammelten Aufsätzen zur Religionssoziologie

Universalgeschichtliche Probleme wird der Sohn der modernen europäischen Kulturwelt unvermeidlicher- und berechtigterweise unter der Fragestellung behandeln: welche Verkettung von Umständen hat dazu geführt, daß gerade auf dem Boden des Okzidents, und nur hier, Kulturerscheinungen auftraten, welche doch – wie wenigstens wir uns gern vorstellen – in einer Entwicklungsrichtung von *universeller* Bedeutung und Gültigkeit lagen?

Nur im Okzident gibt es »*Wissenschaft*« in dem Entwicklungsstadium, welches wir heute als »gültig« anerkennen. Empirische Kenntnisse, Nachdenken über Welt- und Lebensprobleme, philosophische und auch – obwohl die Vollentwicklung einer systematischen Theologie dem hellenistisch beeinflußten Christentum eignet (Ansätze [dazu finden sich] nur im Islam und bei einigen indischen Sekten) – theologische Lebensweisheit tiefster Art, Wissen und Beobachtung von außerordentlicher Sublimierung hat es auch anderwärts, vor allem: in Indien, China, Babylon, Ägypten, gegeben. Aber: der babylonischen und jeder anderen Astronomie fehlte – was ja die Entwicklung namentlich der babylonischen Sternkunde nur um so erstaunlicher macht – die mathematische Fundierung, die erst die Hellenen ihr gaben. Der indischen Geometrie fehlte der rationale »Beweis«: wiederum ein Produkt hellenischen Geistes, der auch die Mechanik und Physik zuerst geschaffen hat. Den nach der Seite der Beobachtung überaus entwikkelten indischen Naturwissenschaften fehlte das rationale Experiment: nach antiken Ansätzen wesentlich ein Produkt der Renaissance, und das moderne Laboratorium, daher der namentlich in Indien empirisch-technisch hochentwickelten Medizin die biologische und insbesondere biochemische Grundlage. Eine rationale Chemie fehlt allen Kulturge-

Aus: Max Weber, Gesammelte Aufsätze zur Religionssoziologie, Tübingen, [5]1963, Band 1, S. 1–16. Mit freundlicher Genehmigung des Verlags J. C. B. Mohr (Paul Siebeck), Tübingen. [Die Einfügungen in eckigen Klammern stammen von Johannes Winckelmann, dem Betreuer der deutschen Max-Weber-Ausgaben.]

bieten außer dem Okzident. Der hochentwickelten chinesischen Geschichtsschreibung fehlt das thukydideische Pragma. Macchiavelli hat Vorläufer in Indien. Aber aller asiatischen Staatslehre fehlten eine der aristotelischen gleichartige Systematik und die rationalen Begriffe überhaupt. Für eine rationale Rechtslehre fehlen anderwärts trotz aller Ansätze in Indien (Mîmâmsâ-Schule), trotz umfassender Kodifikationen besonders in Vorderasien und trotz aller indischen und sonstigen Rechtsbücher die streng juristischen Schemata und Denkformen des römischen und des daran geschulten okzidentalen Rechtes. Ein Gebilde ferner wie das kanonische Recht kennt nur der Okzident.

Ähnlich in der Kunst. Das musikalische Gehör war bei anderen Völkern anscheinend eher feiner entwickelt als heute bei uns; jedenfalls nicht minder fein. Polyphonie verschiedener Art war weithin über die Erde verbreitet, Zusammenwirken einer Mehrheit von Instrumenten und auch das Diskantieren findet sich anderwärts. Alle unsere rationalen Tonintervalle waren auch anderwärts berechnet und bekannt. Aber rationale harmonische Musik: – sowohl Kontrapunktik wie Akkordharmonik –, Bildung des Tonmaterials auf der Basis der drei Dreiklänge mit der harmonischen Terz, unsere nicht distanzmäßig, sondern in rationaler Form seit der Renaissance harmonisch gedeutete Chromatik und Enharmonik, unser Orchester mit seinem Streichquartett als Kern und der Organisation des Ensembles der Bläser, der Generalbaß, unsere Notenschrift (die erst das Komponieren und Üben moderner Tonwerke, also ihre ganze Dauerexistenz überhaupt, ermöglicht), unsere Sonaten, Symphonien, Opern – obwohl es Programmmusik, Tonmalerei, Tonalteration und Chromatik als Ausdrucksmittel in den verschiedensten Musiken gab – und als Mittel zu dem alle unsere Grundinstrumente: Orgel, Klavier, Violine: dies alles gab es nur im Okzident.

Spitzbogen hat es als Dekorationsmittel auch anderwärts, in der Antike und in Asien, gegeben; angeblich war auch das Spitzbogen-Kreuzgewölbe im Orient nicht unbekannt. Aber die rationale Verwendung des gotischen Gewölbes als Mittel der Schubverteilung und der Überwölbung beliebig geformter Räume und, vor allem, als konstruktives Prinzip großer Monumentalbauten und Grundlage eines die Skulptur und Malerei einbeziehenden *Stils,* wie sie das Mittelalter schuf, fehlt anderweitig. Ebenso aber fehlt, obwohl die technischen Grundlagen dem Orient entnommen waren, jene Lösung des Kuppelproblems und jede Art von »klassischer« Rationalisierung der gesamten Kunst – in der Malerei durch rationale Verwendung der Linear- und Luftperspektive –, welche die Renaissance bei uns schuf. Produkte der Druckerkunst gab es in China. Aber eine gedruckte: eine *nur* für den Druck berechnete, nur durch ihn lebensmögliche Literatur: »Presse« und »Zeitschriften« vor allem, sind nur im Okzident entstanden. Hochschulen aller möglichen Art, auch solche, die unseren Universitäten oder doch unseren Akademien äußerlich ähnlich sahen, gab es auch anderwärts (China, Islam). Aber rationalen und systematischen Fachbetrieb der Wissenschaft: das eingeschulte *Fachmenschentum*, gab es in irgendeinem an seine heutige kulturbeherrschende Bedeutung heranreichenden Sinn nur im Okzident, vor allem: den Fach*beamten*, den Eckpfeiler des modernen Staats und der modernen Wirtschaft des Okzidents. Für ihn finden sich nur Ansätze, die nirgends in irgendeinem Sinn so konstitutiv für die soziale Ordnung wurden wie im Okzident. Natürlich ist der »Beamte«, auch der arbeitsteilig spezialisierte Beamte, eine uralte Erscheinung der verschiedensten Kulturen. Aber die absolut unentrinnbare Gebanntheit unserer ganzen Existenz, der politischen, technischen und wirtschaftlichen Grundbedingungen unseres Daseins, in das Gehäuse einer fachgeschulten Beamten*organisation*, den technischen, kaufmännischen, vor allem aber den *juristisch* geschulten staatlichen Beamten als Träger der wichtigsten Alltagsfunktionen des sozialen Lebens, hat kein Land und keine Zeit in dem Sinn gekannt wie der moderne Okzident. *Ständische* Organisation der politischen und sozialen Verbände ist weit verbreitet gewesen. Aber schon den Stände*staat*: »rex et regnum«, kannte im okzidentalen Sinn nur der Okzident. Und vollends Parlamente von periodisch gewählten »Volksvertretern«, den Demagogen und die Herrschaft von Parteiführern als parlamentarisch verantwortliche »Minister« hat – obwohl es natürlich »Parteien« im Sinne von Organisationen zur Eroberung und Beeinflussung der politischen Macht in aller Welt gegeben hat – nur der Okzident hervorgebracht. Den »Staat« überhaupt im Sinne einer politischen *Anstalt*, mit rational gesatzter »Verfassung«, rational gesatztem Recht und einer an rationalen, gesatzten Regeln: »Gesetzen«, orientierten Verwaltung durch *Fach*beamte, kennt, in dieser für ihn wesentlichen Kombination der entscheidenden Merkmale, ungeachtet aller anderweitigen Ansätze dazu, nur der Okzident.

Und so steht es nun auch mit der schicksalsvollsten Macht unseres modernen Lebens: dem *Kapitalismus*.

»Erwerbstrieb«, »Streben nach Gewinn«, nach Geldgewinn, nach möglichst hohem Geldgewinn hat an sich mit Kapitalismus gar nichts zu schaffen. Dieses Streben fand und findet sich bei Kellnern, Ärzten, Kutschern, Künstlern, Kokotten, bestechlichen Beamten, Soldaten, Räubern, Kreuzfahrern, Spielhöllenbesuchern, Bettlern: – man kann sagen: bei »all sorts and conditions of men«, zu allen Epochen aller Länder der Erde, wo die objektive Möglichkeit dafür irgendwie gegeben war und ist. Es gehört in die kulturgeschichtliche Kinderstube, daß man diese naive Begriffsbestimmung ein- für allemal aufgibt. Schrankenloseste Erwerbsgier ist nicht im mindesten gleich Kapitalismus, noch weniger gleich dessen »Geist«. Kapitalismus *kann* geradezu identisch sein mit *Bändigung*, mindestens mit rationaler Temperierung dieses irrationalen Triebes. Allerdings ist Kapitalismus identisch mit dem Streben nach *Gewinn*: im kontinuierlichen, rationalen, kapitalistischen Betrieb; nach immer *erneutem* Gewinn: nach *»Rentabilität«*. Denn er muß es sein. Innerhalb einer kapitalistischen Ordnung der gesamten Wirtschaft würde ein kapitalistischer Einzelbetrieb, der sich nicht an der Chance der Erzielung von Rentabilität orientierte, zum Untergang verurteilt sein.

Definieren wir zunächst einmal etwas genauer, als es oft geschieht. Ein »kapitalistischer« Wirtschaftsakt soll uns heißen zunächst ein solcher, der auf Erwartung von Gewinn durch Ausnützung von *Tausch*-Chancen ruht: auf (formell) *friedlichen* Erwerbschancen also. Der (formell und aktuell) gewaltsame Erwerb folgt seinen besonderen Gesetzen, und es ist nicht zweckmäßig (so wenig man es jemandem verbieten kann), ihn mit dem (letztlich) an Tauschgewinn-Chancen orientierten Handeln unter die gleiche Kategorie zu stellen[1]. Wo kapitalistischer Erwerb rational erstrebt wird, da ist das entsprechende Handeln orientiert an Kapital*rechnung*. Das heißt: es ist eingeordnet in eine planmäßige Verwendung von sachlichen oder persönlichen Nutzleistungen als Erwerbsmitteln derart, daß der *bilanz*mäßig errechnete Schlußertrag der Einzelunternehmung an geldwertem Güterbesitz (oder der periodisch bilanzmäßig errechnete Schätzungswert des geldwerten Güterbesitzes eines kontinuierlichen Unternehmungsbetriebs) beim Rechnungsabschluß das »Kapital«: d. h. den *bilanz*mäßigen Schätzungswert der für den Erwerb durch Tausch verwendeten sachlichen Erwerbsmittel *übersteigen* (bei der Dauerunternehmung also: *immer wieder* übersteigen) soll. Einerlei, ob es sich um einen Komplex von in natura einem reisenden Kaufmann in Kommenda gegebenen Waren handelt, deren Schlußertrag wiederum in erhandelten anderen Waren in natura bestehen kann, oder um ein Fabrikanwesen, dessen Bestandteile Gebäude, Maschinen, Vorräte an Geld, Rohstoffen, Halb- und Fertigprodukten, Forderungen darstellen, denen Verbindlichkeiten gegenüberstehen: – stets ist das Entscheidende, daß eine Kapital*rechnung* in Geld aufgemacht wird, sei es nun in modern buchmäßiger oder in noch so primitiver und oberflächlicher Art. Sowohl bei Beginn des

Unternehmens: Anfangsbilanz, wie vor jeder einzelnen Handlung: Kalkulation, wie bei der Kontrolle und Überprüfung der Zweckmäßigkeit: Nachkalkulation, wie beim Abschluß behufs Feststellung, was als »Gewinn« entstanden ist: Abschlußbilanz. Die Anfangsbilanz einer Kommenda ist z. B. die Feststellung des zwischen den Parteien gelten-*sollen*den Geldwertes der hingegebenen Güter – soweit sie nicht schon Geldform haben –, ihre Abschlußbilanz die der Verteilung von Gewinn oder Verlust am Schluß zugrunde gelegte Abschätzung; Kalkulation liegt – im Rationalitätsfall – jeder einzelnen Handlung des Kommendanehmers zugrunde. Daß eine wirklich genaue Rechnung und Schätzung ganz unterbleibt: rein schätzungsmäßig oder einfach traditionell und konventionell verfahren wird, kommt in jeder Form von kapitalistischer Unternehmung bis heute vor, wo immer die Umstände nicht zu genauer Rechnung drängen. Aber das sind Punkte, die nur den Grad der *Rationalität* des kapitalistischen Erwerbs betreffen.

Es kommt für den *Begriff* nur darauf an, daß die *tatsächliche* Orientierung an einer Vergleichung des Geldschätzungserfolges mit dem Geldschätzungseinsatz, in wie primitiver Form auch immer, das wirtschaftliche Handeln entscheidend bestimmt. In diesem Sinne nun hat es »Kapitalismus« und »kapitalistische« Unternehmungen, auch mit leidlicher Rationalisierung der Kapitalrechnung, in *allen* Kulturländern der Erde gegeben, soweit die ökonomischen Dokumente zurückreichen. In China, Indien, Babylon, Ägypten, der mittelländischen Antike, dem Mittelalter so gut wie in der Neuzeit. Nicht nur ganz isolierte Einzelunternehmungen, sondern auch Wirtschaften, welche gänzlich auf immer neue kapitalistische Einzelunternehmungen eingestellt waren, und auch kontinuierliche »Betriebe«, – obwohl gerade der Handel lange Zeit nicht den Charakter unserer Dauerbetriebe, sondern wesentlich den einer Serie von Einzelunternehmungen an sich trug und erst allmählich innerer (»branchenmäßig« orientierter) Zusammenhang in das Verhalten gerade der *Groß*händler hineinkam. Jedenfalls: die kapitalistische Unternehmung und auch der kapitalistische Unternehmer, nicht nur als Gelegenheits-, sondern auch als Dauerunternehmer, sind uralt und waren höchst universell verbreitet.

Nun hat aber der Okzident ein Maß von Bedeutung und, was dafür den Grund abgibt: Arten, Formen und Richtungen von Kapitalismus hervorgebracht, die anderwärts niemals bestanden haben. Es hat in aller Welt Händler: Groß- und Detailhändler, Platz- und Fernhändler, es hat Darlehensgeschäfte aller Art, es hat Banken mit höchst verschiedenen, aber doch denjenigen wenigstens etwa unseres 16. Jahrhunderts im Wesen ähnlichen Funktionen gegeben; Seedarlehen, Kommenden und kommanditartige Geschäfte und Assoziationen sind, auch betriebsmäßig, weit verbreitet gewesen. Wo immer *Geld*finanzen der öffentlichen Körperschaften bestanden, da erschien der Geldgeber – in Babylon, Hellas, Indien, China, Rom –: für die Finanzierung vor allem der Kriege und des Seeraubes, für Lieferungen und Bauten aller Art, bei überseeischer Politik als Kolonialunternehmer, als Plantagenerwerber und -betreibender mit Sklaven oder mit direkt oder indirekt gepreßten Arbeitern, für Domänen-, Amts- und, vor allem, für Steuerpacht, für die Finanzierung von Parteichefs zum Zweck von Wahlen und von Kondottieren zum Zweck von Bürgerkriegen und schließlich: als »Spekulant« in geldwerten Chancen aller Art. Diese Art von Unternehmerfiguren: die kapitalistischen *Abenteurer,* hat es in aller Welt gegeben. Ihre Chancen waren – mit Ausnahme des Handels und der Kredit- und Bankgeschäfte – dem Schwerpunkt nach entweder rein irrational-spekulativen Charakters, oder aber sie waren an dem Erwerb durch Gewaltsamkeit, vor allem dem Beuteerwerb: aktuell-kriegerischer oder chronisch-fiskalischer Beute (Untertanen-Ausplünderung), orientiert.

Der Gründer-, Großspekulanten-, Kolonial- und der moderne Finanzierungskapitalismus schon im Frieden, vor allem aber aller spezifisch *kriegs*orientierte Kapitalismus tragen auch in der okzidentalen Gegenwart noch oft dieses Gepräge, und einzelne – nur: einzelne – Teile des internationalen Großhandels stehen ihm, heute wie von jeher, nahe. Aber der Okzident kennt in der *Neuzeit* daneben eine ganz andere und nirgends sonst auf der Erde entwickelte Art des Kapitalismus: die rational-kapitalistische [betriebliche] Organisation von (formell) *freier Arbeit.* Nur Vorstufen dafür finden sich anderwärts. Selbst die Organisation *unfreier* Arbeit hat ja nur in den Plantagen und, in sehr begrenztem Maß, in den Ergasterien der Antike eine gewisse Rationalitätsstufe erreicht, eine eher noch geringere in den Fronhöfen und Gutsfabriken oder grundherrlichen Hausindustrien mit Leibeigenen- oder Hörigenarbeit in der beginnenden Neuzeit. Für freie Arbeit finden sich selbst eigentliche »Hausindustrien« außerhalb des Okzidents nur vereinzelt sicher bezeugt, und die natürlich überall sich findende Taglöhnerverwendung hat – mit sehr wenigen und sehr besonders, jedenfalls aber: sehr abweichend von modernen Betriebsorganisationen, gearteten Ausnahmen (speziell: Staatsmonopolbetrieben) – nicht zu Manufakturen und nicht einmal zu einer rationalen Lehrorganisation des Handwerks vom Gepräge des okzidentalen Mittelalters geführt. Die an den Chancen des *Gütermarktes,* nicht an gewaltpolitischen oder an irrationalen Spekulationschancen, orientierte, rationale Betriebsorganisation ist aber nicht die einzige Sondererscheinung des okzidentalen Kapitalismus. Die moderne rationale Organisation des kapitalistischen Betriebs wäre nicht möglich gewesen ohne zwei weitere wichtige Entwicklungselemente: die *Trennung von Haushalt und Betrieb,* welche das heutige Wirtschaftsleben schlechthin beherrscht, und, damit eng zusammenhängend, die rationale *Buchführung.* Örtliche Trennung der Werk- oder Verkaufsstätten von der Behausung findet sich auch sonst (im orientalischen Bazar und in den Ergasterien anderer Kulturgebiete). Und auch die Schaffung von kapitalistischen Assoziationen mit gesonderter Betriebsrechnung findet sich in Ostasien wie im Orient und in der Antike. Aber: gegenüber der modernen Verselbständigung der Erwerbsbetriebe sind das doch nur Ansätze. Vor allem aus dem Grunde, weil die *inneren* Mittel dieser Selbständigkeit: sowohl unsere rationale Betriebs*buchführung* wie unsere *rechtliche* Sonderung von Betriebsvermögen und persönlichem Vermögen, ganz fehlen oder nur in Anfängen entwickelt sind[2]. Die Entwicklung hat überall sonst dazu geneigt, Erwerbsbetriebe als Teile eines fürstlichen oder grundherrlichen Groß*haushalts* (des »Oikos«) entstehen zu lassen: eine, wie schon Rodbertus erkannt hatte, bei mancher scheinbaren Verwandtschaft doch höchst abweichende, geradezu entgegengesetzte, Entwicklung.

Ihre heutige Bedeutung aber haben alle diese Besonderheiten des abendländischen Kapitalismus letztlich erst durch den Zusammenhang mit der kapitalistischen *Arbeits*organisation erhalten. Auch das, was man die »Kommerzialisierung« zu nennen pflegt: die Wertpapierentwicklung und die Rationalisierung der Spekulation: die Börse, steht damit im Zusammenhang. Denn ohne kapitalistisch-rationale Arbeitsorganisation wäre dies alles, auch die Entwicklung zur »Kommerzialisierung«, soweit überhaupt möglich, nicht entfernt von der gleichen Tragweite, vor allem für die soziale Struktur und alle mit ihr zusammenhängenden spezifisch modern okzidentalen Probleme. Eine exakte Kalkulation: die Grundlage alles andern, ist eben nur auf dem Boden *freier* Arbeit möglich. Und wie – und weil – keine rationale Arbeitsorganisation, so – und deshalb – hat die Welt außerhalb des modernen Okzidents auch keinen rationalen *Sozialismus* gekannt. Gewiß: ebenso wie Stadtwirtschaft, städtische Nahrungspolitik, Merkantilismus und Wohlfahrtspolitik der Fürsten, Rationierungen, regulierte Wirtschaft, Protektionismus und Laissez-faire-Theorien (in China), so hat die Welt auch kommunistische und sozialistische Wirtschaften sehr verschiedener Gepräge gekannt: familiär, religiös oder militaristisch bedingten Kommunismus, staatssozialistische (in Ägypten), monopol-kartellistische und auch Konsumentenorganisationen verschiedenster Art. Aber ebenso wie – obzwar es doch überall einmal städtische Marktprivilegien, Zünfte, Gilden und allerhand rechtliche Scheidungen zwischen Stadt und Land in der verschiedensten Form gab – der Begriff des »Bürgers« überall außer im Okzident und der Begriff der »Bourgeoisie« überall außer im modernen Okzident fehlte, so fehlte auch das »Proletariat« als *Klasse* und mußte fehlen, weil eben die rationale Organisation *freier Arbeit* als *Betrieb* fehlte. »Klassenkämpfe« zwischen Gläubiger- und Schuldnerschichten, Grundbesitzern und Besitzlosen oder Fronknechten oder Pächtern, Handelsinteressenten und Konsumenten oder Grundbesitzern, hat es in verschiedener Konstellation überall längst gegeben. Aber schon die okzidental-mittelalterlichen Kämpfe zwischen Verlegern und Verlegten finden sich anderwärts nur in Ansätzen. Vollends fehlt der moderne Gegensatz: großindustrieller Unternehmer und freier Lohnarbeiter. Und daher konnte es auch eine Problematik von der Art, wie sie der moderne Sozialismus kennt, nicht geben.

In einer Universalgeschichte der Kultur ist also für uns, rein wirtschaftlich, das zentrale Problem letztlich *nicht* die überall nur in der Form wechselnde Entfaltung kapitalistischer Betätigung als solcher: des Abenteurertypus oder des händlerischen oder des an Krieg, Politik, Verwaltung und ihren Gewinnchancen orientierten Kapitalismus. Sondern vielmehr die Entstehung des *bürgerlichen Betriebs*kapitalismus mit seiner rationalen Organisation der *freien Arbeit*. Oder, kulturgeschichtlich gewendet: die Entstehung des abendländischen *Bürgertums* und seiner Eigenart, die freilich mit der Entstehung kapitalistischer Arbeitsorganisation zwar in nahem Zusammenhang steht, aber natürlich doch nicht einfach identisch ist. Denn »Bürger« im ständischen Sinn gab es schon vor der Entwicklung des spezifisch abendländischen Kapitalismus. Aber freilich: *nur* im Abendland. Der spezifisch moderne okzidentale Kapitalismus nun ist zunächst offenkundig in starkem Maße durch Entwicklungen von *technischen* Möglichkeiten mitbestimmt. Seine Rationalität ist heute wesenhaft bedingt durch *Berechenbarkeit* der technisch entscheidenden Faktoren: der Unterlagen exakter Kalkulation. Das heißt aber in Wahrheit: durch die Eigenart der abendländischen Wissenschaft, insbesondere der mathematisch und experimentell exakt und rational fundierten Naturwissenschaften. Die Entwicklung dieser Wissenschaften und der auf ihnen beruhenden Technik erhielt und erhält nun ihrerseits entscheidende Impulse von den kapitalistischen Chancen, die sich an ihre wirtschaftliche Verwertbarkeit als Prämien knüpfen. Zwar nicht die Entstehung der abendländischen Wissenschaft ist durch solche Chancen bestimmt worden. Gerechnet, mit Stellenzahlen gerechnet, Algebra getrieben haben auch die Inder, die Erfinder des Positionszahlensystems, welches erst in den *Dienst* des sich entwickelnden Kapitalismus im Abendland trat, in Indien aber keine moderne Kalkulation und Bilanzierung schuf. Auch die Entstehung der Mathematik und Mechanik war nicht durch kapitalistische Interessen bedingt. Wohl aber wurde die *technische* Verwendung wissenschaftlicher Erkenntnisse: dieses für die Lebensordnung unserer Massen Entscheidende, durch ökonomische Prämien bedingt, welche im Okzident gerade darauf gesetzt waren. Diese Prämien aber flossen aus der Eigenart der *Sozial*ordnung des Okzidents. Es wird also gefragt werden müssen: aus *welchen* Bestandteilen dieser Eigenart?, da zweifellos nicht alle gleich wichtig gewesen sein werden. Zu den unzweifelhaft wichtigen gehört die rationale Struktur des *Rechts* und der Verwaltung. Denn der moderne rationale Betriebskapitalismus bedarf, wie der berechenbaren technischen Arbeitsmittel, so auch des berechenbaren Rechts und der Verwaltung nach formalen Regeln, ohne welche zwar Abenteurer- und spekulativer Händlerkapitalismus und alle möglichen Arten von politisch bedingtem Kapitalismus, aber kein rationaler privatwirtschaftlicher Betrieb mit stehendem Kapital und sicherer *Kalkulation* möglich ist. Ein solches Recht und eine solche Verwaltung nun stellte der Wirtschaftsführung in *dieser* rechtstechnischen und formalistischen Vollendung *nur* der Okzident zur Verfügung. Woher hat er jenes Recht?, wird man also fragen müssen. Es haben, neben anderen Umständen, *auch* kapitalistische Interessen ihrerseits unzweifelhaft der Herrschaft des an rationalem Recht fachgeschulten Juristenstandes in Rechtspflege und Verwaltung die Wege geebnet, wie jede Untersuchung zeigt. Aber keineswegs nur oder vornehmlich sie. Und nicht sie haben jenes Recht aus sich *geschaffen.* Sondern noch ganz andere Mächte waren bei dieser Entwicklung tätig. Und warum taten die kapitalistischen Interessen das gleiche nicht in China oder Indien? Warum lenkten dort überhaupt weder die wissenschaftliche noch die künstlerische noch die staatliche noch die wirtschaftliche Entwicklung in diejenigen Bahnen der *Rationalisierung* ein, welche dem Okzident eigen sind?

Denn es handelt sich ja in allen den angeführten Fällen von Eigenart offenbar um einen spezifisch gearteten »Rationalismus« der okzidentalen Kultur. Nun kann unter diesem Wort höchst Verschiedenes verstanden werden – wie die späteren Darlegungen wiederholt verdeutlichen werden. Es gibt z. B. »Rationalisierungen« der mystischen Kontemplation, also: von einem Verhalten, welches, von anderen Lebensgebieten her gesehen, spezifisch »irrational« ist, ganz ebenso gut wie Rationalisierungen der Wirtschaft, der Technik, des wissenschaftlichen Arbeitens, der Erziehung, des Krieges, der Rechtspflege und Verwaltung. Man kann ferner jedes dieser Gebiete unter höchst verschiedenen letzten Gesichtspunkten und Zielrichtungen »rationalisieren,« und was von einem [Blickpunkt] aus »rational« ist, kann, vom andern aus betrachtet, »irrational« sein. Rationalisierungen hat es daher auf den verschiedenen Lebensgebieten in höchst verschiedener Art in allen Kulturkreisen gegeben. Charakteristisch für deren kulturgeschichtlichen Unterschied ist erst: *welche* Sphären und in welcher Richtung sie rationalisiert wurden. Es kommt also zunächst wieder darauf an: die besondere *Eigenart* des okzidentalen und, innerhalb dieses, des modernen okzidentalen, Rationalismus zu erkennen und in ihrer Entstehung zu erklären. Jeder solche Erklärungsversuch muß, der fundamentalen Bedeutung der Wirtschaft entsprechend, vor allem die ökonomischen Bedingungen berücksichtigen. Aber es darf auch der umgekehrte Kausalzusammenhang darüber nicht unbeachtet bleiben. Denn wie von rationaler Technik und rationalem Recht, so ist der ökonomische Rationalismus in seiner Entstehung auch von der Fähigkeit und Disposition der Menschen zu bestimmten Arten praktisch-rationaler *Lebensführung* überhaupt abhängig. Wo diese durch Hemmungen seelischer Art obstruiert war, da stieß auch die Entwicklung einer *wirtschaftlich* rationalen Lebensführung auf schwere innere Widerstände. Zu den wichtigsten formenden Elementen der Lebensführung nun gehörten in der Vergangenheit überall die magischen und religiösen Mächte und die am Glauben an sie verankerten ethischen Pflichtvorstellungen. Von *diesen* ist in den nachstehend gesammelten und ergänzten Aufsätzen die Rede.

Es sind dabei zwei ältere Aufsätze an die Spitze gestellt, welche versuchen, in *einem* wichtigen Einzelpunkt der meist am schwierigsten zu fassenden Seite des Problems näher zu kommen: der Bedingtheit der Entstehung einer »Wirtschaftsgesinnung«: des »Ethos« einer Wirtschaftsform, durch bestimmte religiöse Glaubensinhalte, und zwar an dem Beispiel der Zusammenhänge des modernen Wirtschaftsethos mit der rationalen Ethik des asketischen Protestantismus. Hier wird also nur der *einen* Seite der Kausalbeziehung nachgegangen. Die späteren Aufsätze über die »Wirtschaftsethik der Weltreligionen« versuchen, in einem Überblick über die Beziehungen der wichtigsten Kulturreligionen zur Wirtschaft und sozialen Schichtung ihrer Umwelt, *beiden* Kausalbeziehungen soweit nachzugehen, als notwendig ist, um die *Vergleichs*punkte mit der weiterhin zu analysierenden okzidentalen Entwicklung zu finden. Denn nur so läßt sich ja die einigermaßen eindeutige kausale *Zurechnung* derjenigen Elemente der okzidentalen religiösen Wirtschaftsethik, welche ihr im Gegensatz zu anderen eigentümlich sind, überhaupt in Angriff nehmen. Diese Aufsätze wollen also nicht etwa als – sei es auch noch so gedrängte – umfassende Kulturanalysen gelten. Sondern sie betonen in jedem Kulturgebiet ganz geflissentlich das, was im *Gegensatz* stand und steht zur okzidentalen Kulturentwicklung. Sie sind also durchaus orientiert an dem, was unter *diesem* Gesichtspunkt bei Gelegenheit der Darstellung der okzidentalen Entwicklung wichtig erscheint. Ein anderes Verfahren schien bei dem gegebenen Zweck nicht wohl möglich. Aber es muß zur Vermeidung von Mißverständnissen hier auf diese Begrenztheit des Zwekkes ausdrücklich hingewiesen werden. Und noch in einer anderen Hinsicht muß wenigstens der Unorientierte vor einer Überschätzung der Bedeutung dieser Darstellungen gewarnt werden. Der Sinologe, Indologe, Semitist, Ägyptologe wird in ihnen natürlich nichts ihm sachlich Neues finden. Wünschenswert wäre nur, daß er nichts zur Sache *Wesentliches* findet, was er als sachlich *falsch* beurteilen muß. Wie weit es gelungen ist, diesem Ideal wenigstens so nahezukommen, wie ein Nichtfachmann dazu überhaupt imstande ist, kann der Verfasser nicht wissen. Es ist ja ganz klar, daß jemand, der auf die Benutzung von Übersetzungen und im übrigen darauf angewiesen ist, über die Art der Benutzung und Bewertung der monumentalen, dokumentarischen oder literarischen Quellen sich in der häufig sehr kontroversen Fachliteratur zu orientieren, die er seinerseits in ihrem Wert nicht selbständig beurteilen kann, allen Grund hat, über den Wert seiner Leistung sehr bescheiden zu denken. Um so mehr, als das Maß der vorliegenden Übersetzungen wirklicher »Quellen« (d. h. von Inschriften und Urkunden) teilweise (besonders für China) noch sehr klein ist im Verhältnis zu dem, was vorhanden und wichtig ist. Aus alledem folgt der vollkommen *provisorische* Charakter dieser Aufsätze, insbesondere der auf Asien sich beziehenden Teile[3]. Nur den Fachmännern steht ein endgültiges Urteil zu. Und nur weil, begreiflicherweise, fachmännische Darstellungen mit diesem besonderen Ziel und unter diesen besonderen Gesichtspunkten bisher nicht vorlagen, sind sie überhaupt geschrieben worden. Sie sind in einem ungleich stärkeren Maß und Sinn dazu bestimmt, bald »überholt« zu werden, als dies letztlich von aller wissenschaftlichen Arbeit gilt. Es läßt sich nun einmal, bei derartigen Arbeiten, ein solches vergleichendes Übergreifen auf andere Fachgebiete, so bedenklich es ist, nicht vermeiden; aber man hat dann eben die Konsequenz einer sehr starken Resignation in bezug auf das

Maß des Gelingens zu ziehen. Mode oder Literatensehnsucht glaubt heute gern, den Fachmann entbehren oder zum Subalternarbeiter für den »Schauenden« degradieren zu können. Fast alle Wissenschaften verdanken Dilettanten irgend etwas, oft sehr wertvolle Gesichtspunkte. Aber der Dilettantismus als Prinzip der Wissenschaft wäre das Ende. Wer »Schau« wünscht, gehe ins Lichtspiel; sie wird ihm heute massenhaft auch in literarischer Form auf eben diesem Problemfeld gegeboten[4]. Nichts liegt den überaus nüchternen Darlegungen dieser der Absicht nach streng empirischen Studien ferner als diese Gesinnung. Und – möchte ich hinzusetzen – wer »Predigt« wünscht, gehe ins Konventikel. Welches *Wert*verhältnis zwischen den hier vergleichend behandelten Kulturen besteht, wird hier mit keinem Wort erörtert. Daß der Gang von Menschheitsschicksalen dem, der einen Ausschnitt daraus überblickt, erschütternd an die Brust brandet, ist wahr. Aber er wird gut tun, seine kleinen persönlichen Kommentare für sich zu behalten, wie man es vor dem Anblick des Meeres und des Hochgebirges auch tut – es sei denn, daß er sich zu künstlerischer Formung oder zu prophetischer Forderung berufen und begabt weiß. In den meisten anderen Fällen verhüllt das viele Reden von »Intuition« nichts anderes als eine Distanzlosigkeit zum Objekt, die ebenso zu beurteilen ist wie die gleiche Haltung zum Menschen.

Der Begründung bedarf es, daß für die hier verfolgten Ziele die *ethnographische* Forschung entfernt nicht so herangezogen ist, wie es bei deren heutigem Stand für eine wirklich eindringende Darstellung insbesondere der asiatischen Religiosität natürlich unumgänglich wäre. Es geschah dies nicht nur deshalb, weil menschliche Arbeitskraft ihre Grenzen hat. Sondern vornehmlich schien es deshalb erlaubt, weil es hier gerade auf die Zusammenhänge der religiös bestimmten Ethik jener Schichten ankommen mußte, welche »Kulturträger« des betreffenden Gebiets waren. Um die Einflüsse, welche *deren* Lebensführung geübt hat, handelt es sich ja. Es ist nun völlig richtig, daß auch diese in ihrer Eigenart nur wirklich zutreffend zu erfassen sind, wenn man den ethnographisch-volkskundlichen Tatbestand damit konfrontiert. Es sei also nachdrücklich zugestanden und betont, daß hier eine Lücke besteht, welche der Ethnograph mit gutem Recht beanstanden muß. Einiges zu ihrer Ausfüllung hoffe ich bei einer systematischen Bearbeitung der Religionssoziologie tun zu können. Den Rahmen dieser Darstellung mit ihren begrenzten Zwecken hätte ein solches Unternehmen aber überschritten. Sie mußte sich mit dem Versuch begnügen, die *Vergleichs*punkte zu unseren okzidentalen *Kultur*religionen tunlichst aufzudecken.

Schließlich sei auch der *anthropologischen* Seite der Probleme gedacht. Wenn wir immer wieder – auch auf (scheinbar) unabhängig voneinander sich entwickelnden Gebieten der Lebensführung – im Okzident, und *nur* dort, bestimmte *Arten* von Rationalisierungen sich entwickeln finden, so liegt die Annahme, daß hier *Erb*qualitäten die entscheidende Unterlage boten, natürlich nahe. Der Verfasser bekennt, daß er persönlich und subjektiv die Bedeutung des biologischen Erbgutes hoch einzuschätzen geneigt ist. Nur sehe ich, trotz der bedeutenden Leistungen der anthropologischen Arbeit, z. Z. noch keinerlei Weg, seinen Anteil an der *hier* untersuchten Entwicklung nach Maß und – vor allem – nach Art und Einsatzpunkten irgendwie exakt zu erfassen oder auch nur vermutungsweise anzudeuten. Es wird gerade eine der Aufgaben soziologischer und historischer Arbeit sein müssen, zunächst möglichst alle jene Einflüsse und Kausalketten aufzudecken, welche durch Reaktionen auf Schicksale und Umwelt befriedigend erklärbar sind. Dann erst, und wenn außerdem die vergleichende Rassen-Neurologie und -Psychologie über ihre heute vorliegenden, im einzelnen vielversprechenden, Anfänge weiter hinausgekommen sind, wird man *vielleicht* befriedigende Resultate auch für jenes Problem erhoffen dürfen[5]. Vorerst scheint mir jene Voraussetzung zu fehlen und wäre die Verweisung auf »Erbgut« ein voreiliger Verzicht auf das *heute* vielleicht mögliche Maß der Erkenntnis und eine Verschiebung des Problems auf (derzeit noch) unbekannte Faktoren.

Anmerkungen

1 Hier wie in einigen anderen Punkten scheide ich mich auch von unserem verehrten Meister Lujo Brentano (in dessen Werk: Die Anfänge des modernen Kapitalismus, München 1916). Und zwar zunächst terminologisch. Weiterhin aber auch sachlich. Es scheint mir nicht zweckmäßig, so heterogene Dinge wie den Beuteerwerb und den Erwerb durch Leitung einer Fabrik unter dieselbe Kategorie zu bringen, noch weniger: als »Geist« des Kapitalismus – im Gegensatz zu anderen Erwerbsformen – jedes Streben nach Erwerb von *Geld* zu bezeichnen, weil mit dem zweiten m. E. alle Präzision der Begriffe, mit dem ersten vor allem die Möglichkeit: das Spezifische des okzidentalen Kapitalismus gegenüber anderen Formen herauszuarbeiten, verloren wird. Auch in G. Simmels Philosophie des Geldes (1900) ist »Geldwirtschaft ›und‹ Kapitalismus« viel zu sehr gleichgesetzt, zum Schaden auch der sachlichen Darlegungen. In W. Sombarts Schriften, vor allem auch der neuesten Auflage seines schönen Hauptwerks Der moderne Kapitalismus [²1916/17], tritt – wenigstens von meinem Problem aus gesehen – das *Spezifische* des Okzidents: die rationale Arbeitsorganisation,

sehr stark zugunsten von Entwicklungsfaktoren zurück, welche überall in der Welt wirksam waren.

2 Natürlich darf der Gegensatz nicht absolut gefaßt werden. Aus dem politisch orientierten (vor allem: dem Steuerpacht-) Kapitalismus sind schon in der mittelländischen und orientalischen Antike, aber wohl auch in China und Indien, rationale *Dauer*betriebe erwachsen, deren Buchführung – uns nur in kümmerlichen Bruchstücken bekannt – »rationalen« Charakter gehabt haben dürfte. Auf das engste berührt sich ferner der politisch orientierte »Abenteurer«-Kapitalismus mit dem rationalen Betriebskapitalismus in der Entstehungsgeschichte der zumeist aus *politischen*, kriegerisch motivierten, Geschäften entstandenen modernen *Banken*, auch noch der Bank von England. Der Gegensatz der Individualität Patersons z. B. – eines typischen »promoter« – zu jenen Mitgliedern des Direktoriums, welche den Ausschlag für dessen dauernde Haltung gaben und sehr bald als »The Puritan usurers of Grocers' Hall« charakterisiert wurden, ist dafür bezeichnend, ebenso die Entgleisung der Bankpolitik dieser »solidesten« Bank noch gelegentlich der South Sea-Gründung. Also: der Gegensatz ist, natürlich, ganz flüssig. Aber er ist *da*. Rationale *Arbeits*organisationen haben die großen promoters und financiers ebensowenig geschaffen wie – wiederum: im allgemeinen und mit Einzelausnahmen – die typischen Träger des Finanz- und politischen Kapitalismus: die Juden. Sondern das taten (als Typus!) ganz andere Leute.

3 Auch die Reste meiner hebräischen Kenntnisse sind ganz unzulänglich.

4 Ich brauche nicht zu sagen, daß darunter nicht etwa Versuche wie die von K. Jaspers (in seinem Buch über Psychologie der Weltanschauungen, 1919) oder andererseits Ludwig Klages (Prinzipien der Charakterologie, Leipzig 1910) und ähnliche Studien fallen, die sich von dem hier Versuchten durch die Art des Ausgangspunktes unterscheiden. Zu einer Auseinandersetzung wäre hier nicht der Raum.

5 Die gleiche Ansicht sprach mir vor Jahren ein sehr hervorragender Psychiater aus.

REINHARD BENDIX

Max Webers Soziologie heute

Zur Orientierung füge ich hier eine kurze Aufgliederung des Vortrags hinzu. Zunächst skizziere ich die Ausgangsposition Webers im persönlichen Bereich und die gegenwärtige Lage der Weber-Diskussion, wie ich sie sehe. Danach befasse ich mich mit dem zentralen Thema Max Webers, dem Begriff der Rationalisierung, den ich gegen den Gedankengang der Entwicklungstheorie abzugrenzen und dessen gegenwärtige Aktualität ich zu kennzeichnen suche. Darauf folgt eine kurze Charakterisierung der geistesgeschichtlichen Position und der wissenschaftstheoretischen Grundeinstellung Webers. Von hier aus versuche ich den systematischen Kern des Weberschen Werkes im Zusammenhang mit zwei Themen zu erhellen: der Beziehung von Idee und Interesse auf der Basis der sozialen Schichtung, und der Beziehung von Legitimität und Organisation in den bekannten Typen der Herrschaft.

Berlin war die Stadt des Elternhauses von Max Weber und die Stätte seiner ersten Tätigkeit. Im Alter von 28 Jahren wurde Weber als Vertreter seines Lehrers Levin Goldschmidt akademisch tätig und im folgenden Jahr wurde er zu einer außerordentlichen Professur für Handelsrecht berufen. Aber noch vor Anfang seiner so vielversprechenden akademischen Laufbahn macht sich Webers tief angelegte Ambivalenz bemerkbar. Vor seiner Habilitation bewirbt er sich um eine Syndikusstelle in Bremen. Er schreibt an seinen Onkel: »Ich habe eine ganz außerordentliche Sehnsucht nach einer praktischen Stellung ...« Und noch während der Vorerörterungen zu seiner Berufung nach Freiburg meint er, daß er nicht »ein eigentlicher Gelehrter« sei, weil wissenschaftliche Tätigkeit für ihn »mit dem Begriff einer Ausfüllung der Mußestunden verknüpft« ist[1].

Zugleich aber begann Weber seine wissenschaftliche Arbeit mit einer Intensität, die die ihm Nahestehenden mit Sorge erfüllte und die nicht nachließ, solange er überhaupt arbeitsfähig blieb. Es ist bekannt,

---

Gedenkrede zur Hundertjahrfeier Max Webers an der Freien Universität Berlin, gehalten am 7. Juli 1964 (bisher unveröffentlicht).

daß diese spannungsgeladene Diskrepanz von Praxis und Theorie, von Leidenschaft und Objektivität, von Dezisionismus und abwägendem Urteil in persönlichen und politischen Fragen, von knappem Stil und syntaktischen Monstrositäten, von lapidaren Urteilen und wissenschaftlicher Akribie, Weber Zeit seines Lebens charakterisierte. Mir will scheinen, daß die gleiche Geisteshaltung auch für den Inhalt seiner wissenschaftlichen Arbeiten bestimmend wurde, in dem Sinne nämlich, daß Weber sein passioniertes Interesse am rein Faktischen immer wieder durch seine gleichfalls passionierte Arbeit an dem begrifflichen Rüstzeug zu bändigen suchte; ich komme noch darauf zurück.

Die Hundertjahrfeier, zu der wir uns hier zusammengefunden haben, ist ein willkommener Anlaß für den Versuch, die Gesamtkonzeption des Weberschen Werkes zu skizzieren. Die weltweite Anerkennung, die dieses Werk in wissenschaftlichen Kreisen gefunden hat, hat Max Weber zu einem Klassiker der modernen Sozialwissenschaft gemacht. Aber er ist ein unbequemer Klassiker, der sich durch eine Art Polyphonie der Ideen und der Gedankenführung auszeichnet. Die Vielschichtigkeit seines Werkes enthält Ansatzpunkte für die verschiedensten Interpretationen. Dafür spricht, daß man in den letzten Jahren nicht nur Webers politische Ideen, sondern auch seine sozialwissenschaftlichen Begriffe, wie etwa Charisma, wirtschaftliche Rationalität, Wertfreiheit u. a., für und wider die demokratischen und diktatorischen Tendenzen der modernen Gesellschaft, für und wider die kulturellen Auswirkungen der sog. Massengesellschaft, für und wider die fortschrittlichen oder reaktionären Konsequenzen der modernen Wissenschaft in Anspruch genommen hat. In diesen Zusammenhang gehört auch die auffallende Unterschiedlichkeit der Rezeption im Deutschland und Amerika der Nachkriegszeit, die jüngst auf dem 15. Deutschen Soziologentag zum Ausdruck kam. Deutsche Sozialwissenschaftler haben immer wieder die gefährlichen Keime des Weberschen Gedankengutes herausgestellt, während amerikanische Sozialwissenschaftler größeres Interesse an dem sachlichen Kern seines Werkes bekundeten. Dabei darf nicht unerwähnt bleiben, daß einige Kollegen gegen diese Trennung selbst protestieren. Bei voller Konsequenz würde ihre Stellung bedeuten, daß die Möglichkeit einer Diskussion über diese verschiedenen Interpretationen und darüber hinaus die Möglichkeit sozialwissenschaftlicher Begriffsbildung überhaupt in Frage gestellt werden.

Angesichts dieser Sachlage ist es unergiebig, für die eine oder andere Interpretation als der allein möglichen ins Feld zu ziehen. Vielmehr erinnert die Mehrdeutigkeit des Weberschen Werkes an das Wort Jakob Burckhardts, der zu erwägen gibt, daß noch nach tausend Jahren ein Interpret des Thukydides einen Satz in einer Weise wird sehen können, wie er bis dahin nicht gesehen worden war. Doch die Vielheit der Interpretationen ist begrenzt durch die Anzahl sinnvoller Fragestellungen, selbst wenn diese Begrenzung weit und schwer bestimmbar ist. Jedenfalls bleibt geistige Verständigung möglich, solange wir gewillt sind, die Problemstellung der eigenen Perspektive in Anrechnung zu stellen (was Max Weber als »Wertbeziehung« bezeichnet hat) und zugleich andere Problemstellungen grundsätzlich zu bejahen, allerdings unter der Voraussetzung, daß sie die Fortsetzung dieses geistigen Dialogs nicht unmöglich machen. Im gegenwärtigen Fall werde ich zu zeigen versuchen, daß die systematische Offenheit der Fragestellung und Begriffsbildung ein (ich betone: *ein*) Kennzeichen des Weberschen Werkes ausmacht und daß sich von hier aus Perspektiven für eine vergleichende sozialwissenschaftliche Forschung ergeben, die Webers Wissenschaftlichkeit wahlverwandt sind. Damit ist schon gesagt, daß mir mehr daran liegt, im Sinne Webers weiterzuarbeiten, weil ich in seinem Werke fruchtbare Ansatzpunkte für eine solche Weiterarbeit finde, als die vielen vorhandenen Interpretationen um eine weitere zu vermehren.

Für den Versuch einer Gesamtbetrachtung bietet sich nun ein im Werke selbst enthaltener Begriff an: der der Rationalisierung. In seiner Einleitung zu den »Gesammelten Aufsätzen zur Religionssoziologie« hat Weber die zentrale Bedeutung dieses Begriffes in seiner Wertbezogenheit mit folgenden Worten formuliert:

> »Universalgeschichtliche Probleme wird der Sohn der modernen europäischen Kulturwelt unvermeidlicher- und berechtigterweise unter der Fragestellung behandeln: welche Verkettung von Umständen hat dazu geführt, daß gerade auf dem Boden des Okzidents, und nur hier, Kulturerscheinungen auftraten, welche doch – wie wenigstens wir uns gern vorstellen – in einer Entwicklungsrichtung von universeller Bedeutung und Gültigkeit lagen[2]?«

Unmittelbar darauf folgt die Aufzählung dieser abendländischen Kulturerscheinungen auf dem Gebiet der Wissenschaft, der Kunst, der Universität, der Beamtenorganisation und dem Fachmenschentum überhaupt, des Rechts und, vor allem, des Kapitalismus, die insgesamt eine innerlich wahlverwandte, auf technischen Kalkulationen basierende Form der Rationalisierung aufweisen.

Thematisch also scheint die Antwort auf die Frage nach dem Grundthema der wissenschaftlichen Arbeiten Webers eine eindeutige zu sein, und ich möchte die Aktualität dieses Themas unterstreichen. Wenn Marx in seiner Einleitung zum »Kapital« darauf hinwies, daß England durch seine vorausgehende industrielle Entwicklung das Modell abgab für die wirtschaftliche Entwicklung anderer Länder, so hat Weber umgekehrt die Einmaligkeit der westeuropäischen Geschichte und Gesellschaftsstruktur und damit die Unwiederholbarkeit dieses historischen Vorgangs betont und im einzelnen analysiert. Sicher hat Weber die sich aus dieser Perspektive ergebende Problematik für die Analyse anderer Sozialstrukturen und ihrer Entwicklung nicht vollends geklärt, aber man erinnere sich daran, unter welchen Schwierigkeiten moderne Sozialwissenschaftler sich bei ihrer Analyse der sogenannten Entwicklungsländer von rein westlichen Kategorien zu befreien suchen, um den Ausgangspunkt der Weberschen Analyse auf ihre Weise zurückzugewinnen.

Und doch ist diese thematische Charakterisierung des Weberschen Werkes unbefriedigend. Der Begriff der Rationalisierung täuscht vor, daß es sich hier um eine eindeutige Entwicklung handelt, vom magischen zum wissenschaftlichen Denken etwa oder von einer primär politischen zu einer primär kapitalrechnungsmäßigen Orientierung des Erwerbs[3].

Natürlich kann man Stellen in Weber zitieren, in denen er die »Entzauberung der Welt« in dieser Weise charakterisiert, aber isolierte Zitate ergeben nur eine Karikatur. Ein Studium des Gesamtwerkes ergibt vielmehr, daß für Weber die Mehrdeutigkeit und daher Fragwürdigkeit der Rationalisierung ein wesentliches Element der Entwicklung selbst ist. Dafür zwei einfache Beispiele. Im »Antiken Judentum« ist das große Thema die Entmagisierung (»Entzauberung«) des religiösen Glaubens durch das Werk der alttestamentarischen Prophetie. Zwar hat die neuere Literatur insbesondere Webers scharfe Unterscheidung zwischen Prophetie und Priestertum in Frage gestellt, aber für unsere Zwecke genügt es darauf hinzuweisen, daß Weber die Tendenz zur Entmagisierung des Glaubens bis in die ekstatischen Trancezustände der Propheten hin verfolgte, dann aber andererseits die Erstarrung dieser Dynamik durch die ritualisierte Gesetzestreue des nach der Babylonischen Gefangenschaft sich entwickelnden Rabbinertums so scharf wie möglich betonte. Hier also zeigt sich das Resultat der Rationalisierung in der Irrationalität des Ritus und in der Inhaltsentleerung ursprünglich sinnvoller und symbolträchtiger Gesetze. Weiter: In seinem berühmten Protestantismus-Aufsatz hat Weber, wie bekannt, die Prädestinationslehre Calvins zum Angelpunkt seiner Analyse gemacht. Schon hier kann man die bewußte Paradoxie des Weberschen

Ansatzes mit Händen greifen, denn er betont zugleich die gesteigerte Rationalität theologischer Doktrinbildung und die absolute, ja systematisch konzipierte Unfaßbarkeit des Willen Gottes. Doch hier ist das Paradoxon der Rationalisierung noch auf die geistige Welt beschränkt, während Weber sich zugleich für die Analyse menschlicher Verhaltensweisen interessierte. Im Zentrum dieser Analyse steht die, durch Doktrin und Predigt ausgelöste, religiöse Angst des Gläubigen um das Heil seiner Seele, die das Motiv abgab für die methodisch durchgeführte Ordnung des menschlichen Lebens, in der Weber den Kern des kapitalistischen Geistes sah. Aber auch hier, im Zentrum dessen, was Weber unter Rationalisierung verstand, zeigt sich eine analoge Offenheit seiner Gesamtkonzeption. Die Systematisierung der puritanischen Lebensführung gilt nicht allein dem Erwerbsleben, sondern greift auf alle anderen Ebenen über; jede Tätigkeit gefährdet das Seelenheil, wenn sie von der Erfüllung menschlicher Pflichten Gott gegenüber ablenkt. Das gilt für die Kunst, die in den meisten ihrer Formen an die menschliche Sinnlichkeit appelliert; es gilt für den Schlaf, wenn er über das erforderliche Mindestmaß hinausgeht. Es gilt mehr allgemein für das gesamte menschliche Gefühlsleben, das uns in Liebe und Freundschaft an unsere Nächsten bindet und gerade dadurch von unserem gottgewollten und von Gott erfüllten Werk wegführt. Innerweltliche Askese mag also auf die Gestaltung des Erwerbslebens eine rationalisierende Wirkung ausüben, sie fordert aber zugleich einen hohen Preis, eine fast pathologisch anmutende Erstarrung des natürlichen Gefühls. Weber hat diese Konsequenz im einzelnen dargelegt, insbesondere in seiner Gegenüberstellung calvinistischer mit lutherischer Frömmigkeit, obwohl vielleicht gerade in diesem Punkt seine Darstellung von idealtypischer Verallgemeinerung nicht frei ist.

Aber hier interessiert lediglich die Feststellung, daß Rationalisierung für Weber alles andere als eine geradlinig sich entwickelnde Tendenz selbst der abendländischen Gesellschaft ist. Dieser Eindruck vermittelt sich dem Leser seiner Schriften vielmehr nur, weil Weber bewußt die Eigenart dieser Gesellschaft herausstellen will. Weber hat nicht nur diese seine Absicht immer wieder betont, er hat die andersartigen Rationalisierungsphänomene, insbesondere der chinesischen und indischen Gesellschaft im einzelnen analysiert, um dadurch die Eigenart der abendländischen Rationalisierung besser in den Griff zu bekommen, und er hat bei der Analyse dieser Eigenart die Mehrdeutigkeit des Phänomens selbst nie aus den Augen verloren. Wer sich durch die große Kontroverse um »Die Protestantische Ethik« dazu versucht fühlt, die Bedeutung des Puritanismus für Webers Konzeption der abendländischen Rationalisierung zu hoch einzuschätzen, sollte sich daran erinnern, daß Weber den Ursprung dieser eigenartigen Entwicklung im »Antiken Judentum« analysiert.

Wenn man so die Besonderheit der westeuropäischen Kultur *und* die Problematik ihrer Rationalisierung als zentrales Anliegen Webers auffaßt, so kann man sowohl die bleibende Bedeutung wie auch die zeitgeschichtliche Begrenzung dieses Themas heute klarer sehen als noch vor einem halben Jahrhundert. Zum einen sind wir durch die moderne Geschichte belehrt worden, daß die Methodik der Lebensführung in einem für die Industrialisierung förderlichen Sinne in Rußland und Japan, ja selbst in Deutschland, auf andere Faktoren als den Puritanismus oder selbst die Religion zurückzuführen ist, wobei allerdings die von Weber betonte Eigenart der jeweiligen Entwicklung als wichtiges Thema durchaus gelten bleibt. Zum anderen müssen wir uns aber heute von einer allein an Europa orientierten Fragestellung befreien, die einen Teil des Weberschen Werkes bestimmt hat. Denn selbst wenn wir die Eigenart der abendländischen Entwicklung stark betonen, so ist doch heute evident, daß die machtpolitischen und ideengeschichtlichen Auswirkungen dieser Entwicklung außerhalb Europas die verschiedensten Kulturen der Welt wieder und wieder vor eine Situation gestellt haben, in der nicht die autonome Entwicklung eines Landes, sondern vielmehr das Aufeinanderprallen europäischer Expansivkräfte mit einheimischen Sozialstrukturen das zentrale Problem darstellen. Paradoxerweise liegt aber in diesem Prozeß selbst eine indirekte Bestätigung der »positiven Kritik«, die Max Weber an der Theorie des historischen Materialismus geleistet hat. Denn das Zeitalter der Ideologien ist durch die Expansion Europas auf eine neue Ebene gekommen dadurch, daß in vielen Ländern die ideelle und politische Unabhängigkeit nunmehr als Voraussetzung ihrer wirtschaftlichen Entwicklung angesehen wird, sicherlich ein Vorgang, der mit der, die umgekehrte Kausalkette betonenden Denkweise von Karl Marx nur schwer in Zusammenhang gebracht werden kann. Eine Art Vulgärmarxismus mag heute in diesen Ländern populär sein, aber die wissenschaftliche Theorie des Marxismus ist durch die geschichtliche Erfahrung gerade dieser Länder von selbst widerlegt. Damit ist auch die Problematik Webers weniger aktuell geworden, dessen Protestantismus-Aufsatz jedenfalls den theoretischen Ansatzpunkt des historischen Materialismus – m. E. mit Erfolg – in Frage gestellt hat.

Wenn uns heute Max Webers Soziologie von ihrer Thematik her gesehen als zeitgebunden erscheint – bei allem bleibenden Interesse an der Eigenart der abendländischen Entwicklung – so ist doch das nur ein Teil des Gesamtwerkes. Man muß bedenken, daß Weber nicht nur den Marxismus rezipiert hat, sondern auch Elemente des Utilitarismus, der Historischen Schule, der Rechtswissenschaft sowie auch der Lebensphilosophie Diltheys und Nietzsches, des sozialen Darwinismus und der Philosophie Hegels, so daß sein soziologisches Werk als eine Synthese und Fortbildung der geistigen Welt des 19. Jahrhunderts zu verstehen ist. Hier ist nicht der Ort, diese geistesgeschichtliche Synthese näher zu analysieren. Es muß genügen, darauf hinzuweisen, daß man diese Synthese aus der Vielseitigkeit der geistigen Konfrontierungen ersehen kann, die Webers Werk kennzeichnen. Denn Weber hat gegen den historischen Materialismus die eigenständige Wirkung der Ideen geltend gemacht, gegen den Utilitarismus die idealen Elemente eines rein materiellen Erfolgsstrebens, gegen die Historische Schule und die Lebensphilosophie Diltheys die Unerläßlichkeit begrifflicher Unterscheidungen, gegen die Rechtswissenschaft die historischen Voraussetzungen und Grenzen selbst der formalisiertesten Begriffsbildung, gegen Nietzsches Um- und Entwertung des Christentums die Eigenständigkeit und weltgeschichtliche Bedeutung gerade der christlichen Ethik, gegen den sozialen Darwinismus die ethische Bedeutsamkeit und Problematik des Kampfes ums Dasein und gegen den Idealismus Hegels die soziale Standortsgebundenheit jeder geistigen Schöpfung. Wobei hinzugefügt sei, daß bei jeder dieser Konfrontierungen Elemente der gegnerischen Position doch auch wieder von Weber als fruchtbare Ansatzpunkte für das eigene Denken benutzt wurden. Es wird einleuchten, daß die Schwierigkeit, der Mangel an einer zusammenfassenden Systematik, aber auch der Gedankenreichtum und die nachhaltende Wirkung des Weberschen Werkes auf diese Vielseitigkeit der Perspektiven zurückzuführen ist. Dennoch will mir scheinen, daß sich aus dieser Vielfältigkeit ein systematischer Kern herausschälen läßt, nicht so sehr in thematischer als in theoretisch-begrifflicher Hinsicht, und ich wende mich nunmehr dem Versuch zu, diesen Eindruck zu substantiieren.

Dabei komme ich zunächst auf ein schon angeschnittenes Thema zurück, das sich, soviel ich sehe, wie ein roter Faden durch das Lebenswerk Webers zieht. Schon rein äußerlich muß dem Leser die Fülle des Stoffes einerseits, die von Weber selbst als pedantisch bezeichnete Kasuistik begrifflicher Formulierungen andererseits, ins Auge fallen. Immer wieder findet man Redewendungen, in denen Weber diese Zweispurigkeit betont hat. Zwei Beispiele dafür seien angeführt. In seinen religionssoziologischen Aufsätzen sagt Weber an einer Stelle, daß seine Darstellung sich die Freiheit nehme

»›unhistorisch‹ in dem Sinne zu sein, daß die Ethik der einzelnen Religionen systematisch wesentlich einheitlicher dargestellt wird, als sie es im Fluß der Entwicklung jemals war. Es müssen hier eine Fülle von Gegensätzen, die innerhalb der einzelnen Religionen lebten, von Entwicklungsansätzen und Zweigentwicklungen beiseite gelassen und also die für uns wichtigen Züge oft in einer größeren logischen Geschlossenheit und Entwicklungslosigkeit vorgeführt werden, als sie in der Realität sich vorfanden. Diese Vereinfachung würde historisch ›Falsches‹ *dann* ergeben, wenn sie willkürlich vorgenommen würde. Das aber ist, wenigstens der Absicht nach, nicht der Fall. Es sind vielmehr stets diejenigen Züge im Gesamtbilde einer Religion unterstrichen, welche für die Gestaltung der *praktischen* Lebensführung in ihren *Unterschieden* gegen andere Religionen die entscheidenden waren[4].«

Wenig später heißt es bezüglich der Analyse von Herrschaftsgebilden, daß die gewählte Art der Unterscheidung und Terminologie »mitnichten den Anspruch erhebt, die einzig mögliche zu sein, noch vollends: daß alle empirischen Herrschaftsgebilde einem dieser Typen ›rein‹ entsprechen müßten. Im geraden Gegenteil stellt die überwiegende Mehrzahl von ihnen Kombinationen oder einen Übergangszustand zwischen mehreren von ihnen dar. Wir werden immer wieder gezwungen sein, z. B. durch Wortbildungen wie ›Patrimonialbürokratie‹ zum Ausdruck zu bringen: daß die betreffende Erscheinung mit einem Teil ihrer charakteristischen Merkmale der rationalen, mit einem anderen der traditionalistischen – in diesem Falle: ständischen – Herrschaftsform angehört ... Die hier vorgeschlagene Terminologie will also nicht die unendliche Mannigfaltigkeit des Historischen schematisch vergewaltigen, sondern sie möchte nur, für bestimmte Zwecke, brauchbare begriffliche Orientierungspunkte schaffen[5].«

Mit anderen Worten:

1. Die historische Wirklichkeit ist durch unendliche Mannigfaltigkeit ausgezeichnet und durch eine Flüssigkeit der Übergänge, die irgendwelche, etwa in der Materie selbst enthaltene Schnittpunkte ausschließt.
2. Alle, an die Materie herangetragenen Begriffsbildungen sind demnach Konstruktionen, die einem gewissen Erkenntniszweck dienen sollen und nur in diesem wissenschaftspragmatischen Sinn Geltung beanspruchen können.
3. Aus dem Gegensatz historischer Mannigfaltigkeit und begrifflicher Eindeutigkeit ergibt sich, daß das, was logisch aus einem Begriff

deduziert werden kann, nunmehr als Orientierungspunkt für die Analyse des empirischen Materials erst benutzt werden soll.

Es scheint nun – bei aller hierbei gebotenen Vorsicht sei es gesagt –, daß Webers Werk meist bei der Herausarbeitung dieser Orientierungspunkte stehengeblieben ist. Das ist, insoweit es zutrifft, als Feststellung gemeint, nicht kritisch. Wer Webers geschichtliche Universalkenntnisse nicht besitzt (und wer kann das heute von sich behaupten?), hat kaum eine adäquate Vorstellung von der seelischen Belastung eines Forschers, der dieses monumentale Tatsachenmaterial begrifflich zu durchdringen unternimmt, wobei alles neue Material leicht als Bedrohung der begrifflichen Formulierungen und die letzteren leicht als Vergewaltigung des Materials erscheinen können. Ist es verfehlt, in dieser Orientierung seines Werkes auch eine sublimierte Reflexion der Persönlichkeit Webers zu sehen, gleichsam eine wissenschaftliche Sinngebung seines prononcierten Würdegefühls angesichts der psychologischen Bedrohung, der er sich ausgesetzt sah? Diese Frage sei hier nur am Rande vermerkt; man kann sie sowohl psychologisch, zeitgeschichtlich wie auch geistesgeschichtlich weiter verfolgen, als es hier geschehen kann. Für die sachliche Auswertung des Weberschen Werkes möchte ich jedenfalls festhalten, daß dieses Werk in vielen Partien sich auf die Herausarbeitung von Orientierungspunkten erstreckt und daher die Benutzung dieser Begriffe für die empirische Analyse vielfach noch zu leisten wäre. Weber hat dies wohl erkannt und die begrenzte Bedeutung dieser Vorarbeit auch selbst betont, aber er hat andererseits die entsprechende Beschränkung dessen, was mit idealtypischen Begriffen analysiert zu erreichen war, nicht immer eingehalten[6]. Dabei scheint mir aber der systematische Kern gerade dieser, an weltgeschichtlichen Zusammenhängen orientierten Begriffe in den Hintergrund geraten zu sein.

Sehen wir zunächst einfach auf die allgemeinste Formulierung Webers, seine Begriffsbestimmung der Soziologie. Hier heißt es, daß soziales Handeln deutend zu verstehen sei, wobei Weber sofort zwischen »Handeln« und »Sozialem Handeln« unterscheidet. Die Bedeutung dieser Unterscheidung hat nicht die Beachtung gefunden, die ihr m. E. zukommt. Denn nach Weber verbindet der Handelnde mit seinem Verhalten einen subjektiven Sinn, während ein Verhalten nur dann als »soziales« bezeichnet werden soll, wenn der Handelnde den gemeinten Sinn auf das Verhalten anderer bezieht und sich dementsprechend orientiert. Beachten Sie bitte, wie viele geistesgeschichtliche Fronten damit bereits bezogen sind. Denn durch den Ausdruck »gemeinter Sinn« soll der biologischen oder psychologischen Reduzierung menschlichen Verhaltens ein Riegel vorgeschoben werden, und mit der weiteren Unterscheidung zwischen Handeln und sozialem Handeln soll einer soziologischen Reduzierung gleichfalls Einhalt geboten werden. In dieser, scheinbar so rudimentären Bestimmung dessen, was Soziologie beinhaltet, finden Sie also bereits Webers Frontenstellung gegen Marx, den sozialen Darwinismus, den Pansoziologismus Durkheims (obwohl nur vage Anhaltspunkte dafür bestehen, daß Weber Durkheims Werk gekannt hat), und gegen den Panpsychologismus Freuds, mit dem sich Weber offenbar etwas befaßt hat. Damit ist zugleich gesagt, daß Weber hier auf seine Weise die englisch-empirische Tradition rezipiert und mit gewissen Elementen des deutschen Idealismus verbunden hat, indem er nämlich Sinndeutung aus der Stratosphäre des absoluten Geistes herauslöst und auf menschliches Verhalten bezieht, andererseits aber innerhalb dieses Verhaltens die Möglichkeit einer subjektiven Sinngebung durch den Handelnden offenläßt. Das ist, meine ich, eine großartig konzipierte Grundlegung soziologischen Denkens, die Weber in zwei Richtungen hin ausgebaut hat, einmal in der Analyse der Beziehung von Idee und Interesse im Zusammenhang mit der sozialen Schichtung, und dann in der Analyse von Legitimität und Organisation im Zusammenhang mit den Typen der Herrschaft[7]. Ich wende mich nunmehr diesen beiden Themen zu.

Webers Aufsatz über die »Protestantische Ethik« hat den bleibenden Wert, die ideellen Grundlagen einer Form des wirtschaftlichen Handelns aufgezeigt zu haben. Andererseits behandeln große Teile seiner religionssoziologischen Arbeiten aber den entgegengesetzten Zusammenhang, indem sie davon ausgehen, daß »religiös oder magisch motiviertes Handeln, in seinem urwüchsigen Bestande, *diesseitig* ausgerichtet ist[8]«. Weber hat diese doppelseitige Fragestellung nicht als Paradox angesehen, sondern zum systematischen Ausgangspunkt seiner Analysen gemacht. Ganz bewußt hat er die materialistische wie die idealistische Perspektive als gleichbedeutende heuristische Prinzipien gekennzeichnet und jede Tendenz, durch logische Deduktionen die eine oder andere Perspektive zu verallgemeinern, den »Dilettanten überlassen, die an die ›Einheitlichkeit‹ der ›Sozialpsyche‹ und ihre Reduzierbarkeit auf *eine* Formel glauben[9]«. Positiv hat Weber diese, seine Einstellung einmal auf die Formel gebracht:

> »Interessen (materielle und ideelle), nicht: Ideen, beherrschen unmittelbar das Handeln der Menschen. Aber: die ›Weltbilder‹, welche durch ›Ideen‹ geschaffen wurden, haben sehr oft als Weichensteller die Bahnen bestimmt, in denen die Dynamik der Interessen das Handeln fortbewegte[10].«

Mit anderen Worten, Ideen wie Interessen haben je ihre eigenständige Dynamik, aber jede dieser Sphären muß die andere ergänzen, wenn anders sie nicht ihrer Dynamik verlustig gehen soll, denn Interessen ohne Ideen sind leer und Ideen ohne Interessen sind ohnmächtig[11].«

Ganz abstrakt kann man diese Gegenüberstellung in Webers Definition der Stände und Klassen verfolgen. Danach soll Klasse jede Gruppe von Menschen heißen, insoweit sie eine gleiche oder ähnliche Verfügungsgewalt über Genußgüter, Beschaffungsmittel, Vermögen, Erwerbsmittel, Leistungsqualifikationen usw. besitzt. Aber solche gemeinsamen Interessenlagen ermöglichen nur ein gemeinsames Handeln der Klasseninteressenten, sie erzwingen es nicht. »Vergesellschaftetes Klassenhandeln«, wie Weber sich ausdrückt, wird dadurch wahrscheinlicher, daß ein unmittelbarer Interessengegner besteht, daß die gemeinsame Klassenlage quantitativ ins Gewicht fällt, daß die organisatorische Zusammenfassung örtlich und technisch leicht ist – und beim Vorhandensein einer »*Führung* auf einleuchtende Ziele, die regelmäßig von Nichtklassenzugehörigen (Intelligenz) oktroyiert oder interpretiert werden[12]«. Klasse heißt also jede Gruppenbildung, die durch gemeinsame Interessenlage und erleichternde Umstände hervorgerufen wird, wobei gemeinsame Ideen (die über die reinen Interessen hinausgehen) dann ins Gewicht fallen, wenn einleuchtende Ziele durch nichtklassenzugehörige Führer formuliert werden. Stärker kann man die Disjunktion von Interesse und Ideenbildung wohl kaum betonen.

Das genaue Gegenteil trifft auf Webers Formulierung des Standesbegriffs zu. Gegenüber der Chance einer Verfügungsgewalt, die die Klassenlage bestimmt, wird ständische Lage durch soziale Schätzung begründet, also durch ein subjektives Element. Diese Schätzung basiert auf Abstammung, Erziehung und Art der Lebensführung, die nun ihrerseits ihren Ausdruck finden in der Abgrenzung gegen Nichtstandeszugehörige mittels des connubium, der Kommensalität und monopolistischer Appropriationen (oder Perhorreszierungen) bestimmter Erwerbsarten und Chancen. Natürlich kann ein Stand auch mit »Vergesellschaftungen der Klasseninteressenten« auf die verschiedenste Weise verbunden sein. Aber klassenmäßige Verfügungsgewalten sind an sich keine ständischen Qualifikationen, ebensowenig wie Mangel an solcher Verfügungsgewalt mit ständischer Disqualifikation gleichbedeutend ist. Hier wird also letztlich die Gruppenbildung des Standes auf eine den Standesangehörigen gemeinsame Idee zurückgeführt. Diese Idee hat dann ihrerseits lebenwichtige soziale und ökonomische

Auswirkungen. Analog dazu wird die Gruppenbildung der Klasse auf eine den Klassenangehörigen gemeinsame, materielle Lebensstellung zurückgeführt, die nunmehr ihrerseits die Basis abgibt für den richtungsweisenden, aber an die Gruppe von außen herangetragenen Einfluß von Ideen. Das Werk Webers beweist, daß ihm vor allem an der Analyse der Überschneidungen und Spannungen zwischen Klasse und Stand, zwischen Interesse und Idee gelegen war, denn darin sah er die Dynamik der geschichtlichen Entwicklung. Andererseits aber war ihm die vorausgehende, reinliche Scheidung der Begriffe ein unabdingbares Hilfsmittel wissenschaftlicher Arbeit überhaupt[13].

Analoge Gesichtpunkte gelten auch für Webers Soziologie der Herrschaft. Meine, diesen Vortrag abschließenden Ausführungen sind diesem Thema gewidmet, weil hier – so scheint mir – die begriffliche Analyse in engstem Zusammenhang steht mit Webers Konzeption der Sozialstruktur, und zwar in einer Weise, die nicht nur dem besseren Verständnis Webers dienlich ist, sondern darüber hinaus einen Beitrag zur modernen Soziologie darstellt. Ich stelle dahin, inwieweit es sich bei dieser Gedankenführung um eine Interpretation oder eine Weiterführung handelt.

Zunächst sei darauf hingewiesen, daß Klasse und Stand nach Weber Grundformen der Vergesellschaftung und Vergemeinschaftung ausmachen. Weber hat diese Begriffe dem Werk von Toennies entlehnt, aber auch in der für ihn typischen Weise prozessual umgedeutet. Die Gegenüberstellung solcher Begriffe soll eben nicht verdinglicht werden. In dieser Beziehung hat Weber zu nominalistisch gedacht, um je in den eigenen begrifflichen Formulierungen die grundlegende Diskrepanz zwischen Begriff und Wirklichkeit aus dem Auge zu verlieren. Wenn Weber Vergemeinschaftung sagt, statt Gemeinschaft, dann heißt das, daß in den damit bezeichneten sozialen Beziehungen Zusammengehörigkeitsgefühle auf ideeller Grundlage überwiegen und materielle Interessenkonstellationen dementsprechend untergeordnet sind. Das Umgekehrte gilt für Vergesellschaftung und Gesellschaft. Damit ist auch gesagt, daß Stände und Klassen zwei wichtige Erscheinungsformen dieser gegensätzlichen Typen von Gruppenbildung sind, die sich in verschiedenster Weise mit anderen Typen wie hausgemeinschaftlichen, ethnischen, religiösen, wirtschaftlichen und anderen überschneiden. Bei all diesen Formen von Vergemeinschaftung und Vergesellschaftung handelt es sich um Gruppenbildungen, auf deren Basis die Gruppenangehörigen die Möglichkeit haben, den »eigenen Willen dem Verhalten anderer aufzuzwingen[14]«. Weber hat diesen Typus des Herrschens auf der Grundlage von Gruppenbildungen in bezug auf

Wirtschaft und Religion analysiert. Demgegenüber stellt »Herrschaft kraft Autorität (Befehlsgewalt und Gehorsamspflicht)« einen qualitativ andersartigen Typ der Macht dar[15]. Damit setzt Weber in nominalistischer Form die Unterscheidung von Gesellschaft und Staat fort, die das deutsche Denken des 19. Jahrhunderts so stark beeinflußt hat. Aber er verändert zugleich die geistige Grundlage dieser Unterscheidung; indem er nämlich den idealen Werten einen Platz in seinem Begriff der Gesellschaft (durch den des Standes und der Vergemeinschaftung) und den materiellen Werten einen Platz in seinem Begriff des Staates einräumt. Damit wird der traditionelle Gesellschaftsbegriff seines krassen Materialismus und der traditionelle Staatsbegriff seines nicht weniger krassen Idealismus entkleidet, wobei ich hinzufüge, daß diese geistige Unabhängigkeit Webers nicht nur gegenüber dem Marxismus, sondern auch gegenüber der Idealisierung des Staates in der jüngsten Literatur über diese Themen kaum Erwähnung findet.

Die Unterscheidung von Idee und Interesse hat ihre Analogie in der Unterscheidung von Legitimität und Verwaltungsorganisation in Webers Analyse der Herrschafts-Typen. Webers Anliegen ist eindeutig die Frage: »auf welchen letzten Prinzipien die *Geltung* einer Herrschaft, d. h. der Anspruch auf Gehorsam der ›Beamten‹ gegenüber dem Herrn und der Beherrschten gegenüber beiden, gestützt werden kann[16].« Bekanntlich sieht Weber diese letzten Prinzipien der Geltung in dem Glauben an die rationalen Regeln, die Heiligkeit der Tradition und das Charisma oder die Gnadengabe einer Person, auf den sich die Legitimität der legalen, traditionalen oder charismatischen Herrschaft stützt. Wieder betont Weber, daß jede Herrschaftsstruktur jeweils nur unter Zuhilfenahme mehrerer solcher Abstraktionen analysiert werden kann und also immer als eine Mischung verschiedener Elemente verstanden werden muß. Analoges gilt für die jeweiligen Verwaltungsorganisationen, wie Bürokratie, patriarchalischer Haushaltsstab, oder den Kreis der unmittelbaren, persönlichen Anhänger des charismatischen Herrn, die diesen typischen Legitimitätsgrundlagen zugeordnet sind. All das ist bekannt.

Viel bedeutungsvoller, doch weniger bekannt ist die eigentümliche Dynamik dieser Begriffe, in denen wir die systematische Offenheit der Konzeption wiedertreffen, auf die ich schon anfangs hinwies. Denn der Geltungsgrund einer jeden Herrschaft beinhaltet zugleich die Grenzen, bei deren dauernder Überschreitung der Typus entweder zu einer anderen Herrschaftsform übergeht oder seinen ursprünglichen Autoritätscharakter überhaupt verliert. Charisma ist eine »als außeralltäglich geltende Qualität einer Persönlichkeit«, die sich im ursprünglichsten

Sinn durch Wunder bewährt und dadurch Anerkennung bei den Beherrschten hervorruft und sie ihnen zur Pflicht macht[17]. Allerdings ist der Geltungs*anspruch* charismatischer Herrschaft unbedingt, aber ihre Legitimität ist es keineswegs. Denn wenn die Bewährung dauernd ausbleibt, dann »zeigt sich der charismatische Begnadete von seinem Gott oder seiner magischen oder Heldenkraft verlassen[18]«. Von den Beherrschten her gesehen bedeutet das, daß ihr Glaube an die Legitimität dieser Herrschaft zwar der »Begeisterung oder Not und Hoffnung« entspringt, aber insgeheim nach der, diese Legitimität begründenden Bewährung verlangt. Sicher gehört es zu dem Charakter dieser Herrschaftsbeziehung, daß der Herrscher das Verlangen nach Bewährung als Unglauben deutet und für diese Deutung unbedingte Gültigkeit beansprucht. Aber das Verlangen der Beherrschten nach Zeichen der Bewährung bleibt bestehen.

Analoges gilt für die anderen Typen. Die Legitimität traditionaler Herrschaft stützt sich auf die »Heiligkeit altüberkommener Ordnungen und Herrengewalten«, und diesen entspricht, daß die Herrschaft nicht auf Grund von Satzungen, sondern durch die *Person* des Herrschers ausgeübt wird. Die Befehle dieses Herrschers aber sind nicht nur legitim, wenn sie den von der Tradition vorgegebenen Inhalten entsprechen, sondern auch kraft der »freien Willkür des Herrn, welcher die Tradition den betreffenden Spielraum zuweist[19]«. Es besteht also ein für diesen Typ charakteristisches »Doppelreich des traditionsgebundenen und des traditionsfreien Herrenhandelns«, wobei das letztere durch Überschreitung der Tradition die traditionale Autorität des Herrn selbst gefährden kann.

Schließlich sei auf das entsprechende »Doppelreich« der legalen Herrschaft hingewiesen. Weber hat ihm in seiner »Rechtssoziologie« die weitaus größte Aufmerksamkeit gewidmet, aber gerade deshalb geht in dem überwuchernden Detail der systematische Gesichtspunkt leicht verloren. Legale Herrschaft beruht auf der Vorstellung, »daß beliebiges Recht ... *gesatzt* werden könne, daß jedes Recht ein Kosmos abstrakter Regeln sei«, und daß der jeweilige, anordnende Vorgesetzte der gleichen unpersönlichen Ordnung gehorcht wie die Beherrschten[20]. An anderer Stelle, aber in einem analogen Zusammenhang, weist Weber darauf hin, daß es nicht möglich ist, einen politischen Verband – und mutatis mutandis eine Rechtsordnung – durch Angeben des Zweckes zu definieren, weil in der Tat die verschiedensten Zwecke von solchen Verbänden oder Rechtsordnungen gelegentlich verfolgt worden sind, ohne schon dadurch ihren Charakter zu verlieren[21]. Aber das ist wohlgemerkt eine Frage der Begriffsbildung und besagt keineswegs, daß Zwecksetzungen für das Verständnis von politischen Verbänden oder des legalen Herrschaftstyps unerheblich sind. Ganz im Gegenteil besteht die wesentlichste Einsicht der Weberschen »Rechtssoziologie« in der Gegenüberstellung der formalen und materialen Rationalisierung des Rechts, und das heißt formalen bzw. materialen Zwecksetzungen. Dabei hat Weber zwar sein besonderes Interesse an dem Phänomen der formalen Rationalisierung insbesondere der okzidentalen Rechtsgeschichte verfolgt, aber zugleich die Grenzen dieser Entwicklung sowohl durch naturrechtliche Vorstellungen sowie durch die »antiformalen Tendenzen in der modernen Rechtsentwicklung« betont[22]. Auch hier kann von einem »Doppelreich« gesprochen werden, weil der Bestand legaler Herrschaft von der Fortdauer der Überschneidungen und Spannungen zwischen formaler und materialer Rationalisierung des Rechts abhängt, ja durch sie definiert wird. Das ist der charismatischen Herrschaft ähnlich, indem man sie durch die Spannung zwischen unbedingtem Geltungsanspruch einerseits, dem Verlangen nach Zeichen der Bewährung andererseits definiert. Ähnliches gilt auch für die traditionale Herrschaft, die sowohl die Heiligkeit altüberkommener Ordnungen wie auch die altherkömmliche Willkür des Herrschers sanktioniert und so lange ihre Struktur bewahrt, als diese Spannung aufrechterhalten wird.

Diese Art, eine Sozialstruktur begrifflich zu erfassen, hat m. E. außerordentliche Bedeutung. Denn sie ermöglicht es uns, den Fluß sozialer Erscheinungen mit der Fortdauer eines gewissen Strukturzusammenhangs so zu verbinden, daß wir die mit dieser Struktur zu vereinbarenden Entwicklungen, zugleich aber auch die Ablösung der einen Struktur durch die andere in den Griff bekommen. Lassen Sie mich das zum Schluß mit zwei Beispielen belegen.

Wenn legale Herrschaft in der Spannung zwischen formaler und materieller Rationalisierung des Rechts und der Verwaltung besteht, dann muß das Überwuchern der einen oder anderen Tendenz das Bestehen der legalen Herrschaft gefährden. Spannung heißt natürlich, daß diese Gefahr immer besteht, daß aber die politische Aufgabe (im Sinne einer Erhaltung der legalen Herrschaft) in einem Ausbalancieren der antagonistischen Tendenzen besteht. Wenn diesem Ausbalancieren die Grundlage genommen wird, dadurch z. B., daß das Prinzip der materialen Gerechtigkeit die formale Rationalität des Rechts sprengt, dann ergibt sich das Prinzip des totalitären Staates, in dem formale Legalität jederzeit durch die Prärogative der Partei als letztlich geltender Repräsentanz des Volkes durchbrochen werden kann. Darin sehe ich den Zusammenhang zwischen Webers Begriffsbildung und der

Theorie des »Doppelten Staates«, die von Professor Ernst Fraenkel vor 25 Jahren entwickelt worden ist.

Weber hat ein zweites Beispiel im Zusammenhang mit der traditionalen Herrschaft entwickelt. Der Herrscher, der Willkür übt, kann sich zwar dabei auf die Tradition selbst berufen, setzt sich aber bei regelmäßigem Überschreiten traditionaler Grenzen der Gefahr aus, die Legitimität seiner eigenen Stellung in Frage zu stellen. Analoges gilt auch für den charismatischen Herrscher, der jegliches Verlangen der Beherrschten nach Bewährung als Pflichtvergessenheit oder Verrat ansieht, nicht für ihr Wohlergehen und Seelenheil Sorge trägt und nun allmählich oder schlagartig die außeralltägliche Qualität seiner Persönlichkeit in Frage stellt. Dabei ist in Anbetracht der jüngsten Vergangenheit daran zu denken, daß ein charismatischer Herrscher sehr wohl versuchen kann, dieser Bewährungsprobe dadurch aus dem Wege zu gehen, daß er zwar für jede seiner Äußerungen unbedingte Geltung beansprucht, aber die ausführenden Organe verantwortlich macht für die von den Gläubigen verlangte Bewährung seines Herrschaftsanspruchs. Dadurch kann unter modernen Verhältnissen der Tag der Rechenschaft auf die lange Bank geschoben werden, denn nun ist von einem Ausbalancieren von Herrschaftsanspruch und Bewährung nicht mehr die Rede. Vielmehr kommen die ausführenden Organe in die Lage, die formale Rationalität der verwaltenden Tätigkeit in den Dienst absoluter Befehle zu stellen, für die der Herrscher die Bewährungsprobe durch Hinweis auf Verwaltung, und die Verwaltung die Verantwortung durch Hinweis auf Befehl umgehen. Dadurch wird sowohl charismatische Herrschaft wie bürokratische Verwaltung zu einer Karikatur. Gefährliche Keime sind in jeder Herrschaftsausübung enthalten. Aber wir wissen heute, daß in dieser besonderen Mischung die Gefahren des Charisma und die Gefahren der Bürokratie sich zum Leiden der Menschheit auf unheilvolle Weise gegenseitig potenziert haben.

Es ist passend, das hier vorgetragene Andenken an Max Weber mit einem politischen Thema zu beschließen, indem einige seiner ganz abstrakten Kategorien sich als wichtige Hilfsmittel für das Verständnis hochaktueller und leidenschaftlich diskutierter Probleme erwiesen haben. Ich habe zu zeigen versucht, daß das Werk Max Webers sowohl einen thematischen wie systematischen Kern hat, der der soziologischen Forschung heute – 44 Jahre nach seinem allzu frühen Tod – wichtige Anhaltspunkte für eine Fortführung der wissenschaftlichen Arbeit vermittelt. Ich glaube, wir ehren das Andenken Webers am besten, wenn wir heute – im Sinne seines asketischen Ideals der Wissenschaft – seine und unsere Arbeit fortsetzen.

Anmerkungen

1 Marianne Weber, Max Weber, Ein Lebensbild, Tübingen 1926, S. 174 f.

2 Max Weber, GAzRS, Bd. I, S. 1.

3 Dieser Gesichtspunkt ist es wohl auch, der Talcott Parsons noch jüngstens dazu veranlaßt hat, Webers Werk als das eines Entwicklungstheoretikers zu charakterisieren. Diese Interpretation geht an Webers eigener, scharfer Kritik des Begriffs der sozialen Entwicklung einfach vorbei sowie an dem eklatanten Gegensatz zwischen Webers Betonung der Einmaligkeit der westlichen Entwicklung und der verallgemeinernden Tendenz der meisten Entwicklungstheoretiker von Spencer bis Parsons.

4 Weber, GAzRS, Bd. I, S. 267.

5 Ebenda, S. 273.

6 Ein eklatantes Beispiel dafür ist die Unsicherheit in Webers eigener Auswertung des im Protestantismus-Aufsatz erarbeiteten Materials. Ein anderes Beispiel scheint mir Webers Benutzung idealtypischer Formulierungen in seinen politischen Prognosen zu sein. Vgl. auch meinen Diskussionsbeitrag zur 15. Tagung der Deutschen Gesellschaft für Soziologie. Ein methodologisch wichtiger Beitrag zu diesem Thema ist neuerdings der Aufsatz von Arthur Schweitzer, Vom Idealtypus zum Prototyp, in: Zeitschrift für die gesamte Staatswissenschaft, Bd. 120 (Januar 1964), S. 13–55.

7 Es sei hier angemerkt, daß Webers Grundposition zwar sehr früh formuliert wurde, aber doch in wesentlichen Punkten mit der anderer Soziologen seiner Generation übereinstimmt, allerdings mit der wichtigen Ausnahme von Emile Durkheim. Diese, sich entsprechenden geistigen Ansatzpunkte lassen sich aus dem Überblick von Roscoe C. Hinkle, Antecedents of the Action Orientation in American Sociology before 1935, in: American Sociological Review, XXVIII (October 1963), S. 705–715, und den dort zitierten Quellen entnehmen. Analoge Parallelen im europäischen Raum, die allerdings wichtige Unterschiede zwischen Weber und Autoren wie Durkheim und Pareto auch verwischen, sind diskutiert in H. Stuart Hughes, Consciousness and Society, London 1959 (1967), passim. Trotz dieser Parallelen hat Weber eine ihm allein eigene Perspektive entwickelt, einmal wegen der weltgeschichtlichen Weite seines Denkens, zum anderen aber wegen seiner, ihm allein charakteristischen begrifflichen Bearbeitung dieses Materials, die wohl vor allem von seiner juristischen Ausbildung herrührt. Dabei sei darauf hingewiesen, daß wichtige Ansatzpunkte für Webers Begriff des Handelns der deutschen Strafrechtstheorie entlehnt sind, wozu die Schrift von Gustav Radbruch, Der Handlungsbegriff in seiner Bedeutung für das Strafrechtssystem, Berlin 1904, zu vergleichen ist. Darüber hinaus sollte die Verwandtschaft dieses Ansatzpunktes mit dem von Jacob Burckhardt beachtet werden, die wohl in beiden Fällen auf Anregungen von Arthur Schopenhauer zurückgehen.

8 Max Weber, WuG, Bd. I, Tübingen 1956, S. 245.

9 Weber, GAzRS, Bd. I, S. 205 f.

10 Ebenda, S. 252.

11 Eine, dem Weberschen Ansatz entsprechende und kongeniale Formulierung dieser Perspektive findet man bei Otto Hintze, Kalvinismus und

Staatsräson in Brandenburg zu Beginn des 17ten Jahrhunderts, in: Historische Zeitschrift, Bd. 144 (1931), S. 232.

12 WuG, Bd. I, S. 179.

13 In meinem Buch über Webers soziologisches Werk habe ich diesen Ausgangspunkt meiner Darstellung insbesondere der vergleichenden religionssoziologischen Arbeiten zugrunde gelegt und kann darauf hier verweisen. Das Buch ist bei R. Piper, München, in deutscher Übersetzung erschienen: Max Weber, Das Werk (1964).

14 WuG, Bd. II, S. 542.

15 Ebenda, S. 549.

16 Ebenda, S. 549.

17 WuG, Bd. I, S. 140. Bei dieser und den folgenden Definitionen benutze ich den Wortlaut des Texts, vermeide aber nach Möglichkeit die Pedantik der Weberschen Formulierung. Ob das sinngemäß geschehen ist, kann eine Nachprüfung der angegebenen Stellen ergeben.

18 Ebenda.

19 Ebenda, S. 130.

20 Ebenda, S. 125.

21 Ebenda, S. 30.

22 Ebenda, Bd. II, S. 501 ff.

HERBERT MARCUSE

Industrialisierung und Kapitalismus

Industrialisierung und Kapitalismus werden im Werk Max Webers in zweifacher Hinsicht fragwürdig: als das historische Schicksal des Abendlandes und als das gegenwärtige Schicksal des von Bismarck geschaffenen Deutschlands. Als Schicksal des Abendlandes sind Industrialisierung und Kapitalismus die entscheidenden Verwirklichungen jener okzidentalen Rationalität, der Idee der Vernunft, die Max Weber in ihren offenen und verdeckten, progressiven und repressiven Manifestationen aufspürt. Als Schicksal des modernen Deutschlands bestimmen sie für Max Weber die Politik des Reiches: zunächst die geschichtliche Aufgabe des deutschen Bürgertums in der Umgestaltung des konservativ-feudalen Staates, dann in der Demokratisierung und zuletzt im Kampf gegen Revolution und Sozialismus. Es ist im wesentlichen die Idee einer solchen Verflechtung von Industrialisierung, Kapitalismus und nationaler Selbsterhaltung, die Max Webers leidenschaftlichen und – sagen wir es offen – gehässigen Kampf gegen die sozialistischen Versuche von 1918 motiviert. Sozialismus widerspricht der Idee der abendländischen Vernunft und der Idee des Nationalstaates – so ist der Sozialismus ein weltgeschichtlicher Irrtum, wenn nicht ein weltgeschichtliches Verbrechen. (Wir gestatten uns die Frage: Was hätte Max Weber gesagt, wenn er gesehen hätte, wie nicht der Westen, sondern der Osten die abendländische Rationalität im Namen des Sozialismus in ihrer extremsten Weise entfaltet?) Was auch immer der Kapitalismus den Menschen antun mag, er ist vorerst und vor aller Wertung als notwendige Vernunft zu verstehen.

In Max Webers Analyse des industriellen Kapitalismus sind philosophische, soziologisch-historische und politische Motive grundsätzlich verbunden. Seine Theorie der internen Wertfreiheit der Wissenschaft zeigt sich als das, was sie in der Praxis ist: die Wissenschaft frei zu

Aus: Max Weber und die Soziologie heute. Verhandlungen des 15. Deutschen Soziologentages. Im Auftrag der Deutschen Gesellschaft für Soziologie, hrsg. v. Otto Stammer, Tübingen 1965, S. 161–180. Mit freundlicher Genehmigung des Verlags J. C. B. Mohr (Paul Siebeck), Tübingen.

machen für die Akzeptierung von verbindlichen Wertsetzungen, die von *außen* der Wissenschaft aufgetragen werden. Seit der Freiburger Antrittsrede, die mit rücksichtsloser Offenheit die wertfreie Nationalökonomie den Anforderungen der imperialen Machtpolitik unterwirft, ist diese Funktion der Weberschen Wissenschaftslehre klar. Er hat sie selbst später mit aller Schärfe ausgesprochen (auf der Tagung des Vereins für Sozialpolitik 1909)[1]:

»Der Grund, weshalb ich so außerordentlich scharf bei jeder Gelegenheit, mit einer gewissen Pedanterie meinetwegen, mich wende gegen die Verquickung des Seinsollens mit dem Seienden, ist nicht der, daß ich die Fragen des Sollens unterschätze, sondern gerade umgekehrt: weil ich es nicht ertragen kann, wenn Probleme von weltbewegender Bedeutung, von größter ideeller Tragweite, im gewissen Sinne höchste Probleme, die eine Menschenbrust bewegen können, hier in eine technisch-ökonomische ›Produktivitätsfrage‹ verwandelt und zu einem Gegenstand der Diskussion einer *Fach*disziplin, wie es die Nationalökonomie ist, gemacht werden.«

Das Seinsollen aber, das so aus der Wissenschaft (die bloße Fachdisziplin ist) herausgenommen wird, ist damit gleichzeitig auch vor der Wissenschaft geschützt und gegen die wissenschaftliche Kritik abgedichtet: aus dem Material der wissenschaftlichen Arbeit kann der »Wert jenes Ideals selbst nie und nimmer deduziert werden[2]«.

Gerade Max Webers Analyse des industriellen Kapitalismus zeigt nun, daß sich der Begriff der wissenschaftlichen Neutralität, oder besser Ohnmacht, gegenüber dem Sollen, dem Ideal, nicht durchhält: die reine, wertfreie philosophisch-soziologische Begriffsbildung wird, *in ihrem eigenen Fortgang*, zur Wertkritik; und umgekehrt, die reinen, wertfreien wissenschaftlichen Begriffe enthüllen die in ihnen enthaltene Wertung: sie werden zu einer Kritik des Gegebenen im Lichte dessen, was das Gegebene den Menschen (und Dingen) antut. Das »Seinsollen« zeigt sich im »Seienden«: die unermüdliche Anstrengung des Begriffs bringt es zum Erscheinen. In dem von Werten freiesten Werk Max Webers, wo die Methode der Formaldefinitionen, Klassifikationen, Typologien wahre Orgien feiert, in »Wirtschaft und Gesellschaft«, wird der Formalismus zur Schärfe des Inhalts. Diese authentische Konkretisierung ist das Resultat der Herrschaft über ein ungeheures Material, einer heute unfaßbaren Gelehrsamkeit, eines Wissens, das es sich leisten kann zu abstrahieren, weil es das Wesentliche vom Unwesentlichen, die Realität von der Erscheinung unterscheiden kann. Die formale Theorie erreicht mit ihren abstrakten Begriffen das, worum sich eine theoriefeindliche, pseudo-empirische Soziologie vergeblich bemüht: die wirkliche Definition der Wirklichkeit. So wird der Begriff des industriellen Kapitalismus konkret in der Formaltheorie der *Rationalität und der Herrschaft* – den beiden Grundthemen von »Wirtschaft und Gesellschaft«.

Versuchen wir zunächst, den *Zusammenhang von Kapitalismus, Rationalität und Herrschaft* im Werk Max Webers herauszustellen. In seiner allgemeinsten Form: die spezifisch abendländische Idee der Vernunft verwirklicht sich in einem System der materiellen und intellektuellen Kultur (Ökonomie, Technik, »Lebensführung«, Wissenschaft, Kunst), das seine volle Entfaltung im industriellen Kapitalismus findet, und dieses System tendiert zu einem spezifischen Typus der Herrschaft, der zum Schicksal der gegenwärtigen Periode wird – die totale Bürokratie. – Die *Idee der Vernunft,* als der abendländischen Rationalität, ist der übergreifende und *fundierende Begriff*: wir beginnen mit ihm.

Es gibt eine Rationalität, die nur im Abendland zur Wirkung gekommen ist, die den Kapitalismus geformt (oder wenigstens mitgeformt hat) und die über unsere absehbare Zukunft entschieden hat: der Versuch, sie in ihren mannigfachen (und oft entgegengesetzten) Erscheinungsweisen zu bestimmen, macht einen großen Teil des Weberschen Werkes aus. Der »Geist des Kapitalismus«, wie ihn der erste Band der »Religionssoziologie« beschreibt, ist eine dieser Erscheinungsweisen; schon die »Vorbemerkung« zu diesem Werk weist programmatisch darauf hin, daß die im Kapitalismus zu Wort und Tat kommende Rationalität die abendländische Form der Industrialisierung von allen anderen Formen der Ökonomie und Technik grundsätzlich unterscheidet.

Wir zählen zunächst die für den Max Weberschen Vernunftbegriff charakteristischen Elemente auf: 1. fortschreitende *Mathematisierung* der Erfahrung und Erkenntnis, die, von den Naturwissenschaften und deren eklatanten Erfolgen ausgehend, auf die anderen Wissenschaften und auf die »Lebensführung« selbst übergreift; 2. Insistenz auf die Notwendigkeit *rationalen Experiments* und rationalen Beweises in der Organisation der Wissenschaft sowohl wie in der der »Lebensführung«; und 3. das für Max Weber entscheidende Resultat dieser Organisation, nämlich: die Entstehung und Verfestigung einer universalen, fachmännisch geschulten *Beamtenorganisation,* die zur »absolut unentrinnbaren Gebanntheit unserer ganzen Existenz« wird[3]. Mit dieser letzten Bestimmung ist der Übergang von der theoretischen zur praktischen Vernunft, zur historischen Gestalt der Vernunft vollzogen. Das Bewußtsein ihrer spezifischen *Geschichtlichkeit* war von Anfang an in Max Webers Begriff der Ratio enthalten; wir werden sehen, daß es sich im Verlauf der Weberschen Analyse nicht durchhält und an entscheidender Stelle abdankt. In Max Webers Soziologie wird formale Rationalität bruchlos zur *kapitalistischen* Rationalität: so erscheint sie als die methodische Bändigung des irrationalen »Erwerbstriebs«, wie sie in der »innerweltlichen Askese« ihren typischen Ausdruck findet. In dieser »Bändigung« wird abendländische Vernunft zur *ökonomischen* Vernunft des Kapitalismus – zum Streben nach immer erneutem Gewinn im kontinuierlichen, rationalen, kapitalistischen Betrieb. Rationalität wird zur Bedingung von *Rentabilität*, die ihrerseits an systematischer, methodischer Kalkulation, »Kapitalrechnung« orientiert ist[4].

Im Grunde dieser Rationalität herrscht die *Abstraktion*, die, theoretisch und praktisch ineins, Werk der wissenschaftlichen *und* der gesellschaftlichen Organisation, die Periode des Kapitalismus bestimmt: die *Reduktion von Qualität auf Quantität*. Als universale Funktionalisierung (wie sie im Tauschwert zum ökonomischen Ausdruck kommt) wird sie zur Vorbedingung berechenbarer *Leistungsfähigkeit – universaler* Leistungsfähigkeit, insofern Funktionalisierung Herrschaft über alle (auf Quantitäten und Tauschwerte reduzierten) Besonderheiten ermöglicht. Abstrakte Vernunft wird konkret in der berechenbaren und berechneten *Herrschaft* über die Natur und über den Menschen. So enthüllt sich die von Max Weber visierte Vernunft als *technische* Vernunft: Produktion und Transformation von Material (dinglichem und menschlichem) durch den methodisch-wissenschaftlichen, auf berechenbare Leistungsfähigkeit hin konstruierten *Apparat*, dessen Rationalität Dinge und Menschen, Fabrik und Beamtenbürokratie, Arbeit und Freizeit organisiert und kontrolliert. – Kontrolliert *zu welchem Zweck?* Der Webersche Vernunftbegriff war bishier »formal«: definiert als die quantifizierende Abstraktion von allen Besonderheiten, die Abstraktion, die die universal-berechenbare Leistungsfähigkeit des kapitalistischen Apparates ermöglichte. Jetzt aber zeigen sich die *Grenzen der formalen Vernunft:* weder das *Wozu* der wissenschaftlich-technischen Konstruktion, noch die *Materie* der Konstruktion (ihre Subjekte und Objekte) lassen sich aus dem Vernunftbegriff deduzieren; sie sprengen von vornherein den formalen, »wertfreien« Begriff der Ratio.

In der kapitalistischen Rationalität, wie sie Max Weber analysiert, erscheinen diese der Vernunft *vorgegebenen,* sie *material* einschränkenden Elemente in zwei geschichtlichen Tatsachen:

1. die Versorgung der Menschen – das Ziel des Wirtschaftens – vollzieht sich im Rahmen der *privatwirtschaftlich* kalkulierbaren Gewinnchancen, d. h. im Rahmen des *Profits* des individuellen Unternehmers oder der individuellen Unternehmung;

2. die Existenz der zu versorgenden Menschen ist so *abhängig* von den Gewinnchancen der kapitalistischen Unternehmung – eine Abhängigkeit, die in der dem Unternehmer zur Verfügung stehenden »freien« Arbeit verkörpert ist.

Diese Tatsachen sind im Sinne der Weberschen Begriffsbildung der formalen Ratio von *außen* vorgegeben, aber als *geschichtliche* Tatsachen begrenzen sie die generelle Gültigkeit des Begriffs selbst. Nach Max Weber hat die kapitalistische Rationalität in der privaten Unternehmung den Knotenpunkt ihrer Wirklichkeit; der Unternehmer ist freie Person, selbstverantwortlich für seine Kalkulationen und deren Risiko. Als solcher ist der Unternehmer *Bürger,* und die Lebensführung des Bürgertums findet in der »innerweltlichen Askese« ihren repräsentativen Ausdruck. Ist diese Konzeption heute noch gültig? Ist das Bürgertum, in dem Max Weber den Träger der industriellen Entwicklung gesehen hat, noch der Träger der *spät*kapitalistischen Entwicklung? Ist die spätkapitalistische Rationalität noch die in der innerweltlichen Askese entspringende Vernunft? Ich glaube, daß die Antwort auf diese Fragen *negativ* sein muß. Im Vollzug der kapitalistischen Rationalität selbst sind die ihr von Max Weber zugesprochenen Formen abgebaut, überholt worden, und ihr Abbau läßt die Ratio der kapitalistischen Industrialisierung im anderen Lichte erscheinen – im Lichte ihrer *Irrationalität.* Um nur auf eines hinzuweisen: die »innerweltliche Askese« ist im Spätkapitalismus keine treibende Kraft mehr – sie ist eher zu einer Fessel für die Erhaltung des Systems geworden. *Keynes* hat sie als solche denunziert, und in der »affluent society« wird sie gefährlich, wo immer sie der Produktion und Konsumtion von überflüssigen Waren im Wege steht. Sicher ist auch noch der Spätkapitalismus auf »Versagung« aufgebaut: der Existenzkampf und die Ausbeutung der Arbeitskraft muß immer intensiver weitergehen, wenn anders die erweiterte Akkumulation noch möglich sein soll: hier wird »planned obsolescence«, methodische Widervernunft, zur gesellschaftlichen Notwendigkeit. Das ist aber nicht mehr die Lebensführung des Bürgertums als der die Produktivkräfte entwickelnden Klasse – das ist vielmehr das *Stigma produktiver Destruktion* unter totaler Verwaltung. Und die Kapitalrechnung mathematisierter Rentabilität und Leistungsfähigkeit feiert ihre größten Triumphe im Kalkül des Untergangs, des Risikos der eigenen Vernichtung gegen das der Vernichtung des Feindes.

In der Entfaltung der kapitalistischen Rationalität wird so *Irrationalität* zur *Vernunft:* Vernunft als rasende Entwicklung der Produktivität, Eroberung der Natur, Erweiterung des Warenreichtums (und seiner Zugänglichkeit für breitere Schichten der Bevölkerung); irrational, weil die höhere Produktivität, die Naturbeherrschung und der gesellschaftliche Reichtum zu zerstörenden Kräften werden: zerstörend nicht nur bildlich, im Ausverkauf der sogenannten höheren Kulturwerte, sondern wörtlich: der Existenzkampf verschärft sich innerhalb der Nationalstaaten sowohl wie international, und die aufgestaute Aggression entlädt sich in der Legitimierung mittelalterlicher Grausamkeit (die Folter) und in der wissenschaftlich betriebenen Menschenvernichtung. – Hat Max Weber diese Entwicklung vorausgesagt? Die Antwort ist: nein, wenn der Ton auf dem »gesagt« liegt. Aber sie ist in seiner Begriffsbildung visiert und zugleich denunziert; es ist die schlechte Vernunft, die am Ende als Vernunft des Kapitalismus erscheint.

Der *wertfreie* Begriff der kapitalistischen Rationalität wird im Vollzug der Weberschen Analyse zum *kritischen* Begriff – kritisch nicht nur im Sinn »rein-wissenschaftlicher«, sondern »wertender«, zwecksetzender Kritik der Verdinglichung und Entmenschung.

Aber dann macht die Kritik halt, akzeptiert das angeblich Unabwendbare und wird zur Apologetik – schlimmer noch: zur Denunziation der möglichen Alternative: einer qualitativ *anderen* geschichtlichen Rationalität. Hellsichtig hat Max Weber selbst die Grenze seiner Begriffsbildung bestimmt: er hat sich als »Bürger« definiert und seine Arbeit mit der geschichtlichen Mission des Bürgertums identifiziert; er hat, im Namen dieser angeblichen Mission, das Bündnis repräsentativer Schichten des deutschen Bürgertums mit den Organisatoren der Reaktion und Repression angenommen; er hat für die politischen Gegner auf der radikalen Linken das Irrenhaus, den Zoologischen Garten und den Revolverschuß gefordert; er, der intellektuellste aller Soziologen, hat gegen die Intellektuellen getobt, die ihr Leben der Revolution geopfert haben[5]. Das Persönliche dient uns hier nur als Illustration des Begrifflichen: zu zeigen, wie der Begriff der Ratio selbst, in seinem kritischen Gehalt, schließlich doch seinem Ursprung verhaftet bleibt: die »Vernunft« bleibt *bürgerliche* Vernunft – und sogar nur ein Teil von ihr, nämlich *kapitalistische* Vernunft. Versuchen wir jetzt die innere *Entwicklung des Weberschen Begriffs der kapitalistischen Vernunft* zu rekonstruieren. Die »Freiburger Antrittsrede« visiert die kapitalistische Industrialisierung ganz als machtpolitischen Zusammenhang: als *Imperialismus*. Nur die sich entfaltende große Industrie kann die Unabhängigkeit der Nation im sich verschärfenden internationalen Konkurrenzkampf garantieren. Imperiale Machtpolitik fordert intensive und extensive Industrialisierung – und vice versa. Die Ökonomie muß der Staatsraison des nationalen Machtstaats dienen und mit dessen Mitteln arbeiten. Kolonisierung und Militärgewalt sind solche Mittel – Mittel zur Realisierung der außerwissenschaftlichen Ziele und Werte, denen sich die wertfreie Ökonomie unterzuordnen hat. Als geschichtliche Vernunft verlangt die Staatsraison die Herrschaft derjenigen Klasse, die die Industrialisierung durchführen und so den Aufstieg der Nation bewirken kann – die Herrschaft des *Bürgertums*. Es ist eine Gefahr, wenn (wie in Deutschland die Junker) eine »ökonomisch sinkende Klasse die Herrschaft in der Hand hält[6]«. So wird, unter dem Druck der außerwissenschaftlichen, politischen Wertsetzung, die ökonomische Wissenschaft bei Max Weber zur politisch-soziologischen Kritik des von Bismarck eingerichteten Staates. Und diese Kritik antizipiert die Zukunft: die geschichtlich berufene Klasse, das Bürgertum, ist in Deutschland »unreif«; in seiner Schwäche sehnt es sich nach einem neuen Cäsar, der ihm die Tat abnimmt[7].

Übernahme der Macht durch die bürgerliche Klasse: das bedeutet *Demokratisierung* des noch immer vorbürgerlichen Staates. Aber die politische Unreife des deutschen Bürgertums ruft nach dem *Cäsarismus:* die der kapitalistischen Industrialisierung entsprechende Demokratie droht in die plebiszitäre Diktatur umzuschlagen; die bürgerliche Ratio beschwört das irrationale *Charisma*. Diese Dialektik der bürgerlichen Demokratie, ja der bürgerlichen Vernunft hat Max Weber immer wieder beunruhigt; in »Wirtschaft und Gesellschaft« ist sie mit größter Schärfe ausgesprochen. Wir werden darauf zurückkommen. Hier soll noch darauf hingewiesen werden, daß Max Weber auch die spätere Entwicklung jener anderen den Kapitalismus tragenden Klasse, des *Proletariats,* richtiger als die meisten der damaligen Sozialisten vorausgesehen hat. »Nicht ... bei den Massen liegt die Gefahr« heißt es in der »Antrittsrede«[8] (1895!) – nicht die Beherrschten werden die imperialistische Politik hindern oder gar zum Scheitern bringen; es sind vielmehr »die herrschenden und aufsteigenden Klassen«, die eine solche Bedrohung darstellen – Bedrohung für die Chancen der Nation, im internationalen Konkurrenzkampf zu überleben.

Konservativer Charakter der Massen, cäsaristische Tendenz der herrschenden Klassen – Max Weber hat die Wandlungen des Spätkapitalismus vorausgesehen. Er hat sie nicht, wie die Marxsche Theorie, in der Struktur des Kapitalismus selbst begrifflich verankert. »Politische Unreife« ist eine schlechte Kategorie, solange sie nicht die Faktoren hinter dem Faktum definiert – hier: die Unmöglichkeit der kapitalistischen Produktion, den freien Markt mit freier Konkurrenz aufrechtzuerhalten. Die kapitalistische Produktivität selbst stößt in den demokratischen Institutionen der Marktgesellschaft auf ihre Schranke.

Herrschaft konzentriert sich in und über der Bürokratie – als notwendige Spitze der Regimentierung. Was im Rahmen des liberalistischen Kapitalismus als »politische Unreife« erschien, wird im organisierten Kapitalismus zur politischen Reife.

Und die »Ungefährlichkeit« der Beherrschten? Noch zu Max Webers Lebzeiten waren sie – für einen historischen Augenblick – bereit, die imperialistische Politik zum Scheitern zu bringen. Dann aber hat die politische Reife des Bürgertums und die materielle und intellektuelle Leistungsfähigkeit der kapitalistischen Produktivität die Dinge in die Hand genommen und Max Webers Voraussicht bestätigt.

Suchen wir jetzt Max Webers Begriff des Kapitalismus dort auf, wo er (anscheinend) aus dem konkreten Zusammenhang der imperialistischen Machtpolitik herausgenommen und in seiner wertfrei-wissenschaftlichen Reinheit entwickelt ist: in »Wirtschaft und Gesellschaft«. Hier ist der Kapitalismus als Form »rationalen wirtschaftlichen Erwerbens« zunächst als eine »besondere Form der Geldrechnung« definiert:

> »Kapitalrechnung ist die Schätzung und Kontrolle von Erwerbschancen und -erfolgen durch Vergleichung des Geldschätzungsbetrages, einerseits der sämtlichen Erwerbsgüter (in Natur oder Geld) bei Beginn und andererseits der (noch vorhandenen und neu beschafften) Erwerbsgüter bei Abschluß des einzelnen Erwerbsunternehmens oder, im Fall eines kontinuierlichen Erwerbsbetriebes: einer Rechnungsperiode, durch Anfangs- bzw. Abschluß-Bilanz[9]«.

Bis in die abschreckende Syntax hinein zeigt sich die (man möchte sagen: provozierende) Anstrengung, rein-wissenschaftlich zu definieren, von allem Menschlichen, Geschichtlichen abzusehen: hier handelt's sich ums Geschäft und sonst nichts. Dieser Haltung gegenüber scheint es beinahe ein schockierender Lapsus, wenn auf der nächsten Seite betont wird[10]:

> »Die Kapitalrechnung in ihrer *formal* rationalsten Gestalt setzt daher den *Kampf des Menschen mit dem Menschen* voraus.«

Das was die Kapitalrechnung mit dem Menschen macht, kommt in der abstrakten Definition schärfer zum Ausdruck als in ihrer Konkretisierung; die Unmenschlichkeit ist in der Rationalität der Anfangs- bzw. Abschlußbilanz eingeschlossen.

Die »formal-rationalste« Gestalt der Kapitalrechnung ist die, in die der Mensch und seine »Zwecke« nur als variable Größe in der Kalkulierung von Erwerbs- und Profitchancen eingehen. Die Mathematisierung wird in dieser formalen Rationalität bis zum Kalkulus mit der realen *Negation des Lebens selbst* fortgeführt; als extremes Risiko des

Hungertodes wird sie bei den Besitzlosen ein Antrieb für wirtschaftliches Handeln:

»Entscheidender Antrieb für alles Wirtschaftshandeln ist unter verkehrswirtschaftlichen Bedingungen *normalerweise*... für die Nichtbesitzenden: a) der Zwang des Risikos völliger Unversorgtheit für sich selbst und für diejenigen persönlichen ›Angehörigen‹ (Kinder, Frauen, eventuell Eltern), deren Versorgung der einzelne typisch übernimmt ...[11]«.

Immer wieder definiert Max Weber die *formale* Rationalität im Gegensatz zu einer *materialen*, in der die wirtschaftliche Versorgung der Menschen »unter dem Gesichtspunkt bestimmter (wie auch immer gearteter) wertender Postulate« betrachtet wird[12]. So ist formale Rationalität in Konflikt nicht nur mit »traditionsgebundenen« Wertsetzungen und Zielen, sondern auch mit revolutionären. Als Beispiel erwähnt Max Weber die Antinomie zwischen formaler Rationalität einerseits und den Bestrebungen, die Gewaltenteilung aufzuheben, andererseits (»Räterepublik, Konvents- und Wohlfahrtsausschußregierungen«)[13] – also mit Bestrebungen, die bestehende Gestalt der Herrschaft radikal zu ändern.

Aber ist die formale Rationalität, wie sie in der kapitalistischen Wirtschaft ihren Ausdruck findet, wirklich so formal? Hier ist noch einmal ihre Definition:

»Als formale Rationalität eines Wirtschaftens soll hier das Maß der ihm technisch möglichen und von ihm wirklich angewendeten *Rechnung* bezeichnet werden.

Formal ›rational‹ soll ein Wirtschaften je nach dem Maß heißen, in welchem die jeder rationalen Wirtschaft wesentliche ›Vorsorge‹ sich in zahlenmäßigen, ›rechenhaften‹, Überlegungen ausdrücken kann und ausdrückt[14]...«

Offenbar wäre nach dieser Definition eine *totale Planwirtschaft*, also eine nicht-kapitalistische Wirtschaft im Sinn der formalen Rationalität rationaler als die kapitalistische, die an dem Partikularinteresse der privaten Unternehmung und an der (wie auch immer regimentierten) »Freiheit« des Marktes die Grenze ihrer Rechenhaftigkeit in sich trägt. Wenn Max Weber eine solche vorsorgende Planwirtschaft als Rückschritt oder gar als realistisch unmöglich erklärt, tut er dies zunächst aus technologischem Grunde: in der modernen Industriegesellschaft ist die Trennung der Arbeiter von den Betriebsmitteln eine *technische* Notwendigkeit geworden, die die individuell-private Leitung und Kontrolle der Betriebsmittel erfordert, d. h. die Herrschaft des persönlich-verantwortlichen Unternehmers im Betrieb. Die sehr *materiale* geschichtliche Tatsache der privat-kapitalistischen Unternehmung wird so zum (im Max Weberschen Sinne) *formalen* Strukturelement des Kapitalismus und darüber hinaus des *rationalen* Wirtschaftens selbst.

Aber die rationale gesellschaftliche Funktion der auf der Trennung der Arbeiter von den Betriebsmitteln aufgebauten individuellen Herrschaft über den Betrieb geht noch weiter: sie ist der Garant der technisch und wirtschaftlich notwendigen Betriebs*disziplin,* die dann zum Modell der *ganzen* von der modernen Industriegesellschaft erforderten Disziplin wird. Selbst der Sozialismus hat nach Max Weber in der Fabrikdisziplin seinen Ursprung.

»Aus dieser Lebenslage, aus der Fabrikdisziplin heraus, ist der moderne Sozialismus geboren[15].«

Die privatwirtschaftliche »Unterworfenheit unter die Arbeitsdisziplin« ist so einerseits die Vernunft einer *persönlichen Hierarchie,* andererseits aber die vernünftige Herrschaft der *Dinge* über den Menschen, »das soll heißen: der Mittel über den Zweck (die Bedarfsdeckung)«. Max Weber zitiert mit diesen Worten eine These des Sozialismus[16]: er bestreitet sie nicht, aber glaubt, daß auch die sozialistische Gesellschaft an der Grundtatsache der Trennung der Arbeiter von den Betriebsmitteln nichts ändern wird, weil sie einfach die Form des technischen Fortschritts, der Industrialisierung ist. Ihrer Rationalität bleibt auch der Sozialismus verfallen, wenn anders er sein eigenes Versprechen der allgemeinen Bedarfsdeckung und der Befriedigung des Existenzkampfes treu bleiben will. Die Herrschaft der Dinge über den Menschen kann ihrer Irrationalität enthoben werden nur in der rationalen Herrschaft des Menschen *über den Menschen.* Die Frage ist also auch für den Sozialismus: »*Wer* soll es dann sein, der diese neue Wirtschaft übernehmen und kommandieren würde[17]?«

Industrialisierung ist das Schicksal der modernen Welt, und die Schicksalsfrage für kapitalistische sowohl wie sozialistische Industrialisierung ist nur: welches ist die rationalste Form der *Herrschaft* über die Industrialisierung und damit über die Gesellschaft? – »rationalste« immer noch im Sinne jener *formalen* Rationalität, die nur durch das rechenhafte, kalkulierbare, geregelte Funktionieren ihres eigenen Zusammenhanges bestimmt ist. Ganz unauffällig scheint sich aber diese formale Rationalität im Zuge der Begriffsentfaltung gewandelt zu haben: indem sie zur Herrschaftsfrage wird, ordnet sie sich selbst, und kraft ihrer eigenen, inneren Rationalität, einer anderen unter, nämlich der der Herrschaft. Gerade insofern diese formale Rationalität nicht über ihren eigenen Zusammenhang hinausgeht, nur ihr eigenes System als Norm des Rechnens und rechenhaften Handelns hat, ist sie, als Ganzes *abhängig*, »von außen« determiniert, durch ein anderes als sie selbst – so wird sie nach Max Webers eigener Definition »material«.

Industrialisierung als »Schicksal«, Herrschaft als »Schicksal« – Max Webers *Schicksalsbegriff* zeigt beispielhaft den materialen Inhalt der formalen Analyse. »Schicksal« ist die von den Individuen weitgehend unabhängige Gesetzmäßigkeit von Wirtschaft und Gesellschaft, die nur unter Strafe von Selbstentmachtung verletzt werden kann. Aber Gesellschaft ist nicht Natur – wer verhängt das Schicksal? Industrialisierung ist eine Phase im Prozeß der sich entwickelnden Fähigkeiten und Bedürfnisse der Menschen – eine Phase im Kampf des Menschen mit der Natur und mit sich selbst. Diese Entwicklung kann in sehr verschiedenen Weisen der Organisation und Zielsetzung ablaufen: nicht nur die Formen der Herrschaft, sondern auch die der Technik und damit der Bedürfnisse und ihrer Befriedigung sind durchaus nicht »schicksalhaft« – sie *werden* es erst nach ihrer gesellschaftlichen Etablierung: als Resultat von materiellem, ökonomischem und psychologischem Zwang. Max Webers Schicksalsbegriff ist aus solchem *expost* gedacht: er verallgemeinert die Blindheit einer Gesellschaft, deren Reproduktionsprozeß sich hinter dem Rücken der Individuen abspielt – einer Gesellschaft, in der das Gesetz der Herrschaft als objektive technologische Gesetzmäßigkeit erscheint. Diese Gesetzmäßigkeit ist weder »schicksalhaft« noch »formal«. Der Zusammenhang, in den Max Webers Analyse sich stellt, ist der geschichtliche, in dem wirtschaftliche Vernunft zur Vernunft der Herrschaft wurde – Herrschaft beinahe um jeden Preis. Dieses Schicksal ist *gewordenes,* und als gewordenes kann es – *aufgehoben* werden. Wissenschaftliche Analyse, die nicht dieser Möglichkeit der Aufhebung verpflichtet ist, verschreibt sich nicht »der« Vernunft, sondern dei Vernunft der etablierten Herrschaft. Und der noch so mathematisierte, »wissenschaftliche« Kapitalismus bleibt mathematisierte, technologische *Herrschaft* über Menschen, und der noch so wissenschaftliche, technologische Sozialismus ist Aufbau oder Abbau von Herrschaft.

Wenn so im Werk Max Webers die Formalanalyse des Kapitalismus zur Analyse von Herrschaftsformen wird, so ist dies kein Bruch im Begriff und in der Methode: die Reinheit selbst zeigt sich als unrein – nicht weil Max Weber ein schlechter oder inkonsequenter Soziologe war, sondern weil er ein vom Wissen um sein Objekt besessener, wahrer Soziologe war: die Wahrheit wird zur Kritik, zur Anklage, und die Anklage zur Funktion der wahren Wissenschaft. Wenn schon die »Antrittsrede« die Wissenschaft der Ökonomie provokativ der Politik unterworfen hatte, so zeigt sich diese *tour de force* im Lichte des ganzen Weberschen Werkes als die innere Logik seiner Methode. Eure Wissenschaft muß »rein« bleiben: nur so könnt ihr der Wahrheit die Treue halten. Aber diese Wahrheit zwingt euch, das anzuerkennen, was »von außen« die Gegenstände eurer Wissenschaft produziert und bestimmt – über das habt ihr keine Gewalt. Eure Wertfreiheit ist ebenso notwendig wie scheinhaft: Neutralität ist *wirklich*, nur wenn sie die Macht hat, Eingriffe abzuwehren; wenn nicht, dann wird sie zum Opfer und Helfer jeder Macht, die sie benutzen will. – Kehren wir zu unserem Thema zurück!

Die formale Rationalität des Kapitalismus stieß auf ihre innere Grenze an zwei Stellen: an der gegebenen Tatsache der *privaten Unternehmung* und des privaten Unternehmers als des eigentlichen Subjekts der Rechenhaftigkeit des Wirtschaftens, und an der gegebenen Tatsache der Trennung des Arbeiters von den Betriebsmitteln, der »*freien*« Arbeit.

Diese beiden Tatsachen gehören für Max Weber zur spezifischen Rationalität des Kapitalismus[18]; sie sind für ihn technologische Notwendigkeiten. Die Frage ist nicht gestellt, ob diese Notwendigkeiten wirklich und wesentlich »technologische« sind, oder ob sie nicht vielmehr der technologische Schleier spezifisch-gesellschaftlicher Interessen sind. Für Max Weber begründen sie Herrschaft als integrales Element kapitalistischer, ja wirtschaftlicher Rationalität in der modernen Industriegesellschaft. Wenn dem so ist, dann muß Herrschaft selbst als Form moderner wirtschaftlicher Rationalität demonstriert werden; Max Weber unternimmt dies in der Analyse der *Bürokratie*.

Bürokratische Herrschaft ist untrennbar von fortschreitender Industrialisierung: sie überträgt die aufs höchste gesteigerte Leistungsfähigkeit des Industriebetriebes auf die Gesellschaft als Ganzes. Sie ist die formal-rationalste Herrschaftsform kraft ihrer »Präzision, Stetigkeit, Disziplin, Straffheit und Verläßlichkeit, also: Berechenbarkeit für den Herren wie für die Interessenten ...[19]«, und sie ist all dies, weil sie »Herrschaft kraft Wissen« ist, feststellbares, kalkulierbares und kalkulierendes Wissen, Fachwissen. Eigentlich ist es der *Apparat*, der hier herrscht, denn die auf dem Fachwissen aufgebaute Herrschaft über den Apparat ist solche nur, wenn sie ganz seinen technischen Forderungen und Möglichkeiten angepaßt ist. Deshalb ist die Beherrschung des Apparates »dem Nicht-Fachmann nur begrenzt möglich: der Fach-Geheimrat ist dem Nichtfachmann als Minister auf die Dauer meist überlegen[20]«.

Und wieder betont Max Weber hier, daß jeder »rationale Sozialismus« die bürokratische Verwaltung »einfach übernehmen müßte und steigern würde«, weil sie eben rein *sachliche* Herrschaft ist, von der Sache selbst gefordert, gleich gültig in den verschiedensten politischen, kulturellen, moralischen Zielsetzungen und Institutionen. Und die Sache selbst, das ist der gegebene, sich immer produktiver und leistungsfähiger entwickelnde, immer präziser kalkulierbare Apparat.

Die fachwissenschaftliche Verwaltung des Apparats als formalrationalste Herrschaft: das ist die Verdinglichung als Vernunft – *Apotheose der Verdinglichung*. Aber die Apotheose wird zu ihrer Negation, *muß* zu ihrer Negation werden. Denn der Apparat, der seine eigene sachliche Verwaltung diktiert, ist selbst *Instrument*, Mittel – und es gibt kein Mittel »an sich«. Noch der produktivste, verdinglichtste Apparat ist Mittel zu einem Zweck außerhalb. Was den ökonomischen Apparat des Kapitalismus anbetrifft: es genügt nicht, die Bedarfsdeckung als diesen Zweck anzusetzen. Der Begriff ist zu allgemein, zu abstrakt im schlechten Sinne. Denn, wie Max Weber es selbst gesehen hat, die Bedarfsdeckung ist Beiprodukt eher als Zweck des kapitalistischen Wirtschaftens – ein dem Profit untergeordnetes Beiprodukt – oder vielmehr die der Ökonomie vorgegebene Materie, die durch die *Form* des kapitalistischen Wirtschaftens bewältigt wird. Der menschliche Bedarf ist in dieser Form rational, solange man noch auf lebende Menschen als Käufer angewiesen ist (als Produzenten sind sie schon zum Teil unnötig), und schon jetzt verkauft man viel an Lagerhäuser, Vernichtung und ein untermenschliches Dasein unter der Erde. Wenn aber die bürokratische Verwaltung des kapitalistischen Apparats in all ihrer Rationalität Mittel, und damit abhängig bleibt, dann hat sie als Rationalität ihre eigene Grenze: die Bürokratie unterwirft sich einer außer- und überbürokratischen Macht – einer »betriebsfremden« Macht. Und wenn Rationalität in der Verwaltung verkörpert und *nur dort* verkörpert ist, dann muß diese gesetzgebende Macht *irrational* sein. Der Webersche Vernunftbegriff terminiert im irrationalen *Charisma*.

Von allen Weberschen Begriffen ist der des *Charisma* vielleicht der fragwürdigste: schon als Terminus enthält er das Vorurteil, das jeder Art von erfolgreicher, angeblich persönlicher Herrschaft eine religiöse Weihe gibt. Der Begriff selbst steht hier nicht zur Diskussion: er soll nur soweit erörtert werden, als er die Dialektik von Rationalität und Irrationalität in der modernen Gesellschaft erhellen kann. Charismatische Herrschaft erscheint als Stadium in einem zweifachen Entwicklungsprozeß: Einerseits tendiert Charisma dazu, in verfestigte Interessenherrschaft und deren bürokratische Organisation umzuschlagen;

andererseits unterwirft sich bürokratische Organisation einer charismatischen Spitze.

In dem Kapitel »Umbildung des Charisma« beschreibt Max Weber, wie die reine charismatische Herrschaft dazu tendiert, sich in ein »Dauerbesitztum« zu verwandeln; in diesem Prozeß wird sie

»den Bedingungen des Alltags und den ihn beherrschenden Mächten, vor allem: den ökonomischen Interessen ausgeliefert[21]«.

Was als Charisma des Einzelnen und seines persönlichen Gefolges beginnt, vollendet sich in der Herrschaft eines bürokratischen Apparats erworbener Rechte und Funktionen, in dem die charismatisch Beherrschten zu regelmäßigen, steuerzahlenden, pflichtenleistenden »Untertanen« werden.

Aber diese rationale Verwaltung von Massen und Dingen kann der irrationalen charismatischen Spitze nicht entbehren. Denn die Verwaltung würde gerade in dem Maß, in dem sie wirklich rational ist, zur *Aufhebung* der Herrschaft tendieren (Verwaltung von Dingen); der Verwaltungsapparat ist aber je auf dem Boden der Herrschaft gebaut und zu deren Erhaltung und Verstärkung eingerichtet worden. Wirklich »rationale« Verwaltung wäre die Verwendung des gesellschaftlichen Reichtums im Interesse der freien Entfaltung und Befriedigung menschlicher Bedürfnisse – und der technische Fortschritt macht diese Rationalität zu einer immer realeren Möglichkeit. Aber ihr widerspricht die Rationalität des Apparats, der auf produktiver Unterdrükkung aufgebaut ist. In dem Grade, in dem der Widerspruch offenbar und irrational wird, muß er in einer neuen Herrschaftsform aufgehoben werden – wenn anders Herrschaft selbst bestehen soll. Die im technischen Fortschritt sich durchsetzende Demokratisierung (die egalitäre Tendenz ist Resultat der wachsenden Produktivität) wird so in einer Steuerung und Manipulierung der Demokratie aufgefangen. Herrschaft als Privileg partikularer Interessen, und Selbstbestimmung als Forderung des allgemeinen Interesses werden so zusammengezwungen. Diese Lösung des gesellschaftlichen Widerspruchs hat ihre klassische Manifestierung in der *plebiszitären Demokratie*[22], in der die trainierten (und terrorisierten) Massen selbst ihre Führer einsetzen, periodisch bestätigen und sogar deren Politik bestimmen – unter vorgegebenen und von den Führern gut kontrollierten Bedingungen. So ist für Max Weber das gleiche Wahlrecht nicht nur Resultat der Herrschaft, sondern auch *Instrument* der Herrschaft in der Periode ihrer technischen Vollkommenheit. Die plebiszitäre Demokratie ist der politische Ausdruck der zur Vernunft gewordenen Irrationalität.

In welcher Weise äußert sich diese Dialektik der Vernunft (d. h. der *formalen* Ratio) in der Entwicklung des Kapitalismus? Seine prosaische Macht sperrt sich gegen die Idee des Charisma, und Max Weber ist zurückhaltend in der Anwendung dieses Terminus auf die gegenwärtige Industriegesellschaft, obwohl seine Haltung und selbst seine Sprache während des Krieges und gegen die Revolution der charismatischen Verfallenheit sehr nahe kommen. Aber die *Sache* ist dargelegt: die formale Vernunft des technisch-vollendeten Verwaltungsapparats untersteht dem Irrationalen. Max Webers Analyse der Bürokratie durchbricht die ideologische Verschleierung; seiner Zeit weit voraus zeigt er den Scheincharakter der modernen Massendemokratie mit ihrer angeblichen Ausgleichung und Angleichung der Klassengegensätze. Die bürokratische Verwaltung des industriellen Kapitalismus ist in der Tat eine »Nivellierung«, aber

»das Entscheidende ist vielmehr hier ausschließlich die *Nivellierung der beherrschten* gegenüber der herrschenden bürokratisch gegliederten Gruppe, welche dabei ihrerseits sehr wohl faktisch, oft aber auch formal, eine ganz autokratische Stellung besitzen kann[23]«.

Immer wieder betont er, daß gerade der technisch vollkommene Verwaltungsapparat, *kraft seiner formalen Rationalität,* ein »Machtmittel allerersten Ranges« ist »für den, der über den bürokratischen Apparat verfügt«.

»Die Gebundenheit des materiellen Schicksals der Masse an das stetige korrekte Funktionieren der zunehmend bürokratisch geordneten privatkapitalistischen Organisationen nimmt stetig zu, und der Gedanke an die Möglichkeit ihrer Ausschaltung wird dadurch immer utopischer[24].«

Es ist die totale Abhängigkeit von dem Funktionieren eines allgegenwärtigen Apparats, die zur »Grundlage aller Ordnung« wird, so daß der Apparat selbst nicht mehr in Frage gestellt wird. Die »gezüchtete Eingestelltheit auf das gehorsame Sichfügen in jene Ordnungen« wird zum Zement einer Unterworfenheit, die als solche nicht mehr zum Bewußtsein kommt, weil die Ordnung selbst so erschreckend rational ist, d. h. die für den Einzelnen nicht mehr übersehbare und faßbare Welt der Waren und Leistungen so tüchtig verwaltet und zu berechenbarer Verfügung stellt. – Max Weber hat es nicht mehr erlebt, wie der entfaltete Kapitalismus in der Leistungsfähigkeit seiner Vernunft selbst die planmäßige Vernichtung von Millionen von Menschen und die planmäßige Zerstörung ihrer Arbeit zum Springquell größerer und besserer Prosperität macht, wie selbst der offene Wahnsinn zur Grundlage *nicht* nur des Fortbestandes, sondern des angenehmeren Lebens wird. Er hat die »affluent society« nicht erlebt, die im Angesicht von unmenschlichem Elend und methodischer Grausamkeit ihre unvorstellbaren technischen, materiellen und intellektuellen Kräfte verschwendet und zur permanenten Mobilisierung mißbraucht. Schon *vor* der Machtentfaltung dieser Vernunft hat er auf die Gefahr hingewiesen, die darin liegt, daß sich der rational-bürokratische Verwaltungsapparat, *kraft seiner eigenen Rationalität,* einer fremden Herrschaftsspitze unterstellt.

Zunächst ist es im Rahmen der Weberschen Begriffsbildung fast selbstverständlich, daß die Verwaltung der Industriegesellschaft einer über und außer ihr stehenden Führung bedarf:

> »Jede Verwaltung bedarf irgendwie der Herrschaft, denn immer müssen zu ihrer Führung irgendwelche Befehlsgewalten in irgendjemandes Hand gelegt sein[25].«

Der kapitalistische Unternehmer ist »im materialen Sinne« ebensowenig Fachbeamter wie der Monarch an der Spitze des Reiches. Für ihn sind keine Fachqualitäten verlangt:

> »Die bürokratische Herrschaft hat also an der Spitze unvermeidlich ein mindestens nicht rein bürokratisches Element[26].«

»Unvermeidlich«, weil die wertfreie, formale Rationalität der Verwaltung auf von außen kommende Wert- und Zielgebungen angewiesen ist. In der »Antrittsrede« hatte Max Weber die Machtpolitik des Nationalstaates als wert- und zielgebend für die Ökonomie bestimmt; damit war der Kapitalismus als *Imperialismus* definiert. In »Wirtschaft und Gesellschaft« werden einige charakteristische Züge der imperialistischen Wirtschaft zusammengestellt und im Begriff des »politisch orientierten Kapitalismus« zusammengefaßt. Dann heißt es:

> »Es ist von vornherein klar: daß jene politisch orientierten Ereignisse, welche diese (politischen) Erwerbsmöglichkeiten bieten, ökonomisch: – von der Orientierung an Marktchancen (. . .) her gesehen, *irrational* sind[27].«

Als irrational können sie durch andere ersetzt werden. Herrschaft über die kapitalistische Wirtschaft erfordert nicht nur keine Fachqualifikation, sie ist im hohen Grade fungibel.

So terminiert der Kapitalismus, mit all seiner Rationalität (oder vielmehr gerade wegen seiner spezifischen Rationalität) in einer irrationalen, »zufälligen« Spitze – nicht nur in der Ökonomie, wo die Leitung der Fachqualifikation entraten kann, sondern auch in der Herrschaft über die bürokratische Verwaltung selbst, in der *Staatsverwaltung*. (Es ist schwer, hier nicht an *Hegels* Rechtsphilosophie zu denken, wo der Staat der bürgerlichen Gesellschaft, der Vernunftstaat, in der »zufälligen« Person des durch die Kontingenz der Geburt bestimmten Monarchen gipfelt; bei Hegel wie bei Weber offenbart die Analyse der bürgerlichen Vernunft deren Grenze: sie negiert sich in ihrer Vollendung.)

Blicken wir jetzt kurz auf die Stadien der Begriffsbildung (und der Sache selbst) zurück. Der abendländische Kapitalismus entsteht unter den bestimmten, sozialen, politischen, ökonomischen Bedingungen des ausgehenden Mittelalters und der Reformation; er entwickelt seinen »Geist« in jener formalen Rationalität, die sich in der psychologischen wie in der wirtschaftlichen Haltung und Handlung der Träger des Kapitalprozesses (nicht aber seiner Objekte!) durchsetzt. Unter dieser formalen Ratio vollzieht sich die Industrialisierung: Technischer Fortschritt und fortschreitende Bedarfsdeckung, »gleichviel um welchen Bedarf« es sich dabei handelt. Wir haben gesehen, daß diese formale Rationalität sich auf dem Grunde von zwei sehr *materialen* geschichtlichen Tatsachen entwickelt, die sich in ihrem Fortschritt erhalten und (nach Max Weber) *Bedingungen* des Kapitalismus sind, nämlich: 1. die private Unternehmung, und 2. die »freie Arbeit«, die Existenz einer Klasse, die »ökonomisch«, »unter dem Zwang der Hungerpeitsche« ihre Dienste zu verkaufen genötigt ist[28]. Als Produktivkräfte gehen diese materialen Bedingungen in die formale Ratio ein – der Kapitalismus breitet sich aus im Konkurrenzkampf ungleicher (aber formal freier) Mächte: Existenzkampf der Personen, der Nationalstaaten, der internationalen Bündnisse. Im (für Max Weber) gegenwärtigen Stadium steht der Kapitalismus unter der Zielgebung nationaler Machtpolitik: er ist Imperalismus. Seine innere Verwaltung aber bleibt formal-rational: bürokratische Herrschaft. Sie verwaltet die Herrschaft der Dinge über den Menschen: rationale, »wertfreie« Technik ist Trennung des Menschen von den Betriebsmitteln, seine Unterordnung unter technische Leistungsfähigkeit und Notwendigkeit – im Rahmen privater Erwerbswirtschaft. Die Maschine bestimmt, aber die »leblose Maschine ist geronnener Geist. Nur daß sie dies ist, gibt ihr die Macht, die Menschen in ihren Dienst zu zwingen ...[29].« Und weil sie »geronnener Geist« ist, ist sie auch Herrschaft des Menschen über den Menschen; so reproduziert *diese* technische Vernunft die Versklavung. Unterwerfung unter die Technik wird zur Unterwerfung unter die Herrschaft schlechthin; formale technische Rationalität wird zu materialer politischer Rationalität (oder ist es umgekehrt, da ja die technische Vernunft von Anbeginn die Herrschaft der privaten Unternehmung über die »freie« Arbeit war?). So erfüllt sich das Schicksal, wie es Max Weber in einer seiner verbindlichsten Formulierungen großartig vorausgesehen hat:

»Im Verein mit der toten Maschine ist sie (die bürokratische Organisation) an der Arbeit, das Gehäuse jener Hörigkeit der Zukunft herzustellen, in welche vielleicht dereinst die Menschen sich, wie die Fellachen im altägyptischen Staat, ohnmächtig zu fügen gezwungen sein werden, *wenn ihnen eine rein technisch gute und das heißt: eine rationale Beamtenverwaltung und -versorgung der letzte und einzige Wert ist, der über die Art der Leitung ihrer Angelegenheiten entscheiden soll*[30].«

Aber gerade hier, an diesem schärfsten Punkt, wo Max Webers Analyse in ihre Selbstkritik umschlägt, zeigt sich, wie weit sie selbst jener anderen Identifizierung verfallen bleibt: der Gleichsetzung von technischer und bürgerlich-kapitalistischer Vernunft. Diese Verfallenheit läßt ihn nicht sehen, daß nicht die »reine«, formale, technische Vernunft, sondern die Vernunft der Herrschaft das »Gehäuse der Hörigkeit« herstellt, und daß die *Vollendung* der technischen Vernunft sehr wohl Instrument der *Befreiung* des Menschen werden kann. Anders ausgedrückt: Max Webers Analyse des Kapitalismus war nicht wertfrei genug, insofern sie die dem Kapitalismus spezifischen Wertsetzungen in die »reinen« Definitionen der formalen Rationalität hineinnahm. So entwickelte sich der Widerspruch zwischen formaler und materialer Rationalität, und seine Kehrseite: die »Neutralität« der technischen Vernunft gegenüber allen ihr äußeren materiellen Wertsetzungen. Und diese Neutralität wiederum ermöglichte es für Max Weber, das (verdinglichte) Interesse der Nation und ihre politische Macht als die die technische Vernunft bestimmenden Werte zu akzeptieren.

Der *Begriff der technischen Vernunft* ist vielleicht selbst *Ideologie*. Nicht erst ihre Verwendung, sondern schon die Technik ist Herrschaft (über die Natur und über den Menschen), methodische, wissenschaftliche, berechnete und berechnende Herrschaft. Bestimmte Zwecke und Interessen der Herrschaft sind nicht erst »nachträglich« und von außen der Technik aufoktroyiert – sie gehen schon in die Konstruktion des technischen Apparats selbst ein; die Technik ist jeweils ein geschichtlich-gesellschaftliches *Projekt:* in ihr ist projektiert, was eine Gesellschaft und die sie beherrschenden Interessen mit dem Menschen und mit den Dingen zu machen gedenken. Ein solcher »Zweck« der Herrschaft ist »material« und gehört zur Form selbst der technischen Vernunft.

Von dieser unabdingbaren gesellschaftlichen Materie hat Max Weber abstrahiert. Wir haben das Recht dieser Abstraktion in der Analyse der kapitalistischen Vernunft betont: die Abstraktion wird zur *Kritik* dieser Vernunft, insofern sie aufzeigt, zu welchem Grade die kapitalistische Rationalität selbst von dem Menschen abstrahiert, »gleichgültig« ist gegen seinen Bedarf, in dieser Gleichgültigkeit immer produktiver und leistungsfähiger, immer berechnender und methodischer wird – und so das »Gehäuse der Hörigkeit« aufbaut, einrichtet, (recht luxuriös einrichtet) und allgemein macht. So weit ist Max Webers Abstraktheit gesättigt von seinem Material: sie spricht das rationale Urteil über die rationale Tauschgesellschaft. Diese aber tendiert in ihrer Entwicklung dazu, ihre eigenen materialen Voraussetzungen aufzuheben: der private Unternehmer ist nicht mehr das selbstverantwortliche Subjekt ökonomischer Rationalität, und die »freie Arbeit« ist nicht mehr die durch die Drohung der »Hungerpeitsche« erzwungene Versklavung. Die Tauschgesellschaft, in der alles so frei und rational zugeht, tritt unter die Herrschaft ökonomischer und politischer Monopole. Der Markt und seine Freiheiten, deren ideologischen Charakter Max Weber oft genug angezeigt hat, wird einer erschreckend wirksamen Regulierung unterworfen, in der das Allgemeininteresse scharf von den herrschenden Partikularinteressen bestimmt und durchgesetzt wird. In schlechter Weise wird so die Verdinglichung aufgehoben. Die Trennung von den Betriebsmitteln, in der Max Weber mit Recht eine technische Notwendigkeit gesehen hat, wird zur Unterwerfung des Ganzen unter seine kalkulierenden Manager. Die formale Rationalität des Kapitalismus feiert ihren Triumph in den alles, gleichgültig zu welchem Zweck berechnenden electronic computers, die als mächtige Instrumente manipulierender Politik eingesetzt werden und die Gewinn- und Verlustchancen mit höchster Sicherheit berechnen – einschließlich der Chance der Vernichtung des Ganzen, mit dem Einverständnis der ebenfalls berechneten und gehorchenden Bevölkerung. Die Massendemokratie wird plebiszitär auch in der Wirtschaft und Wissenschaft: die Massen wählen selbst ihre Führer ins Gehäuse der Hörigkeit.

Aber wenn die technische Vernunft so sich als politische Vernunft enthüllt, so nur, weil sie von Anbeginn *diese* technische Vernunft und *diese* politische Vernunft war: durch das bestimmte Interesse der Herrschaft bestimmt und eingegrenzt. Als politische Vernunft ist technische Vernunft *geschichtlich*. Wenn die Trennung von den Betriebsmitteln technische Notwendigkeit ist – die durch sie organisierte *Hörigkeit* ist es *nicht*. Auf Grund ihrer eigenen Errungenschaften – der produktiven und berechenbaren Mechanisierung – enthält sie die Möglichkeit einer qualitativ verschiedenen Rationalität, in der die Trennung von den *Betriebsmitteln* zu der des Menschen von der gesellschaftlich notwendigen, aber ihn entmenschenden Arbeit selbst wird. Im Stadium der von den so befreiten Menschen verwalteten automatischen Produktion würden formale und materiale Zweckmäßigkeit nicht mehr notwendig »antinomisch« sein – noch würde die formale Vernunft sich »gleichgültig« unter und über den Menschen durchsetzen. Denn als »geronnener Geist« ist die Maschine *nicht neutral*; technische Vernunft ist die jeweils herrschende gesellschaftliche Vernunft: sie kann in ihrer Struktur selbst verändert werden. Als technische Vernunft kann sie zur Technik der Befreiung gemacht werden.

Für Max Weber war diese Möglichkeit – *Utopie*. Heute sieht es so aus, als ob er recht hatte. Aber wenn die gegenwärtige Industriegesellschaft über ihre eigenen – und sie sprengenden – Möglichkeiten den Sieg davonträgt, dann ist es nicht mehr Webers bürgerliche Vernunft, die der Sieger ist. Es ist schwer, in dem sich verfestigenden »Gehäuse der Hörigkeit« überhaupt noch Vernunft zu sehen – es sei denn in einem wirklich nur »technischen« Sinn. Oder steckt schon in Max Webers Vernunftbegriff die *Ironie*, die versteht und desavouiert? Will er vielleicht sagen: und das nennt ihr Vernunft?

Anmerkungen

1 GAzSuS, Tübingen 1924, S. 419.
2 A. a. O., S. 402.
3 Vorbemerkung zum 1. Band der GAzRS, Tübingen 1920, S. 1 ff.
4 A. a. o., S. 4 f.
5 Die Dokumentation ist in Wolfgang J. Mommsens »Max Weber und die deutsche Politik«, Tübingen 1950, vorbildlich zusammengestellt und analysiert.
6 GPS, München 1921, S. 20 f.
7 A. a. O., S. 27.
8 A. a. O., S. 29.
9 WuG, Tübingen 1922, S. 48.
10 A. a. O., S. 49.
11 A. a. O., S. 60 (Hervorhebung von mir).
12 A. a. O., S. 44.
13 A. a. O., S. 167.
14 A. a. O., S. 44 f.
15 GAz SuS, a. a. O., S. 501 (»Der Sozialismus«).
16 A. a. O., S. 502.
17 A. a. O., S. 511.
18 WuG, a. a. O., S. 19–23.
19 A. a. O., S. 128.
20 A. a. O., S. 129.
21 A. a. O., S. 762.
22 A. a. O., S. 156 f., 174, 763 ff.

23 A. a. O., S. 667.
24 A. a. O., S. 669.
25 A. a. O., S. 607.
26 A. a. O., S. 127.
27 A. a. O., S. 96.
28 A. a. O., S. 240.
29 GPS, a. a. O., S. 151.
30 A. a. O., S. 151.

JÜRGEN HABERMAS

Technik und Wissenschaft als »Ideologie«

Für Herbert Marcuse zum 70. Geburtstag am 19. VII. 1968

Max Weber hat den Begriff der »Rationalität« eingeführt, um die Form der kapitalistischen Wirtschaftstätigkeit, des bürgerlichen Privatrechtsverkehrs und der bürokratischen Herrschaft zu bestimmen. Rationalisierung meint zunächst die Ausdehnung der gesellschaftlichen Bereiche, die Maßstäben rationaler Entscheidung unterworfen werden. Dem entspricht die Industrialisierung der gesellschaftlichen Arbeit mit der Folge, daß Maßstäbe instrumentalen Handelns auch in andere Lebensbereiche eindringen (Urbanisierung der Lebensweise, Technisierung des Verkehrs und der Kommunikation). In beiden Fällen handelt es sich um die Durchsetzung des Typus zweckrationalen Handelns: hier bezieht er sich auf die Organisation von Mitteln, dort auf die Wahl zwischen Alternativen. Die Planung schließlich kann als ein zweckrationales Handeln zweiter Stufe aufgefaßt werden: sie zielt auf die Einrichtung, Verbesserung oder Erweiterung der Systeme zweckrationalen Handelns selber. Die fortschreitende »Rationalisierung« der Gesellschaft hängt mit der Institutionalisierung des wissenschaftlichen und des technischen Fortschritts zusammen. In dem Maße, in dem Technik und Wissenschaft die institutionellen Bereiche der Gesellschaft durchdringen und dadurch die Institutionen selbst verwandeln, werden die alten Legitimationen abgebaut. Säkularisierung und »Entzauberung« der handlungsorientierenden Weltbilder, der kulturellen Überlieferung insgesamt, ist die Kehrseite einer wachsenden »Rationalität« des gesellschaftlichen Handelns.

I.

Herbert Marcuse hat an diese Analysen angeknüpft, um nachzuweisen, daß der formale Begriff der Rationalität, den Max Weber vom zweck-

Aus: Jürgen Habermas, Technik und Wissenschaft als »Ideologie« (Aufsatzsammlung), Frankfurt a. M. 1968, S. 48–103. Mit freundlicher Genehmigung des Suhrkamp Verlags, Frankfurt a. M.

rationalen Handeln des kapitalistischen Unternehmers und des industriellen Lohnarbeiters, von dem der abstrakten Rechtsperson und des modernen Verwaltungsbeamten abgezogen und an den Kriterien der Wissenschaft wie der Technik festgemacht hat, bestimmte inhaltliche Implikationen hat. Marcuse ist überzeugt, daß sich in dem, was Max Weber »Rationalisierung« genannt hat, nicht »Rationalität« als solche, sondern im Namen der Rationalität eine bestimmte Form uneingestandener politischer Herrschaft durchsetzt. Weil sich Rationalität dieser Art auf die richtige Wahl zwischen Strategien, die angemessene Verwendung von Technologien und die zweckmäßige Einrichtung von Systemen (bei *gesetzten* Zielen in *gegebenen* Situationen) erstreckt, entzieht sie den gesamtgesellschaftlichen Interessenzusammenhang, in dem Strategien gewählt, Technologien verwendet und Systeme eingerichtet werden, der Reflexion und einer vernünftigen Rekonstruktion. Jene Rationalität erstreckt sich überdies nur auf Relationen möglicher technischer Verfügung und verlangt deshalb einen Typ des Handelns, der Herrschaft, sei es über Natur oder Gesellschaft, impliziert. Zweckrationales Handeln ist seiner Struktur nach die Ausübung von Kontrolle. Deshalb ist die »Rationalisierung« von Lebensverhältnissen nach Maßgabe dieser Rationalität gleichbedeutend mit der Institutionalisierung einer Herrschaft, die als politische unkenntlich wird: die technische Vernunft eines gesellschaftlichen Systems zweckrationalen Handelns gibt ihren politischen Inhalt nicht preis. Marcuses Kritik an Max Weber kommt zu dem Schluß: »Der Begriff der technischen Vernunft ist vielleicht selbst Ideologie. Nicht erst ihre Verwendung, sondern schon die Technik ist Herrschaft (über die Natur und über den Menschen), methodische, wissenschaftliche, berechnete und berechnende Herrschaft. Bestimmte Zwecke und Interessen der Herrschaft sind nicht erst ›nachträglich‹ und von außen der Technik oktroyiert – sie gehen schon in die Konstruktion des technischen Apparats selbst ein; die Technik ist jeweils ein geschichtlich-gesellschaftliches Projekt; in ihr ist projektiert, was eine Gesellschaft und die sie beherrschenden Interessen mit den Menschen und mit den Dingen zu machen gedenken. Ein solcher Zweck der Herrschaft ist ›material‹ und gehört insofern zur Form selbst der technischen Vernunft[1].«

Bereits 1956 hatte Marcuse in einem ganz anderen Zusammenhang auf das eigentümliche Phänomen hingewiesen, daß in den industriell fortgeschrittenen kapitalistischen Gesellschaften Herrschaft dazu tendiert, ihren ausbeuterisch-unterdrückenden Charakter zu verlieren und »rational« zu werden, ohne daß damit politische Herrschaft verschwände: »Herrschaft ist nur noch bedingt durch die Fähigkeit und das Interesse, den Apparat als ganzes zu erhalten und zu erweitern[2].« Die Rationalität der Herrschaft bemißt sich an der Aufrechterhaltung eines Systems, das es sich erlauben kann, die an den wissenschaftlich-technischen Fortschritt gekoppelte Steigerung der Produktivkräfte zur Grundlage seiner Legitimation zu machen, obgleich andererseits der Stand der Produktivkräfte gerade auch das Potential bezeichnet, an dem gemessen »die den Individuen auferlegten Verzichte und Lasten immer unnötiger, irrationaler erscheinen[3].« Marcuse meint, die objektiv überflüssige Repression in der »intensivierten Unterwerfung der Individuen unter den ungeheuren Produktions- und Verteilungsapparat, in der Entprivatisierung der Freizeit, in der beinahe ununterscheidbaren Verschmelzung von konstruktiver und destruktiver gesellschaftlicher Arbeit« zu erkennen. Paradoxerweise kann aber diese Repression aus dem Bewußtsein der Bevölkerung verschwinden, weil die Legitimation der Herrschaft einen neuen Charakter angenommen hat: nämlich den Hinweis auf »die stetig wachsende Produktivität und Naturbeherrschung, die auch die Individuen immer komfortabler am Leben erhält«.

Der mit dem wissenschaftlich-technischen Fortschritt institutionalisierte Zuwachs der Produktivkräfte sprengt alle geschichtlichen Proportionen. Daraus zieht der institutionelle Rahmen seine Legitimationschance. Der Gedanke, daß die Produktionsverhältnisse am Potential der entfalteten Produktivkräfte gemessen werden könnten, wird dadurch abgeschnitten, daß sich die bestehenden Produktionsverhältnisse als die *technisch notwendige* Organisationsform einer rationalisierten Gesellschaft *präsentieren.* »Rationalität« im Sinne Max Webers zeigt hier ihr doppeltes Gesicht: sie ist nicht mehr nur kritischer Maßstab für den Stand der Produktivkräfte, vor dem die objektiv überflüssige Repressivität geschichtlich überfälliger Produktionsverhältnisse entlarvt werden kann, sondern zugleich der apologetische Maßstab, an dem diese selben Produktionsverhältnisse als ein funktionsgerechter institutioneller Rahmen auch gerechtfertigt werden können. Ja, im Verhältnis zu ihrer apologetischen Brauchbarkeit wird »Rationalität« als Maßstab der Kritik entschärft und zum Korrektiv *innerhalb* des Systems herabgesetzt; was sich so noch sagen läßt, ist allenfalls, daß die Gesellschaft »falsch programmiert« sei. Die Produktivkräfte scheinen also auf dem Niveau ihrer wissenschaftlich-technischen Entfaltung in eine neue Konstellation zu den Produktionsverhältnissen zu treten: sie fungieren nun nicht mehr für eine politische Aufklärung als Grundlage der Kritik geltender Legitimationen, sondern werden selbst Legitimationsgrundlage. *Dies* begreift Marcuse als das welthistorisch Neue.

Wenn es sich aber so verhält, muß dann nicht die Rationalität, die in den Systemen zweckrationalen Handelns verkörpert wird, als eine spezifisch beschränkte verstanden werden? Muß die Rationalität von Wissenschaft und Technik, statt auf invariante Regeln der Logik und des erfolgskontrollierten Handelns zurückgeführt zu werden, nicht schon ein inhaltliches, historisch entstandenes und also vergängliches Apriori in sich aufgenommen haben? Marcuse bejaht diese Frage: »Die Prinzipien der modernen Wissenschaft waren a priori so strukturiert, daß sie als begriffliche Instrumente einem Universum sich automatisch vollziehender, produktiver Kontrolle dienen konnten; der theoretische Operationalismus entsprach schließlich dem praktischen. Die wissenschaftliche Methode, die zur stets wirksamer werdenden Naturbeherrschung führte, lieferte dann auch die reinen Begriffe wie die Instrumente zur stets wirksamer werdenden Herrschaft des Menschen über den Menschen *vermittels* der Naturbeherrschung [. . .]. Heute verewigt und erweitert sich die Herrschaft nicht nur vermittels der Technologie, sondern *als* Technologie, und diese liefert der expansiven politischen Macht, die alle Kulturbereiche in sich aufnimmt, die große Legitimation. In diesem Universum liefert die Technologie auch die große Rationalisierung der Unfreiheit, autonom zu sein, sein Leben selbst zu bestimmen. Denn diese Unfreiheit erscheint weder als irrational noch als politisch, sondern vielmehr als Unterwerfung unter den technischen Apparat, der die Bequemlichkeiten des Lebens erweitert und die Arbeitsproduktivität erhöht. Technologische Rationalität schützt auf diese Weise eher die Rechtmäßigkeit von Herrschaft, als daß sie sie abschafft, und der instrumentalistische Horizont der Vernunft eröffnet sich zu einer auf rationale Art totalitären Gesellschaft[4].«

Max Webers »Rationalisierung« ist nicht nur ein langfristiger Prozeß der Veränderung gesellschaftlicher Strukturen, sondern zugleich »Rationalisierung« im Sinne Freuds: das wahre Motiv, die Aufrechterhaltung objektiv überfälliger Herrschaft, wird durch die Berufung auf technische Imperative verdeckt. Diese Berufung ist nur möglich, weil die Rationalität von Wissenschaft und Technik schon immanent eine der Verfügung, eine Rationalität der Herrschaft ist.

Dieses Konzept, daß die Rationalität der neuzeitlichen Wissenschaft eine geschichtliche Formation ist, verdankt Marcuse ebenso Husserls Abhandlung über die Krisis der europäischen Wissenschaft wie Heideggers Destruktion der abendländischen Metaphysik. In materialistischem Zusammenhang hat Bloch den Gesichtspunkt entfaltet, daß die bereits kapitalistisch entstellte Rationalität der Wissenschaft auch der modernen Technik die Unschuld einer reinen Produktivkraft raubt.

Aber erst Marcuse macht den »politischen Inhalt der technischen Vernunft« zum analytischen Ausgangspunkt einer Theorie der spätkapitalistischen Gesellschaft. Weil er diesen Gesichtspunkt nicht nur philosophisch entwickeln, sondern in der soziologischen Analyse auch bewähren möchte, können sich die Schwierigkeiten der Konzeption zeigen. Ich möchte hier nur auf eine Unsicherheit hinweisen, die sich bei Marcuse selbst ergibt.

II.

Wenn das Phänomen, an dem Marcuse seine Gesellschaftsanalyse festmacht, eben die eigentümliche *Verschmelzung von Technik und Herrschaft,* Rationalität und Unterdrückung, nicht anders gedeutet werden könnte als dadurch, daß im materialen Apriori von Wissenschaft und Technik ein durch Klasseninteresse und geschichtliche Situation bestimmter Weltenentwurf, ein »Projekt«, wie Marcuse im Anschluß an den phänomenologischen Sartre sagt, steckt – dann wäre eine Emanzipation nicht zu denken ohne eine Revolutionierung von Wissenschaft und Technik selber. Marcuse ist an einigen Stellen in Versuchung, dieser Idee einer Neuen Wissenschaft im Zusammenhang mit der aus jüdischer und protestantischer Mystik vertrauten Verheißung einer »Resurrektion der gefallenen Natur« zu folgen: ein Topos, der bekanntlich über den schwäbischen Pietismus in Schellings (und Baaders) Philosophie eingedrungen ist, bei Marx in den »Pariser Manuskripten« wiederkehrt, heute den Zentralgedanken der Blochschen Philosophie bestimmt und, in reflektierter Form, auch die geheimeren Hoffnungen Benjamins, Horkheimers und Adornos lenkt. So auch Marcuse: »Was ich herauszustellen versuche, ist, daß die Wissenschaft *aufgrund ihrer eigenen Methode* und Begriffe ein Universum entworfen und befördert hat, worin die Naturbeherrschung mit der Beherrschung des Menschen verbunden blieb – ein Band, das dazu tendiert, sich für dieses Universum als Ganzes verhängnisvoll auszuwirken. Wissenschaftlich begriffen und gemeistert, erscheint Natur aufs neue in dem technischen Produktions- und Destruktionsapparat, der das Leben der Individuen erhält und verbessert und sie zugleich den Herren des Apparats unterwirft. So verschmilzt die rationale Hierarchie mit der gesellschaftlichen. Wenn dem so ist, würde die Änderung der Richtung des Fortschritts, die dieses verhängnisvolle Band lösen könnte, auch die Struktur der Wissenschaft selbst beeinflussen – den Entwurf der Wissenschaft. Ohne ihren rationalen Charakter zu verlieren, würden ihre Hypothesen sich in einem wesentlich anderen Erfahrungszusammenhang (in dem einer befriedeten Welt) entwickeln; die Wissenschaft würde folglich zu *wesentlich anderen Begriffen* der Natur gelangen und *wesentlich andere Tatsachen* feststellen[5].«

Marcuse faßt konsequenterweise nicht nur eine andere Theoriebildung, sondern eine prinzipiell verschiedene Methodologie der Wissenschaft ins Auge. Der transzendentale Rahmen, in dem Natur zum Objekt einer neuen Erfahrung gemacht würde, wäre dann nicht länger der Funktionskreis instrumentalen Handelns, sondern anstelle des Gesichtspunktes möglicher technischer Verfügung träte der einer, Potentiale der Natur freisetzenden, Hege und Pflege: »es gibt zwei Arten von Herrschaft: eine repressive und eine befreiende[6].« Dem ist entgegenzuhalten, daß die neuzeitliche Wissenschaft als ein historisch einmaliges Projekt nur aufgefaßt werden könnte, wenn mindestens *ein* alternativer Entwurf denkbar wäre. Und ferner müßte eine alternative Neue Wissenschaft die Definition einer Neuen Technik einschließen. Diese Überlegung ernüchtert, weil Technik, wenn sie überhaupt auf einen Entwurf zurückgeht, offenbar nur auf ein »Projekt« der Menschengattung *insgesamt* zurückgeführt werden kann und nicht auf ein historisch überholbares.

Arnold Gehlen hat, wie mir scheint zwingend, darauf hingewiesen, daß zwischen der uns bekannten Technik und der Struktur zweckrationalen Handelns ein immanenter Zusammenhang besteht. Wenn wir den Funktionskreis erfolgskontrollierten Handelns als die Vereinigung von rationaler Entscheidung und instrumentalem Handeln verstehen, dann können wir die Geschichte der Technik unter dem Gesichtspunkt der schrittweisen Objektivation zweckrationalen Handelns rekonstruieren. Jedenfalls fügt sich die technische Entwicklung dem Interpretationsmuster, als hätte die Menschengattung die elementaren Bestandteile des Funktionskreises zweckrationalen Handelns, der zunächst am menschlichen Organismus festsitzt, einen nach dem anderen auf die Ebene technischer Mittel projiziert und sich selbst von den entsprechenden Funktionen entlastet[7]. Zuerst sind die Funktionen des Bewegungsapparats (Hände und Beine) verstärkt und ersetzt worden, dann die Energieerzeugung (des menschlichen Körpers), dann die Funktionen des Sinnesapparates (Augen, Ohren, Haut) und schließlich die Funktionen des steuernden Zentrums (des Gehirns). Wenn man sich vergegenwärtigt, daß die technische Entwicklung einer Logik folgt, die der Struktur zweckrationalen und am Erfolg kontrollierten Handelns, und das heißt doch: der Struktur der *Arbeit* entspricht, dann ist nicht zu sehen, wie wir je, solange die Organisation der menschlichen Natur sich nicht ändert, solange wir mithin unser Leben durch gesellschaftliche Arbeit und mit Hilfe von Arbeit substituierenden Mitteln erhalten müssen, auf Technik, und zwar auf *unsere* Technik, zugunsten einer qualitativ anderen sollten verzichten können.

Marcuse hat eine alternative *Einstellung* zur Natur im Sinn, aber aus ihr läßt sich nicht die Idee einer Neuen *Technik* gewinnen. Statt Natur als Gegen*stand* möglicher technischer Verfügung zu behandeln, können wir ihr als Gegen*spieler* einer möglichen Interaktion begegnen. Statt der ausgebeuteten Natur können wir die brüderliche suchen. Auf der Ebene einer noch unvollständigen Intersubjektivität können wir Tieren und Pflanzen, selbst den Steinen, Subjektivität zumuten und mit Natur *kommunizieren,* statt sie, unter Abbruch der Kommunikation, bloß zu *bearbeiten.* Und eine eigentümliche Anziehungskraft, um das mindeste zu sagen, hat jene Idee behalten, daß eine noch gefesselte Subjektivität der Natur nicht wird entbunden werden können, bevor nicht die Kommunikation der Menschen untereinander von Herrschaft frei ist. Erst wenn die Menschen zwanglos kommunizierten und jeder sich im anderen erkennen könnte, könnte womöglich die Menschengattung Natur als ein anderes Subjekt – nicht, wie der Idealismus wollte, sie als ihr Anderes, sondern sich als das Andere dieses Subjektes – erkennen.

Wie immer dem sei, die Leistungen der Technik, die als solche unverzichtbar sind, könnten durch eine Natur, die die Augen aufschlägt, gewiß nicht substituiert werden. Die Alternative zur bestehenden Technik, der Entwurf der Natur als des Gegenspielers statt des Gegenstandes, bezieht sich auf eine alternative Handlungsstruktur: auf symbolisch vermittelte Interaktion im Unterschied zum zweckrationalen Handeln. Das heißt aber, daß beide Entwürfe Projektionen der Arbeit und der Sprache sind, Projekte der Menschengattung *insgesamt* und nicht einer einzelnen Epoche, einer bestimmten Klasse, einer überholbaren Situation. So wenig die Idee einer Neuen Technik trägt, so wenig läßt sich die einer Neuen Wissenschaft konsequent denken, wenn anders Wissenschaft in unserem Zusammenhang die moderne, auf die Einstellung möglicher technischer Verfügbarkeit verpflichtete Wissenschaft heißen soll: auch für ihre Funktion, wie für den wissenschaftlich-technischen Fortschritt überhaupt, gibt es kein Substitut, das »humaner« wäre.

Marcuse selbst scheinen Zweifel zu befallen, ob es sinnvoll ist, die Rationalität von Wissenschaft und Technik auf einen »Entwurf« zu relativieren. An vielen Stellen des *»One-Dimensional Man«* meint Revolutionierung doch nur eine Veränderung des institutionellen Rahmens, von der die Produktivkräfte als solche unberührt bleiben. Die Struktur des wissenschaftlich-technischen Fortschritts bliebe dann erhalten, nur die dirigierenden Werte änderten sich. Neue Werte würden in technisch lösbare Aufgaben übersetzt; das Neue wäre die *Richtung* dieses Fortschritts, aber der Maßstab der Rationalität selber bliebe unverändert: »Als ein Universum von Mitteln kann die Technik ebenso die Schwäche wie die Macht des Menschen vermehren. Auf der gegenwärtigen Stufe ist er vielleicht ohnmächtiger als je zuvor gegenüber seinem eigenen Apparat[88].«

Dieser Satz stellt die politische Unschuld der Produktivkräfte wieder her. Marcuse erneuert hier nur die klassische Bestimmung des Verhältnisses von Produktivkräften und Produktionsverhältnissen. Aber damit trifft er die neue Konstellation, die er treffen möchte, so wenig wie mit der Behauptung, daß die Produktivkräfte politisch verderbt seien durch und durch. Die eigentümliche»Rationalität« von Wissenschaft und Technik, die einerseits ein wachsendes, den institutionellen Rahmen nach wie vor bedrohendes Potential von überschießenden Produktivkräften kennzeichnet, und andererseits *auch* den Maßstab zur Legitimation der einschränkenden Produktionsverhältnisse selber angibt – die Zwiespältigkeit dieser Rationalität wird weder durch eine Historisierung des Begriffs noch durch eine Rückkehr zur orthodoxen Auffassung, wird weder von dem Modell des *Sündenfalls* noch von dem der *Unschuld* des wissenschaftlich-technischen Fortschritts zureichend repräsentiert. Die besonnenste Formulierung des Sachverhalts, den es zu begreifen gilt, scheint mir die folgende zu sein: »Das technologische Apriori ist insofern ein politisches Apriori, als die Umgestaltung der Natur die des Menschen zur Folge hat und als die ›vom Menschen hervorgebrachten Schöpfungen‹ aus einem gesellschaftlichen Ganzen hervor- und in es zurückgehen. Dennoch kann man darauf bestehen, daß die Maschinerie des technologischen Universums ›als solche‹ politischen Zwecken gegenüber indifferent ist – sie kann eine Gesellschaft nur beschleunigen oder hemmen. Eine elektronische Rechenmaschine kann einem kapitalistischen wie einem sozialistischen Regime dienen; ein Zyklotron kann für eine Kriegs- wie für eine Friedenspartei ein gleich gutes Werkzeug sein [...]. Wird die Technik jedoch zur umfassenden Form der materiellen Produktion, so umschreibt sie eine ganze Kultur; sie entwirft eine geschichtliche Totalität – eine ›Welt‹[9].«

Die Schwierigkeit, die Marcuse mit dem Ausdruck des politischen Gehalts der technischen Vernunft nur zudeckt, ist die, kategorial genau zu bestimmen, was das heißt: daß sich die rationale Form von

Wissenschaft und Technik, also die in Systemen zweckrationalen Handelns verkörperte Rationalität, zur Lebensform, zur »geschichtlichen Totalität« einer Lebenswelt erweitert. Max Weber hatte mit Rationalisierung der Gesellschaft diesen selben Vorgang bezeichnen und explizieren wollen. Ich meine, daß das weder Max Weber noch Herbert Marcuse befriedigend gelungen ist. Darum möchte ich versuchen, Max Webers Begriff der Rationalisierung in einem anderen Bezugssystem neu zu formulieren, um auf dieser Grundlage Marcuses Kritik an Weber ebenso wie seine These von der Doppelfunktion des wissenschaftlich-technischen Fortschritts (als Produktivkraft und Ideologie) zu erörtern. Ich schlage ein Interpretationsschema vor, das im Rahmen eines Essays eingeführt, aber nicht ernstlich auf seine Brauchbarkeit überprüft werden kann. Die historischen Verallgemeinerungen dienen deshalb nur der Erläuterung des Schemas; die Durchführung der Interpretation selber können sie nicht ersetzen.

III.

Max Weber hat mit dem Begriff »Rationalisierung« den Versuch gemacht, die Rückwirkungen des wissenschaftlich-technischen Fortschritts auf den institutionellen Rahmen von Gesellschaften zu fassen, die in »Modernisierung« begriffen sind. Er teilt dieses Interesse mit der älteren Soziologie überhaupt. Deren Paarbegriffe kreisen alle um dasselbe Problem: nämlich begrifflich den institutionellen Wandel zu konstruieren, der durch die Erweiterung der Sub-Systeme zweckrationalen Handelns erzwungen wird. Status und Kontrakt, Gemeinschaft und Gesellschaft, mechanische und organische Solidarität, informelle und formelle Gruppen, primäre und sekundäre Beziehungen, Kultur und Zivilisation, traditionelle und bürokratische Herrschaft, sakrale und säkulare Verbände, militärische und industrielle Gesellschaft, Stand und Klasse usw.: so viele Paarbegriffe und ebenso viele Versuche, den strukturellen Wandel des institutionellen Rahmens einer traditionalen Gesellschaft im Übergang zu einer modernen zu treffen. Sogar Parsons Katalog der möglichen Alternativen von Wertorientierungen gehört in die Reihe dieser Versuche, wenn auch uneingestandenermaßen. Parsons stellt den Anspruch, daß seine Liste systematisch die Entscheidungen zwischen alternativen Wertorientierungen darstellt, die bei *jeder beliebigen* Handlung vom Subjekt gefällt werden müssen, ohne daß es auf den besonderen kulturellen oder geschichtlichen Kontext ankäme. Sieht man sich freilich die Liste an, so kann man den geschichtlichen Stellenwert der Fragestellung, die ihr zugrunde liegt, kaum übersehen. Die vier Paare von alternativen Wertorientierungen:

affectivity	versus	affective neutrality
particularism	versus	universalism
ascription	versus	achievement
diffuseness	versus	specifity,

die *alle* möglichen fundamentalen Entscheidungen erschöpfen sollen, sind auf die Analyse *eines* historischen Vorgangs zugeschnitten. Sie bestimmen nämlich die relevanten Dimensionen der Änderung dominanter Einstellungen beim Übergang von einer traditionalen zur modernen Gesellschaft. Eine Orientierung am Aufschub von Gratifikationen, an allgemeinen Normen, an individueller Leistung und aktiver Beherrschung, schließlich an spezifischen und an analytischen Beziehungen, wird in den Subsystemen zweckrationalen Handelns in der Tat eher gefordert als die Gegenorientierungen.

Ich möchte, um das, was Max Weber »Rationalisierung« genannt hat, neu zu formulieren, den subjektiven Ansatz, den Parsons mit Weber teilt, überschreiten und einen anderen kategorialen Rahmen vorschlagen. Ich gehe aus von der fundamentalen Unterscheidung zwischen *Arbeit und Interaktion*[10].

Unter »Arbeit« oder *zweckrationalem Handeln* verstehe ich entweder instrumentales Handeln oder rationale Wahl oder eine Kombination von beiden. Instrumentales Handeln richtet sich nach *technischen Regeln,* die auf empirischem Wissen beruhen. Sie implizieren in jedem Fall bedingte Prognosen über beobachtbare Ereignisse, physische oder soziale; diese können sich als triftig oder unwahr erweisen. Das Verhalten rationaler Wahl richtet sich nach *Strategien,* die auf analytischem Wissen beruhen. Sie implizieren Ableitungen von Präferenzregeln (Wertsystemen) und allgemeinen Maximen; diese Sätze sind entweder korrekt oder falsch abgeleitet. Zweckrationales Handeln verwirklicht definierte Ziele unter gegebenen Bedingungen; aber während instrumentales Handeln Mittel organisiert, die angemessen oder unangemessen sind nach Kriterien einer wirksamen Kontrolle der Wirklichkeit, hängt das strategische Handeln nur von einer korrekten Bewertung möglicher Verhaltensalternativen ab, die sich allein aus einer Deduktion unter Zuhilfenahme von Werten und Maximen ergibt.

Unter *kommunikativem Handeln* verstehe ich andererseits eine symbolisch vermittelte Interaktion. Sie richtet sich nach obligatorisch *geltenden Normen,* die reziproke Verhaltenserwartungen definieren und von mindestens zwei handelnden Subjekten verstanden und anerkannt werden müssen. Gesellschaftliche Normen sind durch Sanktionen bekräftigt. Ihr Sinn objektiviert sich in umgangssprachlicher Kommunikation. Während die Geltung technischer Regeln und Strategien von der Gültigkeit empirisch wahrer oder analytisch richtiger Sätze abhängt, ist die Geltung gesellschaftlicher Normen allein in der Intersubjektivität der Verständigung über Intentionen begründet und durch die allgemeine Anerkennung von Obligationen gesichert. In beiden Fällen hat die Regelverletzung verschiedene Folgen. Ein *inkompetentes* Verhalten, das bewährte technische Regeln oder richtige Strategien verletzt, ist per se durch den Mißerfolg zum Versagen verurteilt; die »Strafe« ist sozusagen in das Scheitern an der Realität eingebaut. Ein *abweichendes* Verhalten, das geltende Normen verletzt, löst Sanktionen aus, die nur äußerlich, nämlich durch Konvention, mit den Regeln verknüpft sind. Gelernte Regeln zweckrationalen Handelns statten uns mit der Disziplin von *Fertigkeiten,* verinnerlichte Normen mit der von *Persönlichkeitsstrukturen* aus. Fertigkeiten setzen uns instand, Probleme zu lösen, Motivationen erlauben uns, Normenkonformität zu üben. Das folgende Diagramm faßt die Bestimmungen zusammen, sie bedürfen einer genaueren Explikation, die ich an dieser Stelle nicht geben kann. Nicht berücksichtigt ist zunächst die unterste Querspalte; sie erinnert an die Aufgabe, um deren Lösung willen ich die Unterscheidung zwischen Arbeit und Interaktion einführe.

Wir können anhand der beiden Handlungstypen gesellschaftliche Systeme danach unterscheiden, ob in ihnen zweckrationales Handeln oder Interaktion überwiegt. Der *institutionelle* Rahmen einer Gesellschaft besteht aus Normen, die sprachlich vermittelte Interaktionen leiten. Aber es gibt Sub-Systeme, wie, um bei Max Webers Beispielen zu bleiben, das Wirtschaftssystem oder der Staatsapparat, in denen hauptsächlich Sätze von zweckrationalen Handlungen institutionalisiert sind. Auf der Gegenseite stehen Sub-Systeme, wie Familie und Verwandtschaft, die gewiß mit einer Fülle von Aufgaben und Fertigkeiten verknüpft sind, aber hauptsächlich auf moralischen Regeln der Interaktion beruhen. So möchte ich auf analytischer Ebene allgemein unterscheiden zwischen 1. dem *institutionellen Rahmen* einer Gesellschaft oder der soziokulturellen Lebenswelt und 2. den *Sub-Systemen zweckrationalen Handelns,* die darin »eingebettet« sind. Soweit Handlungen durch den institutionellen Rahmen determiniert sind, werden sie durch sanktionierte und wechselseitig verschränkte Verhaltenserwartungen zugleich dirigiert und erzwungen. Soweit sie durch Sub-Systeme zweckrationalen *Handelns* bestimmt sind, folgen sie den Mustern instrumentalen oder strategischen Handelns. Eine Garantie, *daß* sie mit hinlänglicher Wahrscheinlichkeit bestimmten technischen Regeln und

	Institutioneller Rahmen: symbolisch vermittelte Interaktion	Systeme zweckrationalen (instrumentalen und strategischen) Handelns
Handlungs-orientierende Regeln	gesellschaftliche Normen	technische Regeln
Ebene der Definition	intersubjektiv geteilte Umgangssprache	kontextfreie Sprache
Art der Definition	reziproke Verhaltenserwartungen	bedingte Prognosen bedingte Imperative
Mechanismen des Erwerbs	Internalisierung von Rollen	Lernen von Fertigkeiten und Qualifikationen
Funktion des Handlungstyps	Aufrechterhaltung von Institutionen (Normenkonformität auf der Grundlage reziproker Verstärkung)	Problemlösung (Zielerreichung, definiert in Zweck-Mittel-Relationen)
Sanktionen bei Regelverletzung	Bestrafung aufgrund konventioneller Sanktionen: Scheitern an Autorität	Erfolglosigkeit: Scheitern an der Realität
»Rationalisierung«	Emanzipation, Individuierung; Ausdehnung herrschaftsfreier Kommunikation	Steigerung der Produktivkräfte; Ausdehnung der technischen Verfügungsgewalt

erwarteten Strategien folgen, kann freilich immer nur durch Institutionalisierung erreicht werden.

Max Webers Begriff der »Rationalisierung« können wir mit Hilfe dieser Unterscheidungen neu formulieren.

IV.

»Traditionale Gesellschaft« hat sich als Titel für alle die Gesellschaftssysteme eingebürgert, die im allgemeinen den Kriterien von Hochkulturen (civilizations) entsprechen. Diese repräsentieren eine bestimmte Stufe in der Entwicklungsgeschichte der Menschengattung. Sie unterscheiden sich von primitiveren Gesellschaftsformen: 1. durch den Tatbestand einer zentralisierten Herrschaftsgewalt (staatliche Organisation der Herrschaft gegenüber Stammesorganisation); 2. durch die Spaltung der Gesellschaft in sozioökonomische Klassen (Verteilung der sozialen Lasten und Entschädigungen auf die Individuen nach Klassenzugehörigkeit und nicht nach Kriterien von Verwandtschaftsbeziehungen); 3. durch die Tatsache, daß irgendein zentrales Weltbild (Mythos, Hochreligion) zum Zwecke einer wirksamen Legitimation der Herrschaft in Kraft ist. Hochkulturen sind auf der Grundlage einer relativ entwickelten Technik und einer arbeitsteiligen Organisation des gesellschaftlichen Produktionsprozesses, die ein Mehrprodukt, also einen Güterüberschuß über die Befriedigung unmittelbarer und elementarer Bedürfnisse hinaus ermöglichen, etabliert. Sie verdanken ihre Existenz der Lösung des Problems, das sich mit der Erzeugung eines Mehrprodukts erst stellt, des Problems nämlich: Reichtum und Arbeit nach anderen Kriterien als nach denen, die ein Verwandtschaftssystem zur Verfügung stellt, *ungleich* und doch *legitim* zu verteilen[11].

Für unseren Zusammenhang ist nun der Umstand relevant, daß Hochkulturen, auf der Basis einer von Landwirtschaft und Handwerk abhängigen Ökonomie, technische Neuerungen und organisatorische Verbesserungen trotz erheblicher Niveauunterschiede nur innerhalb bestimmter Grenzen toleriert haben. Als Indexziffer für die traditionellen Grenzen der Entfaltung der Produktivkräfte nenne ich die Tatsache, daß bis vor etwa dreihundert Jahren kein großes Gesellschaftssystem mehr als das Äquivalent von höchstens 200 Dollar pro Kopf und Jahr produziert hat. Das stabile Muster einer vorkapitalistischen Produktionsweise, einer vorindustriellen Technik und einer vormodernen Wissenschaft ermöglicht ein typisches Verhältnis des institutionellen Rahmens zu den Sub-Systemen zweckrationalen Handelns: diese Sub-Systeme, die sich, vom System der gesellschaftlichen Arbeit und dem darin angesammelten Stock technisch verwertbaren Wissens ausgehend, entwickeln, haben trotz beträchtlicher Fortschritte niemals jenen Grad der Ausbreitung erreicht, von dem an ihre »Rationalität« zur offenen Bedrohung für die Autorität der herrschaftslegitimierenden kulturellen Überlieferungen geworden wäre. Der Ausdruck »traditionale Gesellschaft« bezieht sich auf den Umstand, daß der institutionelle Rahmen auf der fraglosen Legitimationsgrundlage von mythischen, religiösen oder metaphysischen Deutungen der Realität im ganzen – des Kosmos ebenso wie der Gesellschaft – ruht. »Traditionale« Gesellschaften existieren solange, als sich die Entwicklung der Sub-Systeme zweckrationalen Handelns *innerhalb der Grenzen der legiti-*

mierenden Wirksamkeit von kulturellen Überlieferungen hält[12]. Das begründet eine »Überlegenheit« des institutionellen Rahmens, die nicht etwa Umstrukturierungen im Gefolge eines überschießenden Potentials von Produktivkräften ausschließt, wohl aber die kritische Auflösung der traditionalen *Form* der Legitimation. Diese Unangreifbarkeit ist ein sinnvolles Kriterium für die Abgrenzung traditionaler Gesellschaften von solchen, die die Schwelle zur Modernisierung überschritten haben.

Das »Überlegenheitskriterium« ist mithin auf alle die Zustände einer staatlich organisierten Klassengesellschaft anwendbar, die dadurch ausgezeichnet sind, daß die kulturelle Geltung intersubjektiv geteilter Traditionen (die eine bestehende Herrschaftsordnung legitimieren) nicht explizit und folgenreich nach Maßstäben der universell geltenden Rationalität, sei es instrumentaler oder strategischer Zweck-Mittel-Beziehungen, in Frage gestellt wird. Erst seitdem die kapitalistische Produktionsweise das Wirtschaftssystem mit einem Regelmechanismus für ein zwar nicht krisenfreies, aber auf lange Sicht stetiges Wachstum der Produktivität der Arbeit ausstattet, wird die Einführung neuer Technologien und neuer Strategien, wird die *Neuerung* als solche *institutionalisiert*. Die kapitalistische Produktionsweise kann, wie Marx und Schumpeter je auf ihre Weise vorgeschlagen haben, als Mechanismus begriffen werden, der eine *permanente* Erweiterung der Sub-Systeme zweckrationalen Handelns garantiert und damit die traditionalistische »Überlegenheit« des institutionellen Rahmens gegenüber den Produktivkräften erschüttert. Der Kapitalismus ist weltgeschichtlich die erste Produktionsweise, die selbstgeregeltes wirtschaftliches Wachstum institutionalisiert hat: er hat einen Industrialismus erst hervorgebracht, der dann von dem institutionellen Rahmen des Kapitalismus gelöst und an anderen Mechanismen als den der Kapitalverwertung in privater Form festgemacht werden konnte.

Die Schwelle zwischen der traditionalen und der in den Modernisierungsprozeß eintretenden Gesellschaft ist *nicht* dadurch charakterisiert, daß unter dem Druck relativ entfalteter Produktivkräfte eine strukturelle Wandlung des institutionellen Rahmens erzwungen wird – das ist der Mechanismus der Entwicklungsgeschichte der Gattung von Anbeginn. Neu ist vielmehr ein Entwicklungsstand der Produktivkräfte, der die Ausdehnung der Sub-Systeme zweckrationalen Handelns permanent macht und dadurch die hochkulturelle Form der Legitimation von Herrschaft durch kosmologische Weltinterpretationen in Frage stellt. Diese mythischen, religiösen und metaphysischen Weltbilder gehorchen der Logik von Zusammenhängen der Interaktion. Sie geben Antwort auf die zentralen Menschheitsprobleme des Zusammenlebens und der individuellen Lebensgeschichte. Ihre Themen sind Gerechtigkeit und Freiheit, Gewalt und Unterdrückung, Glück und Befriedigung, Elend und Tod. Ihre Kategorien sind Sieg und Niederlage, Liebe und Haß, Erlösung und Verdammnis. Ihre Logik bemißt sich an der Grammatik einer entstellten Kommunikation und an der schicksalhaften Kausalität abgespaltener Symbole und unterdrückter Motive[13]. Die an kommunikatives Handeln geknüpfte Rationalität von Sprachspielen wird nun, an der Schwelle der Moderne, mit einer Rationalität von Zweck-Mittel-Beziehungen konfrontiert, die an instrumentales und strategisches Handeln geknüpft ist. Sobald es zu dieser Konfrontation kommen kann, beginnt das Ende der traditionalen Gesellschaft: die Form der Legitimation von Herrschaft versagt.

Der Kapitalismus ist durch eine Produktionsweise definiert, die dieses Problem nicht nur stellt, sondern auch löst. Er bietet eine Legitimation der Herrschaft an, die nicht mehr vom Himmel kultureller Überlieferung herabgeholt, sondern von der Basis der gesellschaftlichen Arbeit heraufgeholt werden kann. Die Institution des Marktes, auf dem private Eigentümer Waren tauschen, einschließlich des Marktes, an dem die eigentumslosen Privatleute als einzige Ware ihre Arbeitskraft tauschen, verspricht die Gerechtigkeit der Äquivalenz von Tauschbeziehungen. Auch diese bürgerliche Ideologie macht mit der Kategorie der Gegenseitigkeit noch ein Verhältnis des kommunikativen Handelns zur Grundlage der Legitimation. Aber das Prinzip der Gegenseitigkeit ist nun Organisationsprinzip der gesellschaftlichen Produktions- und Reproduktionsprozesse selber. Deshalb kann politische Herrschaft fortan »von unten« statt »von oben« (durch Berufung auf kulturelle Überlieferung) legitimiert werden.

Wenn wir davon ausgehen, daß die Spaltung einer Gesellschaft in sozioökonomische Klassen auf einer gruppenspezifischen Verteilung der jeweils relevanten Produktionsmittel beruht, wobei diese Verteilung wiederum auf die Institutionalisierung von Verhältnissen sozialer Gewalt zurückgeht, dann dürfen wir annehmen, daß dieser institutionelle Rahmen in allen Hochkulturen mit dem politischen Herrschaftssystem identisch gewesen ist: die traditionale Herrschaft war politische Herrschaft. Erst mit der kapitalistischen Produktionsweise kann die Legitimation des institutionellen Rahmens unmittelbar mit dem System der gesellschaftlichen Arbeit verbunden werden. Nun erst kann die Eigentumsordnung aus einem *politischen Verhältnis* zu einem *Produktionsverhältnis* werden, weil sie sich an der Rationalität des Marktes, der Ideologie der Tauschgesellschaft, legitimiert und nicht mehr an einer legitimen Herrschaftsordnung. Das Herrschaftssystem kann vielmehr seinerseits an den legitimen Verhältnissen der Produktion gerechtfertigt werden: das ist der eigentliche Inhalt des rationalen Naturrechts von Locke bis Kant[14]. Der institutionelle Rahmen der Gesellschaft ist nur mittelbar politisch und unmittelbar ökonomisch (der bürgerliche Rechtsstaat als »Überbau«).

Die Überlegenheit der kapitalistischen Produktionsweise über die vorangegangenen ist in beidem begründet: in der Einrichtung eines ökonomischen Mechanismus, der die Erweiterung der Sub-Systeme zweckrationalen Handelns auf Dauer stellt, und in der Schaffung einer ökonomischen Legitimation, unter der das Herrschaftssystem an die neuen Rationalitätsforderungen dieser fortschreitenden Sub-Systeme angepaßt werden kann. Diesen Anpassungsprozeß begreift Max Weber als »Rationalisierung«. Dabei können wir zwei Tendenzen unterscheiden, eine Rationalisierung »von unten« und eine Rationalisierung »von oben«.

Von unten entsteht ein permanenter Anpassungsdruck, sobald mit der Institutionalisierung eines territorialen Tauschverkehrs für Güter und Arbeitskräfte auf der einen, des kapitalistischen Unternehmens auf der anderen Seite die neue Produktionsweise sich durchsetzt. Im System der gesellschaftlichen Arbeit ist ein kumulativer Fortschritt der Produktivkräfte, und davon ausgehend eine horizontale Ausdehnung der Sub-Systeme zweckrationalen Handelns gesichert – freilich um den Preis wirtschaftlicher Krisen. Dadurch werden die traditionalen Zusammenhänge zunehmend Bedingungen der instrumentalen oder der strategischen Rationalität unterworfen: die Organisation der Arbeit und des wirtschaftlichen Verkehrs, das Netzwerk des Transports, der Nachrichten und der Kommunikation, die Institute des privaten Rechtsverkehrs und, ausgehend von der Finanzverwaltung, die staatliche Bürokratie. So entsteht die Infrastruktur einer Gesellschaft unter Modernisierungszwang. Sie ergreift nach und nach alle Lebensbereiche: Militär, Schulsystem, Gesundheitswesen, selbst die Familie, und erzwingt, gleichviel ob in der Stadt oder auf dem Lande, eine Urbanisierung der Lebens*form*, d. h. Subkulturen, die den Einzelnen darin einüben, jederzeit von einem Interaktionszusammenhang auf zweckrationales Handeln »umschalten« zu können.

Dem Rationalisierungsdruck *von unten* entspricht ein Rationalisierungszwang *von oben*, denn die herrschaftslegitimierenden und handlungsorientierenden Überlieferungen, insbesondere die kosmologischen Weltinterpretationen, büßen nach den neuen Maßstäben der Zweckrationalität ihre Verbindlichkeit ein. Das, was Max Weber Säkularisierung nannte, hat auf dieser Stufe der Verallgemeinerung drei Aspekte. Die traditionellen Weltbilder und Objektivationen verlieren 1. *als* Mythos, *als* öffentliche Religion, *als* eingewöhnter Ritus, *als* rechtfertigende Metaphysik, *als* fraglose Tradition ihre Macht und ihre Geltung. Sie werden statt dessen 2. in subjektive Glaubensmächte und Ethiken umgebildet, die die private Verbindlichkeit der modernen Wertorientierungen sichern (»Protestantische Ethik«); und sie werden 3. zu Konstruktionen umgearbeitet, die beides zugleich leisten: eine Kritik der Überlieferung und eine Reorganisation des freigewordenen Materials der Überlieferung nach Prinzipien des formalen Rechtsverkehrs und des Äquivalententausches (Rationales Naturrecht). Die brüchig gewordenen Legitimationen werden durch neue ersetzt, die einerseits aus der Kritik an der Dogmatik der überlieferten Weltinterpretationen hervorgehen und wissenschaftlichen Charakter beanspruchen, die aber andererseits Legitimationsfunktionen behalten und faktische Gewaltverhältnisse somit der Analyse wie dem öffentlichen Bewußtsein entziehen. Erst dadurch entstehen *Ideologien* im engeren Sinn: sie ersetzen die traditionellen Herrschaftslegitimationen, indem sie mit dem Anspruch der modernen Wissenschaft auftreten und sich aus Ideologiekritik rechtfertigen. Ideologien sind gleich ursprünglich mit Ideologiekritik. In diesem Sinne kann es vorbürgerliche »Ideologien« nicht geben.

Die moderne Wissenschaft übernimmt in diesem Zusammenhang eine eigentümliche Funktion. Im Unterschied zu den philosophischen Wissenschaften älteren Typs entfalten sich die modernen Erfahrungswissenschaften seit den Tagen Galileis in einem methodologischen Bezugssystem, das den transzendentalen Gesichtspunkt möglicher technischer Verfügung spiegelt. Die modernen Wissenschaften erzeugen deshalb ein Wissen, das seiner *Form* (nicht der subjektiven Absicht) nach technisch verwertbares Wissen ist, obwohl sich im allgemeinen die Anwendungschancen erst nachträglich ergaben. Eine Interdependenz von Wissenschaften und Technik bestand bis ins späte 19. Jahrhundert nicht. Die moderne Wissenschaft hat bis dahin nicht zur Beschleunigung der technischen Entwicklung, also auch nicht zu dem Rationalisierungsdruck von unten, beigetragen. Ihr Beitrag zum Modernisierungsprozeß ist vielmehr indirekt. Die neue Physik hat eine philosophische Deutung, die Natur und Gesellschaft komplementär zu den Naturwissenschaften interpretiert, sie hat das mechanistische Weltbild des 17. Jahrhunderts sozusagen induziert. Die Rekonstruktion des klassischen Naturrechts ist in diesem Rahmen vorgenommen worden. Dieses moderne Naturrecht ist die Grundlage der bürgerlichen Revolutionen des 17., 18. und 19. Jahrhunderts gewesen, durch die die alten Herrschaftslegitimationen endgültig zerstört worden sind[15].

V.

Bis zur Mitte des 19. Jahrhunderts hatte sich in England und Frankreich die kapitalistische Produktionsweise so weit durchgesetzt, daß Marx den institutionellen Rahmen der Gesellschaft in den Produktionsverhältnissen wiedererkennen und zugleich die Legitimationsgrundlage des Äquivalententausches kritisieren konnte. Er hat die Kritik der bürgerlichen Ideologie in Form der *Politischen Ökonomie* durchgeführt: seine Arbeitswerttheorie zerstörte den Schein der Freiheit, mit dem das Rechtsinstitut des freien Arbeitsvertrages das dem Lohnarbeitsverhältnis zugrunde liegende Verhältnis sozialer Gewalt unkenntlich gemacht hatte. Marcuse kritisiert nun an Max Weber, daß er, dieser Marxschen Einsicht ungeachtet, an einem abstrakten Begriff von Rationalisierung festhält, der den klassenspezifischen Inhalt der Anpassung des institutionellen Rahmens an die fortschreitenden Sub-Systeme zweckrationalen Handelns nicht ausspricht, sondern noch einmal verdeckt. Marcuse weiß, daß die Marxsche Analyse auf die spätkapitalistische Gesellschaft, die Max Weber schon vor Augen hatte, nicht mehr umstandslos angewendet werden kann; aber am Beispiel Max Webers wollte er zeigen, daß sich die Entfaltung der modernen Gesellschaft im Rahmen eines staatlich geregelten Kapitalismus den Begriffen entzieht, wenn der liberale Kapitalismus gar nicht erst auf den Begriff gebracht worden ist.

Seit dem letzten Viertel des 19. Jahrhunderts machen sich in den kapitalistisch fortgeschrittensten Ländern *zwei Entwicklungstendenzen* bemerkbar: 1. ein Anwachsen der interventionistischen Staatstätigkeit, welche die Stabilität des Systems sichern muß, und 2. eine wachsende Interdependenz von Forschung und Technik, die die Wissenschaften zur ersten Produktivkraft gemacht hat. Beide Tendenzen zerstören jene Konstellation von institutionellem Rahmen und Sub-Systemen zweckrationalen Handelns, durch die der liberal entfaltete Kapitalismus sich ausgezeichnet hatte. Damit entfallen relevante Anwendungsbedingungen für die Politische Ökonomie in der Fassung, die Marx ihr im Hinblick auf den liberalen Kapitalismus mit Recht gegeben hatte. Für die Analyse der veränderten Konstellation gibt, wie ich meine, Marcuses Grundthese, daß Technik und Wissenschaft heute auch die Funktion von Herrschaftslegitimationen übernehmen, den Schlüssel.

Die Dauerregulierung des Wirtschaftsprozesses durch staatliche Intervention ist aus der Abwehr systemgefährdender Dysfunktionalitäten eines sich selbst überlassenen Kapitalismus hervorgegangen, dessen tatsächliche Entwicklung seiner eigenen Idee einer bürgerlichen Gesellschaft, die sich von Herrschaft emanzipiert und Macht neutralisiert, so offensichtlich zuwiderlief. Die Basisideologie des gerechten Tausches, die Marx theoretisch entlarvt hatte, brach praktisch zusammen. Die Form der privatwirtschaftlichen Kapitalverwertung ließ sich nur aufrechterhalten durch die staatlichen Korrektive einer kreislaufstabilisierenden Sozial- und Wirtschafts*politik*. Der institutionelle Rahmen der Gesellschaft wurde repolitisiert. Er fällt heute nicht mehr unmittelbar mit den Produktionsverhältnissen, also mit einer den kapitalistischen Wirtschaftsverkehr sichernden Privatrechtsordnung und entsprechenden generellen Ordnungsgarantien des bürgerlichen Staates, zusammen. Damit hat sich aber das Verhältnis des Wirtschaftssystems zum Herrschaftssystem verändert; Politik ist nicht mehr *nur* ein Überbauphänomen. Wenn sich die Gesellschaft nicht mehr »autonom« – und das war das eigentlich Neue an der kapitalistischen Produktionsweise –, als eine dem Staat voraus- und zugrunde liegende Sphäre selbstregulierend erhält, stehen Gesellschaft und Staat nicht länger in einem Verhältnis, das die Marxsche Theorie als das von Basis und Überbau bestimmt hatte. Dann kann aber eine kritische Theorie der Gesellschaft auch nicht mehr in der ausschließlichen Form einer Kritik der Politischen Ökonomie durchgeführt werden. Eine Betrachtungsweise, die die ökonomischen Bewegungsgesetze der Gesellschaft methodisch isoliert, kann nur so lange beanspruchen, den Lebenszusammenhang der Gesellschaft in seinen wesentlichen Kategorien zu erfassen, als Politik von der ökonomischen Basis abhängig ist und diese nicht umgekehrt auch schon als eine Funktion von Staatstätigkeit und politisch ausgetragenen Konflikten begriffen werden muß. *Kritik der Politischen Ökonomie* war, Marx zufolge, Theorie der bürgerlichen Gesellschaft nur als *Ideologiekritik*. Wenn aber die Ideologie des gerechten Tausches zerfällt, kann das Herrschaftssystem auch nicht mehr an den Produktionsverhältnissen *unmittelbar* kritisiert werden.

Nach dem Zerfall jener Ideologie verlangt politische Herrschaft eine neue Legitimation. Nun, da die indirekt über den Tauschprozeß ausgeübte Macht ihrerseits durch vorstaatlich organisierte und staatlich institutionalisierte Herrschaft kontrolliert wird, kann die Legitimation nicht länger aus einer unpolitischen Ordnung, den Produktionsverhältnissen, abgeleitet werden. Insofern erneuert sich der in den vorkapitalistischen Gesellschaften bestehende Zwang zur direkten Legitimation. Andererseits ist die Wiederherstellung unmittelbar politischer Herrschaft (in einer traditionalen Form der Legitimation aufgrund kultureller Überlieferung) unmöglich geworden. Zum einen sind die Traditionen ohnehin entkräftet worden; und zum anderen können in den industriell entfalteten Gesellschaften die Resultate der bürgerlichen Emanzipation von unmittelbar politischer Herrschaft (die Grundrechte und der Mechanismus allgemeiner Wahlen) nur in Reaktionsperioden völlig ignoriert werden. Die formal-demokratische Herrschaft in Systemen des staatlich geregelten Kapitalismus steht unter einer Legitimationsforderung, die durch Rückgriffe auf die vorbürgerliche Legitimationsform nicht mehr eingelöst werden kann. Darum tritt an die Stelle der Ideologie des freien Tausches eine *Ersatzprogrammatik,* die an den sozialen Folgen nicht der Institution des Marktes, sondern einer die Dysfunktionen des freien Tauschverkehrs kompensierenden Staatstätigkeit orientiert ist. Sie verbindet das Moment der bürgerlichen Leistungsideologie (die freilich die Statuszuweisung nach Maßgabe individueller Leistung vom Markt auf das Schulsystem verschiebt) mit der Garantie von Wohlfahrtsminima, der Aussicht auf Sicherheit des Arbeitsplatzes sowie der Stabilität des Einkommens. Diese Ersatzprogrammatik verpflichtet das Herrschaftssystem darauf, die Stabilitätsbedingungen eines soziale Sicherheit und Chancen persönlichen Aufstiegs gewährenden Gesamtsystems zu erhalten und Wachstumsrisiken vorzubeugen. Das erfordert einen Manipulationsspielraum für staatliche Interventionen, die um den Preis der Einschränkung von Privatrechtsinstitutionen die private Form der Kapitalverwertung sichern *und die Loyalität der Massen an diese Form binden.*

Soweit die Staatstätigkeit auf Stabilität und Wachstum des Wirtschaftssystems gerichtet ist, nimmt nun Politik einen eigentümlich *negativen Charakter* an: sie ist an der Beseitigung von Dysfunktionalitäten und an der Vermeidung von systemgefährdenden Risiken, also nicht an der *Verwirklichung praktischer Ziele,* sondern an der *Lösung technischer Fragen* orientiert. Darauf hat Claus Offe in seinem Beitrag zum diesjährigen Frankfurter Soziologentag hingewiesen: »In dieser Struktur des Verhältnisses von Ökonomie und Staat degeneriert ›Politik‹ zu einem Handeln, das zahlreiche und immer neu auftauchende ›Vermeidungsimperative‹ befolgt, wobei die Masse der differenzierten sozialwissenschaftlichen Informationen, die ins politische System einfließen, sowohl die Früherkennung von Risikozonen wie die Behandlung aktueller Gefährdungen erlaubt. Neu an dieser Struktur ist [. . .], daß die in den Mechanismus privatwirtschaftlicher Kapitalverwertung auf hochorganisierten Märkten eingebauten, aber manipulierbaren Stabilitätsrisiken diejenigen präventiven Handlungen und Maßnahmen vorzeichnen, die akzeptiert werden *müssen,* solange sie mit dem bestehenden Legitimationsangebot (d. h. der Ersatzprogrammatik) in Einklang zu bringen sind[16].«

Offe sieht, daß die Staatstätigkeit durch diese präventiven Handlungsorientierungen auf administrativ lösbare technische Aufgaben eingeschränkt ist, so daß die praktischen Fragen gleichsam herausfallen. *Die praktischen Gehalte werden eliminiert.*

Die Politik älteren Stils war allein schon durch die Legitimationsform der Herrschaft gehalten, sich im Verhältnis zu praktischen Zielen zu bestimmen: die Interpretationen des »guten Lebens« waren auf Interaktions-Zusammenhänge gerichtet. Das gilt auch noch für die Ideologie der bürgerlichen Gesellschaft. Die heute herrschende Ersatzprogrammatik bezieht sich hingegen nur noch auf das Funktionieren eines gesteuerten Systems. Sie schaltet praktische Fragen aus, und damit die Diskussion über die Annahme von Standards, die allein der demokratischen Willensbildung zugänglich wären. Die Lösung technischer Aufgaben ist auf öffentliche Diskussion nicht angewiesen. Öffentliche Diskussionen könnten vielmehr die Randbedingungen des Systems, innerhalb dessen die Aufgaben der Staatstätigkeit als technische sich darstellen, problematisieren. Die neue Politik des staatlichen Interventionismus verlangt darum eine *Entpolitisierung* der Masse der Bevölkerung. Im Maße der Ausschaltung der praktischen Fragen wird auch die politische Öffentlichkeit funktionslos. Andererseits ist der institutionelle Rahmen der Gesellschaft immer noch von den Systemen zweckrationalen Handelns selber geschieden. Seine Organisation ist nach wie vor eine Frage der an Kommunikation gebundenen *Praxis* und nicht nur der wie immer wissenschaftlich angeleiteten *Technik.* Mithin versteht sich die Ausklammerung der Praxis, die mit der neuen Form der politischen Herrschaft verknüpft ist, nicht von selbst. Die herrschaftslegitimierende Ersatzprogrammatik läßt ein entscheidendes Legitimationsbedürfnis offen: wie wird die Entpolitisierung der Massen diesen selbst plausibel gemacht? Marcuse könnte darauf antworten: dadurch, daß Technik und Wissenschaft *auch* die Rolle einer Ideologie übernehmen.

VI.

Seit dem Ende des 19. Jahrhunderts setzt sich die andere Entwicklungstendenz, die den Spätkapitalismus auszeichnet, immer stärker durch: *die Verwissenschaftlichung der Technik.* Der institutionelle Druck, die Arbeitsproduktivität durch Einführung neuer Techniken zu steigern, hat im Kapitalismus immer bestanden. Aber die Innovationen hingen von sporadischen Erfindungen ab, die ihrerseits wirtschaftlich induziert sein mochten, aber noch naturwüchsigen Charakter hatten. Das hat sich in dem Maße geändert, als die technische Entwicklung mit dem Fortschritt der modernen Wissenschaften rückgekoppelt worden ist. Mit der Industrieforschung großen Stils wurden Wissenschaft, Technik und Verwertung zu einem System zusammengeschlossen. Sie verbindet sich inzwischen mit einer staatlichen Auftragsforschung, die in erster Linie den wissenschaftlichen und technischen Fortschritt auf militärischem Gebiet fördert. Von dort fließen die Informationen in die Bereiche der zivilen Güterproduktion zurück. So werden Technik und Wissenschaft zur ersten Produktivkraft, womit die Anwendungsbedingungen für Marxens *Arbeitswerttheorie* entfallen. Es ist nicht länger sinnvoll, die Kapitalbeträge für Investitionen in Forschung und Entwicklung auf der Grundlage des Wertes der unqualifizierten (einfachen) Arbeitskraft zu berechnen, wenn der wissenschaftlich-technische Fortschritt zu einer unabhängigen Mehrwertquelle geworden ist, gegenüber der die von Marx allein in Betracht gezogene Quelle des Mehrwerts: die Arbeitskraft der unmittelbaren Produzenten, immer weniger ins Gewicht fällt[17].

Solange die Produktivkräfte anschaulich an den rationalen Entscheidungen und dem instrumentalen Handeln der gesellschaftlich produzierenden Menschen festgemacht waren, konnten sie als Potential für eine wachsende technische Verfügungsgewalt verstanden, nicht aber mit dem institutionellen Rahmen, in dem sie eingebettet sind, verwechselt werden. Das Produktivkräftepotential hat jedoch mit der Institutionalisierung des wissenschaftlich-technischen Fortschritts eine Gestalt angenommen, die den *Dualismus von Arbeit und Interaktion* im Bewußtsein der Menschen *zurücktreten* läßt.

Zwar bestimmen nach wie vor gesellschaftliche Interessen die Richtung, die Funktionen und die Geschwindigkeit des technischen Fortschritts. Aber diese Interessen definieren das gesellschaftliche System so sehr als ganzes, daß sie mit dem Interesse an der Erhaltung des Systems sich decken. Die private Form der Kapitalverwertung und ein loyalitätssichernder Verteilerschlüssel für soziale Entschädigungen bleiben *als solche* der Diskussion entzogen. Als unabhängige Variable erscheint dann ein quasi-autonomer Fortschritt von Wissenschaft und Technik, von dem die wichtigste einzelne Systemvariable, nämlich das wirtschaftliche Wachstum, in der Tat abhängt. So ergibt sich eine Perspektive, in der die Entwicklung des gesellschaftlichen Systems durch die Logik des wissenschaftlich-technischen Fortschritts bestimmt zu sein *scheint*. Die immanente Gesetzlichkeit dieses Fortschritts scheint die Sachzwänge zu produzieren, denen eine funktionalen Bedürfnissen gehorchende Politik folgen muß. Wenn sich dieser Schein aber wirksam festgesetzt hat, dann kann der propagandistische Hinweis auf die Rolle von Technik und Wissenschaft erklären und legitimieren, warum in modernen Gesellschaften ein demokratischer Willensbildungsprozeß über praktische Fragen seine Funktionen verlieren und durch plebiszitäre Entscheidungen über alternative Führungsgarnituren des Verwaltungs*personals* ersetzt werden »muß«. Diese Technokratie-These ist auf wissenschaftlicher Ebene in verschiedenen Versionen entwickelt worden[18]. Wichtiger scheint mir zu sein, daß sie als Hintergrundideologie auch in das Bewußtsein der entpolitisierten Masse der Bevölkerung eindringen und legitimierende Kraft entfalten kann[19]. Die eigentümliche Leistung dieser Ideologie ist es, das Selbstverständnis der Gesellschaft vom Bezugssystem des kommunikativen Handelns und von den Begriffen symbolisch vermittelter Interaktion abzuziehen und durch ein wissenschaftliches Modell zu ersetzen. In gleichem Maß tritt an die Stelle des kulturell bestimmten Selbstverständnisses einer sozialen Lebenswelt die Selbstverdinglichung der Menschen unter Kategorien zweckrationalen Handelns und adaptiven Verhaltens.

Das Modell, nach dem eine planmäßige Rekonstruktion der Gesellschaft sich vollziehen soll, ist der Systemforschung entnommen. Es ist im Prinzip möglich, einzelne Unternehmungen und Organisationen, aber auch politische oder wirtschaftliche Teilsysteme und Gesellschaftssysteme im ganzen nach dem Muster selbstgeregelter Systeme aufzufassen und zu analysieren. Gewiß ist es ein Unterschied, ob wir einen kybernetischen Bezugsrahmen zu analytischen Zwecken gebrauchen oder ob wir ein gegebenes soziales System nach diesem Muster als ein Mensch-Maschine-System *einrichten*. Aber die Übertragung des analytischen Modells auf die Ebene gesellschaftlicher Organisation ist im Ansatz der Systemforschung selbst enthalten. Wenn man dieser Intention einer instinktanalogen Selbststabilisierung gesellschaftlicher Systeme folgt, ergibt sich die eigentümliche Perspektive, daß die Struktur des einen der beiden Handlungstypen, nämlich der Funktionskreis zweckrationalen Handelns, nicht nur gegenüber dem institutionellen

Zusammenhang ein Übergewicht erhält, sondern kommunikatives Handeln nach und nach als solches absorbiert. Wenn man mit Arnold Gehlen die innere Logik der technischen Entwicklung darin sieht, daß der Funktionskreis zweckrationalen Handelns schrittweise vom Substrat des menschlichen Organismus gelöst und auf die Ebene von Maschinen übertragen wird, dann könnte jene technokratisch gerichtete Intention als eine letzte Stufe dieser Entwicklung verstanden werden. Der Mensch kann nicht nur, soweit er *homo faber* ist, zum erstenmal vollständig sich selbst objektivieren und den in seinen Produkten verselbständigten Leistungen gegenübertreten, er kann, als *homo fabricatus*, seinen technischen Anlagen auch selber integriert werden, wenn es gelingt, die Struktur zweckrationalen Handelns auf die Ebene von Gesellschaftssystemen abzubilden. Der institutionelle Rahmen der Gesellschaft, der bisher von einem anderen Handlungstypus getragen worden ist, würde dieser Idee zufolge von den Sub-Systemen zweckrationalen Handelns, die ihm eingebettet waren, nun seinerseist *aufgesogen*.

Gewiß ist diese technokratische Intention nirgends auch nur in Ansätzen verwirklicht. Aber sie dient einerseits als Ideologie für die neue, an technischen Aufgaben ausgerichtete Politik, die praktische Fragen ausklammert; und andererseits trifft sie immerhin gewisse Entwicklungstendenzen, die zu einer schleichenden Erosion dessen, was wir den institutionellen Rahmen genannt haben, führen können. Die manifeste Herrschaft des autoritativen Staates weicht den manipulativen Zwängen der technisch-operativen Verwaltung. Die moralische Durchsetzung einer sanktionierten Ordnung, und damit kommunikatives Handeln, das an sprachlich artikuliertem Sinn orientiert ist und die Verinnerlichung von Normen voraussetzt, wird in zunehmendem Umfang durch konditionierte Verhaltensweisen abgelöst, während die großen Organisationen als solche immer mehr unter die Struktur zweckrationalen Handelns treten. Die industriell fortgeschrittenen Gesellschaften scheinen sich dem Modell einer eher durch externe Reize gesteuerten als durch Normen geleiteten Verhaltenskontrolle anzunähern. Die indirekte Lenkung durch gesetzte Stimuli hat, vor allem in Bereichen scheinbar subjektiver Freiheit (Wahl-, Konsum-, Freizeitverhalten), zugenommen. Die sozialpsychologische Signatur des Zeitalters wird weniger durch die autoritäre Persönlichkeit als durch Entstrukturierung des Über-Ich charakterisiert. Eine Zunahme des *adaptiven Verhaltens* ist aber nur die Kehrseite einer, unter der Struktur zweckrationalen Handelns sich auflösenden Sphäre sprachlich vermittelter Interaktion. Dem entspricht subjektiv, daß aus dem Bewußtsein nicht nur der Wissenschaften vom Menschen, sondern der Menschen selber die Differenz zwischen zweckrationalem Handeln und Interaktion verschwindet. Die ideologische Kraft des technokratischen Bewußtseins bewährt sich an der Verschleierung dieser Differenz.

VII.

Die kapitalistische Gesellschaft hat sich infolge der beiden genannten Entwicklungstendenzen so verändert, daß zwei Schlüsselkategorien der Marxschen Theorie, nämlich Klassenkampf und Ideologie, nicht mehr umstandslos angewendet werden können.

Auf der Grundlage der kapitalistischen Produktionsweise hat sich der *Kampf der sozialen Klassen* als solcher erst konstituiert und damit eine objektive Lage geschaffen, von der rückblickend die Klassenstruktur der unmittelbar politisch verfaßten traditionalen Gesellschaft *erkannt* werden konnte. Der staatlich geregelte Kapitalismus, der aus einer Reaktion auf die durch den offenen Klassenantagonismus erzeugten Systemgefährdungen hervorgegangen ist, stellt den Klassenkonflikt still. Das System des Spätkapitalismus ist durch eine, die Loyalität der lohnabhängigen Massen sichernde Entschädigungs-, und das heißt: Konfliktvermeidungspolitik so sehr definiert, daß der mit der privatwirtschaftlichen Kapitalverwertung nach wie vor in die Struktur der Gesellschaft eingebaute Konflikt derjenige ist, der mit der relativ größten Wahrscheinlichkeit latent bleibt. Er tritt hinter anderen Konflikten zurück, die zwar ebenfalls durch die Produktionsweise bedingt sind, aber nicht mehr die Form von Klassenkonflikten annehmen können. Claus Offe hat in seinem erwähnten Beitrag den paradoxen Sachverhalt analysiert: daß sich offene Konflikte an gesellschaftlichen Interessen um so wahrscheinlicher entzünden, je weniger ihre Verletzung systemgefährdende Folgen hat. Konfliktträchtig sind die an der Peripherie des staatlichen Aktionsbereiches liegenden Bedürfnisse, weil sie von dem latent gehaltenen Zentralkonflikt entfernt sind und daher keine Priorität bei der Gefahrenabwehr genießen. An ihnen entzünden sich Konflikte in dem Maße, in dem die disproportional gestreuten staatlichen Interventionen zurückbleibende Entwicklungsbereiche und entsprechende Disparitätsspannungen erzeugen: »Die Disparität der Lebensbereiche wächst vor allem hinsichtlich des unterschiedlichen Entwicklungsstandes zwischen tatsächlich institutionalisiertem und möglichem Niveau des technischen und gesellschaftlichen Fortschritts: das Mißverhältnis zwischen modernsten Produktions- und Militärapparaten und der stagnierenden Organisation des Verkehrs-, Gesundheits- und Bildungssystems ist ein ebenso bekanntes Beispiel für diese Disparität der Lebensbereiche wie der Widerspruch zwischen rationaler Planung und Regulierung der Steuer- und Finanzpolitik und der naturwüchsigen Entwicklung von Städten und Regionen. Solche Widersprüche lassen sich nicht mehr triftig als Antagonismen zwischen Klassen, wohl aber als Resultate des nach wie vor dominanten Prozesses privatwirtschaftlicher Kapitalverwertung und eines spezifisch kapitalistischen Herrschaftsverhältnisses interpretieren: in ihm sind diejenigen Interessen die herrschenden, die ohne in eindeutiger Weise lokalisierbar zu sein, aufgrund der etablierten Mechanik kapitalistischen Wirtschaftens in der Lage sind, auf die Verletzung der Stabilitätsbedingungen mit der Erzeugung relevanter Risiken zu reagieren.«

Die an der Erhaltung der Produktionsweise haftenden Interessen sind im Gesellschaftssystem nicht mehr als Klasseninteressen »eindeutig lokalisierbar«. Denn das auf die Vermeidung von Systemgefährdungen gerichtete Herrschaftssystem schließt gerade »Herrschaft« (im Sinne unmittelbarer politischer oder ökonomisch vermittelter sozialer Herrschaft) aus, soweit sie in der Weise ausgeübt wird, daß ein Klassensubjekt dem anderen als identifizierbare Gruppe *gegenübertritt.*

Das bedeutet nicht eine Aufhebung, aber eine *Latenz der Klassengegensätze.* Immer noch bestehen die klassenspezifischen Unterschiede fort in Form subkultureller Überlieferungen und entsprechender Differenzen nicht nur des Lebensniveaus und der Lebensgewohnheiten, sondern auch der politischen Einstellungen. Zudem ergibt sich die sozialstrukturell bedingte Wahrscheinlichkeit, daß die Klasse der Lohnabhängigen von den gesellschaftlichen Disparitäten härter getroffen wird als andere Gruppen. Und schließlich ist das verallgemeinerte Interesse an der Erhaltung des Systems auf der Ebene unmittelbarer Lebenschancen auch heute noch in einer Privilegienstruktur verankert: der Begriff eines gegenüber den lebendigen Subjekten *vollständig* verselbständigten Interesses müßte sich selbst aufheben. Aber die politische Herrschaft im staatlich geregelten Kapitalismus hat mit der Abwehr von Systemgefährdungen ein über die latenten Klassengrenzen hinweggreifendes Interesse an der Aufrechterhaltung der kompensatorischen Verteilerfassade in sich aufgenommen.

Auf der anderen Seite bedeutet die Verschiebung der Konfliktzone von der Klassengrenze auf die unterprivilegierten Lebensbereiche keineswegs die Beseitigung von schwerwiegendem Konfliktpotential. Wie der Rassenkonflikt in den USA als extremes Beispiel zeigt, können sich in bestimmten Gebieten und Gruppen soviele Disparitätsfolgen kumulieren, daß es zu bürgerkriegsähnlichen Explosionen kommt. Ohne Verbindung mit Protestpotentialen anderer Herkunft sind aber alle aus solchen *Unterprivilegierungen* hervorgehenden Konflikte dadurch ausgezeichnet, daß sie das System womöglich zu scharfen, mit formaler Demokratie nicht mehr zu vereinbarenden Reaktionen herausfordern, aber nicht eigentlich umwälzen können. Denn unterprivilegierte Gruppen sind keine sozialen Klassen. Sie stellen auch potentiell niemals die Masse der Bevölkerung dar. Ihre *Entrechtung* und ihre Pauperisierung fällt nicht mehr zusammen mit *Ausbeutung,* weil das System nicht von ihrer Arbeit lebt. Sie können allenfalls eine vergangene Phase der Ausbeutung repräsentieren. Aber die Ansprüche, die sie legitimerweise vertreten, können sie nicht durch Kooperationsentzug erzwingen: deshalb behalten sie appellativen Charakter. Auf die langfristige Nichtbeachtung ihrer legitimen Ansprüche können unterprivilegierte Gruppen im Extremfall mit desparater Zerstörung und Selbstzerstörung reagieren: Einem solchen Bürgerkrieg fehlen jedoch die revolutionären Erfolgschancen des Klassenkampfes, solange keine Koalitionen mit privilegierten Gruppen zustande kommen.

Mit einer Reihe von Einschränkungen scheint dieses Modell sogar auf die Beziehungen zwischen den industriell fortgeschrittenen Gesellschaften und den ehemaligen Kolonialgebieten der Dritten Welt anwendbar zu sein. Auch hier folgt aus einer wachsenden Disparität eine Form der Unterprivilegierung, die in Zukunft wohl immer weniger in Kategorien der Ausbeutung begriffen werden kann. Freilich treten anstelle der ökonomischen Interessen auf dieser Ebene unmittelbar militärische.

Wie dem auch sei, in der spätkapitalistischen Gesellschaft treten sich die depravierten Gruppen und die privilegierten, soweit die Grenzen der Unterprivilegierungen überhaupt noch gruppenspezifisch und nicht quer durch Bevölkerungskategorien verlaufen, nicht mehr *als* sozioökonomische Klassen gegenüber. Damit wird das fundamentale Verhältnis, das in allen traditionalen Gesellschaften bestanden hat und im liberalen Kapitalismus als solches hervorgetreten ist, mediatisiert: der Klassengegensatz zwischen Partnern, die in einem institutionalisierten Verhältnis der Gewalt, der ökonomischen Ausbeutung und der politischen Unterdrückung stehen, wobei die Kommunikation so weit entstellt und beschränkt ist, daß die ideologisch verdeckenden Legitimationen nicht in Frage gestellt werden können. Hegels sittliche Totalität eines Lebenszusammenhangs, der dadurch zerrissen wird, daß *ein* Subjekt die Bedürfnisse *des anderen* nicht reziprok befriedigt, ist kein angemessenes Modell mehr für das mediatisierte Klassenverhältnis im organisierten Spätkapitalismus. Die stillgestellte Dialektik des Sittlichen erzeugt den eigentümlichen Schein der Post-Historie. Der Grund ist, daß eine relative Steigerung der Produktivkräfte nicht mehr eo ipso ein überschießendes und emanzipatorisch folgenreiches Potential darstellt, an dem die Legitimationen einer bestehenden Herrschaftsordnung brüchig werden. Denn nunmehr ist die erste Produktivkraft: der in Regie genommene wissenschaftlich-technische Fortschritt selber zur Legitimationsgrundlage geworden. Diese neue Legitimationsform hat freilich die alte Gestalt von *Ideologie* verloren.

Das technokratische Bewußtsein ist einerseits »weniger ideologisch« als alle vorangegangenen Ideologien; denn es hat nicht die opake Gewalt einer Verblendung, welche Erfüllung von Interessen nur vorspiegelt. Andererseits ist die heute dominante, eher gläserne Hintergrundideologie, welche die Wissenschaft zum Fetisch macht, unwiderstehlicher und weitreichender als Ideologien alten Typs, weil sie mit der Verschleierung praktischer Fragen nicht nur das partielle Herrschaftsinteresse einer *bestimmten Klasse* rechtfertigt und das partielle Bedürfnis der Emanzipation auf seiten *einer anderen Klasse* unterdrückt, sondern das emanzipatorische Gattungsinteresse als solches trifft.

Das technokratische Bewußtsein ist keine rationalisierte Wunschphantasie, keine »Illusion« im Sinne Freuds, in der ein Zusammenhang von Interaktionen, sei es vorgestellt oder konstruiert und begründet wird. Noch die bürgerlichen Ideologien ließen sich auf eine Grundfigur gerechter und herrschaftsfreier, für beide Seiten befriedigender Interaktion zurückführen. Gerade sie erfüllten die Kriterien von Wunscherfüllung und Ersatzbefriedigung auf der Grundlage einer durch Repressionen derart eingeschränkten Kommunikation, daß das mit dem Kapitalverhältnis einst institutionalisierte Gewaltverhältnis nicht beim Namen genannt werden konnte. Die Kausalität abgespaltener Symbole und unbewußter Motive, die falsches Bewußtsein ebenso erzeugt wie die Kraft der Reflexion, der sich die Ideologiekritik verdankt, liegt aber dem technokratischen Bewußtsein nicht mehr in gleicher Weise zugrunde. Es ist durch Reflexion weniger angreifbar, weil es nicht mehr *nur* Ideologie ist. Denn es drückt nicht mehr eine Projektion des »guten Lebens« aus, das mit der schlechten Wirklichkeit, wenn nicht identifiziert, so wenigstens in einen virtuell befriedigenden Zusammenhang gebracht werden kann. Gewiß dient auch die neue Ideologie wie die alte dazu, die Thematisierung gesellschaftlicher Fundamente zu verhindern. Damals war es die soziale Gewalt, die der Beziehung zwischen Kapitalisten und Lohnarbeitern unmittelbar zugrundelag, heute sind es die strukturellen Bedingungen, die die Aufgaben der Systemerhaltung vorgängig definieren: nämlich die privatwirtschaftliche Form der Kapitalverwertung und eine die Massenloyalität sichernde politische Form der Verteilung sozialer Entschädigungen. Allein, in zwei Hinsichten unterscheiden sich alte und neue Ideologie.

Einmal begründet das Kapitalverhältnis heute wegen seiner Bindung an einen loyalitätsverbürgenden politischen Verteilermodus nicht mehr eine *unkorrigierte* Ausbeutung und Unterdrückung. Die Virtualisierung des fortbestehenden Klassengegensatzes setzt voraus, daß die ihm zugrunde liegende Repression geschichtlich zu Bewußtsein gekommen und *dann erst* in modifizierter Form als Systemeigenschaft stabilisiert worden ist. Das technokratische Bewußtsein kann deshalb nicht in derselben Weise auf einer kollektiven Verdrängung beruhen wie die älteren Ideologien. Zum anderen kann Massenloyalität nur mit Hilfe von Entschädigungen *für privatisierte Bedürfnisse* hergestellt werden. Die Interpretation der Leistungen, an denen das System sich rechtfertigt, darf im Prinzip nicht politisch sein: sie bezieht sich unmittelbar auf verwendungsneutrale Zuteilungen von Geld und arbeitsfreier Zeit, mittelbar auf die technokratische Rechtfertigung der Ausschaltung von praktischen Fragen. Deshalb unterscheidet sich die neue Ideologie von den älteren dadurch, daß sie die Kriterien der Rechtfertigung von der Organisation des Zusammenlebens, also von den normativen Regelungen der Interaktion überhaupt, löst, in diesem Sinne entpolitisiert, und statt dessen an den Funktionen eines unterstellten Systems zweckrationalen Handelns festmacht.

Im technokratischen Bewußtsein spiegelt sich nicht die Diremption eines sittlichen Zusammenhangs, sondern die Verdrängung der »Sittlichkeit« als einer Kategorie für Lebensverhältnisse überhaupt. Das positivistische Gemeinbewußtsein setzt das Bezugssystem der umgangssprachlichen Interaktion, in dem Herrschaft und Ideologie unter Bedingungen entstellter Kommunikation entstehen und reflexiv auch durchschaut werden können, außer Kraft. Die Entpolitisierung der Masse der Bevölkerung, die durch ein technokratisches Bewußtsein legitimiert wird, ist zugleich eine Selbstobjektivation der Menschen in Kategorien gleichermaßen des zweckrationalen Handelns wie des adaptiven Verhaltens: die verdinglichten Modelle der Wissenschaften wandern in die soziokulturelle Lebenswelt ein und gewinnen über das Selbstverständnis objektive Gewalt. Der ideologische Kern dieses Bewußtseins ist *die Eliminierung des Unterschieds von Praxis und Technik* – eine Spiegelung, aber nicht der Begriff, der neuen Konstellation zwischen dem entmachteten institutionellen Rahmen und den verselbständigten Systemen zweckrationalen Handelns.

Die neue Ideologie verletzt mithin ein Interesse, das an einer der beiden fundamentalen Bedingungen unserer kulturellen Existenz haftet: an Sprache, genauer an der durch umgangssprachliche Kommunikation bestimmten Form der Vergesellschaftung und Individuierung. Dieses Interesse erstreckt sich auf die Erhaltung einer Intersubjektivität der Verständigung ebenso wie auf die Herstellung einer von Herrschaft freien Kommunikation. Das technokratische Bewußtsein läßt dieses praktische Interesse hinter dem an der Erweiterung unserer technischen Verfügungsgewalt verschwinden. Die Reflexion, die die neue Ideologie herausfordert, muß daher hinter ein historisch bestimmtes Klasseninteresse zurückgehen und den Interessenzusammenhang einer sich selbst konstituierenden Gattung als solchen freilegen[20].

VIII.

Wenn sich die Relativierung des Anwendungsbereichs für Ideologiebegriff und Klassentheorie bestätigen sollte, bedarf auch der kategoriale Rahmen, in dem Marx die *Grundannahmen des historischen Materialismus* entwickelt hat, einer neuen Formulierung. Der Zusammenhang von Produktivkräften und Produktionsverhältnissen müßte durch den abstrakteren von Arbeit und Interaktion ersetzt werden. Die Produktionsverhältnisse bezeichnen eine Ebene, auf der der institutionelle Rahmen nur während der Phase der Entfaltung des liberalen Kapitalismus verankert gewesen ist – das war weder vorher noch nachher der Fall. Andrerseits sind zwar die Produktivkräfte, in denen sich die in den Sub-Systemen zweckrationalen Handelns organisierten Lernvorgänge kumulieren, von Anbeginn der Motor der gesellschaftlichen Entwicklung gewesen, aber sie scheinen nicht, wie Marx angenommen hat, *unter allen Umständen* ein Potential der Befreiung zu sein und emanzipatorische Bewegungen auszulösen – jedenfalls nicht mehr, seitdem die kontinuierliche Steigerung der Produktivkräfte von einem wissenschaftlich-technischen Fortschritt abhängig geworden ist, der *auch herrschaftslegitimierende* Funktionen übernimmt. Ich habe die Vermutung, daß sich das an dem analogen, aber allgemeineren Verhältnis von institutionellem Rahmen (Interaktion) und Sub-Systemen zweckrationalen Handelns (»Arbeit« im weiteren Sinne instrumentalen und strategischen Handelns) entwickelte Bezugssystem besser eignet, um die soziokulturellen Schwellen der Gattungsgeschichte zu rekonstruieren.

Einige Anhaltspunkte sprechen dafür, daß während der langen *An-*

fangsperiode bis zum ausgehenden Mesolithikum die zweckrationalen Handlungen nur durch eine rituelle Bindung an Interaktionen überhaupt motiviert werden konnten. Ein Profanbereich von Sub-Systemen zweckrationalen Handelns scheint sich in den ersten *seßhaften Kulturen*, die auf Tierhege und Pflanzenkultur beruhen, von den Interpretationen und Handlungsformen des kommunikativen Verkehrs zwischen Subjekten abgesondert zu haben. Freilich dürfte sich erst unter *hochkulturellen Bedingungen* einer staatlich organisierten Klassengesellschaft eine so weitgehende Differenzierung von Arbeit und Interaktion ergeben haben, daß die Sub-Systeme ein technisch verwertbares Wissen hervorbringen, das relativ unabhängig von den sozialen Weltinterpretationen gespeichert und erweitert werden konnte; während auf der anderen Seite die gesellschaftlichen Normen von den herrschaftslegitimierenden Überlieferungen sich getrennt haben, so daß die »Kultur« gegenüber den »Institutionen« eine gewisse Selbständigkeit gewann. Die Schwelle der *Moderne* wäre dann durch jenen Rationalisierungsprozeß bezeichnet, der mit dem Verlust der »Unangreifbarkeit« des institutionellen Rahmens durch die Sub-Systeme zweckrationalen Handelns einsetzte. Die traditionellen Legitimationen werden an den Maßstäben der Rationalität von Zweck-Mittel-Beziehungen kritisierbar; Informationen aus dem Bereich des technisch verwertbaren Wissens sind konkurrierend in die Überlieferung eingeflossen und haben eine Rekonstruktion der überlieferten Weltinterpretationen erzwungen.

Wir haben diesen Prozeß der »Rationalisierung von oben« bis zu dem Punkt verfolgt, an dem Technik und Wissenschaft selber in der Gestalt eines positivistischen Gemeinbewußtseins – und als technokratisches Bewußtsein artikuliert – den Stellenwert einer Ersatzideologie für die abgebauten bürgerlichen Ideologien zu übernehmen beginnen. Dieser Punkt ist erreicht mit der Kritik der bürgerlichen Ideologien: hier ist der Ausgangspunkt für die Zweideutigkeit im Begriff der Rationalisierung. Diese Zweideutigkeit ist von Horkheimer und Adorno als Dialektik der Aufklärung entschlüsselt, und die Dialektik der Aufklärung ist von Marcuse zur These zugespitzt worden: daß Technik und Wissenschaft selber ideologisch werden.

Das Muster der soziokulturellen Entwicklung der Gattung ist von Anbeginn bestimmt worden durch eine wachsende technische Verfügungsgewalt über die äußeren Bedingungen der Existenz auf der einen Seite und eine mehr oder weniger passive Anpassung des institutionellen Rahmens an die erweiterten Sub-Systeme zweckrationalen Handelns auf der anderen Seite. Zweckrationales Handeln repräsentiert die Form *aktiver Anpassung,* welche die kollektive *Selbst*erhaltung vergesellschafteter Subjekte von der Arterhaltung tierischer Spezies unterscheidet. Wir wissen, wie wir relevante Lebensbedingungen unter Kontrolle bringen, das heißt: wie wir die Umgebungen kulturell an unsere Bedürfnisse anpassen können, statt uns nur der externen Natur anzupassen. Hingegen haben die Veränderungen des institutionellen Rahmens, soweit sie unmittelbar oder mittelbar auf neue Technologien oder auf verbesserte Strategien (in Bereichen der Produktion, des Verkehrs, des Militärs usw.) zurückgehen, nicht die gleiche Form der aktiven Anpassung angenommen. Im allgemeinen folgen solche Modifikationen dem Muster *passiver Anpassung.* Sie sind nicht Resultat eines geplanten, zweckrationalen und am Erfolg kontrollierten Handelns, sondern Produkt einer naturwüchsigen Entwicklung. Jedoch konnte dieses Mißverhältnis zwischen aktiver Anpassung auf der einen, passiver Anpassung auf der anderen Seite solange nicht zu Bewußtsein kommen, als die Dynamik der kapitalistischen Entwicklung von den bürgerlichen Ideologien verdeckt blieb. Erst mit der Kritik an den bürgerlichen Ideologien tritt jenes Mißverhältnis ins öffentliche Bewußtsein.

Das eindrucksvollste Zeugnis dieser Erfahrung ist immer noch das »Kommunistische Manifest«. Marx rühmt in überschwenglichen Worten die revolutionäre Rolle des Bürgertums: »Die Bourgeoisie kann nicht existieren, ohne die Produktionsinstrumente, also die Produktionsverhältnisse, also sämtliche gesellschaftlichen Verhältnisse fortwährend zu revolutionieren.« Und an anderer Stelle: »Die Bourgeoisie hat in ihrer kaum hundertjährigen Klassenherrschaft massenhaftere und kolossalere Produktionskräfte geschaffen als alle vergangenen Generationen zusammen. Unterjochung der Naturkräfte, Maschinerie, Anwendung der Chemie auf Industrie und Ackerbau, Dampfschiffahrt, Eisenbahn, elektrische Telegraphen, Urbarmachung ganzer Weltteile, Schiffbarmachung der Flüsse, ganze aus dem Boden gestampfte Bevölkerungen [. . .]!« Marx sieht auch die Rückwirkung auf den institutionellen Rahmen: »Alle festen und eingerosteten Verhältnisse mit ihrem Gefolge von altehrwürdigen Vorstellungen und Anschauungen werden aufgelöst, alle neugebildeten veralten, ehe sie verknöchern können. Alles Ständische und Stehende verdampft, alles Heilige wird entweiht, und die Menschen sind endlich gezwungen, ihre gegenseitigen Beziehungen mit nüchternen Augen zu sehen.«

Auf das Mißverhältnis zwischen passiver Anpassung des institutionellen Rahmens und »aktiver Unterjochung der Natur« ist der berühmte Satz gemünzt, daß die Menschen ihre Geschichte machen, aber nicht mit Willen und Bewußtsein. Es war das Ziel der Marxschen Kritik, auch jene sekundäre Anpassung des institutionellen Rahmens in eine aktive umzuwandeln und den strukturellen Wandel der Gesellschaft selber unter Kontrolle zu bringen. Damit sollte ein fundamentales Verhältnis aller bisherigen Geschichte aufgehoben und die Selbstkonstituierung der Gattung vollendet werden: das Ende der Vorgeschichte. Aber diese Idee war zweideutig.

Marx hatte gewiß das Problem, die Geschichte mit Willen und Bewußtsein zu machen, als die Aufgabe einer *praktischen* Beherrschung bisher unkontrollierter Prozesse der gesellschaftlichen Entwicklung angesehen. Andere haben es aber als eine *technische* Aufgabe verstanden: sie wollen die Gesellschaft dadurch, daß sie sie nach dem Muster selbstgeregelter Systeme zweckrationalen Handelns und adaptiven Verhaltens rekonstruieren, *in derselben Weise* unter Kontrolle bringen wie die Natur. Diese Intention findet sich nicht nur unter Technokraten der kapitalistischen Planung, sondern auch unter denen eines bürokratischen Sozialismus. Allein, das technokratische Bewußtsein vernebelt die Tatsache, daß der institutionelle Rahmen nach dem Muster von Systemen zweckrationalen Handelns nur um den Preis der Schließung der allein wesentlichen, weil der Humanisierung zugänglichen Dimension, *als* ein Zusammenhang umgangssprachlich vermittelter Interaktion aufgelöst werden könnte.

In Zukunft wird sich das Repertoire der Steuerungstechniken erheblich erweitern. Auf Hermann Kahns Liste der in den nächsten 33 Jahren wahrscheinlichen technischen Erfindungen[21] entdecke ich unter den ersten 50 Titeln eine große Zahl von Techniken der Verhaltenskontrolle und der Persönlichkeitsveränderung: 30. new and possibly pervasive techniques for surveillance, monitoring and control of individuals and organizations; 33. new and more reliable »educational« and propaganda techniques effecting human behavior – public and private; 34. practical use of direct electronic communication with and stimulation of the brain; 37. new and relatively affective counterinsurgency techniques; 39. new and more varied drugs for control of fatigue, relaxation, alertness, mood, personality, perceptions and fantasies; 41. improved capability to »change« sex; 42. other genetic control or influence over the basic constitution of an individual. – Eine Prognose dieser Art ist äußerst kontrovers. Immerhin deutet sie einen Bereich künftiger Chancen an, das menschliche Verhalten von einem an die Grammatik von Sprachspielen gebundenen Normensystem abzuhängen und statt dessen durch unmittelbar physische oder psychologische Beeinflussung in selbstregulierte Sub-Systeme des Mensch-Maschine-Typus zu integrieren. Psychotechnische Verhaltensmanipulationen können heute schon den altmodischen Umweg über verinnerlichte, aber reflexionsfähige Normen ausschalten. Biotechnische Eingriffe in das endokrine Steuerungssystem, und erst recht Eingriffe in die genetische Übertragung von Erbinformationen, könnten morgen die Kontrolle des Verhaltens noch tiefer ansetzen. Dann müßten die alten, in umgangssprachlicher Kommunikation entfalteten Bewußtseinszonen vollends austrocknen. Auf dieser Stufe der Humantechniken, wenn vom Ende der psychologischen Manipulationen in einem ähnlichen Sinne die Rede sein könnte wie heute vom Ende der politischen Ideologien, wäre die naturwüchsige Entfremdung, das unkontrollierte Nachhinken des institutionellen Rahmens, überwunden. Aber die Selbstobjektivation des Menschen hätte sich in einer geplanten Entfremdung vollendet – die Menschen machten ihre Geschichte mit Willen, aber nicht mit Bewußtsein.

Ich behaupte nicht, daß dieser kybernetische Wunschtraum einer instinktanalogen Selbststabilisierung von Gesellschaften in Erfüllung geht oder daß er auch nur realisierbar wäre. Ich meine aber, daß er vage Grundannahmen des technokratischen Bewußtseins negativ-utopisch zu Ende führt und so eine Entwicklungslinie bezeichnet, die unter der sanften Herrschaft von Technik und Wissenschaft als Ideologie sich abzeichnet. Vor allem wird auf dieser Folie deutlich, daß *zwei Begriffe von Rationalisierung* auseinandergehalten werden müssen. Auf der Ebene der Sub-Systeme zweckrationalen Handelns hat der wissenschaftlich-technische Fortschritt die Reorganisation gesellschaftlicher Institutionen und Teilbereiche schon erzwungen, und er macht sie in noch größerem Maßstab erforderlich. Aber dieser Prozeß der Entfaltung von Produktivkräften kann dann und nur dann ein Potential der Befreiung sein, wenn er Rationalisierung auf einer anderen Ebene nicht ersetzt. *Rationalisierung auf der Ebene des institutionellen Rahmens* kann sich nur im Medium der sprachlich vermittelten Interaktion selber, nämlich durch eine *Entschränkung der Kommunikation* vollziehen. Die öffentliche, uneingeschränkte und herrschaftsfreie Diskussion über die Angemessenheit und Wünschbarkeit von handlungsorientierenden Grundsätzen und Normen im Lichte der soziokulturellen Rückwirkungen von fortschreitenden Sub-Systemen zweckrationalen Handelns – eine Kommunikation dieser Art auf allen Ebenen der politischen und der wieder politisch gemachten Willensbildungsprozesse ist das einzige Medium, in dem so etwas wie »Rationalisierung« möglich ist.

In einem solchen Prozeß der verallgemeinerten Reflexion würden sich die Institutionen, über die Grenze eines bloßen Legitimationswechsels hinaus, in ihrer spezifischen Zusammensetzung ändern. Eine Rationalisierung gesellschaftlicher Normen wäre nämlich charakterisiert durch einen abnehmenden Grad der Repressivität (was auf der Ebene der Persönlichkeitsstruktur die durchschnittliche Toleranz gegenüber Rollenkonflikten steigern müßte). Ferner durch einen abnehmenden Grad der Rigidität (was die Chancen einer individuell angemessenen Selbstpräsentation in täglichen Interaktionen vermehren müßte) und schließlich durch Annäherung an einen Typus der Verhaltenskontrolle, welcher Rollendistanz und eine flexible Anwendung gut internalisierter, aber der Reflexion zugänglicher Normen erlauben würde. Eine Rationalisierung, die sich an Veränderungen in diesen drei Dimensionen bemißt, führt nicht, wie die Rationalisierung zweckrationaler Systeme, zu einer Steigerung der technischen Verfügungsgewalt über vergegenständlichte Prozesse der Natur und der Gesellschaft; sie führt nicht per se zu einem besseren Funktionieren gesellschaftlicher Systeme, aber sie würde die Mitglieder der Gesellschaft mit Chancen einer weitergehenden Emanzipation und einer fortschreitenden Individuierung ausstatten. Die Steigerung der Produktivkräfte deckt sich nicht mit der Intention des »guten Lebens«, sie kann dieser allenfalls dienen.

Ich glaube nicht einmal, daß die Denkfigur des technologisch überschießenden Potentials, das innerhalb eines repressiv aufrecht erhaltenen institutionellen Rahmens nicht ausgeschöpft wird (Marx spricht von den »gefesselten« Produktivkräften), dem staatlich geregelten Kapitalismus noch angemessen ist. Die bessere Nutzung eines unrealisierten Potentials führt zu der Verbesserung eines ökonomisch-industriellen Apparats, aber heute nicht mehr eo ipso zu einer Veränderung des institutionellen Rahmens mit emanzipatorischen Folgen. Nicht ob wir ein verfügbares oder zu entwickelndes Potential *ausschöpfen,* sondern ob wir dasjenige *wählen,* das wir zum Zwecke der Befriedung und der Befriedigung der Existenz wollen können, ist die Frage. Aber sogleich ist hinzuzufügen, daß wir diese Frage nur stellen, nicht antizipatorisch beantworten können; sie verlangt vielmehr jene entschränkte Kommunikation über Ziele der Lebenspraxis, gegen deren Thematisierung der Spätkapitalismus, auf eine entpolitisierte Öffentlichkeit strukturell angewiesen, sich allerdings resistent verhält.

IX.

Eine neue Konfliktzone kann, anstelle des virtualisierten Klassengegensatzes und abgesehen von den Disparitätskonflikten am Rande des Systems, nur dort entstehen, wo sich die spätkapitalistische Gesellschaft mittels Entpolitisierung der Masse der Bevölkerung gegen das Infragestellen ihrer technokratischen Hintergrundideologie immunisieren muß: eben im System der durch Massenmedien verwalteten Öffentlichkeit. Denn nur hier kann eine systemnotwendige Verschleierung der Differenz zwischen Fortschritten in Systemen zweckrationalen Handelns und emanzipativen Veränderungen des institutionellen Rahmens – zwischen technischen Fragen und praktischen – befestigt werden. Die öffentlich zugelassenen Definitionen erstrecken sich darauf, *was* wir zum Leben wollen, aber nicht darauf: *wie* wir leben möchten, wenn wir im Hinblick auf erreichbare Potentiale herausfänden, wie wir leben *könnten*.

Wer diese Konfliktzone beleben wird, ist schwer zu prognostizieren. Weder der alte Klassengegensatz noch die Unterprivilegierung neuen Typs enthalten Protestpotentiale, die ihrer Entstehung nach auf eine Repolitisierung der ausgetrockneten Öffentlichkeit tendieren. Das einzige Protestpotential, das sich durch erkennbare Interessen auf die neue Konfliktzone richtet, entsteht vorerst unter bestimmten Gruppen von Studenten und Schülern. Dabei können wir von drei Feststellungen ausgehen:

1. Die Protestgruppe der Studenten und Schüler ist privilegiert. Sie vertritt keine Interessen, die unmittelbar aus ihrer sozialen Lage hervorgehen und sich durch Zuwachs an sozialen Entschädigungen systemkonform befriedigen ließen. Die ersten amerikanischen Untersuchungen[22] über die studentischen Aktivisten bestätigen, daß es sich überwiegend nicht um sozial aufsteigende, sondern um die statusbegünstigten Teile der Studentenschaft handelt, die sich aus den ökonomisch entlasteten Sozialschichten rekrutieren.

2. Die Legitimationsangebote des Herrschaftssystems scheinen für diese Gruppe aus plausiblen Gründen nicht überzeugend zu sein. Die sozialstaatliche Ersatzprogrammatik für zerfallene bürgerliche Ideologien setzt eine gewisse Status- und Leistungsorientierung voraus. Den genannten Untersuchungen zufolge sind die studentischen Aktivisten aber weniger privatistisch an Berufskarriere und künftiger Familie ausgerichtet als die übrigen Studenten. Ihre akademischen Leistungen, die eher über dem Durchschnitt liegen, und ihre soziale Herkunft fördern keinen Erwartungshorizont, der durch die antizipierten Zwänge des

Arbeitsmarktes bestimmt wäre. Gegenüber dem technokratischen Bewußtsein sind die aktiven Studenten, die relativ oft aus sozialwissenschaftlichen und philologisch-historischen Fachbereichen stammen, eher immun, weil, wenn auch aus verschiedenen Motiven, hier wie dort die primären Erfahrungen der eigenen wissenschaftlichen Arbeit mit den technokratischen Grundannahmen nicht zusammenstimmen.

3. In dieser Gruppe kann sich ein Konflikt nicht am *Ausmaß* der geforderten Disziplinierungen und Lasten, sondern nur an der *Art* der auferlegten Versagungen entzünden. Nicht um einen höheren Anteil an sozialen Entschädigungen der verfügbaren Kategorien: Einkommen und arbeitsfreie Zeit, kämpfen Studenten und Schüler. Ihr Protest richtet sich vielmehr gegen die Kategorie der »Entschädigung« selber. Die wenigen Daten, die vorliegen, bestätigen die Vermutung, daß sich der Protest der Jugendlichen aus bürgerlichen Elternhäusern mit dem Muster des seit Generationen üblichen Autoritätskonflikts überhaupt nicht mehr deckt. Die aktiven Studenten haben eher Eltern, die ihre kritischen Einstellungen teilen; sie sind relativ oft mit mehr psychologischem Verständnis und nach liberaleren Erziehungsgrundsätzen aufgewachsen als die nicht aktiven Vergleichsgruppen[23]. Ihre Sozialisation scheint sich eher in den vom unmittelbaren ökonomischen Zwang freigesetzten Subkulturen vollzogen zu haben, in denen die Überlieferung der bürgerlichen Moral und die kleinbürgerlichen Ableitungen ihre Funktion verloren haben, so daß das Training für das »Umschalten« auf Wertorientierungen des zweckrationalen Handelns dessen Fetischisierung nicht mehr einschließt. Diese Erziehungstechniken können Erfahrungen ermöglichen und Orientierungen begünstigen, die mit der konservierten *Lebensform* einer Ökonomie der Armut zusammenprallen. Auf dieser Grundlage könnte sich ein prinzipielles Unverständnis für die sinnlose Reproduktion überflüssig gewordener Tugenden und Opfer herausbilden – ein Unverständnis dafür, warum das Leben des einzelnen trotz des hohen Standes der technologischen Entwicklung nach wie vor durch das Diktat der Berufsarbeit, durch die Ethik des Leistungswettbewerbs, durch den Druck der Statuskonkurrenz, durch Werte der possessiven Verdinglichung und der angebotenen Surrogatbefriedigung bestimmt ist, warum der institutionalisierte Kampf ums Dasein, die Disziplin der entfremdeten Arbeit, die Tilgung von Sinnlichkeit und ästhetischer Befriedigung aufrechterhalten werden.

Dieser Sensibilität muß eine strukturelle Ausschaltung praktischer Fragen aus der entpolitisierten Öffentlichkeit unerträglich werden. Eine politische Kraft wird sich daraus freilich nur ergeben können, wenn jene Sensibilisierung an ein unlösbares Systemproblem rührt. Für die Zukunft sehe ich *ein* solches Problem. Das Maß des gesellschaftlichen Reichtums, den ein industriell entfalteter Kapitalismus hervorbringt, und die technischen wie organisatorischen Bedingungen, unter denen dieser Reichtum produziert wird, machen es immer schwieriger, die Statuszuweisung auch nur subjektiv überzeugend an den Mechanismus der Bewertung individueller Leistung zu binden[24]. Auf lange Sicht könnte deshalb der Studenten- und Schülerprotest diese brüchig werdende Leistungsideologie dauerhaft zerstören und damit die ohnehin fragile, allein durch Entpolitisierung abgedeckte Legitimationsgrundlage des Spätkapitalismus zum Einsturz bringen.

Anmerkungen

1 Industrialisierung und Kapitalismus im Werk Max Webers, in: Kultur und Gesellschaft II, Frankfurt a. M. 1965.

2 Trieblehre und Freiheit, in: Freud in der Gegenwart, Frankf. Beitr. z. Soz. Bd. 6, 1957.

3 Ebenda, S. 403.

4 Der eindimensionale Mensch, Neuwied 1967, S. 172 ff.

5 Ebenda, S. 180 f.

6 Ebenda, S. 247.

7 »Dieses Gesetz sagt ein innertechnisches Geschehen aus, einen Verlauf, der vom Menschen als Ganzes nicht gewollt worden ist, sondern dieses Gesetz greift sozusagen vom Rücken her oder instinktiv durch die gesamte menschliche Kulturgeschichte hindurch. Ferner kann es im Sinne dieses Gesetzes keine Entwicklung der Technik über die Stufe der möglichst vollständigen Automatisierung hinaus geben, denn es sind keine weiteren menschlichen Leistungsbereiche angebbar, die man objektivieren könnte.« (A. Gehlen, Anthropologische Ansicht der Technik, in: Technik im technischen Zeitalter, 1965.)

8 Der eindimensionale Mensch, a. a. O., S. 246.

9 Ebenda, S. 168 f.

10 Vgl. für den philosophiegeschichtlichen Kontext dieser Begriffe meinen Beitrag zur Löwith-Festschrift: Arbeit und Interaktion, Bemerkungen zu Hegels Jenenser Philosophie des Geistes, in: Jürgen Habermas, Technik und Wissenschaft als »Ideologie«, Frankfurt a. M. 1968, S. 9–47.

11 Vgl. dazu: G. E. Lenski, Power and Privilege, A Theory of Social Stratification, New York 1966.

12 Vgl. P. L. Berger, The Sacred Canopy, New York 1967.

13 Vgl. dazu meine Untersuchung: Erkenntnis und Interesse, Frankfurt a. M. 1968.

14 Vgl. Leo Strauss, Naturrecht und Geschichte, 1953; C. B. Mac-Pherson, Die politische Theorie des Besitzindividualismus, Frankfurt a. M. 1967; J. Habermas, Die klassische Lehre von der Politik in ihrem Verhältnis zur Sozialphilosophie, in: Theorie und Praxis, Neuwied[2]1967.

15 Vgl. J. Habermas, Naturrecht und Revolution, in: Theorie und Praxis, Neuwied[2]1967.

16 C. Offe, Zur Klassentheorie und Herrschaftsstruktur im staatlich regulierten Kapitalismus (Manuskript).

17 Zuletzt: E. Löbl, Geistige Arbeit – die wahre Quelle des Reichtums, 1968.

18 Vgl. H. Schelsky, Der Mensch in der technischen Zivilisation, 1961; J. Ellul, The Technological Society, New York 1964, und A. Gehlen, Über kulturelle Kristallisationen, in: Studien zur Anthropologie, 1963; ders., Über kulturelle Evolution, in: Die Philosophie und die Frage nach dem Fortschritt, 1964.

19 Empirische Untersuchungen, die sich spezifisch auf die Verbreitung dieser Hintergrundideologie beziehen, liegen, soweit ich sehe, nicht vor. Wir sind auf Extrapolationen aus anderen Umfrageergebnissen angewiesen.

20 Vgl. Erkenntnis und Interesse, in: J. Habermas: Techn. u. Wiss. als »Ideologie«, Frankfurt a. M. 1968, S. 146–168.

21 Toward the Year 2000, in: Daedalus, Sommer 1967.

22 S. M. Lipset, P. G. Altbach, Student Politics and Higher Education in the USA, in: S. M. Lipset (Hrsg.), Student Politics, New York 1967; R. Flacks, The Liberated Generation. An Exploration of the Roots of Student Protest, in: Journ. Soc. Issues, Juli 1967; K. Keniston, The Sources of Student Dissent, ebenda.

23 Vgl. Flacks: »Activists are more radical than their parents; but activist's parents are decidedly more liberal than others of their status.« »Activism is related to a complex of values, not ostensible political, shared by both the students and their parents«; »Activists'parents are more ›permissive‹ than parents of non-activists.«

24 Vgl. R. L. Heilbronner, The Limits of American Capitalism, New York 1966.

Max Webers Religionssoziologie

MAX WEBER

Die Entstehung der Religionen

Eine Definition dessen, was Religion »ist«, kann unmöglich an der Spitze, sondern könnte allenfalls am Schlusse einer Erörterung wie der nachfolgenden stehen. Allein wir haben es überhaupt nicht mit dem »Wesen« der Religion, sondern mit den Bedingungen und Wirkungen einer bestimmten Art von Gemeinschaftshandeln zu tun, dessen Verständnis auch hier nur von den subjektiven Erlebnissen, Vorstellungen, Zwecken des Einzelnen – vom »Sinn« – aus gewonnen werden kann, da der äußere Ablauf ein höchst vielgestaltiger ist. Religiös oder magisch motiviertes Handeln ist, in seinem urwüchsigen Bestande, *diesseitig* ausgerichtet. »Auf daß es dir wohl gehe und du lange lebest auf Erden«, sollen die religiös oder magisch gebotenen Handlungen vollzogen werden. Noch solche, zumal bei einem Stadtvolk außerordentlichen, Leistungen wie Menschenopfer wurden in den phönikischen Seestädten ohne alle und jede Jenseitserwartung gespendet. Religiös oder magisch motiviertes Handeln ist ferner, gerade in seiner urwüchsigen Gestalt, ein mindestens relativ rationales Handeln: wenn auch nicht notwendig ein Handeln nach Mitteln und Zwecken, so doch nach Erfahrungsregeln. Wie das Quirlen den Funken aus dem Holz, so lockt die »magische« Mimik des Kundigen den Regen aus dem Himmel. Und der Funken, den der Feuerquirl erzeugt, ist genau ebenso ein »magisches« Produkt wie der durch die Manipulationen des Regenmachers erzeugte Regen. Das religiöse oder »magische« Handeln oder Denken ist also gar nicht aus dem Kreise des alltäglichen Zweckhandelns auszusondern, zumal auch seine Zwecke selbst überwiegend ökonomische sind. Nur wir, vom Standpunkt unserer heutigen Naturanschauung aus, würden dabei objektiv »richtige« und »unrichtige« Kausalzurechnungen unterscheiden und die letzteren als irrational, das ent-

Aus: Max Weber, Wirtschaft und Gesellschaft. Grundriß der verstehenden Soziologie, hrsg. v. Johannes Winckelmann, Tübingen [4]1956, S. 245–259. Mit freundlicher Genehmigung des Verlags J. C. B. Mohr (Paul Siebeck), Tübingen. [Die Einfügungen in eckigen Klammern stammen von J. Winckelmann.]

sprechende Handeln als »Zauberei« ansehen können. Der magisch Handelnde selbst unterscheidet zunächst nur nach der größeren oder geringeren Alltäglichkeit der Erscheinungen. Nicht jeder beliebige Stein z. B. ist als Fetisch zu brauchen. Nicht jeder Beliebige hat die Fähigkeit, in Ekstase zu geraten und also diejenigen Wirkungen meteorologischer, therapeutischer, divinatorischer, telepathischer Art herbeizuführen, welche man erfahrungsgemäß nur dann erreicht. Nicht immer nur diese, aber vornehmlich diese *außeralltäglichen* Kräfte sind es, welchen gesonderte Namen: »mana«, »orenda«, bei den Iraniern: »maga« (davon: magisch) beigelegt werden, und für die wir hier ein für allemal den Namen »Charisma« gebrauchen wollen. Das Charisma kann entweder – und nur dann verdient es in vollem Sinn diesen Namen – eine schlechthin an dem Objekt oder der Person, die es nun einmal von Natur besitzt, haftende, durch nichts zu gewinnende, Gabe sein. Oder es kann und muß dem Objekt oder der Person durch irgendwelche, natürlich außeralltägliche, Mittel künstlich verschafft werden. Die Vermittlung bildet die Annahme: daß die charismatischen Fähigkeiten zwar in nichts und Niemandem entwickelt werden können, der sie nicht im Keime hat, daß aber dieser Keim verborgen bleibt, wenn man ihn nicht zur Entwicklung bringt, das Charisma – z. B. durch »Askese« – »weckt«. Alle Formen der religiösen Gnadenlehre: von der gratia infusa bis zur strengen Werkgerechtigkeit liegen so schon in diesem Stadium im Keim beschlossen. Diese streng naturalistische (neuerdings sog. präanimistische) Vorstellung verharrt in der Volksreligiosität hartnäckig. Kein Konzilsbeschluß, der die »Anbetung« Gottes von der »Verehrung« von Heiligenbildern als bloßen Mitteln der Andacht scheidet, hat gehindert, daß der Südeuropäer noch heute das Heiligenbild selbst verantwortlich macht und ausspuckt, wenn trotz der üblichen Manipulationen der beanspruchte Erfolg ausbleibt.

Immerhin ist dabei meist bereits eine nur scheinbar einfache Abstraktion vollzogen: die Vorstellung von irgendwelchen »hinter« dem Verhalten der charismatisch qualifizierten Naturobjekte, Artefakte, Tiere, Menschen, sich verbergenden und ihr Verhalten irgendwie bestimmenden Wesenheiten: der *Geisterglaube*. Der »Geist« ist zunächst weder Seele, noch Dämon oder gar Gott, sondern dasjenige unbestimmt: material und doch unsichtbar, unpersönlich und doch mit einer Art von Wollen ausgestattet gedachte Etwas, welches dem konkreten Wesen seine spezifische Wirkungskraft erst verleiht, in dasselbe hineinfahren und aus ihm – aus dem Werkzeug, welches unbrauchbar wird, aus dem Zauberer, dessen Charisma versagt – auch irgendwie wieder heraus, ins Nichts oder in einen anderen Menschen oder in ein anderes Objekt hinein fahren kann. Es erscheint nicht nachweisbar, daß allgemeine ökonomische Bedingungen für die Entwicklung zum Geisterglauben Vorbedingung sind. Gefördert wird sie, wie alle Abstraktion auf diesem Gebiet, am stärksten dadurch, daß die von Menschen besessenen »magischen« Charismata nur besonders Qualifizierten anhaften und daß sie dadurch die Unterlage des ältesten aller »Berufe« wird, des berufsmäßigen Zauberers. Der Zauberer ist der dauernd charismatisch qualifizierte Mensch im Gegensatz zum Alltagsmenschen, dem »Laien« im magischen Sinn des Begriffs. Er hat insbesondere die spezifisch das Charisma repräsentierende oder vermittelnde Zuständlichkeit: die *Ekstase,* als Objekt eines »Betriebs« in Pacht genommen. Dem Laien ist die Ekstase nur als Gelegenheitserscheinung zugänglich. Die soziale Form, in der dies geschieht, die *Orgie,* als die urwüchsige Form religiöser Vergemeinschaftung, im Gegensatz zum rationalen Zaubern, ist ein Gelegenheitshandeln gegenüber dem kontinuierlichen »Betrieb« des Zauberers, der für ihre Leitung unentbehrlich ist. Der Laie kennt die Ekstase nur als einen, gegenüber den Bedürfnissen des Alltagslebens notwendig nur gelegentlichen Rausch, zu dessen Erzeugung alle alkoholischen Getränke, ebenso der Tabak und ähnliche Narkotika, die alle ursprünglich Orgienzwecken dienten, daneben vor allem die Musik, verwendet werden. Wie man sie verwendet, bildet neben der rationalen Beeinflussung der Geister im Interesse der Wirtschaft, den zweiten, wichtigen, aber entwicklungsgeschichtlich sekundären Gegenstand der naturgemäß fast überall zu einer Geheimlehre werdenden Kunst des Zauberers. Auf Grund der Erfahrungen an den Zuständlichkeiten bei Orgien und sicherlich überall in starkem Maße unter dem Einfluß seiner Berufspraxis vollzieht sich die Entwicklung des Denkens zunächst zu der Vorstellung von der »Seele« als eines vom Körper verschiedenen Wesens, welches hinter, bei oder in den Naturobjekten in ähnlicher Art vorhanden sei, wie im menschlichen Körper etwas steckt, was ihn im Traum, in Ohnmacht und Ekstase, im Tode verläßt. Die verschiedenen Möglichkeiten der Beziehung jener Wesenheiten zu den Dingen, hinter denen sie stecken oder mit denen sie irgendwie verbunden sind, können hier nicht erörtert werden. Sie können bei einem oder innerhalb eines konkreten Objekts oder Vorgangs mehr oder minder dauernd und exklusiv »hausen«. Oder umgekehrt: sie können bestimmte Vorgänge und bestimmte Dinge oder Kategorien solcher irgendwie »haben« und also über deren Verhalten und Wirksamkeit maßgebend verfügen: diese und ähnliche sind die eigentlich »animistischen« Vorstellungen. Oder sie können in Dingen: Pflanzen, Tieren oder Menschen sich zeitweise »verkörpern« –

eine weitere, erst allmählich erreichte Stufe der Abstraktion –, oder endlich: sie können durch sie – die höchste, sehr selten festgehaltene Stufe der Abstraktion – nur »symbolisiert«, selbst aber als irgendwie nach eigenen Gesetzen lebende, aber normalerweise unsichtbare Wesen gedacht sein. Dazwischen gibt es natürlich die mannigfachsten Übergänge und Kombinationen. Schon durch die zuerst genannten, einfacheren Abstraktionsformen sind »übersinnliche« Mächte, welche in die Geschicke der Menschen eingreifen können, ähnlich wie ein Mensch in die Geschicke seiner Außenwelt, im Prinzip konzipiert.

Auch die »Götter« oder »Dämonen« sind aber noch nichts Persönliches oder Dauerndes, nicht einmal immer etwas besonders Benanntes. Ein »Gott« kann als eine über den Verlauf eines einzelnen konkreten Vorgangs verfügende Macht konzipiert werden (Useners »Augenblicksgötter«), an welche nachher niemand mehr denkt, oder der erst dann wieder erneut in Frage kommt, wenn der betreffende Vorgang sich wiederholt. Er kann umgekehrt diejenige Macht sein, die noch nach dem Tode eines großen Helden irgendwie von diesem ausgeht. Sowohl die Personifikation wie die Verunpersönlichung kann im Einzelfall der spätere Akt sein. Sowohl Götter ohne alle Eigennamen, benannt nur nach dem Vorgang, über den sie Gewalt haben, kommen vor, deren Bezeichnung erst allmählich, wenn sie sprachlich nicht mehr verstanden wird, den Charakter eines Eigennamens annimmt, wie umgekehrt Eigennamen mächtiger Häuptlinge oder Propheten zur Bezeichnung göttlicher Mächte geworden sind, ein Vorgang, aus welchem nun umgekehrt der Mythos wieder das Recht schöpft, reine Götterbezeichnungen zu Personennamen vergötterter Heroen zu machen. Ob eine bestimmte Konzeption einer »Gottheit« zu einer perennierenden gedeiht und nun bei ähnlichen Gelegenheiten immer erneut durch magische oder symbolische Mittel angegangen wird, hängt von den allerverschiedensten Umständen, in erster Linie aber wiederum davon ab, ob und in welcher Form entweder die magische Praxis der Zauberer oder das persönliche Attachement eines weltlichen Potentaten auf Grund persönlicher Erfahrungen ihn rezipiert.

Wir registrieren hier lediglich als Resultat des Prozesses die Entstehung einerseits der »Seele«, andererseits der »Götter« und »Dämonen«, »übernatürlicher« Mächte also, deren Beziehungen zu den Menschen zu ordnen nun das Reich des *»religiösen« Handelns* ausmacht. Die »Seele« ist dabei zunächst ein weder persönliches, noch unpersönliches Wesen. Nicht nur, weil sie sehr vielfach naturalistisch identifiziert wird mit dem, was nach dem Tode nicht mehr da ist, mit dem Hauch oder mit dem Puls des Herzens, in dem sie sitzt und durch dessen Verspeisung man sich z. B. den Mut des Feindes aneignen kann. Sondern vor allem, weil sie oft gar nichts Einheitliches ist: die Seele, die den Menschen im Traum verläßt, ist etwas anderes als die, welche in der »Ekstase« aus ihm oben, wo dann das Herz im Halse schlägt und der Atem keucht, herausfährt, oder die, welche seinen Schatten bewohnt, oder die, welche nach dem Tode im Leichnam oder nahe beim Leichnam, solange noch etwas von ihm übrig ist, haust oder die, welche im Ort seines gewöhnlichen Aufenthalts noch irgendwie fortwirkt, mit Neid und Zorn sieht, wie die Erben das einst dem Toten Gehörige genießen, oder den Nachfahren im Traum oder als Vision erscheint, drohend oder beratend, oder in irgendein Tier oder in einen anderen Menschen hineinfahren kann, vor allem in ein neugeborenes Kind – all dies je nachdem zum Segen oder Unsegen. Daß die »Seele« als eine dem »Körper« gegenüber selbständige Einheit konzipiert wird, ist ein selbst in den Erlösungsreligionen nicht durchweg akzeptiertes Resultat – ganz abgesehen davon, daß einzelne von diesen (der Buddhismus) gerade diese Vorstellung wieder ablehnen.

Nicht die Persönlichkit oder Unpersönlichkeit oder Überpersönlichkeit »übersinnlicher« Mächte ist das zunächst Spezifische dieser ganzen Entwicklung, sondern: daß jetzt nicht nur Dinge und Vorgänge eine Rolle im Leben spielen, die da sind und geschehen, sondern außerdem solche, welche und weil sie etwas »bedeuten«. Der Zauber wird dadurch aus einer direkten Kraftwirkung zu einer *Symbolik.* Neben die unmittelbar physische Angst vor dem physischen Leichnam – wie sie auch die Tiere haben –, welche so oft für die Bestattungsformen maßgebend war (Hockerstellung, Verbrennung), ist zunächst die Vorstellung getreten, daß man die Totenseele unschädlich machen, also sie fort oder in das Grab bannen, ihr dort ein erträgliches Dasein verschaffen oder ihren Neid auf den Besitz der Lebenden beseitigen oder endlich sich ihr Wohlwollen sichern müsse, um in Ruhe vor ihr zu leben. Unter den mannigfach abgewandelten Arten des Totenzaubers hatte die ökonomisch weittragendste Konsequenz die Vorstellung, daß dem Toten seine gesamte persönliche Habe ins Grab folgen müsse. Sie wird allmählich abgeschwächt zu der Forderung, daß man wenigstens eine gewisse Zeit nach seinem Tode die Berührung seines Besitzes meiden, oft auch den eigenen Besitz möglichst nicht genießen solle, um seinen Neid nicht zu wecken. Die chinesischen Trauervorschriften bewahren noch sehr vollständig diesen Sinn mit seinen ökonomisch und politisch (da auch die Wahrnehmung eines Amts als während der Trauerzeit zu meidenden Besitzes – Pfründe – galt) gleich irrationalen Konsequenzen. Ist nun aber einmal ein Reich der Seelen, Dämonen und Götter entstanden, welches ein nicht im Alltagssinn greifbares, sondern ein regelmäßig nur durch Vermittlung von Symbolen und Bedeutungen zugängliches hinterweltliches Dasein führt – ein Dasein, welches infolgedessen als schattenhaft und immer wieder einmal direkt als unwirklich sich darstellte –, so wirkt das auf den Sinn der magischen Kunst zurück. Steckt hinter den realen Dingen und Vorgängen noch etwas anderes, Eigentliches, Seelenhaftes, dessen Symptome oder gar nur Symbole jene sind, so muß man nicht die Symptome oder Symbole, sondern die Macht, die sich in ihnen äußert, zu beeinflussen suchen durch Mittel, die zu einem Geist oder einer Seele sprechen, also etwas »bedeuten«: durch Symbole. Es ist dann nur eine Frage des Nachdrucks, welchen die berufsmäßigen Kenner dieser Symbolik ihrem Glauben und dessen gedanklicher Durchbildung zu geben vermögen, der Machtstellung also, welche sie innerhalb der Gemeinschaft erringen, je nach der Bedeutsamkeit der Magie als solcher für die besondere Eigenart der Wirtschaft und je nach der Stärke der Organisation, welche sie sich zu schaffen wissen, – und eine Flutwelle symbolischen Handelns begräbt den urwüchsigen Naturalismus unter sich. Das hat dann weittragende Konsequenzen.

Wenn der Tote nur durch symbolische Handlungen zugänglich ist und nur in Symbolen der Gott sich äußert, so kann er auch mit Symbolen statt mit Realitäten zufriedengestellt werden. Schaubrote, puppenbildliche Darstellungen der Weiber und der Dienerschaft treten an die Stelle der wirklichen Opferung: das älteste Papiergeld diente nicht der Bezahlung von Lebenden, sondern von Toten. Nicht anders in den Beziehungen zu den Göttern und Dämonen. Immer mehr Dinge und Vorgänge attrahieren außer der ihnen wirklich oder vermeintlich innewohnenden realen Wirksamkeit noch »Bedeutsamkeiten«, und durch bedeutsames Tun sucht man reale Wirkungen zu erzielen. Schon jedes rein magisch, im naturalistischen Sinn, als wirksam erprobte Verhalten wird natürlich streng in der einmal erprobten Form wiederholt. Das erstreckt sich nun auf das ganze Gebiet symbolischer Bedeutsamkeiten. Die geringste Abweichung vom Erprobten kann sie unwirksam machen. Alle Kreise menschlicher Tätigkeit werden in diesen symbolistischen Zauberkreis hineingerissen. Daher werden die größten Gegensätze rein dogmatischer Anschauungen auch innerhalb der rationalisierten Religionen leichter ertragen, als Neuerungen der Symbolik, welche die magische Wirkung der Handlung gefährden oder – die beim Symbolismus neu hinzutretende Auffassung – gar den Zorn des Gottes oder der Ahnenseele erwecken könnten. Fragen wie die: ob ein Kreuz mit zwei oder drei Fingern zu schlagen sei, waren der wesentliche

Grund noch des Schismas in der russischen Kirche des 17. Jahrhunderts; die Unmöglichkeit, zwei Dutzend Heilige in einem Jahre durch Fortfall der ihnen heiligen Tage gefährlich zu kränken, hindert die Annahme des gregorianischen Kalenders in Rußland noch heute*. Falsches Singen zog bei den rituellen Singtänzen der indianischen Magier die sofortige Tötung des Betreffenden nach sich, um den bösen Zauber oder den Zorn des Gottes zu beschwichtigen. Die religiöse Stereotypierung der Produkte der bildenden Kunst als älteste Form der Stilbildung ist bedingt sowohl direkt durch magische Vorstellungen, als indirekt durch die im Gefolge der magischen Bedeutsamkeit des Produkts eintretende berufsmäßige Herstellung, welche schon an sich das Schaffen nach Vorlagen an die Stelle des Schaffens nach dem Naturobjekt setzt; wie groß aber die Tragweite des Religiösen dabei war, zeigt sich z. B. in Ägypten darin, daß die Entwertung der traditionellen Religion durch den monotheistischen Anlauf Amenophis' IV. (Echnaton) sofort: dem Naturalismus Luft schafft. Die magische Verwendung der Schriftsymbole; – die Entwicklung jeder Art von Mimik und Tanz als sozusagen homöopathischer, apotropäisch oder exorzistisch oder magisch-zwingender, Symbolik; – die Stereotypierung der zulässigen Tonfolgen oder wenigstens Grundtonfolgen (»râga« in Indien, im Gegensatz zur Koloratur); – der Ersatz der oft ziemlich entwickelten empirischen Heilmethoden (die ja vom Standpunkt des Symbolismus und der animistischen Besessenheitslehre nur ein Kurieren der Symptome waren) durch eine vom Standpunkt dieser Anschauungen aus rationale Methode der exorzistischen oder symbolistisch-homöopathischen Therapie, welche sich zu jener ebenso verhielten, wie die aus gleichen Wurzeln entsprungene Astrologie zur empirischen Kalenderrechnung: – alles dies gehört der gleichen, für die inhaltliche Kulturentwicklung unermeßlich folgereichen, hier aber nicht weiter zu erörternden Erscheinungswelt an. Die erste und grundlegende Einwirkung »religiöser« Vorstellungskreise auf die Lebensführung und die Wirtschaft ist also generell *stereotypierend*. Jede Änderung eines Brauchs, der irgendwie unter dem Schutz übersinnlicher Mächte sich vollzieht, kann die Interessen von Geistern und Göttern berühren. Zu den natürlichen Unsicherheiten und Gehemmtheiten jedes Neuerers fügt so die Religion mächtige Hemmungen hinzu: das Heilige ist das spezifisch Unveränderliche.

Im einzelnen sind die Übergänge vom präanimistischen Naturalismus bis zum Symbolismus durchaus flüssig. Wenn dem geschlachteten Feinde das Herz aus der Brust oder die Geschlechtsteile vom Leibe

* Vor 1914. [Anm. v. J. Winckelmann.]

oder das Gehirn aus dem Schädel gerissen, sein Schädel im eigenen Hause aufgestellt oder als kostbarstes Brautgeschenk verehrt, jene Körperteile aber oder diejenigen besonders schneller oder starker Tiere verspeist werden, so glaubt man sich wirklich damit die betreffenden Kräfte direkt naturalistisch anzueignen. Der Kriegstanz ist zunächst Produkt der aus Wut und Angst gemischten Aufregung vor dem Kampf und erzeugt direkt die Heldenekstase: insoweit ist auch er nicht symbolisch. Sofern er aber (nach Art etwa unserer »sympathetischen« Zauberwirkungen) den Sieg mimisch antizipiert und dadurch magisch verbürgen soll, und soweit jene Schlachtung von Tieren und Menschen in die Form fester Riten gebracht und nun die Geister und Götter des eigenen Stammes zur Teilnahme an der Mahlzeit aufgefordert werden, soweit endlich die Teilnehmer an der Verspeisung eines Tiers sich als untereinander besonders nahe verwandt glauben, weil die »Seele« des gleichen Tieres in sie gefahren ist, steht der Übergang zur »Symbolik« vor der Tür.

Man hat die Denkweise, welche dem voll entwickelten symbolistischen Vorstellungskreis zugrunde liegt, als »mythologisches Denken« bezeichnet und dessen Eigenart dann im einzelnen näher zu kennzeichnen gesucht. Uns kann das hier nicht beschäftigen, und nur die eine generell wichtige Eigenart dieser Denkweise: die Bedeutung der Analogie, in der wirksamsten Form: des Gleichnisses, ist für uns wichtig, weil sie lange nachwirkend nicht nur religiöse Ausdrucksformen, sondern auch das juristische Denken, noch bis in die Präjudizienbehandlung bei rein empirischen Kunstlehren des Rechts hinein, beherrscht hat, und der syllogistischen Begriffsbildung durch rationale Subsumtion erst langsam gewichen ist. Die ursprüngliche Heimat dieses analogischen Denkens ist die symbolistisch rationalisierte Magie, die ganz auf ihm beruht.

Auch »Götter« werden durchaus nicht von Anfang an als »menschenartige« Wesen vorgestellt. Sie gewinnen die Gestalt perennierender Wesen, die ihnen essentiell ist, natürlich erst nach Überwindung der noch in die Veden hineinspielenden rein naturalistischen Vorstellung, daß z. B. das konkrete Feuer der Gott, oder doch der Körper eines konkreten Feuergottes sei, zugunsten der anderen, daß der ein für allemal mit sich identische Gott entweder die einzelnen Feuer habe, hergebe, über sie verfüge oder sich in ihnen jedesmal irgendwie verkörpere. Wirklich sicher aber wird diese abstrakte Vorstellung erst durch ein kontinuierlich einem und demselben Gott gewidmetes Tun, den »Kultus«, und durch seine Verbindung mit einem kontinuierlichen Verband von Menschen, eine Dauergemeinschaft, für die er als Dauerndes solche Bedeutung hat. Wir werden auf diesen Vorgang bald zurückzukommen haben. Ist einmal die Kontinuierlichkeit der Göttergestalten gesichert, so kann das Denken der berufsmäßig mit ihnen Befaßten sich mit der systematisierenden Ordnung dieser Vorstellungsgebiete beschäftigen.

Die »Götter« stellen oft, und zwar keineswegs immer nur bei geringer gesellschaftlicher Differenzierung, ein ordnungsloses Durcheinander zufällig durch Kultus erhaltener Zufallsschöpfungen dar. Noch die vedischen Götter bilden keinerlei geordneten Götterstaat. Aber die Regel ist, sobald einerseits systematisches Denken über die religiöse Praxis und andererseits die Rationalisierung des Lebens überhaupt mit ihren zunehmend typischen Ansprüchen an die Leistungen der Götter eine gewisse, im einzelnen sehr verschiedene Stufe erreicht haben, die »Pantheonbildung«, d. h. die Spezialisierung und feste Charakterisierung bestimmter Göttergestalten einerseits, ihre Ausstattung mit festen Attributen und irgendwelche Abgrenzung ihrer »Kompetenzen« gegeneinander andererseits. Dabei ist aber zunehmende anthropomorphisierende Personifikation der Göttergestalten keineswegs identisch oder parallelgehend mit zunehmender Abgrenzung und Festigkeit der Kompetenzen. Oft im Gegenteil. Die Kompetenzen der römischen numina sind ungleich fester und eindeutiger abgegrenzt als die der hellenischen Göttergestalten; dagegen ist die Vermenschlichung und plastische Veranschaulichung der letzteren als eigentlicher »Persönlichkeiten« ungleich weitergegangen als in der genuinen römischen Religion. Der wesentlichste soziologische Grund liegt in diesem Fall darin, daß die genuine römische Vorstellung vom Übersinnlichen in ihrer allgemeinen Struktur weit stärker die einer nationalen Bauern- und Patrimonialherrenreligion geblieben war, die hellenische dagegen der Entwicklung zu einer *inter*lokalen Ritterkultur wie der des homerischen Zeitalters mit ihren Heldengöttern ausgesetzt wurde. Die teilweise Übernahme dieser Konzeptionen und ihr indirekter Einfluß auf römischem Boden änderte an der nationalen Religion nichts, viele von ihnen gewannen dort nur ein ästhetisches Dasein, während die römische Tradition in ihren Hauptcharakterzügen unangetastet in der rituellen Praxis fortbestand und, aus später zu erörternden Gründen, sich auch der orgiastisch-ekstatischen und Mysterienreligiosität gegenüber im Gegensatz zum Hellenentum dauernd ablehnend verhielt. Ganz naturgemäß ist aber jede Abzweigung von magischen Wirksamkeiten weit weniger elastisch als die »Kompetenz« eines als Person gedachten »Gottes«. Die römische Religion blieb »religio«, d. h., einerlei ob dieses Wort etymologisch von religare oder von relegere abzuleiten ist: Gebundenheit an die erprobte kultische Formel und »Rücksichtnahme« auf die überall im Spiel befindlichen numina aller Art. Neben dem Zuge zum Formalismus, der darin begründet war, stützte die spezifisch römische Religiosität noch eine weitere wichtige Eigentümlichkeit gegenüber dem Hellenentum: das Unpersönliche hat eine innere Verwandtschaft zum Sachlich-Rationalen. Das gesamte Alltagsleben des Römers und jeder Akt seines Handelns war durch die religio mit einer sakralrechtlichen Kasuistik umgeben, welche seine Aufmerksamkeit rein quantitativ ebenso in Anspruch nahm, wie die Ritualgesetze der Juden und Hindus und das taoistische Sakralrecht der Chinesen. Die Zahl der Gottheiten, welche in den priesterlichen indigitamenta aufgezählt wurden, ist unendlich in ihrer sachlichen Spezialisierung: jede Handlung nicht nur, sondern jeder konkrete Teil einer solchen stand unter dem Einfluß besonderer numina, und der Vorsicht halber mußten bei allen wichtigen Akten neben den dii certi, den traditionell in ihrer kausalen Bedeutung und Kompetenz feststehenden, auch die in dieser Hinsicht mehrdeutigen (incerti) und die, deren Geschlecht und Wirkung oder Existenz überhaupt zweifelhaft war, angerufen und verehrt werden, für gewisse Akte der Feldbestellung allein ein Dutzend der ersteren. Wie dem Römer die Ekstasis (römisch: superstitio) der Hellenen eine ordnungswidrige abalienatio mentis, so war diese Kasuistik der römischen (und der darin noch weitergehenden etruskischen) religio dem Hellenen eine unfreie Deisidämonie. Die Sorge um die Befriedigung der numina wirkte dahin, alle einzelnen Handlungen gedanklich in ihre begrifflich auffindbaren Teilmanipulationen zu zerlegen und jeder solchen ein numen zuzuschreiben, unter dessen besonderer Fürsorge sie stand. Analogien finden sich in Indien und auch sonst, nirgends aber ist – weil die Aufmerksamkeit der rituellen Praxis sich gänzlich hierauf konzentrierte – die Zahl der durch rein begriffliche Analyse, also durch gedankliche *Abstraktion,* gewonnenen numina, welche zu indigitieren waren, eine so große wie bei den Römern. Die dadurch bedingte spezifische Eigentümlichkeit der römischen Lebenspraxis ist nun – und darin liegt der Gegensatz etwa gegen die Wirkung der jüdischen und asiatischen Rituale – die unausgesetzte Pflege einer praktisch *rationalen* sakralrechtlichen Kasuistik, eine Art von sakraler Kautelarjurisprudenz und die Behandlung dieser Dinge gewissermaßen als Advokatenprobleme. Das Sakralrecht wurde so zur Mutter rationalen juristischen Denkens, und noch die livianische Historiographie z. B. verleugnet jenes religiös bedingte unterscheidende Merkmal des Römertums nicht, wenn, gegenüber der Pragmatik etwa der jüdischen, der Nachweis der sakral- und staatsrechtlichen »Korrektheit« der einzelnen institutionellen Neuerungen für sie überall im Mittelpunkt steht: nicht Sünde, Strafe, Buße, Rettung, sondern juristische Etikettenfragen.

Für die Gottesvorstellungen aber, mit denen wir uns hier zunächst zu befassen haben, knüpfen jene teils parallel, teils aber konträr verlaufenden Prozesse der Anthropomorphisierung einerseits, der Kompetenzabgrenzung andererseits zwar an die schon vorhandenen Gottheitsgattungen an, tragen aber beide die Tendenz in sich, zu einer immer weiteren Rationalisierung teils der Art der Gottesverehrung, teils der Gottesbegriffe selbst zu führen.

Es bietet nun für unsere Zwecke geringes Interesse, die einzelnen Arten von Göttern und Dämonen hier durchzugehen, obwohl oder vielmehr weil sie natürlich, ähnlich wie der Wortschatz einer Sprache, ganz direkt vor allem von der ökonomischen Situation und den historischen Schicksalen der einzelnen Völker bedingt sind. Da diese sich für uns in Dunkel verlieren, ist sehr oft nicht mehr erkennbar, warum von den verschiedenen Arten von Gottheiten gerade diese den Vorrang behauptet haben. Es kann dabei auf die für die Wirtschaft wichtigen Naturobjekte ankommen, von den Gestirnen angefangen, oder auf organische Vorgänge, welche von Göttern oder Dämonen besessen oder beeinflußt, hervorgerufen oder verhindert werden: Krankheit, Tod, Geburt, Feuer, Dürre, Regen, Gewitter, Ernteausfall. Je nach der überwiegenden ökonomischen Bedeutung bestimmter einzelner Ereignisse kann dabei ein einzelner Gott innerhalb des Pantheon den Primat erringen, wie etwa der Himmelsgott, je nachdem mehr als Herr des Lichts und der Wärme oder, besonders oft bei den Viehzüchtern, als Herr der Zeugung aufgefaßt. Daß die Verehrung der chthonischen Gottheiten (Mutter Erde) im allgemeinen ein gewisses Maß relativer Bedeutung des Ackerbaus voraussetzt, ist klar, doch geht sie nicht immer damit parallel. Auch läßt sich nicht behaupten, daß die Himmelsgötter – als Vertreter des sehr oft in den Himmel verlegten Heldenjenseits – überall die adligen im Gegensatz zu den bäuerlichen Erdgöttern gewesen seien. Noch weniger, daß die »Mutter Erde« als Gottheit mit mutterrechtlicher Sippenordnung parallel ginge. Allerdings aber pflegen die chthonischen Gottheiten, die den Ernteausfall beherrschen, stärker lokalen und volkstümlichen Charakter zu haben als die andern. Und allerdings ist das Übergewicht der himmlischen, auf Wolken oder auf Bergen residierenden persönlichen Götter gegenüber den Erdgottheiten sehr oft bedingt durch die Entwicklung ritterlicher Kultur und hat die Tendenz, auch ursprüngliche Erdgottheiten den Aufstieg unter die Himmelsbewohner antreten zu lassen. Demgegenüber pflegen die chthonischen Götter, bei vorwaltendem Ackerbau, oft zwei Bedeutungen miteinander zu verbinden: sie beherrschen den Ernteausfall und spenden also den Reichtum, und sie sind die Herrscher der unter die Erde bestatteten Toten. Daher hängen oft, z. B. in den Eleusinischen Mysterien, die beiden wichtigsten praktischen Interessen: Reichtum und Jenseitsschicksal von ihnen ab. Andererseits sind die himmlischen Götter die Herren über den Gang der Gestirne. Die festen Regeln, an welche diese offenbar gebunden sind, lassen daher ihre Herrscher besonders oft zu Herren alles dessen werden, was feste Regeln hat oder haben sollte, so vor allem Rechtsfindung und gute Sitte.

Die zunehmende objektive Bedeutung und subjektive Reflexion über die typischen Bestandteile und Arten des Handelns führen zu *sachlicher* Spezialisierung. Und zwar entweder in ganz abstrakter Art, wie bei den Göttern des »Antreibens« und vielen ähnlichen in Indien, oder zu qualitativer Spezialisierung nach den inhaltlichen einzelnen Richtungen des Handelns, wie etwa Beten, Fischen, Pflügen. Das klassische Beispiel für diese schon ziemlich abstrakte Form der Götterbildung ist die höchste Konzeption des altindischen Götterpantheons: Brahmâ, der »Gebetsherr«. Wie die Brahmanenpriester die Fähigkeit wirksamen Gebets, d. h. wirksamen magischen Götterzwangs, monopolisiert haben, so monopolisiert nun dieser Gott wieder die Verfügung über dessen Wirksamkeit und damit, konsequent weitergedacht, über das allem religiösen Handeln Wichtigste; er wird damit schließlich, wenn nicht der einzige, so doch der höchste Gott. In wesentlich unscheinbarerer Art hat in Rom Janus, als der Gott des richtigen »Anfangs«, der über alles entscheidet, eine relativ universelle Bedeutung gewonnen. Es gibt aber, wie keinerlei individuelles Handeln, so auch kein *Gemeinschaftshandeln*, das nicht seinen Spezialgott hätte und auch, wenn die Vergesellschaftung dauernd verbürgt sein soll, bedürfte. Wo immer ein Verband oder eine Vergesellschaftung nicht als eine persönliche Machtstellung eines *einzelnen* Gewalthabers erscheint, sondern als ein »Verband«, da hat sie ihren besonderen Gott nötig. Das gilt zunächst für die Verbände des Hauses und der Sippe. Hier ist die Anknüpfung an die Geister der (wirklichen oder fiktiven) Ahnen das Gegebene, dem die numina und Gottheiten des Herdes und Herdfeuers zur Seite treten. Das Maß von Bedeutung, welches ihrem vom Haupt des Hauses bzw. der »gens« zu vollziehenden Kult zukam, ist historisch höchst verschieden und von der Struktur und praktischen Bedeutung der Familie abhängig. In aller Regel geht eine Hochentwicklung speziell des häuslichen Ahnenkults mit patriarchaler Struktur der Hausgemeinschaft parallel, weil nur diese das Haus zum Mittelpunkt auch der männlichen Interessen macht. Aber beides ist, wie schon das Beispiel Israels beweist, nicht schlechthin miteinander verknüpft, denn es können die Götter anderer, namentlich politischer oder religiöser Verbände, gestützt auf die Macht ihrer Priester, den Hauskult und das Hauspriestertum des Familienhauptes weit zurückdrängen oder ganz vernichten. Wo deren Macht und Bedeutung ungebrochen dasteht, bildet sie natürlich ein außerordentlich starkes, die Familie und gens fest und nach außen streng exklusiv zusammenschließendes und auch die inneren ökonomischen Verhältnisse der Hausgemeinschaften auf das tiefste beeinflussendes, streng persönliches Band. Alle rechtlichen Beziehungen der Familie, die Legitimität der Ehefrau und des Erben, die Stellung der Haussöhne zum Vater und der Brüder zueinander, sind dann von hier aus mit determiniert und stereotypiert. Die religiöse Bedenklichkeit des Ehebruchs vom Standpunkt der Familie und Sippe aus liegt darin, daß dadurch ein nicht Blutsverwandter in die Lage kommt, den Ahnen der Sippe zu opfern und dadurch deren Zorn gegen die Blutsverwandten zu erregen. Denn die Götter und numina eines streng persönlichen Verbandes verschmähen die Opfer, welche von Unberechtigten dargebracht werden. Die starre Durchführung des Agnatenprinzips hängt sicher hiermit sehr stark zusammen, wo sie besteht. Ebenso alle anderen Fragen, welche die priesterliche Legitimation des Hausherrn angehen. Das Erbrecht, zumal das Einzelerbrecht des Ältesten oder dessen Bevorzugung hat neben den militärischen und ökonomischen regelmäßig auch diese sakralen Motive. Vor allem die ostasiatische (chinesische und japanische) und im Okzident die römische Hausgemeinschaft und Sippe verdanken die Erhaltung ihrer patriarchalen Struktur unter allem Wandel der ökonomischen Bedingungen ganz vornehmlich dieser sakralen Grundlage. Wo diese religiöse Gebundenheit der Hausgemeinschaft und des Geschlechts besteht, da können umfassendere, insbesondere politische, Vergesellschaftungen nur den Charakter 1. entweder einer sakral geweihten Konföderation von (wirklichen oder fiktiven) Sippen oder 2. einer patrimonialen, nach Art einer abgeschwächten Hausherrschaft konstruierten Herrschaft eines (königlichen) Großhaushalts über diejenigen der »Untertanen« haben. Im zweiten Fall ist die Konsequenz, daß die Ahnen, numina, genii oder persönliche Götter jenes mächtigsten Haushalts neben die Hausgötter der Untertanenhaushalte treten und die Stellung der Herrschers sakral legitimieren. Das letztere ist in Ostasien, in China in Kombination mit der Monopolisierung des Kults der höchsten Naturgeister für den Kaiser als Oberpriester, der Fall. Die sakrale Rolle des »genius« des römischen Princeps sollte, mit der dadurch bedingten universellen Aufnahme der kaiserlichen Person in den Laienkult, Ähnliches leisten. Im ersten Fall entsteht dagegen ein Sondergott des politischen Verbandes als solchen. Ein solcher war Jahve. Daß er ein Konföderationsgott, nach der Überlieferung ursprünglich ein solcher des Bundes der Juden und Midianiter war, führte zu der so überaus wichtigen Konsequenz, daß seine Beziehung zum israelitischen Volk, welches ihn zugleich mit der politischen Konföderation und der sakralrechtlichen Ordnung seiner sozialen Verhältnisse durch Eidschwur angenommen hatte, als ein »berith«, ein – von Jahve oktroyiertes und durch Unterwerfung akzeptiertes – Vertragsverhältnis galt, aus dem rituelle, sakralrechtliche und sozialethische Pflichten der menschlichen, aber auch sehr bestimmte Verheißungen des göttlichen Partners folgten, an deren Unverbrüchlichkeit ihn, in den einem Gott von ungeheurer Machtfülle gegenüber gebotenen Formen, zu mahnen man sich berechtigt fühlen durfte. Der ganz spezifische *Verheißungs*charakter der israelitischen Religiosität, in dieser Intensität trotz noch so vieler sonstiger Analogien in keiner anderen wiederkehrend, hatte hier seine erste Wurzel. Die Erscheinung dagegen, daß eine politische Verbandsbildung die Unterstellung unter einen Verbandsgott bedingt, ist universell. Der mittelländische »Synoikismos« ist, wenn nicht notwendig die erstmalige Schaffung, so die Neukonstituierung einer Kultgemeinschaft unter einer Polisgottheit. Die Polis ist zwar die klassische Trägerin der wichtigen Erscheinung des politischen »Lokalgottes«, keineswegs [jedoch] die einzige. Im Gegenteil hat in aller Regel jeder politische Dauerverband seinen Spezialgott, der den Erfolg des politischen Verbandshandelns verbürgt. Er ist bei voller Entwicklung durchaus exklusiv nach außen. Er nimmt, im Prinzip wenigstens, nur von den Verbandsgenossen Opfer und Gebete an. Wenigstens sollte er es tun. Da man dessen nicht völlig sicher sein kann, so ist sehr oft der Verrat der Art, ihn wirksam zu beeinflussen, streng verpönt. Der Fremde ist eben nicht nur politischer, sondern auch religiöser Ungenosse. Auch der an Namen und Attributen gleiche Gott des fremden Verbandes ist nicht identisch mit dem des eigenen. Die Juno der Vejienter ist nicht die Juno der Römer, so wenig wie für den Neapolitaner die Madonna der einen Kapelle die der anderen ist: die eine verehrt, die andere verachtet und beschimpft er, wenn sie Konkurrenten hilft. Oder er sucht, sie diesen abspenstig zu machen. Man verspricht den Göttern des Feindes Aufnahme und Verehrung im eigenen Land, wenn sie die Feinde verlassen (»evocare Deos«), wie es z. B. Camillus vor Veji tat. Oder man stiehlt oder erobert die Götter. Nur lassen sich das nicht alle gefallen.

Die eroberte Lade Jahves bringt Plagen über die Philister. In aller Regel ist der eigene Sieg auch der Sieg des eigenen stärkeren Gottes über den fremden schwächeren Gott. Nicht jeder politische Verbandsgott ist ein an den Sitz der Leitung des Verbandes rein örtlich gebundener Lokalgott. Die Darstellung der Wüstenwanderung Israels läßt ihn mit dem Volke und vor ihm her ziehen, ebenso wie die Laren der römischen Familie den Ort mit dieser wechseln. Und – im Widerspruch mit jener Darstellung – es gilt als ein Spezifikum Jahves, daß er ein »aus der Ferne«, nämlich vom Sinai her, den er als Völkergott bewohnt, wirkender, nur in den Kriegsnöten des Volkes mit den Heerscharen (Zebaoth) im Gewittersturm heranziehender Gott ist. Man nimmt wohl mit Recht an, daß diese spezifische, aus der Annahme eines fremden Gottes durch Israel folgende Qualität der »Fernwirkung« mitbeteiligt war bei der Entwicklung der Vorstellung von Jahve als dem universellen, allmächtigen Gott überhaupt. Denn in aller Regel ist die Qualität eines Gottes als Lokalgott und auch die exklusive »Monolatrie«, welche er zuweilen von seinen Anhängern in Anspruch nimmt, keineswegs der Weg zum Monotheismus, sondern umgekehrt oft eine Stärkung des Götterpartikularismus. Und umgekehrt bedeutet die Entwicklung der Lokalgötter eine ungemeine Stärkung des politischen Partikularismus. Zumal auf dem Boden der Polis. Exklusiv nach außen, wie eine Kirche gegen die andere, jeder Bildung eines durch die verschiedenen Verbände hindurchgreifenden einheitlichen Priestertums absolut hinderlich, bleibt sie unter seiner Herrschaft im Gegensatz zu unserem als »Anstalt« gedachten »Staat« ein ganz wesentlich *persönlicher* Verband von Kultgenossen des Stadtgottes, seinerseits wieder gegliedert in persönliche Kultverbände von Stammes-, Geschlechts- und Hausgottheiten, die gegeneinander wiederum exklusiv sind in bezug auf ihre Spezialkulte. Exklusiv aber auch nach innen, gegen diejenigen, welche außerhalb all dieser Spezialkultverbände der Sippen und Häuser stehen. Wer keinen Hausgott (Zeus herkeios) hat, ist in Athen amtsunfähig, wie in Rom, wer nicht zu dem Verband der patres gehört. Der plebejische Sonderbeamte (trib. plebis) ist nur durch menschlichen Eidschwur gedeckt (sacro sanctus), hat keine Auspicien und daher kein legitimes imperium, sondern eine »potestas«. Den Höchstgrad von Entwicklung erreicht die lokale Ortsbindung der Verbandsgottheit da, wo das Gebiet des Verbandes als solches als dem Gott spezifisch heilig gilt. So zunehmend Palästina dem Jahve, derart, daß die Tradition den in der Fremde Wohnenden, der an seinem Kultverband teilnehmen und ihn verehren will, sich einige Fuhren palästinensischer Erde holen läßt.

Die Entstehung von eigentlichen Lokalgöttern ist ihrerseits an die feste Siedelung nicht nur, sondern auch an weitere, den lokalen Verband zum Träger politischer Bedeutsamkeiten stempelnde, Voraussetzungen geknüpft. Zur vollen Entwicklung gelangte er [der Typus des Lokalgottes und seines Kultverbandes] normalerweise auf dem Boden der Stadt als eines vom Hofhalt und [von der] Person des Herrschers unabhängig bestehenden politischen Sonderverbandes mit korporativen Rechten. Daher nicht in Indien, Ostasien, Iran und nur in geringem Maße, als Stammesgott, in Nordeuropa. Dagegen außerhalb des Gebietes der rechtlichen Städteorganisationen in Ägypten, schon im Stadium der zoolatrischen Religiosität, für die Gaueinteilung. Von den Stadtstaaten aus griff die Lokalgottheit auf Eidgenossenschaften wie die der Israeliten, Aitoler usw. über, die an ihrem Vorbild orientiert sind. Ideengeschichtlich ist diese Auffassung des Verbandes als lokalen Kultträgers ein Zwischenglied zwischen der rein patrimonialen Betrachtung des politischen Gemeinschaftshandelns und dem rein sachlichen Zweckverbands- und Anstaltsgedanken etwa der modernen »Gebietskörperschafts«-Idee.

Nicht nur die politischen Verbände, sondern ebenso die beruflichen Vergesellschaftungen haben ihre Spezialgottheiten oder Spezialheiligen. Sie fehlen im vedischen Götterhimmel noch ganz, entsprechend dem Zustand der Wirtschaft. Dagegen der altägyptische Schreibergott ist ebenso Zeichen des Aufstiegs der Bürokratisierung wie die über die ganze Erde verbreiteten Spezialgötter und -heiligen für Kaufleute und alle Arten von Gewerben die zunehmende Berufsgliederung anzeigen. Noch im 19. Jahrhundert setzte das chinesische Heer die Kanonisierung seines Kriegsgottes durch: ein Symptom für die Auffassung des Militärs als eines gesonderten »Berufs« neben anderen. Im Gegensatz zu den Kriegsgöttern der mittelländischen Antike und der Meder, die stets große Nationalgötter sind.

Wie je nach den natürlichen und sozialen Existenzbedingungen die Göttergestalten selbst, ebenso verschiedenartig sind die Chancen eines Gottes, den Primat im Pantheon oder schließlich das Monopol der Göttlichkeit für sich zu erobern. Streng »monotheistisch« sind im Grunde nur das Judentum und der Islam. Sowohl der hinduistische wie der christliche Zustand des oder der höchsten göttlichen Wesen sind theologische Verhüllungen der Tatsache, daß ein sehr wichtiges und eigenartiges religiöses Interesse: die Erlösung durch die Menschwerdung eines Gottes, dem strikten Monotheismus im Wege stand. Vor allem hat nirgends der mit sehr verschiedener Konsequenz begangene Weg zum Monotheismus das Vorhandensein der Geisterwelt und der Dämonen dauernd ausgerottet – auch nicht in der Reformation –, sondern sie nur der Übermacht des alleinigen Gottes, theoretisch wenigstens, unbedingt untergeordnet. Praktisch aber kam und kommt es darauf an: wer innerhalb des *Alltages* stärker in die Interessen des Einzelnen eingreift, ob der theoretisch »höchste« Gott oder die »niederen« Geister und Dämonen. Sind dies die letzteren, dann wird die Religiosität des Alltages durch die Beziehung zu ihnen vorwiegend bestimmt; ganz einerlei wie der offizielle Gottesbegriff der rationalisierten Religion aussieht. Wo ein politischer Lokalgott existiert, gerät der Primat natürlich oft in dessen Hände. Wenn sich dann innerhalb einer zur Lokalgötterbildung vorgeschrittenen Vielheit seßhafter Gemeinschaften der Umkreis des politischen Verbandes durch Eroberung erweitert, so ist die regelmäßige Folge, daß die verschiedenen Lokalgötter der verschmolzenen Gemeinschaften dann zu einer Gesamtheit vergesellschaftet werden. Innerhalb deren tritt ihre ursprüngliche oder auch eine inzwischen durch neue Erfahrungen über ihre spezielle Einflußsphäre bedingte, sachliche oder funktionelle Spezialisierung, in sehr verschiedener Schärfe, arbeitsteilig hervor. Der Lokalgott des größten Herrscher- oder Priestersitzes: der Marduk von Babel, der Ammon von Theben steigen dann zum Range größter Götter auf, um mit dem etwaigen Sturz oder der Verlegung der Residenz oft auch wieder zu verschwinden, wie Assur mit dem Untergang des assyrischen Reichs. Denn wo einmal die politische Vergesellschaftung als solche als ein gottgeschützter Verband gilt, da erscheint eine solche politische Einheit so lange als nicht gesichert, bis auch die Götter der Einzelglieder mit einverleibt und vergesellschaftet, oft auch lokal synoikisiert sind: Was dem Altertum in dieser Hinsicht geläufig war, hat sich noch bei der Überführung der großen Heiligenreliquien der Provinzialkathedralen in die Hauptstadt des geeinigten russischen Reiches wiederholt.

Die sonst möglichen Kombinationen der verschiedenen Prinzipien der Pantheon- und Primatbildung sind unermeßlich und die Göttergestalten meist ebenso labil in ihren Kompetenzen, wie die Beamten patrimonialer Gebilde. Die Kompetenzabgrenzung wird gekreuzt durch die Gepflogenheit des religiösen Attachements an einen speziellen, jeweils besonders bewährten Gott oder der Höflichkeit gegen den Gott, an den man sich gerade wendet, diesen als funktionell universell zu behandeln, ihm also alle möglichen, sonst an andere Götter vergebenen Funktionen zuzumuten: den von Max Müller mit Unrecht als besondere Entwicklungsstufe angenommenen sog. »Henotheismus«. Für die Primatbildung spielen rein rationale Momente stark mit. Wo immer ein erhebliches Maß von Festigkeit bestimmter Vorschriften irgendwelcher Art, besonders oft: stereotypierte religiöse Riten, in dieser ihrer Regelmäßigkeit besonders stark hervortritt und einem rationalen religiösen Denken bewußt wird, da pflegen diejenigen Gottheiten, welche am meisten feste Regeln in ihrem Verhalten zeigen, also die Himmels- und Gestirngötter, die Chance des Primats zu haben. In der Alltagsreligiosität spielen diese Gottheiten, welche sehr universelle Naturerscheinungen beeinflussen und daher der metaphysischen Spekulation als sehr groß, zuweilen selbst als Weltschöpfer gelten, gerade weil diese Naturerscheinungen in ihrem Verlauf nicht allzu stark schwanken, folglich in der Praxis des Alltags nicht das praktische Bedürfnis erwecken, durch die Mittel der Zauberer und Priester beeinflußt zu werden, meist keine erhebliche Rolle. Es kann ein Gott die ganze Religiosität eines Volkes maßgebend prägen (wie Osiris in Ägypten), wenn er einem besonders starken religiösen – in diesem Falle soteriologischen – Interesse entspricht, ohne doch den Primat im Pantheon zu gewinnen. Die »ratio« fordert den Primat der universellen Götter, und jede konsequente Pantheonbildung folgt in irgendeinem Maße auch systematisch-rationalen Prinzipien, weil sie stets mit unter dem Einfluß entweder eines berufsmäßigen Priesterrationalismus oder des rationalen Ordnungsstrebens weltlicher Menschen steht. Und vor allem die schon früher erwähnte Verwandtschaft der rationalen Regelmäßigkeit des durch göttliche Ordnung verbürgten Laufs des Gestirnes mit der Unverbrüchlichkeit der heiligen Ordnung auf Erden macht sie zu berufenen Hütern dieser beiden Dinge, an welchen einerseits die rationale Wirtschaft und andererseits die gesicherte und geordnete Herrschaft der heiligen Normen in der sozialen Gemeinschaft hängen. Die Interessenten und Vertreter dieser heiligen Norm sind zunächst die Priester, und deshalb ist die Konkurrenz der Gestirngötter Varuna und Mitra, welche die heilige Ordnung schützen, mit dem waffengewaltigen Gewittergott Indra, dem Drachentöter, ein Symptom der Konkurrenz der nach fester Ordnung und ordnungsgemäßer Beherrschung des Lebens strebenden Priesterschaft mit der Macht des kriegerischen Adels, welchem der tatendurstige Heldengott und die ordnungsfremde Irrationalität der Aventiure und des Verhängnisses adäquate Beziehungen zu überirdischen Mächten sind. Wir werden diesen wichtigen Gegensatz noch mehrfach wirksam finden. Systematisierte heilige Ordnungen, wie sie eine Priesterschaft propagiert (Indien, Iran, Babel), und rational geordnete Untertanenbeziehungen, wie sie der Beamtenstaat schafft (China, Babel), dienen meist den himmlischen oder astralen Gottheiten zum Aufstieg im Pantheon.

Wenn in Babel die Religiosität in steigender Eindeutigkeit in den Glauben an die Herrschaft der Gestirne, speziell der Planeten, über alle Dinge, von den Wochentagen angefangen bis zum Jenseitsschicksal, und damit in den astrologischen Fatalismus ausmündet, so ist das freilich erst ein Produkt der späteren Priesterwissenschaft und der nationalen Religion des politisch freien Staates noch fremd. – Ein Pantheon-Herrscher oder Pantheon-Gott ist an sich noch kein »universeller«, internationaler Weltgott. Aber natürlich ist er regelmäßig auf dem Wege dazu. Jedes entwickelte Denken über die Götter verlangt zunehmend, daß die Existenz und Qualität eines Wesens als Gott eindeutig feststehe, der Gott also in diesem Sinn »universell« sei. Auch die Weltweisen der Hellenen deuteten ja die Gottheiten ihres leidlich geordneten Pantheons in alle anderwärts vorgefundenen Gottheiten hinein. Die Tendenz jener Universalisierung steigert sich mit steigendem Übergewicht des Pantheonherrschers: je mehr dieser also »monotheistische« Züge annimmt. Die Weltreichbildung in China, die Erstreckung des Priesterstandes der Brahmanen durch alle politischen Einzelbildungen hindurch in Indien, die persische und die römische Weltreichbildung haben alle die Entstehung des Universalismus und Monotheismus – in irgendwelchem Maße beide, wenn auch nicht immer beide gleichmäßig – begünstigt, wenn auch mit höchst verschiedenem Erfolg.

Die Weltreichbildung (oder die gleichartig wirkende irdische soziale Angeglichenheit) ist keineswegs der einzige und unentbehrliche Hebel dieser Entwicklung gewesen. Zum mindesten die Vorstöße des universalistischen Monotheismus: die Monolatrie, findet sich gerade in dem religionsgeschichtlich wichtigsten Fall, dem Jahvekult, als Konsequenz ganz konkreter historischer Ereignisse: einer Eidgenossenschaftsbildung. Der Universalismus ist in diesem Fall Produkt der internationalen Politik, deren pragmatische Interpreten die prophetischen Interessenten des Jahvekults und der Jahvesittlichkeit waren, mit der Konsequenz, daß auch die Taten der fremden Völker, welche Israels Lebensinteressen so mächtig berührten, als Taten Jahves zu gelten begannen. Hier ist ganz greifbar der spezifisch und eminent *historische* Charakter, welcher der Spekulation der jüdischen Prophetie anhaftet, im schroffen Gegensatz gegen die Naturspekulation der Priesterschaften in Indien und Babylon, [und] die aus Jahves Verheißungen sich unabweisbar ergebende Aufgabe: die Gesamtheit der so bedrohlich und, angesichts dieser Verheißungen, so befremdlich verlaufenden Entwicklung des in die Völkergeschicke verflochtenen eigenen Volksschicksals als »Taten Jahves«, als einer »Weltgeschichte« also, zu erfassen, was dem zum Lokalgott der Polis Jerusalems umgewandelten, alten kriegerischen Gott der Eidgenossenschaft die prophetischen universalistischen Züge überweltlicher heiliger Allmacht und Unerforschlichkeit lieh. Der monotheistische und damit, der Sache nach, universalistische Anlauf des Pharao Amenophis' IV. (Echnaton) zum Sonnenkult entstammte gänzlich anderen Situationen: einerseits auch hier einem weitgehenden priesterlichen und wohl auch Laienrationalismus, der, im scharfen Gegensatz gegen die israelitische Prophetie, rein naturalistischen Charakters ist, andererseits dem praktischen Bedürfnis des an der Spitze eines bürokratischen Einheitsstaates stehenden Monarchen, mit der Beseitigung der Vielheit der Priestergötter auch die Übermacht der Priester selbst zu brechen und die alte Machtstellung der vergotteten Pharaonen durch Erhebung des Königs zum höchsten Sonnenpriester herzustellen. Der universalistische Monotheismus der christlichen und islamischen und der relative Monotheismus in zarathustrischer Verkündigung sind, die ersten beiden historisch als Fortentwicklungen vom Judentum abhängig, die letztere sehr wahrscheinlich durch außeriranische (vorderasiatische) Einflüsse mitbestimmt. Sie sind alle durch die Eigenart der »ethischen« im Gegensatz zur »exemplarischen« Prophetie – ein später zu erörternder Unterschied – bedingt. Alle anderen relativ monotheistischen und universalistischen Entwicklungen sind also Produkte philosophischer Spekulation von Priestern und Laien, welche praktische religiöse Bedeutung nur da gewannen, wo sie mit soteriologischen (Erlösungs-)Interessen sich vermählten (wovon später).

Die praktischen Hemmungen der in irgendeiner Form fast überall in Gang gekommenen Entwicklung zum strengen Monotheismus, welche seine Durchsetzung in der Alltagsreligion überall, außer im Judentum, Islam und Protestantismus, relativiert haben, lagen durchweg in den mächtigen ideellen und materiellen Interessen der an den Kulten und Kultstätten der Einzelgötter interessierten Priesterschaften einerseits, und den religiösen Interessen der Laien an einem greifbaren, nahen, zu der konkreten Lebenslage oder dem konkreten Personenkreis unter Ausschluß anderer in Beziehung zu bringenden, vor allem: einem der *magischen* Beeinflussung zugänglichen religiösen Objekt andererseits. Denn die Sicherheit der einmal erprobten Magie ist viel größer als die Wirkung der Verehrung eines magisch nicht zu beeinflussenden, weil übermächtigen Gottes. Die Konzeption der »übersinnlichen« Gewalten als Götter, selbst als eines überweltlichen Gottes, beseitigt daher die alten magischen Vorstellungen keineswegs schon an sich (auch im Christentum nicht), aber sie läßt allerdings eine nun zu besprechende doppelte Möglichkeit der Beziehung zu ihnen entstehen.

Eine irgendwie nach Analogie des beseelten Menschen gedachte Macht kann entweder, ebenso wie die naturalistische »Kraft« eines Geistes, in den Dienst des Menschen *gezwungen* werden: Wer das Charisma dazu hat, die richtigen Mittel anzuwenden, der ist stärker auch als ein Gott und kann ihn nach seinem Willen nötigen. Das religiöse Handeln ist dann nicht »Gottesdienst«, sondern »Gotteszwang«, die Anrufung des Gottes nicht Gebet, sondern magische Formel: eine unausrottbare Grundlage der volkstümlichen, vor allem der indischen Religiosität, aber sehr universell verbreitet, wie ja auch der katholische Priester noch etwas von dieser Zaubermacht in der Vollziehung des Meßwunders und in der Schlüsselgewalt übt. Die orgiastischen und mimischen Bestandteile des religiösen Kultus, vor allem Gesang, Tanz, Drama, daneben die typischen festen Gebetsformeln, haben, nicht ausschließlich, aber dem Schwerpunkt nach, hier ihren Ursprung. Oder die Anthropomorphisierung geht dahin, die freie, durch Bitten, Gaben, Dienste, Tribute, Schmeicheleien, Bestechungen, und schließlich namentlich durch eigenes, seinem Willen entsprechendes Wohlverhalten zu gewinnende Gnade eines mächtigen irdischen Herrn auch auf das Verhalten der Götter zu übertragen, die nach seiner Analogie, als gewaltige, zunächst nur quantitativ stärkere Wesen gedacht sind. Dann entsteht die Notwendigkeit des »Gottesdienstes«.

Natürlich sind auch die spezifischen Elemente des »Gottesdienstes«: Gebet und Opfer, zunächst magischen Ursprungs. Bei dem Gebet bleibt die Grenze zwischen magischer Formel und Bitte flüssig, und gerade der technisch rationalisierte Gebetsbetrieb in Form von Gebetsmühlen und ähnlichen technischen Apparaten, von in den Wind gehängten oder an die Götterbilder gesteckten oder an die Heiligenbilder gehefteten Gebetsstreifen oder von rein quantitativ bemessenen Rosenkranzleistungen (fast alles Produkte der indischen Rationalisierung des Gotteszwangs) stehen überall der ersteren mehr als der letzteren nahe. Dennoch kennen auch sonst undifferenzierte Religionen das eigentliche individuelle Gebet, als »Bitte«, meist in der rein geschäftlichen rationalen Form, daß dem Gott die Leistungen des Betenden für ihn vorgehalten und Gegenleistungen dafür begehrt werden. Auch das Opfer taucht zunächst auf als magisches Mittel. Teils direkt im Dienst des Götterzwangs: auch die Götter brauchen den die Ekstase erregenden Somasaft der Zauberpriester, um Taten zu verrichten, daher kann man sie, nach der alten Vorstellung der Arier, durch das Opfer zwingen. Oder aber man kann mit ihnen sogar einen Pakt schließen, der beiden

Teilen Pflichten auferlegt: die folgenschwere Vorstellung namentlich der Israeliten. Oder das Opfer ist Mittel der magischen Ablenkung des einmal entstandenen Grimms des Gottes auf ein anderes Objekt, sei dies ein Sündenbock oder (und namentlich) ein Menschenopfer. Noch wichtiger und wahrscheinlich auch älter ist aber das andere Motiv: das Opfer, speziell das Tieropfer, soll eine »communio«, eine als Verbrüderung wirkende Tischgemeinschaft zwischen den Opfernden und dem Gott herstellen: eine Bedeutungswandlung der noch älteren Vorstellung, daß das Zerreißen und Essen eines starken, später eines heiligen, Tieres dessen Kraft den Essenden mitteile. Ein magischer Sinn solcher oder anderer Art – denn es gibt der Möglichkeiten viele – kann, auch wenn eigentlich »kultische« Vorstellungen stark sinnbestimmend einwirken, dennoch der Opferhandlung das Gepräge geben. Er kann auch an Stelle eigentlich kultischen Sinns wieder herrschend werden: die Opferrituale schon des Atharva Veda, erst recht aber der Brâhmanas sind, im Gegensatz zum altnordischen Opfer, fast reine Zauberei. Eine Abwendung vom Magischen bedeutet dagegen die Vorstellung des Opfers entweder als eines Tributs, z. B. der Erstlingsfrüchte, auf daß die Gottheit den Menschen den Rest gönne, oder vollends als einer selbst auferlegten »Strafe« zur rechtzeitigen Abwendung der Rache des Gottes als Bußopfer. Auch dies involviert freilich noch kein »Sündenbewußtsein«; es vollzieht sich zunächst (so in Indien) in kühler Geschäftlichkeit. Steigende Vorstellungen von der Macht eines Gottes und dessen Charakter als persönlichen Herrn bedingen dann steigendes Vorwiegen der nicht magischen Motive. Der Gott wird ein großer Herr, der nach Belieben auch versagen kann und dem man also nicht mit magischen Zwangsmaßregeln, sondern nur mit Bitten und Geschenken nahen darf. Alles aber, was diese Motive dem einfachen »Zauber« gegenüber neu hinzubringen, sind zunächst ebenso nüchterne rationale Elemente wie die Motive des Zauberns selbst. »Do ut des« ist der durchgehende Grundzug. Dieser Charakter haftet der Alltags- und Massenreligiosität aller Zeiten und Völker und auch allen Religionen an. Abwendung »diesseitigen« äußerlichen Übels und Zuwendung »diesseitiger« äußerlicher Vorteile ist der Inhalt aller normalen »Gebete«, auch der allerjenseitigsten Religionen. Jeder Zug der darüber hinausführt, ist das Werk eines spezifischen Entwicklungsprozesses mit eigentümlich zwiespältiger Eigenart. Einerseits eine immer weitergehende rationale Systematisierung der Gottesbegriffe und ebenso des *Denkens* über die möglichen Beziehungen des Menschen zum Göttlichen. Andererseits aber, im Resultat, zu einem charakteristischen Teil ein Zurücktreten jenes ursprünglichen *praktischen* rechnenden

Rationalismus. Denn der »Sinn« des spezifisch religiösen Sichverhaltens wird, parallel mit jener Rationalisierung des Denkens, zunehmend weniger in rein äußeren Vorteilen des ökonomischen Alltags gesucht und insofern also das Ziel des religiösen Sichverhaltens »irrationalisiert«, bis schließlich diese »außerweltlichen«, d. h. zunächst: außerökonomischen Ziele als das dem religiösen Sichverhalten Spezifische gelten. Eben deshalb aber ist das Vorhandensein spezifischer persönlicher Träger dieser in dem eben angegebenen Sinn »außerökonomischen« Entwicklung eine von deren Voraussetzungen.

Man kann diejenigen Formen der Beziehungen zu den übersinnlichen Gewalten, die sich als Bitte, Opfer, Verehrung äußern, als »Religion« und »Kultus« von der »Zauberei« als dem magischen Zwange scheiden und dementsprechend als »Götter« diejenigen Wesen bezeichnen, welche religiös verehrt und gebeten, als »Dämonen« diejenigen, welche magisch gezwungen und gebannt werden. Die Scheidung ist fast nirgends restlos durchführbar, denn auch das Ritual des in diesem Sinn »religiösen« Kultus enthält fast überall massenhafte magische Bestandteile. Und die historische Entwicklung jener Scheidung ist sehr oft einfach so erfolgt, daß bei Unterdrückung eines Kultes durch eine weltliche oder priesterliche Gewalt zugunsten einer neuen Religion die alten Götter als »Dämonen« fortexistieren.

REINHARD BENDIX

Max Webers Religionssoziologie

A. Theoretische Aspekte

Weber gab seinen »Aufsätzen« über die Religionen Chinas, Indiens und des Judentums den Titel »Die Wirtschaftsethik der Weltreligionen«[1]. Dieser Titel scheint die Annahme nahezulegen, daß Weber sein ursprüngliches Interesse an dem Einfluß der protestantischen Ethik auf das wirtschaftliche Handeln weiterverfolgte, in Wirklichkeit kam er aber auf dieses allgemeine Thema seiner Arbeiten nur zeitweilig zurück. Da gewisse religiöse Grundüberzeugungen dem Wirtschaftshandeln gleichgültig oder ablehnend gegenüberstanden, erwies es sich vielmehr als notwendig, das in diesem Titel zum Ausdruck kommende Schwergewicht seinem wörtlichen Sinne nach zu verschieben. Trotzdem sind alle Religionen bestrebt, den Gläubigen eine sittliche Anleitung für ihr weltliches Handeln zu geben, und zwar unabhängig davon, ob eine solche Anleitung ausdrücklich eine Wirtschaftsethik enthält. In diesem weiteren Sinne beschäftigte sich Weber mit der Alltagsethik als Teil jeder Weltreligion, die als das jeweilige »Arsenal der geistlichen Antriebe für den gläubigen Laien« bezeichnet werden kann. Aber selbst diese umfassendere Abgrenzung des von Weber verfolgten Ziels reicht nicht aus, weil er auch die Rückwirkungen der Gesellschaft und der Religion in dem Maße untersuchte, »als notwendig ist, um die Vergleichspunkte mit der ... zu analysierenden okzidentalen Entwicklung zu finden[2]«. Webers drei Hauptthemen waren: 1. die Untersuchung der Wirkung religiöser Ideen auf das wirtschaftliche Handeln; 2. die Beziehung zwischen sozialer Schicht und religiösen Ideen und 3. die Feststellung und Klärung der spezifischen Merkmale der abendländischen Kultur. Im folgenden soll gezeigt werden, daß diesen drei Themen eine einheitliche Ausgangsposition zugrunde liegt.

In den Mittelpunkt seiner Untersuchung stellt Weber die Beziehungen zwischen religiösen Ideen sowie dem sozialen Status und der Herrschaftsstruktur der eine Gesellschaft konstituierenden Gruppen. Von

---

Aus: Reinhard Bendix, Max Weber. Das Werk, München 1964, S. 199–215.

einem ähnlichen Gesichtspunkt war er bereits in seinen ersten Untersuchungen ausgegangen: Aus der veränderten Stellung der Landarbeiter und dem Problem der Börsenregulierungen im Hinblick auf die typische Gesinnung der Börsenbesucher ließen sich wichtige Aspekte der deutschen Gesellschaftsstruktur ableiten. Als nächstes widmete er seine Aufmerksamkeit den Religionsführern des alten Chinas, Indiens und Palästinas, die die Hauptlehren verschiedener Weltreligionen geprägt und vorbereitet hatten. Den ethischen Impuls dieser Lehren kann man zum Teil als Antwort auf die materiellen und ideellen Interessen identifizierbarer sozialer Gruppen und zum Teil als unabhängige und gesellschaftlich prägende Einflüsse religiöser Eingebung und charismatischer Persönlichkeiten verstehen. Im Verlauf seiner Untersuchungen verschob sich Webers Interesse allmählich von der Detailanalyse derartiger wechselseitiger Einflüsse zur vergleichenden Untersuchung von Gesellschaftsstrukturen, die einen geeigneten Brennpunkt für die sittlichen Implikationen verschiedener Weltreligionen abgaben. Die Weltanschauung der großen Religionen war das Werk eindeutig identifizierbarer sozialer Gruppen: der puritanischen Heiligen, der konfuzianischen Gelehrten, der hinduistischen Brahmanen, der jüdischen Leviten und der Propheten. Alle diese Stände besaßen jeweils ihren eigenen »Lebensstil« und entwickelten bestimmte religiöse Überzeugungen. Webers besonderes Ziel war es, die sozialen Verhältnisse zu untersuchen, unter denen die charismatischen Eingebungen Einzelner zunächst zum »Lebensstil« eines bestimmten Standes und schließlich zur herrschenden Einstellung einer ganzen Kultur wurden. Aus diesem übergreifenden Thema entwickelte er die grundlegenden Fragen, die er an jene Zeiten der großen Kulturen richtete, in denen ihre spezifischen religiösen Überzeugungen entstanden.

Webers Werk enthält keine umfassende Erörterung dessen, was dieses übergreifende Thema für seine Auffassung von der Gesellschaft beinhaltet. Deshalb soll diese nur implizierte Sicht im folgenden wenigstens in breiten Zügen dargelegt werden. Jede Gesellschaft besteht aus positiv oder negativ privilegierten Statusgruppen, die danach streben, ihren gegenwärtigen »Lebensstil« zu erhalten oder zu verbessern, und zwar durch soziale Distanz und Exklusivität sowie durch die Monopolisierung wirtschaftlicher Chancen. Um die stabilisierenden und dynamischen Tendenzen einer Gesellschaft zu verstehen, müssen wir versuchen, dieses Bestreben zu den in der Gesellschaft vorherrschenden Ideen und Werten in Beziehung zu setzen, oder wir müssen umgekehrt für jede gegebene Idee oder für jede feststellbare Wertvorstellung die Statusgruppe zu finden versuchen, deren materielle oder ideelle

Lebensführung dadurch verbessert wird. Weber ging also an die Analyse religiöser Ideen in der Weise heran, daß er ihre Relevanz für das kollektive Handeln zu erkennen suchte, und zwar galt sein besonderes Interesse den sozialen Prozessen, durch die die Ideen weniger einzelner zu den Überzeugungen aller Gesellschaftsangehörigen werden. Er glaubte ferner, daß jede soziale Gruppe auf Grund ihrer Lebensführung für bestimmte Ideen empfänglich ist: Bauern neigen zu Naturkulten und Magie, die christliche Frömmigkeit ist ein typisch stadtbürgerliches Phänomen, der Kriegsadel und andere politische Führungsschichten besitzen ein Würdegfühl, auf Grund dessen sie die religiöse Idealisierung der Demut ablehnen usw. Beide Untersuchungsrichtungen gehen von der Annahme aus, daß sich die Gesellschaft aus verschiedenen Statusgruppen zusammensetzt, deren teilweise voneinander abweichende Ideen und Interessen das Ergebnis voneinander abweichender Statussituationen ist, während die teilweise Übereinstimmung ihrer Ideen und Interessen eine Untersuchung der vorhergegangenen Konflikte und der Gründe dafür erfordert, daß es schließlich zu einer Lösung in einem Herrschaftssystem und zu allgemein akzeptierten Verhaltensmustern gekommen ist.

Dieser Ansatzpunkt im Hinblick auf die Untersuchung »sozialer Organisation« ist, so glaube ich, für das gesamte wissenschaftliche Werk Webers charakteristisch. Es wird sich deshalb als nützlich erweisen, die wichtigsten Punkte in Form von Thesen festzuhalten:

1. Jede Gesellschaft besteht aus verschiedenen sozialen Schichten, die durch das Ansehen, welches sie genießen, ihre monopolistischen Praktiken im sozialen und wirtschaftlichen Leben, durch einen besonderen Lebensstil und durch eine bestimmte, mehr oder weniger ausgesprochene Weltanschauung gekennzeichnet sind.

2. Kollektives Handeln – einschließlich Wirtschaftshandeln –, das auf ideellen und materiellen Erwägungen des Status beruht, steht im Gegensatz zu allem lediglich auf finanziellen Interessen beruhenden Handeln.

3. Als Angehörige einer Statusgruppe sind die Individuen das Produkt einer sozialen Organisation. Das Handeln und die Ideen der Individuen können deshalb als Merkmale dieser sozialen Organisation analysiert werden.

4. Statusgruppen können – was häufig der Fall ist – zum Ausgangspunkt moralischer Ideen werden, die das Verhalten und die Weltanschauung der ihnen angehörenden Individuen prägen und die aus egoistischen Interessen entstehenden Handlungen einer großen Anzahl anderer beeinflussen. Auf der anderen Seite können die Überzeugungen

weniger Einzelner auch die Grundlage für die Ausformung einer Statusgruppe abgeben.

5. Diese Überzeugungen und Ideen sind in erster Linie Antworten auf die Herausforderungen der materiellen Umgebung, wie es z. B. bei den Junkern der Fall war, die die kriegerische Lebensführung als Antwort auf die Erfordernisse der osteuropäischen Grenzgesellschaft idealisiert haben. Die Weltanschauung einer Schicht ist aber niemals allein die Antwort auf die materiellen Verhältnisse oder das Produkt ökonomischer Interessen. Sie ist vielmehr auch das Produkt von Ideen, die sich aus der menschlichen Eingebung als Antwort auf eine geistige Herausforderung ergeben, so wie es z. B. bei einem exemplarischen Propheten wie Buddha der Fall gewesen ist[3].

Webers Ansatzpunkt im Hinblick auf die Beziehung zwischen Statusgruppen und Ideen ist von besonderer Bedeutung für das Studium der Kultur. Die heutige Sozialwissenschaft neigt dazu, den Begriff »Kultur« zur Bezeichnung der gesamten Lebensführung eines Volkes, seiner Artefakte und Verhaltensweisen sowie seiner Ideen und Ideale zu benutzen. Für dieses allgemeine Phänomen benutzt Weber das Wort »Ethos«, um zu betonen, daß die Teilnahme jedes Einzelnen an seiner Gesellschaft eine persönliche Verpflichtung sowohl im Hinblick auf die Verhaltensmuster als auch in bezug auf die materiellen und ideellen Interessen einer bestimmten Statusgruppe einschließt. Derartige Lebensstile verbreiten sich häufig über die Gruppen hinaus, aus denen sie ursprünglich stammen. So wurde die deutsche Gesellschaft in mehr als einer Hinsicht durch die herrische und patriarchalische Lebensweise der Junker beeinflußt, ebenso wie bestimmte Überzeugungen des frühen Protestantismus, wie zum Beispiel die Idee der Berufspflicht, über die einzelnen religiösen Gruppen hinaus, die sie entwickelten, weitverbreiteten Einfluß gewannen. Weber versuchte auf diese Weise in jedem einzelnen Fall den Lebensstil auf eine bestimmte soziale Gruppe (oder mehrere) zurückzuführen, von denen charakteristische Handlungsmuster und Ideen ausgegangen waren. Auf diese Art kann die Kultur eines Volkes als das Ergebnis der Vorherrschaft einer Gruppe und ihrer Konflikte in ihrer historischen Entwicklung betrachtet werden.

Dieses Bild der Gesellschaft weist viele Verzweigungen in Webers Werk auf, von denen im gegenwärtigen Zusammenhang nur zwei erwähnt werden sollen. Auf der einen Seite steht es mit seiner Deutung des politischen Handelns in Zusammenhang, die sowohl die sehr grossen Beschränkungen, die jede soziale Situation dem Individuum auferlegt, als auch die großen Chancen zum Handeln, die aus der Instabilität der sozialen Strukturen resultieren, zu umfassen sucht. Wie Talcott Parsons gezeigt hat, verband Weber diese beiden Aspekte, indem er historische Situationen begriff als »... ein relativ prekäres Gleichgewicht zwischen Kräften, die in vollkommen entgegengesetzte Richtungen streben, so daß durch einen Krieg, eine politische Bewegung oder selbst durch den Einfluß eines einzelnen Mannes eine Abweichung mit weitreichenden Folgen hervorgerufen werden kann ... Das heißt nicht, daß solch ein Faktor das Ergebnis ›hervorbringt‹. Vielmehr ist es so, daß es zusätzlich zu den anderen Kräften, die in dieser Richtung streben, genügt, das ganze Gleichgewicht zugunsten des einen möglichen Ergebnisses statt zugunsten eines anderen zu verschieben.«[4]

Webers Bild von der Gesellschaft als einem Gleichgewicht zwischen gegenläufigen Kräften ist der Grund, warum er es ausdrücklich ablehnte, Sozialstrukturen als Gesamtheiten zu interpretieren, zumindest im Zusammenhang mit soziologischen Untersuchungen[5]. Soziologie war für ihn das verstehbare Handeln von Individuen in der Gesellschaft, während Kollektivgebilde wie ein Staat, eine Nation oder eine Familie nicht »handeln« oder »sich selbst erhalten« oder »fungieren«. Selbstverständlich besteht zwischen den Individuen ein wichtiger Zusammenhang, der zur Stabilität einer Gesellschaft beitragen kann; das Handeln jedes Einzelnen orientiert sich am Handeln anderer, und alle Menschen messen den Kollektivgebilden, an denen sie teilnehmen, spezifische Werte bei. Derartige subjektive Orientierungen und Werte zu den Bedingungen der sozialen Existenz, aus der sie kommen, in Beziehung zu setzen, ist berechtigt; diese Existenzbedingungen und die subjektiven Antworten darauf aber irgendeiner Gesamtheit wie der »Gesellschaft«, dem »Staat« oder der »Nation« so zuzuordnen, als ob die beobachteten Phänomene in irgendeiner Weise die Manifestationen solcher »höherer Einheiten« darstellten, ist nach Webers Ansicht nicht erlaubt[6].

In Webers Betrachtungsweise erschien die Gesellschaft als Kampfplatz konkurrierender Statusgruppen, die jeweils ihre eigenen wirtschaftlichen Interessen, ihre Standesehre und spezifischen Orientierungen gegenüber der Welt und dem Menschen besaßen. Er legte diese Ansicht seiner Analyse des grundbesitzenden Adels, der aufsteigenden Bürgerschaft, der Bürokratie und der Arbeiterklasse im wilhelminischen Deutschland zugrunde. Auf derselben Basis beruht seine vergleichende Religionssoziologie. Die Durchsetzung der großen Religionen war das Endergebnis langer Kämpfe. Jede führende Gruppe begegnete dem Widerstand einer oder verschiedener anderer Statusgruppen, die ebenfalls materielle oder ideelle Interessen verfolgten, um die Exklusivität und die materiellen Privilegien ihres eigenen »Lebensstils« zu sichern oder zu verbessern. Die konfuzianischen Literaten mußten sich gegenüber den Zauberern, den taoistischen Mystikern und den buddhistischen Mönchen durchsetzen; die hinduistische Brahmanen mußten sich gegenüber den Prätentionen der Kschatriya, den widerstreitenden Ansprüchen des Buddhismus und Jainismus und verschiedenen heterodoxen Tendenzen unter den Brahmanen selbst behaupten, während sich die jüdischen Propheten mit der langen Reihe der Königspropheten, der Orakelgeber, Ekstatiker und verschiedenen levitischen Gruppen auseinandersetzten. Diese Hervorhebung des Kampfes unter verschiedenen sozialen Gruppen bildete den Kern von Max Webers eigener persönlicher und intellektueller Lebensanschauung. Es war seine begründete Überzeugung, daß bestimmte Konflikte unter den Menschen auf den Widerstand gegen letzte Werte zurückzuführen seien, der durch kein Argument gebrochen oder geklärt werden kann. Seine Untersuchungen im Bereich der Religionssoziologie bieten den empirischen Beweis für diese Ansicht. Die Haltung und die kultivierte Gestik der konfuzianischen Gebildeten, das kontemplative Asketentum des brahmanischen Heiligen und der ethische Rationalismus der jüdischen Propheten sind letztlich untereinander unversöhnliche Orientierungen gegenüber dem Leben. Ein Mensch kann auf die Dauer nicht mehr als einem dieser Glaubens- und Handlungssysteme angehören[7].

Die Behauptung, daß unversöhnliche Konflikte ein gesellschaftsimmanentes Merkmal sind, besagt nicht, daß die Gesellschaft durch ständige Instabilität gekennzeichnet ist. Weber zeigt vielmehr in seinen Untersuchungen von China und Indien, daß Statusgruppen wie die der konfuzianischen Literaten oder der brahmanischen Priester schließlich die herrschenden »Kulturträger« wurden. Er verwendete den Begriff Träger, um zu zeigen, daß derartige Gruppen durch ihre Ideen und ihren Lebensstil in den sozialen Beziehungen den Ton angaben und daher einer Gesellschaft große Stabilität vermitteln konnten[8]. Weber ließ jedoch keinen Zweifel daran, daß diese Betrachtungsweise eine große Vereinfachung war; daher versuchte er in seiner Darstellung von China durch die Gegenüberstellung der führenden Schicht der Literaten mit einer mehr oder weniger opponierenden Schicht – den Taoisten und volkstümlichen Zauberern – einen Ausgleich zu schaffen. Dann versuchte er zu zeigen, daß der Konfuzianismus darum zur herrschenden Religion wurde, weil er bestimmte Berührungspunkte mit der Struktur der chinesischen Gesellschaft aufwies, während die heterodoxen Glaubensüberzeugungen dazu beitrugen, die weltlichen

Interessen des Volkes an der Religion zu befriedigen und sie mit dem Herrschaftssystem zu versöhnen[9]. Nach Webers Ansicht wird die religiöse Einstellung solcher Stände zum konventionellen Ideal, welches das gesamte Volk schließlich als Ergebnis der Herrschaft für gegeben hinnimmt. Wenn die Vorherrschaft solcher konventionellen Überzeugungen erst einmal feststeht, kann sie ohne weiteres als Ausdruck der »Billigung oder Mißbilligung«, die Menschen zu konformem Handeln veranlaßt, erklärt werden[10].

Gerade die Trägheit des Gewohnten wirft die Frage auf, »wie entstehen in dieser Welt ... irgendwelche Neuerungen?«, denn Ideen müssen zunächst irgendwo entstehen, »und zwar nicht in einzelnen isolierten Individuen, sondern als eine Anschauungsweise, die von Menschen*gruppen* getragen wurde[11]«. Obgleich diese Frage auf alle Kulturbereiche anwendbar ist, ging Weber ihr nur in seiner Darstellung des »Antiken Judentums« und in seiner Rechtssoziologie nach. Während sich seine Untersuchung von China und Indien vornehmlich auf die lange Vorherrschaft der konfuzianischen Literaten und der brahmanischen Priester sowie auf die konventionellen Ideen und Verhaltensmuster, die sich aus dieser Vorherrschaft ergaben, konzentrierte, ist das »Antike Judentum« eine Untersuchung zur Soziologie der Innovation[12]. Das sollte nicht einfach so verstanden werden, daß die Propheten des Alten Testaments mit den üblichen Bräuchen einzig kraft ihrer unvergleichlichen Fähigkeiten brachen. Wie entscheidend auch immer diese Begründer einer großen Religion waren, ihr Werk hätte nicht fortgedauert, wenn ihre grundlegende religiöse Einstellung nicht zur Lebensweise ganzer Gruppen geworden wäre. Am Beispiel Bismarcks zeigte Weber, daß ein großer Mann zwar mit Charisma begabt sein konnte, aber trotzdem nicht die Fähigkeit besitzen mußte, sein Werk dauerhaft zu gestalten, vielmehr auf Grund seiner mangelnden Bereitschaft, Menschen seines Formats zu akzeptieren, ein Legat politischer Mittelmäßigkeit hinterließ. Darum verbindet Weber im »Antiken Judentum« die Behandlung religiöser Neuerer mit einer Analyse des Prozesses, durch den ihre einmalige Eingebung zu vorherrschenden Einstellung der Rabbiner des nachexilischen Judentums, des ganzen jüdischen Volkes und schließlich, in abgewandelter Form, der abendländischen Kultur wurde. Auf diese Art und Weise wird die Entstehung einer großen Weltreligion aus den Kämpfen einander widerstreitender Konfliktgruppen gezeigt, bevor sie sich als dominierende Einstellung einer ganzen Gesellschaft durchsetzte.

Der intellektuelle Antrieb, der hinter dieser Betrachtungsweise stand, ähnelte demjenigen, der hinter der Feststellung Jakob Burckhardts am Anfang seiner »Weltgeschichtlichen Betrachtungen« steht: »Unser Ausgangspunkt ist der vom einzigen bleibenden und für uns möglichen Zentrum, vom duldenden, strebenden und handelnden Menschen, wie er ist und immer war und sein wird[13].« Weber gab sich nicht damit zufrieden, irgendeinen akzeptierten Glauben, eine Konvention oder Institution als gegeben hinzunehmen; vielmehr versuchte er zu zeigen, daß die herrschenden Glaubensüberzeugungen und Institutionen der Gegenwart die Relikte vergangener Kämpfe von »duldenden, strebenden und handelnden Menschen« sind. Vielleicht erklärt sich daraus die Tatsache, daß ein so leidenschaftlich am eigenen Zeitgeschehen teilnehmender Mensch wie Weber trotzdem einen großen Teil seiner wissenschaftlichen Laufbahn einer Untersuchung sozialer Wandlungen widmete, die rund 2500 Jahre zurücklagen. Darüber hinaus gab Weber sich nicht mit dem Gedanken zufrieden, daß vergangene Kämpfe Glaubensüberzeugungen und Konventionen begründeten, die den Menschen schließlich als ihr seit unvordenklichen Zeiten entstandenes Erbe auferlegt werden. Obgleich die Idee der Berufspflicht heute »zum Schatten toter religiöser Überzeugungen« geworden ist, fragte er trotzdem, welchen Sinn die Menschen ihrer Arbeit geben, auch wenn dieser Sinn nur in der Übernahme einer Gewohnheit bestände. Die Dauerhaftigkeit bestehender Glaubensüberzeugungen und Institutionen kann nicht verstanden werden, ohne den Sinn, den die Menschen mit diesen Glaubensüberzeugungen und Institutionen verbinden, zu beachten. In dieser Hinsicht hielt Weber auch das alltägliche Handeln der Menschen in der Gesellschaft für vergleichbar mit den religiösen Neuerungen charismatischer Führer. Beide sind Beispiele der Tatsache: »daß wir Kultur*menschen sind*, begabt mit der Fähigkeit und dem Willen, bewußt zur Welt *Stellung* zu nehmen und ihr einen *Sinn* zu verleihen[14].«

Weber ging nicht über die Tatsache hinweg, daß ein großer Teil des menschlichen Verhaltens widerspruchsvoll oder unreflektiert ist. Er war sich vollkommen darüber im klaren, daß die Menschen ihre Prinzipien selten mit jener letzten Konsequenz verfolgten, die er von sich selbst verlangte und die er aus Gründen der begrifflichen Klarheit für erforderlich hielt. Er war sich auch bewußt, daß die Menschen im täglichen Leben nicht die Gewohnheiten überprüfen, in denen sie mit »unreflektierter Nachahmung« verharren[15]. Aber er wollte betonen, daß seine Soziologie von den Menschen als »Kulturwesen« handelt, und daß sehr viel von dem, was die Menschen einer Gesellschaft in ihrem alltäglichen Handeln für selbstverständlich halten, tatsächlich Grundüberzeugungen und Annahmen voraussetzte, ohne die es nicht funktionieren könnte[16]. In seiner Religionssoziologie machte er es sich zur Aufgabe, diese zugrunde liegenden Prinzipien und Voraussetzungen des Handelns klar herauszuarbeiten.

Aus diesem Plan ergaben sich notwendigerweise gewisse Probleme für die empirische Untersuchung der Gesellschaft. Die Hervorhebung der Prinzipien und der unausweichlichen Gegensätze zwischen letzten Werten bringt es mit sich, daß die internen Differenzen, die jedes große Glaubenssystem kennzeichnen, verringert werden. Diese Hervorhebung kann in unterschiedlichen Graden erfolgen, und Weber verfolgte sie nicht in allen seinen Untersuchungen in gleichem Grade. Seine Arbeit über China stellt z. B. den Konfuzianismus als einheitliche Doktrin dem Taoismus gegenüber, während seine Untersuchung von Indien eine weitaus größere Differenzierung innerhalb des orthodoxen Hinduismus enthält. Im »Antiken Judentum« ging er in der Darstellung der großen Unterschiede zwischen orthodoxen und heterodoxen Doktrinen, aus denen sich die zentralen Lehren des Judaismus allmählich entwickelten, noch weiter. Zum Teil waren derartige Unterschiede in der Darstellung zufällig; Webers Kenntnis des Judentums war z. B. weit umfassender als die des Konfuzianismus. Zum Teil ergab sich die Betonung »typischer« Einstellungen der verschiedenen Weltreligionen als Nebenprodukt aus dem Versuch, verschiedene Kulturen einander gegenüberzustellen. Aber dabei gibt es noch wesentlichere Unterschiede, die schematisch dargestellt werden können [s. S. 162].

Obgleich sich Webers Untersuchungen in mehr Hinsichten überschneiden, als dieses Schema zeigen kann, ist doch festzuhalten, daß Weber die Darstellung der inneren Verkettungen Schritt für Schritt vertiefte und daß die unter II. und III. aufgeführten Untersuchungen vorbereitend für die umfassende, im »Antiken Judentum« enthaltene Analyse waren. In seinen Untersuchungen von China und Indien war es Webers Ziel, die im scharfen Gegensatz zum Abendland stehenden religiösen Orientierungen zu zeigen, weil er nur so die Züge herausarbeiten konnte, die für die abendländische Religiosität spezifisch waren und deshalb eine Erklärung forderten.

Das gesamte Werk umfaßt wenigstens fünf verschiedene Dimensionen der Analyse: 1. die Deutung induktiver Verallgemeinerungen, 2. die deutende Erklärung religiöser Doktrinen, 3. eine Methode, historisches Material begrifflich zu erfassen, 4. die Anwendung dieser Methode auf vergleichender Grundlage, um die entscheidenden Merkmale jedes historischen Phänomens herauszustellen; 5. eine Kausalanalyse, um den Rationalismus der westlichen Kultur abzuleiten. Jede dieser Dimensionen verdient im einzelnen behandelt zu werden.

Ziel der religionssoziologischen Untersuchungen Webers

Titel	*Sozialstruktur*	*Statusgruppe*	*Ideen*	*Alltagsethik*
I. Protestantische Ethik und Geist des Kapitalismus			religiöse Ideen	Ideen vom wirtschaftlichen Handeln
II. Konfuzianismus und Taoismus	Stellung vorherrschender Statusgruppen in der Sozialstruktur		religiöse Ideen	Alltagsethik
III. Hinduismus und Buddhismus	Sozialstruktur	konkurrierende Statusgruppen	konkurrierende religiöse Ideen	Alltagsethik
IV. Antikes Judentum	Wandel der Sozialstruktur	Wandlungen in den konkurrierend. Statusgruppen	Wandlungen in den konkurrierend. religiösen Ideen	Hervortreten des ethischen Rationalismus

B. Die Methoden der Analyse

1. Man hat Webers Verallgemeinerungen oft »scheinwerferhaft erleuchtend« genannt, doch ist bisher kaum versucht worden zu zeigen, in welcher Weise diese Bezeichnung zutreffend ist. Seine Feststellung, daß religiöse Erneuerung in den Nachbarländern großer Weltreiche auftritt, ist ein geeignetes Beispiel dafür. Unter Heranziehung vergleichbarer Tatbestände stellte Weber fest, daß die großen Religionsführer in städtischen Gebieten, nicht aber in den großen Kulturzentren der Welt, gewirkt hatten. Er verband diese Verallgemeinerung mit dem Gedanken, daß die Menschen in den großen Kulturzentren die Antwort bereits wirklich oder vermeintlich zu kennen glaubten und nicht mehr fähig waren, Fragen von tieferer religiöser Bedeutung zu stellen, weil sie zu sehr in den Zivilisationsmechanismus verwickelt waren. Nur solche Menschen, die weniger davon berührt waren, deren zentrale Interessen aber unter dem Einfluß der Kulturzentren standen, behielten die Fähigkeit, die Ereignisse staunend zu betrachten und nach ihrer Bedeutung zu fragen. Dieser Gedanke erleuchtet die induktive

Verallgemeinerung, weil hier die Beziehung zwischen Existenzbedingungen und Typen religiöser Erfahrung generalisiert wird[17].

Das Beispiel zeigt eine Interpretationsmethode, die Weber häufig anwendete. In den Arbeiten zur Religionssoziologie äußerte er sich über die »Affinität« zwischen dem Gottesbegriff und gewissen auffallenden Kennzeichen der politischen Gemeinschaft. So »entsprach« der »Himmelsgott« der frühen Befriedigung des chinesischen Reiches; die mit Jahwe in Verbindung gebrachten Ideen »spiegeln« die politische und militärische Geschichte des frühen Judentums wider; der vorderasiatische Ursprung des ethischen Monotheismus kann »in Beziehung gesetzt« werden zu den Gedanken, die durch die Rolle der allmächtigen Könige und ihrer bürokratischen Staatsform nahegelegt wurden[18]. Weber deutete die in Anführungsstriche gesetzten Ausdrücke, indem er zeigte, daß unter gegebenen politischen Bedingungen spezifische Statusgruppen materielle und ideelle Interessen entwickeln, die durch diese Gottesbegriffe maximal gefördert werden. Eine ähnliche Methode wendete er bei der Frage an, welche religiösen Ideen verschiedenen Statusgruppen kongenial oder nicht kongenial waren – z. B. den Bauern, Kriegern, Handwerkern, unter Berücksichtigung ihrer beruflichen Erfahrung. Zu derselben Methode griff er noch einmal bei der Annahme, daß die ekstatische Prophetie politischer Ereignisse mit großen bürokratischen Königreichen unvereinbar sei, daß sie im antiken Griechenland durch die religiösen und politischen Gewalten kontrolliert, im alten Palästina hingegen wegen der Schwäche des Königtums und der starken zentripetalen Kräfte der Stämme und Sippen nicht unterdrückt worden sei.

Diesen Beispielen für Webers interpretierende Methode ist eine Art »Existenzenpsychologie« gemeinsam, die Verallgemeinerungen hinsichtlich wahrscheinlicher Antworten auf bestimmte Bedingungen der menschlichen Erfahrung beinhalten:

1. Enge Berührung mit zivilisatorischen Errungenschaften verhindert religiöse Erneuerung; das Fehlen einer solchen Berührung in Gebieten, auf welche die Weltpolitik Einfluß hat, fördert dagegen die Erneuerung.
2. Die Gruppen, die die religiösen Führer in einer Kultur hervorbringen, werden dazu neigen, den vorherrschenden Begriff der Gottheit in einer Art und Weise zu fassen, die ihren wesentlichen politischen Erfahrungen »angepaßt« ist.
3. Wegen der vorherrschenden Werte ihrer beruflichen Erfahrung zeigen verschiedene soziale Gruppen in ihrer religiösen Empfänglichkeit unterschiedliche Tendenzen, obgleich gegenläufige Entwick-

lungen dazu führen können, daß diese Neigungen nicht zum Ausdruck kommen.

4. Alle herrschenden Schichten werden versuchen, die religiöse Prophetie kommender Ereignisse unter ihre Kontrolle zu bekommen, aber ihre Fähigkeit, das zu erreichen, ist je nach der politischen Struktur verschieden, so daß die unterschiedliche Stellung der Prophetie in verschiedenen Gesellschaften einen Schlüssel zu dieser Struktur und zu verwandten Kennzeichen der Kultur liefert.

Einige dieser Sätze sind auf allgemeinen Erfahrungen beruhende Feststellungen, wie z. B. der dritte, der selbstverständlich erscheint, was aber vielleicht eine Täuschung ist. Die Krieger entwickeln im allgemeinen beispielsweise eine starke Identifikation mit militärischer Stärke, so daß sie die Idee religiöser Demut wahrscheinlich ablehnen werden, aber sie werden andererseits auch Glaubenskämpfer und hängen religiösen Ideen an, die mit den kriegerischen Tugenden übereinstimmen. Die anderen Sätze [1.; 2.; 4.] sind Hypothesen, die kausale Beziehungen enthalten, indem sie etwas über die Gründe aussagen, weshalb die Fähigkeit des Staunens, der Begriff der Gottheit und die Stellung der Prophetie in den verschiedenen Gesellschaften unterschiedlich sind. Derartige kausale Erklärungen sind insofern funktional, als sie Aussagen darüber machen, welche Art von Antworten mit welchen menschlichen Lebensbedingungen verbunden sind. Sie sind außerdem struktureller Art, da sie diese Antworten auf die soziale und politische Umwelt einer großen Anzahl von Menschen beziehen, statt sie aus ihren Attitüden oder Motivationen abzuleiten. Schließlich enthalten diese Erklärungen Vergleiche, indem sie dieselbe Art menschlicher Erfahrung – z. B. religiöse Erneuerung oder Prophetie – in unterschiedlichen historischen Situationen betrachten und so zu systematischen Gegenüberstellungen der Beziehungen zwischen diesen Situationen und den von Menschen darauf gefundenen Antworten führen[19]. Viele dieser Urteile zeugen von einem intuitiven Verständnis dafür, was bestimmte Existenzbedingungen implizieren, und Weber zeichnete sich besonders durch die Fähigkeit aus, derartige Urteile mit vergleichender historischer Prüfung ihrer Gültigkeit zu verbinden.

2. Das Attribut »scheinwerferhaft erleuchtend« ist auch auf Webers deutende Erklärung religiöser Lehren angewandt worden. So stellte er z. B. im Falle des Puritanismus bestimmte ausdrückliche Forderungen und Werte heraus: die negative Einstellung zur Kunst, zur Sexualität und zur Freundschaft, die Ablehnung aller magischen Praktiken, aller Symbole, der Beichte und der Beerdigungszeremonien; die verächtliche Einstellung zur Armut und den Armen gegenüber; das Miß-

trauen gegenüber menschlichen Beziehungen, aber das Vertrauen auf unpersönliche Rechtschaffenheit. Weber deutete die mutmaßliche Bedeutung dieser Werte, indem er feststellte, daß die Menschen, die ihnen anhängen, eine tiefe innere Isolierung erfahren, daß sie sich in pessimistischer Stimmung und ohne Illusionen nur auf sich selbst und ihre Arbeit verlassen können, daß sie alle sinnlichen Freuden und weltlichen Vergnügen ablehnen und daß sie nicht die Nächstenliebe des Christen üben, der sich seiner eigenen Schwäche behußt ist, sondern den Sünder mit Haß und Verachtung als Feind Gottes verfolgen, der das Zeichen seiner ewigen Verdammnis trägt. Alle diese »Beobachtungen« deuten den Sinn der calvinistischen Lehre für den frommen Gläubigen, der zutiefst um sein Seelenheil vor einem absolut transzendenten Gott besorgt war. Da die Einstellung der betreffenden Individuen nur abgeleitet werden kann, beschrieb Weber die »Atmosphäre«, die die calvinistische Lehre hervorbrachte[20]. Wie er ausdrücklich am Anfang seines Aufsatzes festellte, kam es ihm an ». . . auf die Ermittlung derjenigen durch den religiösen Glauben und die Praxis des religiösen Lebens geschaffenen psychologischen *Antriebe,* welche der Lebensführung die Richtung wiesen und das Individuum in ihr festhielten[21]«.

Webers Analyse dieser »Antriebe« sagt wenig über ihre Wirksamkeit aus, außer der allgemeinen Feststellung, daß in jenen früheren Zeiten die Menschen durch ihre religiösen Überzeugungen zutiefst beeinflußt wurden. Sie konzentriert die Aufmerksamkeit auf die hypothetische Frage, wie eine religiöse Person fühlt und handelt, wenn sie den durch den religiösen Glauben geschaffenen Antrieben folgt, und wir meinen, daß es Weber gelungen ist, einen richtigen Eindruck von dem Klima der menschlichen Beziehungen zu vermitteln, das der Calvinismus, der Konfuzianismus, der Hinduismus und das Judentum jeweils hervorgebracht haben. Ein derartiges »Klima« ist das unbeabsichtigte Nebenprodukt formulierter Lehrmeinungen und seelsorgerischer Ermahnungen, von Konventionen und gegenseitigen Erwartungen in der Gemeinde sowie der persönlichen Überzeugungen und psychischen Dispositionen des einzelnen Gläubigen. Diese verschiedenen Aspekte hat Weber nicht untersucht. Er widmete seine Aufmerksamkeit in erster Linie den Antrieben und Sanktionen verschiedener Religionen sowie dem Menschenbild, das diese Religionen entwarfen. Er untersuchte den gemeinsamen Nenner des gesprochenen Wortes und des Handelns, den die Menschen berücksichtigen müssen, selbst wenn sie den Glauben bekämpfen oder ihm gleichgültig gegenüberstehen.

3. Weber behauptete, daß diese Art der Analyse – ebenso wie die Analyse sozialer Gruppen und Institutionen – die Verwendung allge-

meiner, aus dem historischen Material abgeleiteter Begriffe erforderlich machte, und er behandelte in seinen methodologischen Schriften eingehend die logische Grundlage dieser Begriffsbildung. Er unterstrich, daß er sich die Freiheit herausnehme,

»... ›unhistorisch‹ in dem Sinne zu sein, daß die Ethik der einzelnen Religionen systematisch wesentlich einheitlicher dargestellt wird, als sie es im Fluß der Entwicklung jemals war ... Diese Vereinfachung würde historisch ›Falsches‹ *dann* ergeben, wenn sie willkürlich vorgenommen würde. Das aber ist, wenigstens der Absicht nach, nicht der Fall. Es sind vielmehr stets diejenigen Züge im Gesamtbilde einer Religion unterstrichen, welche für die Gestaltung der *praktischen* Lebensführung in ihren *Unterschieden* gegen andere Religionen die entscheidenden waren[22].«

Weber war überzeugt, daß alle Historiker implicite mit solchen »unhistorischen« Begriffen arbeiten und daß es notwendig war, sie ausdrücklich darzulegen. Für seine eigene Arbeit bedeutet diese »typologische Vereinfachung«, daß er für jede Weltreligion ein »Modell« ausarbeitete, das auf den Gedanken vieler Schriften beruhte, aber in dieser zusammenhängenden Form und mit derart deutlich herausgestellten Ableitungen in keiner dieser Schriften zu finden war. Diese Modelle sind auf dem historischen Material beruhende künstliche Instrumente des Forschers, und Weber war der Meinung, daß der Gebrauch derartiger Artefakte gerechtfertigt war, solange der besondere Zweck dieser Konstruktionen genau angegeben wurde[23].

Dieses Vorgehen hatte unseres Erachtens für Webers Werk eine wichtige Konsequenz. Indem er Mehrdeutigkeiten und Unstimmigkeiten aus den religiösen Orientierungen der Statusgruppen verschiedener Kulturen überging, verwischte er unbeabsichtigt die Wirkung dieser Orientierungen auf die praktische Lebensführung dieser sozialen Gruppen. Obgleich die Erhellung dieser Wirkung eines von Webers ausdrücklichen Zielen war, vernachlässigte er die Veränderungen, die sich daraus ergeben, daß im täglichen Leben stehende Menschen ebenso wie Intellektuelle selbst ihre heiligsten Überzeugungen im Zusammenhang mit den Anforderungen ihrer näheren Umwelt und des geschichtlichen Wandels entwickeln. So gelang es Weber nie ganz, die Frage zu lösen, wie er den Einfluß der religiösen Ideen auf das weltliche Handeln und besonders auf das Wirtschaftshandeln der Gläubigen in den Griff bekommen könne[24].

Dieser Punkt kann unter Bezugnahme auf Webers Behauptung verdeutlicht werden, daß die puritanischen Gläubigen tief beunruhigt waren, weil die absolute Ungewißheit ihrer Heilserwartung zu einem

Glaubensartikel geworden war, und daß sie als Folge davon versuchten, sich von ihrer Furcht durch intensive Arbeit und Selbstdisziplin zu entlasten. Weber folgerte dies aus der allgemeinen Behauptung, daß in der Reformationszeit solche metaphysischen Vorstellungen den Geist der Menschen in einem Maße beherrschten, das heute nicht mehr voll realisiert wird. Das ist sicherlich richtig, trifft aber auch die Annahme zu, daß eine Mehrheit von Gläubigen sich dieser Furcht stellte, statt ihre Folgen zu umgehen? Quellen aus dem 17. Jahrhundert besagen, daß die Erwartungen der Kongregationen der Prädestinationslehre sowohl eine positive als auch eine negative Richtung geben konnten.

»Die Priester konnten zwar behaupten, daß viele in Ewigkeit verdammt seien, es mußte sich jedoch praktisch als nicht ratsam und auch theoretisch als unmöglich erweisen, die vielen zu nennen, die nicht erlöst werden würden ... Sie sprachen und handelten deshalb so, als ob es kein Bewußtsein gab, das erweckt, als ob jeder gewöhnliche Sünder in einen Heiligen verwandelt werden konnte. Aus all dem ließ sich folgern ... daß die Gnade offensichtlich allen gewährt wurde, die sie nicht willentlich ablehnten[25].«

Weber hat derartige Anpassungen nicht berücksichtigt. Der Wirkung religiöser Ideen auf das Handeln kam er wahrscheinlich bei der Betonung der Bedeutung sozialer Kontrollen innerhalb der Sektengemeinde näher. Es ist deshalb möglich, daß er die Bedeutung religiöser Ideen stets überbetonte, wenn er mehr oder weniger unbeabsichtigt von der Analyse der Richtung religiöser Einflüsse zu Feststellungen über den Grad der Verinnerlichung religiöser Ideen überging. Aber es ist gar nicht notwendig, diesen problematischen Schritt zu tun; eine Untersuchung der Alltagsethik der Weltreligionen ist auf der Ebene der »Ziele und Voraussetzungen« (in Burckhardts Worten) gültig, die kennzeichnend sind für die Kulturen und bedeutende, wenn auch unbestimmte Wirkungen auf das Verhalten haben. Obgleich Webers Betrachtungsweise die »Unbestimmtheitsrelation« zwischen Kultur und Verhalten nicht voll erhellte, ist das ein unvermeidlicher Mangel angesichts seines umfassenderen Zieles, die großen Weltreligionen systematisch zu vergleichen, diese Religionen auf komplexe soziale Strukturen und das vorherrschende geistige Klima zu beziehen, und schließlich den Rationalismus der abendländischen Kultur zu erklären. Diese umfassenderen Ziele sind durchaus mit der »unhistorischen« Methode der Übertreibung und Vereinfachung historischer Phänomene zu erreichen.

4. In jeder einzelnen seiner inhaltsreichen Untersuchungen wählte

Weber stillschweigend ein Zentralproblem und analysierte unter Berücksichtigung möglichst vieler seiner Verzweigungen die Struktur der entsprechenden Gesellschaft. Das wurde bereits in seiner Analyse der ostelbischen Landarbeiter deutlich, die ihn Schritt für Schritt zu einer Untersuchung der deutschen Gesellschaftsstruktur führte. Es trifft ebenfalls auf seine Arbeit über das Altertum zu, in der er die Beziehungen zwischen der Militärorganisation und der landwirtschaftlichen Produktion zum Ausgangspunkt wählte[26]. Es gilt ferner für seine Religionssoziologie, in der die Analyse der Alltagsethik der großen Weltreligionen zu einer Analyse der herrschenden Stände in bezug auf das für die chinesische, indische und abendländische Kultur charakteristische geistige Klima führte. Dieses Verfahren hat mindestens drei verschiedene Anwendungsmöglichkeiten.

Erstens liefert es eine Handhabe, um die Struktur von Gesellschaften zu analysieren. Obgleich Weber die organische Betrachtungsweise ablehnte, interessierte ihn die strukturelle Kohärenz von Gesellschaften. Er ging an diese Frage heran, indem er ein Problem auswählte, das sich durch die ganze Gesellschaft hindurch verzweigte, so daß eine Untersuchung dieser Verzweigungen den Zusammenhang wichtiger Elemente der Gesellschaft zeigen konnte.

Die zweite Bedeutung dieses Verfahrens liegt darin, daß es sich für die Zwecke der vergleichenden Analyse als geeignet erweist. Die Vergleiche der brahmanischen und konfuzianischen Gebildeten, der Prophetie in Griechenland und im Judentum, der Alltagsethik im Puritanismus, Konfuzianismus und Hinduismus, den religiösen Neigungen des Adels, des Mittelstandes und anderer Gruppen zu verschiedenen Zeiten und Orten, zwischen der politischen Stellung der Städte in der orientalischen und der okzidentalen Kultur – sie alle sind Beispiele für dieses Verfahren. Verschiedene Gesellschaften sehen sich ähnlichen Problemen gegenüber, wie z. B. der Gefahr, der sich die weltlichen Machthaber durch die religiöse Prophetie ausgesetzt sahen. Sobald ein solches Problem erkannt wird, erweist es sich als fruchtbar, der Frage nachzugehen, wie dasselbe Problem in anderen Gesellschaften in Angriff genommen worden ist, und die jeweiligen Lösungsversuche können dann mit anderen Merkmalen der entsprechenden Gesellschaften in Beziehung gesetzt werden.

Drittens verbindet sich Webers Wahl eines Zentralproblems häufig mit begrifflichen Gegensatzpaaren, die künstliche Richtpunkte für die Analyse empirischer Vorgänge abgeben. Ein Beispiel liefert die problematische Beziehung zwischen Ideen und »materiellen Bedingungen«, die Weber zu dem Gegensatz zwischen Klassen und Ständen in Beziehung setzte. Dieser Gegensatz diente als Ausgangsbasis für eine Theorie des sozialen Wandels, wonach in Perioden der Stabilität die ständische Gliederung begünstigt wird, während »jede technisch-ökonomische Erschütterung und Umwälzung sie bedroht und die ›Klassenlage‹ in den Vordergrund schiebt[27]«. Als daher der Handel im römischen Reich verfiel, wurden die freien Bauern zu Leibeigenen; auf diese Weise ergaben sich Standesunterschiede auf Kosten der auf Marktverbindungen beruhenden Beziehungen. Umgekehrt untergrub die Kommerzialisierung der ostelbischen Landwirtschaft die patriarchalische Klassenstruktur und bedrohte die vorherrschenden Standesbeziehungen. Um die Richtung solcher Veränderungen zu verstehen, betrachtete Weber jede einzelne Tendenz im Hinblick darauf, was geschehen könnte, wenn sie allein vorherrschen würde. Verlangsamt sich der ökonomische Wandel zu sehr, werden die Konventionen der Prestigehierarchie die Unpersönlichkeit der Marktgeschäfte zerstören; wird dagegen der ökonomische Wandel beschleunigt, so werden die bestehenden Statusunterschiede durch die unpersönlichen Beziehungen auf dem Markt zerstört. Da die ökonomischen und sozialen Ordnungen sich jedoch ständig gegenseitig beeinflussen, ist keine dieser logischen Möglichkeiten wahrscheinlich. Das auf ökonomischen Interessen beruhende Handeln zielt häufig auf die Erhaltung oder den Erwerb von »Ehre« ab, wie z. B. in den exklusiven Kreisen der Börsenhändler oder in dem Streben nach Land- und Titelbesitz unter den deutschen Industriellen. Häufig versuchen aber auch die Statusgruppen ihre ökonomischen Möglichkeiten zu monopolisieren, wie z. B. die Junker, welche die politischen Privilegien ihres sozialen Standes benutzten, um ihre ökonomischen Interessen als Landbesitzer zu fördern. Weber war der Meinung, daß solche Verbindungen zwischen der wirtschaftlichen und sozialen Ordnung nur analysiert werden können, wenn die beiden Handlungsrichtungen als hypothetische Extreme formuliert werden.

5. Diese methodologischen Erwägungen sind für Webers Bestreben von Bedeutung, den Rationalismus der westlichen Welt zu erklären[28]. Seine Religionssoziologie kulminiert in dem Versuch, den eigentlichen Unterschied zwischen mystischer Kontemplation und asketischer Aktivität zu erklären. In gewissem Sinn war die Untersuchung abgeschlossen, nachdem er den Ursprung des ethischen Rationalismus durch den Beitrag der antiken jüdischen Prophetie erklärt hatte, aber in einem anderen Sinne stellen alle religionssoziologischen Aufsätze Webers nur eine Vorarbeit dafür dar, was er für das Abendland noch nicht erklärt hatte. Obgleich die Untersuchungen über China und

Indien die Entwicklung einer vorherrschenden Wertorientierung in dem von ihm vorgesehenen Umfang erklären, stellt sein Aufsatz über das Judentum nur den Ausgangspunkt für eine Deutung dar, die ihn den Rest seines Lebens beschäftigte. Seine Untersuchungen des Altertums, seine Rechtssoziologie und die Soziologie der Herrschaftstypen, sein Aufsatz über die Stadt und seine Vorlesungen über allgemeine Wirtschaftsgeschichte, sie alle sind Fortsetzungen der Religionssoziologie. Während die Arbeit über die Religion die ursprüngliche Differenzierung (»Antikes Judentum«) des ethischen Rationalismus im Westen erklärt und eine ihrer späteren Entwicklungen in der »Protestantischen Ethik« analysiert, wenden sich diese Fortsetzungen zum großen Teil der Frage zu, wie die grundlegenden Annahmen dieses Rationalismus zur dominierenden Wertorientierung der westlichen Welt geworden sind.

Ein wesentlicher Teil von Webers Antwort ist in seiner politischen Soziologie enthalten[29]. Diese Untersuchungen ergänzen den ursprünglichen Aufsatz über die protestantische Ethik, indem sie zeigen, daß diese religiöse Entwicklung der Reformation nur ein spätes Element in der Jahrhunderte währenden Ausprägung gewisser einmaliger Züge der westlichen Kultur darstellt. Es ist deshalb legitim zu fragen, ob die Wirkung des Puritanismus nicht *zum Teil* auf die Zukunftsorientierung des eschatologischen Christentums zurückzuführen ist, selbst wenn die religiösen Entwicklungen der Reformation eine letzte, äußerst bedeutende Verbindung dieser Orientierung mit den weltlichen Interessen der Gläubigen mit sich brachte. Das Faszinierende an Webers ursprünglichem Aufsatz liegt darin, daß er erklärt, wie theologische Ideen und religiöser Eifer unbeabsichtigt weltliches Streben und Erfolg fördern können. Aber diese These verliert etwas von ihrer aufregenden Paradoxie, wenn man feststellt, daß diese Wirkung durch die Gesamtentwicklung der abendländischen Kultur bedingt wurde[30]. Obgleich diese Entwicklung die in Webers erstem Aufsatz herausgestellte Paradoxie verringert, wird durch diese Erkenntnis die Hauptthese, die er aufstellte, dennoch gestützt. »Die Protestantische Ethik« enthält keinen direkten Ansatzpunkt im Hinblick auf das Problem der kausalen Zurechnung; sie behandelt nur die Affinität zwischen religiösen Vorschriften und der Selbstdisziplin des weltlichen Handelns, aber der Einfluß religiöser Ziele und Voraussetzungen auf das Verhalten wird sicherlich verstärkt, wenn sich zeigt, daß es nicht nur von der Hingabe der Gläubigen und der sozialen Kontrolle der Gemeinde abhängt, sondern auch von dem jahrhundertealten kulturellen Erbe der westlichen Kultur.

Anmerkungen

1 GAzRS, Bd. I, S. 237 ff.

2 A. a. O., S. 12. Diese Verschiedenheit der Zielsetzungen führte zu Schwierigkeiten im Verständnis von Webers Werk, und zwar selbst dort, wo er – wie im »Antiken Judentum« – ausdrücklich den Zweck seiner Untersuchung darlegte. Die Beibehaltung vieler verschiedener Themen in seinen einzelnen Untersuchungen zeigt deutlich, daß jede zusammenfassende Darstellung, so wie die hier erfolgte, nur eine von verschiedenen anderen möglichen Zusammenfassungen des Weberschen Werkes ist.

3 Weber unterscheidet zwischen exemplarischer und ethischer Prophetie. Bei dem exemplarischen Propheten handelt es sich um einen exemplarischen Menschen, »der anderen an seinem eigenen Beispiel den Weg zum religiösen Heil zeigt, wie Buddha, dessen Predigt weder von einem göttlichen Auftrag, noch von einer ethischen Gehorsamspflicht etwas weiß, sondern sich an das eigene Interesse der Heilsbedürftigen wendet, den gleichen Weg wie er selbst zu betreten...« WuG, Bd. I, S. 273.

4 Talcott Parsons, Max Weber and the Contemporary Political Crisis, in: The Review of Politics, Bd. IV (1942), S. 168 f.

5 Vgl. auch Johannes Winckelmann, Max Webers Opus Posthumum, in: Zeitschrift für die gesamte Staatswissenschaft, 1949, Bd. 105, S. 368–397. Es sei hier ferner angemerkt, daß dieses Bild der Gesellschaft mit Webers deterministischer Einstellung, wie sie zum Teil aus seinen Schriften zur Wissenschaftslehre hervorgeht, übereinstimmt.

6 Es war deshalb nicht Webers Absicht, »die Frage aufzuwerfen, inwieweit die verschiedenen Variablen ... tatsächlich und notwendig sich verändern«, wie Parsons es getan hat (vgl. The Theory of Social and Economic Organization, New York 1947, S. 75). Nach Webers Ansicht ergab sich aus dieser Frage ein empirisches und kein definitorisches und theoretisches Problem im Gegensatz zu der »organologischen« Einstellung der deutschen Romantik und der französischen soziologischen Theorie (wie beim späten Comte und bei Durkheim). »›Angepaßt‹ aneinander ist im historischen Leben, wenn jener Begriff nicht genau erläutert wird, Alles oder – nichts. ›Angepaßt‹ ist an die ökonomischen ›Bedingungen‹ von Utah der Mormonismus ebenso wie es die Lebensformen der anderen Felsengebirgsstaaten wären; der Jesuitenstaat in Paraguay war es an den dortigen Urwald ebenso wie das Leben der Indianer vor und nach ihm es war ... Das Thema meiner Untersuchungen könnte ich direkt dahin formulieren: in *welchem Sinne* man allenfalls von ›Anpassung‹ (der verschiedenen Kulturelemente aneinander) in diesen Zusammenhängen reden könne?« Bemerkungen zu der vorstehenden »Replik«, in: Archiv für Sozialwissenschaft und Sozialpolitik, Bd. XXVI, 1908, S. 276, Anm. 1.

7 Dieser Gesichtspunkt wirft ethische Probleme auf, auf die ich hier *nicht* eingehe. Weber hat selbst versucht, seine Stellung gegenüber dem Relativismus oder Nihilismus durch die ethische Forderung zu sichern, daß jeder Mensch seine eigene Wertposition im Hinblick auf ihre innere Stimmigkeit und im vollen Bewußtsein ihrer letzten Konsequenzen ausdrücklich artikuliert. Diese Stellung ist durch die Pragmatisten kritisiert worden, die behaupten, daß auch alle »letzten« Werte bei genauer Überprüfung noch immer Mittel zu anderen Zwecken sind. Vgl. John Dewey,

Theory of Valuation, in: International Encyclopedia of Unified Science, Chicago 1939. Weber ist außerdem von ethischen Absolutisten kritisiert worden, die behaupten, daß beim Studium der Gesellschaft Tatsachenurteile und Werturteile untrennbar miteinander verbunden sind, und daß die Vorherrschaft einer einzigen über alle anderen ethischen Positionen rational beweisbar ist. Vgl. Leo Strauss, Natural Right and History, Chicago 1953, Kapitel 2. Weber hätte in diesen Auseinandersetzungen und Behauptungen verschiedener ethischer Theoretiker den Beweis für die Richtigkeit seines eigenen Standpunktes gesehen, nämlich der Notwendigkeit, verschiedene, letztlich nicht miteinander vereinbare Wertpositionen anzuerkennen.

8 Der Begriff »Träger« wird in Webers Zusammenfassung soziologischer Grundbegriffe nicht erwähnt, was jedoch damit zusammenhängen kann, daß der Abschnitt über »Stände und Klassen« ein Fragment geblieben ist, ähnlich wie Marx' Abschnitt über die Klasse am Ende des »Kapitals«. Vgl. WuG, Bd. I, S. 177 ff.

9 Im Falle Indiens konnte festgestellt werden, daß sowohl orthodoxe als auch heterodoxe Glaubenseinstellungen unter dem Einfluß der volkstümlichen Religiosität akzeptiert wurden.

10 Weber will unter Konvention »den Fall verstehen, daß auf ein bestimmtes Verhalten zwar eine Hinwirkung stattfindet, aber durch keinerlei physischen oder psychischen Zwang, und überhaupt zum mindesten normalerweise und unmittelbar durch gar keine andere Reaktion als durch die bloße Billigung oder Mißbilligung eines Kreises von Menschen, welche eine spezifische ›Umwelt‹ des Handelnden bilden«. Weiter heißt es, daß »der Tatbestand der ›Konvention‹, da der einzelne in unzähligen Lebensbeziehungen auf durchaus freiwilliges, durch keinerlei diesseitige oder jenseitige Autorität garantiertes Entgegenkommen seiner Umwelt angewiesen ist, für sein Verhalten oft weit bestimmender werden (kann), als die Existenz eines Rechtszwangsapparates«. WuG, Bd. I, S. 187.

11 A. a. O., S. 188, und GAzRS, Bd. I, S. 37.

12 Grundsätzlich hätte Weber im gleichen Umfang wie auf die jüdischen Propheten auch auf Konfuzius, Buddha und die frühen brahmanischen Priester eingehen können. Er unterließ das jedoch, da ihm die Untersuchungen über China und Indien als Ausgangspunkte für seine Analyse der abendländischen Entwicklung dienten.

13 Jacob Burckhardt, Weltgeschichtliche Betrachtungen, Berlin und Leipzig 1929, S. 3. In der Einführung zur griechischen Kulturgeschichte erweiterte Burckhardt diese Feststellung wie folgt: (Die Kulturgeschichte) »... geht auf das Innere der vergangenen Menschheit und verkündet, wie diese *war, wollte, dachte, schaute* und *vermochte*. Indem sie damit auf das Konstante kommt, erscheint am Ende diese Konstante größer und wichtiger als das Momentane, erscheint eine Eigenschaft größer und lehrreicher als eine Tat; denn die Taten sind nur Einzeläußerungen des betreffenden inneren Vermögens, welches dieselben stets neu hervorbringen kann. Das Gewollte und Vorausgesetzte also ist so wichtig als das Geschehene, die Anschauung so wichtig als irgendein Tun«. Jacob Burckhardt, Griechische Kulturgeschichte, Leipzig und Berlin 1930, Bd. I, S. 3.

14 GAzW, S. 180. Es scheint hier der Ort, Webers Definition der Soziologie

anzuführen als einer Wissenschaft, »welche soziales Handeln deutend verstehen und dadurch in seinem Ablauf und seinen Wirkungen ursächlich erklären will. ›Handeln‹ soll dabei ein menschliches Verhalten (einerlei ob es äußeres oder innerliches Tun, Unterlassen oder Dulden) heißen, wenn und insofern als der oder die Handelnden mit ihm einen subjektiven *Sinn* verbinden«. WuG, Bd. I, S. 1.

15 Zu Webers Definition des Brauches vgl. WuG, Bd. I, S. 15 f.

16 Diese Hervorhebung der kulturellen Manifestationen subjektiver Erfahrungsgehalte steht in Übereinstimmung mit den Arbeiten Wilhelm Diltheys und Jacob Burckhardts. Vgl. Johannes Winckelmann, Legitimität und Legalität in Max Webers Herrschaftssoziologie, Tübingen 1952, S. 8–24. Paul Lazarsfeld hat darauf hingewiesen, daß Webers Begriffsanalyse – besonders des Handelns – ebenso wie seine Kausalanalyse aber auch stark von der deutschen Rechtstradition beeinflußt worden sind, wie wir bereits sahen. Paul Lazarsfeld, Some Historical Notes on the Study of Action, unveröffentl. Mskrpt. S. 46 ff. Weber griff bei seinen Arbeiten teilweise auf eine Zusammenfassung der entsprechenden Literatur durch Gustav Radbruch, Der Handlungsbegriff in seiner Bedeutung für das Strafrechtssystem, Berlin 1903, zurück, obgleich sich dieser Autor mit einem besonderen logischen Problem – die geeignete Behandlung der kriminellen Verwahrlosung betreffend – befaßte, für das sich Weber nicht interessierte. Der Hauptbezug im Strafrecht besteht darin, daß jedes Verbrechen eine Handlung – oder eine unterlassene Handlung – darstellt, die einem Individuum zugeschrieben werden kann, und da sich das Strafrecht mit der Logik der »Zurechnung« beschäftigt, fand es offenbar Webers Interesse im Zusammenhang mit seinen eigenen Bemühungen, eine Logik der »Zurechnung« im Hinblick auf die kulturelle Bedeutung, die die Menschen mit ihrem Handeln in der Gesellschaft verbinden, zu entwickeln. Vgl. Edmund Mezger, Strafrecht, Berlin 1949, S. 89–109, als neuere Zusammenfassung dieser Literatur. Siehe ferner auch Hans Welzel, Das Neue Bild des Strafrechtssystems, Göttingen 1957, S. 3–13.

17 Webers Einsicht bestand in erster Linie darin, daß religiöse Erneuerung nicht ohne die Fähigkeit, staunen zu können, möglich ist, und daß diese Fähigkeit dort am größten ist, wo die Menschen mit großen Geschehnissen in Berührung kommen, ohne zu sehr an die zivilisatorischen Techniken gewöhnt zu sein. Wir haben es hier mit einem guten Beispiel dafür zu tun, was Weber mit der Bedeutung des *Verstehens* in soziologischen Untersuchungen meinte. Eine solche These kann geprüft, aber bei Verwendung moderner Forschungstechniken nicht formalisiert werden. Es sei hier angemerkt, daß Webers eigene Schriften zur Methodologie und die umfangliche Sekundärliteratur zu diesem Thema nicht viel Licht auf diese Verallgemeinerungen werfen. In seinen Schriften bezog sich Weber im allgemeinen mit Sätzen wie »aller Erfahrung nach« oder »wie allgemein bekannt ist« auf diesen Sachverhalt.

18 Zum letzten Punkt vgl. WuG, Bd. I, S. 274, wo es heißt, daß die Kontrolle des vorderasiatischen Königs durch die zentrale Verwaltung des Bewässerungssystems und daher seine Fähigkeit, »die Erde und den Menschen ... aus dem Nichts gemacht zu haben«, die Vorstellung eines allmächtigen göttlichen Herrschers nahelegte. Die ägyptische und babylonische Priesterschaft stellte sich der monotheistischen Herausforderung der aner-

kannten Gottheiten entgegen, deren Kult mit der Existenz der Priesterschaft identifiziert wurde. Die jüdische Konzeption des Himmelsgottes spiegelt z. T. die Vorstellung eines großen Königs wider.

19 Meines Wissens hat Weber nicht alle Phasen dieses Vorgehens ausdrücklich erörtert; er stellte nur fest, daß die Analogie eines »Systems« sich nicht auf die Gesellschaft bezieht (vgl. Anm. 5 oben). Praktisch scheint er in jedem einzelnen Fall wie folgt vorgegangen zu sein: wenn ich feststelle, daß X (z. B. der Monotheismus) mit Y zusammentrifft (z. B. zentral verwaltete Regulierung von Flüssen und Bewässerungssystemen in einer absoluten Monarchie wie in Ägypten), kann ich dann einen Fall finden, wo X nicht mit Y, sondern mit Z (z. B. Monotheismus unter der ständigen Bedrohung durch feindliche Angriffe wie im antiken Judentum) zusammentrifft? Der intellektuelle Impuls hinter diesem Vorgehen ist die Überzeugung, daß X nicht mit Y zusammentreffen muß, da es erhebliche Beweise des Gegenteils gibt, und daß es deshalb notwendig ist, die Beziehung zwischen X und Y, dort wo sie vorkommt, zu erklären. Auf diese Art und Weise unterstreicht die vergleichende Analyse den spezifischen Charakter kausaler Beziehungen in der Gesellschaft, die Weber dann im Sinne der Affinität zwischen Sozialstruktur und Ideen analysierte.

20 Die Unterscheidung zwischen ausgesprochenen Forderungen und Werten, ihrem vermutlichen Sinn für die Individuen und ihrer Beziehung zur calvinistischen Lehre geht auf Alexander von Schelting, Max Webers Wissenschaftslehre, Tübingen 1934, S. 396–399, zurück.

21 Vgl. das vollständige Zitat GAzRS, Bd I, S. 86. Weber schrieb dem Begriff Antrieb, der »Impuls« und nicht »Sanktion« bezeichnet, besondere Bedeutung zu. Es ist jedoch lehrreich festzustellen, daß Weber nicht den Begriff Anreiz verwendete, der genauer gewesen wäre, da es schließlich um das Ausmaß ging, in welchem die Einstellung der calvinistischen Lehre und der seelsorgerischen Praxis verinnerlicht, d. h. zum Antrieb der Gläubigen geworden sind. Selbst in seinen Antworten auf die Kritiken seines ersten Aufsatzes verwendete Weber verschiedene Ausdrücke, was eine gewisse Unsicherheit hinsichtlich des eigentlichen Abstraktionsgrades in diesem Falle zu offenbaren scheint. An einer Stelle spricht er von dem Vorhandensein dieser »Triebkraft«, an anderer Stelle heißt es, daß es ihm darum ging, festzustellen, »ob der betreffende Typus von Religiosität denn nun auch in seinen Bekennern die *psychologischen Vehikel* schuf, welche ein jener kirchlichen Doktrin entsprechendes ... *typisches Verhalten zu erzeugen geeignet war*«. An einer weiteren Stelle erörtert er dann die Frage, ob eine religiöse Doktrin *»psychische Prämien«* darauf setzt, daß ihren theoretischen Lehren methodisch konsequent nachgelebt wird. Vgl. »Antikritisches zum ›Geist‹ des Kapitalismus«, in: Archiv für Sozialwissenschaft, Bd. XXX, 1910, S. 191, und »Antikritisches Schlußwort zum ›Geist des Kapitalismus‹«, a. a. O., Bd. XXXI, 1910, S. 582 f. Es könnten noch weitere synonyme Ausdrücke zitiert werden, die zwar alle ihre besondere Bedeutung und ihren eigenen Sinn haben, aber wegen ihrer Vielzahl den Gedanken nahelegen, daß Weber dieses Problem nicht gelöst hat.

22 Max Weber, GAzRS, Bd. I, S. 267. Weber hat diese typologische Methode auf verschiedene Art und Weise angewendet, und die Tatsache, daß er sie jeweils »idealtypisch« genannt hat, ist eher verwirrend. In dem zitier-

ten Absatz bezieht er sich auf die begriffliche Erfassung religiöser Ideen; an anderer Stelle verwendet er, von einem bestimmten Gesichtspunkt aus gesehen, ähnliche »Übertreibungen und Vereinfachungen« hinsichtlich sozialer Stände wie der chinesischen Literaten oder bezüglich Institutionen wie der indischen Kasten. In allen diesen Fällen entwickelte er seine Begriffe auf Grund bestimmter historischer Strukturen im Gegensatz zu Begriffen wie »Charisma« oder »exemplarische Prophetie«, die aus der vergleichenden Analyse verschiedener, voneinander abweichender historischer Geschehnisse abgeleitet sind. Die letztgenannten Begriffe sind wiederum von den von der Nationalökonomie verwendeten Modellen – wie z. B. »freie Konkurrenz« – zu unterscheiden. Eine Erörterung dieser und anderer Begriffsunterschiede findet sich bei Alexander Schelting, a. a. O., S. 329–335 und 353 ff.

23 Diese »Als ob«-Konstruktionen erübrigen die Verwendung von Attributen wie Konsistenz, Integration u. a. bei der Beschreibung der Gesellschaft oder einzelner ihrer Aspekte.

24 Vgl. das ähnlich lautende Urteil bei Schelting, a. a. O., S. 282, und bei Ephraim Fischoff, The Protestant Ethic and the Spirit of Capitalism – The History of a Controversy, in: Social Research, Bd. XI, 1944, S. 73 ff.

25 William Haller, The Rise of Puritanism, New York 1938, S. 169. Vom psychoanalytischen Standpunkt aus wird dieses Zentralproblem in der ausgezeichneten Arbeit von Oskar Pfister, Christianity and Fear, London 1948, behandelt.

26 Vgl. Agrarverhältnisse im Altertum, GAzSuW, S. 1–288. Auf diesen Teil der Weberschen Arbeit gehen wir hier nicht ein.

27 WuG, Bd II, S. 539. Viele der Weberschen Definitionen weisen ähnlichen Charakter auf, was besonders für seine politische Soziologie mit den Gegensatzpaaren von persönlichem und Amtscharisma, von Patrimonialismus und Feudalismus und von formaler und materialer Rationalität gilt. Einige Konsequenzen dieser Begriffsbildungen werden erörtert in: Reinhard Bendix und Bennett Berger, Images of Society and Problems of Concept-Formation in Sociology, in: Llewellyn Gross, Ed., Symposium on Sociological Theory, Evanston 1959, S. 92–118.

28 *Rationalität* hatte für Weber wenigstens drei verschiedene Bedeutungen. Als Untersuchungsgegenstand war *Rationalität* als Manifestation der individuellen Freiheit wichtig, die der »Lebensluft« des Kapitalismus am meisten entsprach und Weber persönlich auch am angemessensten war. Zweitens, war *Rationalität* für Weber ein Synonym für Klarheit. Soziologie ist nur auf der Grundlage von begrifflichen Unterscheidungen möglich, die keine genaue Entsprechung in der sozialen Wirklichkeit haben. Der Satz, daß alle nominell unterschiedenen Phänomene tatsächlich ineinander übergehen, kehrt in seinen Schriften ständig wieder. Eine weitere Bedeutung ergibt sich, drittens, aus Webers Untersuchungen zum Prozeß der Rationalisierung. In diesem Sinne hat der Begriff eine Reihe gewichtiger Bedeutungen entsprechend den Lebensbereichen, in denen dieser Vorgang untersucht wird. Weber identifizierte z. B. die Systematisierung des Glaubens als einen Aspekt der religiösen Rationalisierung, unterschied dann aber noch zwischen verschiedenen Systematisierungen, so etwa zwischen ethischer und exemplarischer Prophetie. Oder er bezeichnete die Reduktion – auf Prinzipien – der Gründe, die in der Entscheidung einzelner

Rechtsfälle relevant waren, als einen Aspekt der Rationalisierung des Rechts, analysierte dann aber wieder die verschiedenen »Reduktionsvorgänge«, die durch die englischen im Gegensatz zu den römischen Juristen entwickelt wurden. Der Wert von Webers Untersuchungen liegt in der Analyse der vielen verschiedenen Bedeutungen der Rationalisierung in den verschiedenen Bereichen menschlichen Handelns. Obgleich Weber auf diese verschiedenen Bedeutungen als Manifestationen eines alles umgreifenden Vorgangs hinwies, muß uns seine Analyse der historischen Hintergründe der »Rationalisierung« und ihrer möglichen irrationalen Folgen auf jeden Fall vor dem Gedanken bewahren, daß dieser Vorgang für ihn in irgendeiner Weise als unausweichlich, unwiderruflich oder unumkehrbar galt.

29 Vgl. WuG, Bd. I, S. 263 und 334–338, zur Zusammenfassung der Faktoren, die zum Rationalismus der westlichen Kultur beigetragen haben. Da wir uns auf die politische Soziologie konzentrieren, müssen gewisse andere Beiträge Webers notwendig vernachlässigt werden, besonders seine Untersuchung der antiken Zivilisation und seine ökonomische Analyse in WuG, Bd. I, Kap. II, S. 31 ff. und in der »Wirtschaftsgeschichte«.

30 Ich denke an solche Faktoren wie die abnehmende religiöse Bedeutung der Sippe, die religiöse Gleichheit der Gläubigen, die teilweise Abnahme der Magie, und vor allem an die allgemeine Überzeugung, daß der Mensch durch sein Handeln in der Welt Gott seine Tugend beweisen muß, um im Jenseits erlöst zu werden. Diese Elemente des christlichen Erbes wurden wiederum durch andere, besonders politische Entwicklungen unterstützt. Die Einschränkungen der in der »Protestantischen Ethik« enthaltenen Thesen ergaben sich als »Nebenprodukt« aus Webers eigenen späteren Arbeiten, obwohl er sie nie ausdrücklich erwähnt. Anregungen in dieser Richtung verdanke ich der interessanten Arbeit von Carlo Antoni, Vom Historismus zur Soziologie, Stuttgart o. J., S. 161 ff., besonders S. 215–216 und 222, sowie der früheren Kritik von R. H. Tawney in seiner Einführung zur »Protestantischen Ethik«. Aus keiner dieser Kritiken geht jedoch hervor, daß Webers spätere Arbeiten ihre eigenen Positionen zu stützen scheinen.

THOMAS LUCKMANN

Das Problem der Religion in der modernen Soziologie

Eines der Hauptprobleme der Gegenwart ist das der Eigenständigkeit der Daseinsführung. Obwohl sich die Gesellschaftswissenschaften im Verlauf ihrer Geschichte immer ausschließlicher dem Studium überpersönlicher Strukturen widmeten, kann das Problem des sozialen Standorts der Individualität auch von den modernen Gesellschaftswissenschaften nicht übergangen werden. Die Hauptprobleme der Sozialwissenschaften sind nichts anderes als moderne Verwandlungen der Frage nach dem Verhältnis von Zwang und Freiheit, Ordnung und Anarchie. Die uralte Problematik, wie sich der Mensch zum Gemeinwesen verhalte, tritt auf in den verschiedensten Bereichen der modernen Gesellschaftswissenschaften, vor allem in der Theorie der gesellschaftlichen Institutionen, in der soziologischen Rollentheorie, in der Sozialpsychologie, in den Grundannahmen der Wirtschaftswissenschaft, in der anthropologischen Lehre von den Beziehungen von Kultur und Persönlichkeit. Sie ist grundlegend für die Sozialwissenschaften, da es sich um eine Frage handelt, die nicht einer einzelnen wissenschaftlichen Disziplin in ausschließlicher Zuständigkeit überantwortet ist. Zugleich ist das Problem auch praktisch, da es die Daseinsführung des einzelnen unmittelbar betrifft.

In der modernen Soziologie macht sich dieses Problem in einer historisch zugespitzten Fragestellung geltend. Wie wirkt die »Massengesellschaft« auf die Formung und Entfaltung des Einzeldaseins? Für die Lebensführung des heutigen Menschen ist die Fragestellung gerade in dieser Zuspitzung dringlich. Zugleich ist es die historisch spezifische Formulierung der Frage, die die universelle Problematik in einer neuen Perspektive erscheinen läßt.

Allerdings muß festgehalten werden, daß die neuere Soziologie, zumindest in ihren vorherrschenden Strömungen, die Frage nur zögernd

Aus: Thomas Luckmann, Das Problem der Religion in der modernen Gesellschaft, Freiburg 1963, S. 9–13, 78–82. [Titel vom Herausgeber.]

aufgegriffen hat. Die Begriffe »Individualismus« und »Vermassung« hatten als Schlagwörter der polemischen Kulturkritik alle Präzision verloren. Außerdem mußten die von einer im Grunde romantischen Kulturkritik gehandhabten Begriffe der auf ihre »Wertfreiheit« pochenden Soziologie verdächtig erscheinen. Wenn auch die Polemik um »Individualismus« und »Vermassung« vorwiegend auf journalistischer Ebene ausgefochten wurde, so ließ deren allgemeiner intellektueller Widerhall aber auch in der modernen Soziologie den Verdacht aufkommen, daß es sich um ein wesentliches Problem handle.

Zunächst konnte man noch das Problem als eine von der Tagesmode aufgebauschte Variante des von der Soziologie zur Genüge behandelten Vorgangs der Einfügung des einzelnen in die Strukturen der Gesellschaft ansehen, wobei allerdings Beschleunigung des sozialen Wandels in den letzten Generationen und gewisse Nivellierungen in der Klassenstruktur den Vorgang subjektiv dramatisch erscheinen ließen. Von der bedeutendsten Strömung in der modernen Soziologie, der Struktur-Funktionstheorie, wurde also das Problem als grundsätzlich gelöst behandelt, wenn auch noch in Einzelheiten der näheren Erforschung bedürftig. Wenn aber das Verhältnis vom Einzeldasein zur Gesellschaftsordnung in der modernen Welt wirklich in einer einzigartigen Form erscheint, so wäre es dem Zugriff der gängigen Theorien der Sozialisierung, das heißt der gesellschaftlichen Ausformung des Individuums und des sozialen Wandels entrückt. Denn diese sind nur als Erklärungsvorlagen für spezifische inhaltliche Veränderungen in der Kultur und in den sozialen Institutionen, jene als Deutung der Aneignung spezifischer Kulturinhalte vom einzelnen in einem gegebenen und unverrückbaren Strukturzusammenhang gültig.

Es ist zumindest möglich, daß das Problem der Eigenständigkeit der Daseinsführung in der modernen Gesellschaft den Rahmen der verschiedenen soziologischen Spezialtheorien durchbricht. Das allein legt der Gesellschaftstheorie die Verpflichtung auf, das Problem wiederum aufzugreifen. Es handelt sich darum, die Möglichkeit zu erwägen, daß in der modernen Welt eine grundlegende Veränderung im Bezug der individuellen Lebensführung zum gesellschaftlichen Ordnungsgefüge vor sich gehe, mit anderen Worten, daß die Einbettung der Person im Gemeinwesen sich strukturell verschiebe.

Diese Möglichkeit erwägen heißt nichts anderes als eine neue Fragestellung aufwerfen, in der das Verhältnis von Einzeldasein, Gesellschaftsstruktur und Geschichte als offen betrachtet wird. Es heißt noch nicht, die Antworten zu dieser Fragestellung vorzuentscheiden. Es kann sich zunächst nur darum handeln, die theoretischen Dimensionen des Problems zu umreißen und nach einem Punkt zu suchen, an dem das Problem empirischer Forschung zugänglich wird. Denn es ist klar, daß die polemische Kulturpolitik mit ihren Schlagwörtern, wie »Massengesellschaft«, »Individualismus«, eine wissenschaftlich brauchbare Formulierung des zugrunde liegenden Problems nicht unterbreitet hat. Die Schlagwörter können zwar als Ausgangspunkt und Anlaß dienen, aber nicht als Ersatz für eine sinnvolle Befragung der Evidenz.

Das Ziel dieser Untersuchung ist folglich, die Möglichkeit einer radikalen Veränderung in der Struktur des modernen Daseins in der Gesellschaft zu durchdenken, nach vorläufigen Antworten zu suchen und die Folgen, die sich aus diesen Antworten ergeben, sozialtheoretisch abzustecken. Die Verfahrensweise der Untersuchung macht es nötig, die gängigen Theorien der Sozialisierung und des sozialen Wandels zwar nicht als notwendig falsch zu betrachten, aber immerhin ihren Gültigkeitsanspruch einzuschränken, beziehungsweise sie von ihrer ahistorischen Axiomatik loszulösen. Den Ansatz, der in dieser Untersuchung den angegebenen Fragenkomplex in einem einheitlichen Blickwinkel zusammenfaßt, findet man in der Religion. Es wird sich nun darum handeln, diesen Ansatz, der schon in der klassischen Soziologie Emile Durkheims und Max Webers vorgezeichnet ist, folgerichtig zu entwickeln und so scharf wie möglich zu formulieren.

Sowohl Durkheim als auch Weber haben das Problem der Einfügung des Individuums in die moderne Gesellschaftsordnung als eine der wichtigsten Fragen der Sozialtheorie betrachtet. Zugleich sahen sie aber auch, daß die Verfassung der modernen Gesellschaftsordnung schwerwiegende Folgen für die persönliche Daseinsführung mit sich bringt. Ob sie sich mit Rationalisierung und Arbeitsteiligkeit, mit Bürokratisierung oder Selbstmord befaßten, immer waren ihre Forschungen von einer schweren Besorgnis um das Schicksal des Menschen in der modernen Gesellschaft begleitet. Bei aller Wertfreiheit ihrer Forschungsmethodik war es gerade diese Besorgnis, die ihrer Wissenschaft eine zutiefst sozialethische Note verlieh. So verschieden die soziologischen Systeme Durkheims und Webers auch sein mögen, ist es bezeichnend, daß beide den Schlüssel zum Verständnis des gesellschaftlichen Standorts des Menschen in der Religion suchten. Für Durkheim ist Religion der Kern der »conscience collective«. Die gesellschaftlich-symbolische Wirklichkeit der »conscience collective«, die den einzelnen transzendiert, ist die Vorbedingung für die gesellschaftliche Ordnung und Integration. Diese Wirklichkeit wird vom einzelnen aufgenommen und zu eigen gemacht und formt ihn erst zum gesellschaftlichen, das heißt aber zum moralischen, echt menschlichen Wesen. Der Mensch ist in Durkheims Sicht homo duplex. Das Prinzip der Individuation ist gesellschaftlich. Während für Durkheim das Problem in einer universell-anthropologischen Perspektive auftritt und von ihm auf radikale Weise formuliert wird, sieht Weber die Frage der Individuation im konkreten sozialgeschichtlichen Zusammenhang einer gegebenen Religion und ihrem Verhältnis zur Gesellschaftsstruktur. Sowohl Durkheim als auch Weber waren sich aber darüber im klaren, daß das Problem der Individuation in der modernen Gesellschaft, das in der historischen Form des Individualismus auftritt, grundsätzlich mit der Säkularisierung der modernen Welt zusammenhängt. Das heißt aber, daß das Problem der persönlichen Daseinsführung – zumindest im Ansatz, in der klassischen Soziologie Durkheims und Webers als ein *religiöses* Problem erkannt wurde.

Die konvergierende Erkenntnis Durkheims und Webers in die grundsätzliche Bedeutung der Religion für das Verhältnis des einzelnen zum gesellschaftlichen Ordnungsgefüge stellt für die Soziologie ein weit wichtigeres Erbe dar als der Methodenstreit um den »Historismus« und den »Funktionalismus«. Die Relevanz der Soziologie für den heutigen Menschen besteht darin, daß sie das Schicksal der Person in der modernen Gesellschaft zu begreifen sucht. Der Ansatz hierzu findet sich in der klassischen soziologischen Tradition[1].

Es erschiene natürlich, von der Religionssoziologie zu erwarten, daß sie den religions- und gesellschaftstheoretischen Ansatz in der klassischen soziologischen Tradition vertieft und durch relevante Forschung empirisch ausgebaut hätte. Wenn man sich nun die Literatur in der neueren Religionssoziologie ansieht, so findet man tatsächlich eine überwältigende Anzahl von pfarrsoziologischen und kirchendemographischen Untersuchungen, viele kirchenstatistische Publikationen, eine bedeutende Anzahl von Studien verschiedener Sekten, etliche Untersuchungen kirchlicher Organisationen und auch einige Studien »religiöser« Einstellungen, die sich auf die Technik der Meinungsforschung stützen. Die Religionssoziologie ist heute gekennzeichnet durch einen nahezu unübersehbaren Reichtum an Publikationen, durch ausgedehnte Forschungsprojekte, Tagungen, Konferenzen und Institutsgründungen. Wenn man den finanziellen Aufwand und die Beschäftigungsmöglichkeiten für soziologisch geschultes Personal in Betracht zieht, kann man getrost behaupten, daß die Religionssoziologie jedem Vergleich mit anderen, zur Zeit modernen und betriebsamen soziologischen Disziplinen standhält. Dabei ist besonders beachtenswert, daß es sich um eine verhältnismäßig neue Entwicklung handelt, die nach dem Zweiten Weltkrieg angehoben und sich im letzten Jahrzehnt beschleunigt hat[2].

Wenn man aber die theoretische Reichweite und Tiefe dieser Entwicklung beurteilt, so kommt man leider zum Schluß, daß es sich nicht um eine echte Renaissance der Religionssoziologie handelt. Auf die Frage, ob die Entwicklung durch die innere Dynamik der Disziplin verursacht wurde, muß man verneinend antworten. Der klassische, oben erwähnte religions- und gesellschaftstheoretische Ansatz hat mit dieser Entwicklung wenig zu schaffen. Im Gegenteil, das Hauptmerkmal dieser Entwicklung ist eine Verengung und Verflachung des klassischen Ansatzes. Gerade in der neueren Religionssoziologie ist die zentrale Bedeutung der Religion für die Sozialtheorie verlorengegangen. Die Disziplin hat kaum noch wesentliche Verbindungen zur klassischen Religionssoziologie Durkheims und Max Webers. Im großen und ganzen besteht sie aus Beschreibungen der Verwandlungen und des Niedergangs kirchlicher Institutionen, gewöhnlich unter einem parochialen Blickwinkel. Die Problemstellung und das Forschungsprogramm der neueren Religionssoziologie sind, wenn nicht ausschließlich, von den institutionellen Problemen der überlieferten Formen der Kirchen umrissen. Ihre wesentliche Aufgabe, sich mit den Grundlagen der Religion in der modernen Gesellschaft zu befassen, hat die neuere Religionssoziologie vernachlässigt. Die Rechtfertigung der These, daß das Problem der Individualität und der Formung der persönlichen Lebensführung – nicht etwa nur vom Standpunkt der Theologie, sondern gerade auch vom Standpunkt der Gesellschaftstheorie – ein religiöses sei, verlangt eine kritische Auseinandersetzung mit den Annahmen und Ergebnissen der neueren Religionssoziologie.

Auf den ersten Blick fällt es schwer, die theoretische Verflachung der neueren Religionssoziologie mit ihrem geschäftigen Betrieb in Einklang zu bringen. Die Lösung dieses Paradoxes findet man in den Umständen, die erst eigentlich den ideologischen Anlaß zur Neubegründung und die wirtschaftliche Sicherung zum Fortbestand der Religionssoziologie lieferten. Nach der Neige der klassischen Periode der Religionssoziologie und mit der zunehmenden Vorherrschaft der amerikanischen Soziologie verlor die Religion ihre bisherige sozialtheoretisch zentrale Stelle. Religion wurde entweder unter dem historisch reduktiven Gesichtspunkt eines primitiven Evolutionismus oder in der psychologisch reduktiven Perspektive des behavioristischen Neopositivismus betrachtet. Nur wenige Soziologen hielten an der sozialtheoretischen Bedeutung der Religion fest. Sogar diese wenigen formulierten das Problem der Religion nicht im Hinblick auf die moderne Gesellschaft, sondern beschäftigten sich damit vor allem im Rahmen ethnologischer Fragestellungen. Daß es sich dabei um eine universell anthropologische Problematik handelte, entging den meisten.

Soweit man sich mit der klassischen Religionssoziologie noch überhaupt abgab, so geschah das hauptsächlich im Geist einer Geschichte der Soziologie. Max Webers Religionssoziologie wurde in der geschichtlichen Besonderheit ihrer Untersuchungsweise, nicht in der Allgemeinheit der Fragestellung verstanden. Der Anwendungsbereich der Religionssoziologie Durkheims wurde ebenfalls verengt auf die Religion der Primitiven oder gar mißverstanden als eine, im übrigen verfehlte, Theorie des Ursprungs der Religion. Die europäische Soziologie war im allgemeinen durch mangelnde Verständigung zwischen der deutschen und der französischen Tradition gekennzeichnet. Aber auch in Amerika wurden die wesentlichen Bezüge zwischen Durkheims und Webers Religionssoziologie nicht erkannt. Nur Talcott Parsons, der Weber und Durkheim der amerikanischen Soziologie sozusagen erst vorstellte[3], betonte die Ähnlichkeit deren Religionssoziologie. Aber Parsons war vor allem daran interessiert, Durkheims »funktionalistische« Konzeption religiöser Vorstellungen und Webers Institutionstheorie in sein eigenes struktur-funktionalistisches Gesellschaftssystem einzubauen, in dem Religion als ein institutionelles Subsystem mit integrativen Sonderfunktionen fungiert. Die theoretischen Möglichkeiten, die sich aus Durkheims und Webers Konvergenz in der Stellung zur Religionssoziologie ergeben, wurden nicht voll ausgeschöpft. Erstaunlicher ist aber, daß eine andere Konvergenz, die für die amerikanische Soziologie insbesondere wichtig hätte werden können, völlig übersehen wurde. Es besteht eine grundsätzliche Ähnlichkeit zwischen Durkheims Konzeption des homo duplex und George H. Meads Theorie der sozialen Grundlagen der Selbstwerdung. Beide stellen das traditionelle Verständnis des Verhältnisses zwischen Person und Gesellschaft sozusagen auf den Kopf: die Gesellschaft ist das jeweils a priori Gegebene, und es wird zum Problem, die Selbstwerdung der Person zu erklären, während sonst die Person als das wenigstens im Kern Vorausgegebene angesehen wurde und die Gesellschaft dann durch Kontrakt, Macht oder sonstwie zu erklären wäre. Diese Radikalisierung der soziologischen Fragestellung wurde im wesentlichen nicht erfaßt und ihre Bedeutung für das Verständnis der Beziehungen zwischen Gesellschaft, Religion und Person nicht ausgeschöpft.

Jedenfalls war in den dreißiger Jahren und Anfang der vierziger die Religionssoziologie nicht eine vitale Disziplin. Abgesehen von einigen wenigen Forschern, die die Tradition der klassischen Religionssoziologie sozusagen subterran am Leben hielten, war diese Zeitspanne durch ein folgenschweres Verkennen der gesellschaftstheoretischen Bedeutung der Religion gekennzeichnet. Eine ganze Soziologengeneration wuchs auf in einem intellektuellen Klima, in dem die religiöse Problematik als unmodern und als im wesentlichen abgetan betrachtet werden konnte.

Dann, in den Nachkriegsjahren, wurde die Soziologie von den Kirchen »entdeckt«. Die Soziologie zeigte sich nicht spröde, und das soziologische Interesse für die Kirchen wurde ihrerseits wiederbelebt. Das Ergebnis dieser Vorgänge war, daß die Religionssoziologie auf breiter Basis rekonstruiert wurde, aber als angewandte Disziplin. Das heißt, daß ihre Forschungsprobleme von den Anliegen der Kirchenverwaltung und Pastoraltheologie einerseits, den neuen Techniken der Sozialforschung andererseits bestimmt wurden. Teilweise handelte es sich um Auftragsarbeit, aber oft war der Einfluß der Kirchen auf die soziologische Fragestellung indirekt, besonders in den Vereinigten Staaten. Jedenfalls entwickelte sich aber die neuere Religionssoziologie im engen Verhältnis zu institutionellen Erfordernissen und Anpassungen, die sich aus Auftragsarbeit ergeben.

Eine unmittelbare Folge war eine starke Neigung der neuen Religionssoziologie zur konfessionellen Aufsplitterung. Besonders in Europa wurden die Forschungsprobleme in ziemlich engen konfessionellen Rahmen formuliert, aber auch in den Vereinigten Staaten ist die Tendenz zur Bildung einer protestantischen, einer katholischen, einer jüdischen Religionssoziologie unverkennbar. In der Erforschung historisch gegebener, religiös spezialisierter Institutionen ist natürlich eine gewisse, von den Konfessionen bedingte Arbeitsteilung unvermeidlich. Da aber der neueren Religionssoziologie eine echte theoretische Fragestellung fehlte, mußten diese institutionellen Gegebenheiten zu einem engstirnigen Forschungsansatz und zu ernsten Schwierigkeiten in der Deutung und im Vergleich der Forschungsergebnisse führen.

Die institutionelle Nachfrage nach verwertbaren Forschungsergebnissen und der Mangel einer übergreifenden theoretischen Fragestellung führten außerdem dazu, daß sich die neue Religionssoziologie auf eine Forschungsweise einschränkte, die zwar nicht von ihrer eigenen Problematik diktiert, aber wohl in anderen soziologischen Bereichen technisch erprobt war. Der Ausschluß des »Glaubens« durch das theologisch begründete Diktum der Auftraggeber, der pragmatische Zweck der Forschung und die theoretische Dürftigkeit der Branche hatten die überaus bemerkenswerte Folge, daß es kaum eine andere soziologische

Disziplin gibt, die so sehr von der engsten positivistischen Methodologie beherrscht wird wie die neuere Religionssoziologie.

Es muß betont werden, daß es sich bei dieser Kennzeichnung um die Religionssoziologie im engeren Sinne des Wortes handelt, die ihrer eigenen klassischen Tradition untreu geworden ist. Die allgemeine Religionswissenschaft ging ihre eigenen Wege, die von der geistesgeschichtlichen und theologischen Tradition des 19. Jahrhunderts vorgezeichnet waren. Durkheims Einfluß und der seiner Schüler blieb von Bedeutung für die Kulturanthropologie, besonders in Frankreich, aber auch in den Vereinigten Staaten. Es kann hier nicht eine Übersicht über diese Entwicklung gegeben werden. Es sei nur an einige bedeutende Forscher erinnert, wie an Rudolf Otto, G. van der Leeuw, Mircea Eliade, Roger Caillois, Joachim Wach, W. Lloyd Warner und viele andere, die der beste Beweis sind, daß in der allgemeinen Religionswissenschaft und Anthropologie nicht eine ähnliche Verflachung eingetreten ist wie in der neueren Religionssoziologie. Es muß aber zugleich gesagt werden, daß historische und ethnologische Studien der Religion noch nicht gleichbedeutend sind mit einer gesellschaftstheoretischen Bewältigung des Problems, wenn auch zweifellos nicht nur Material, sondern auch wichtige theoretische Ansätze von diesen Disziplinen kommen. Die Entdeckung von Konstanten in primitiven Mythen oder die Phänomenologie der Transzendenz oder der Begriff des Numinosen sind wichtige Schritte zur sozialtheoretischen Erfassung der Religion. Sie haben aber, vom Standpunkt der Soziologie betrachtet, den Nachteil, daß sie ohne einen gesellschaftstheoretischen Unterbau zu leicht ins rein Historische oder rein Psychologische abgleiten.

Um nun zur neueren Religionssoziologie zurückzukehren, kann man getrost sagen, daß sie keine Fragestellung ausgebildet hat, die einerseits an der soziologischen Theorie ausgerichtet, andererseits für sie relevant geworden wäre. Dennoch kristallisierte sich aber stillschweigend ein Komplex von Annahmen heraus, der an die Stelle einer expliziten begrifflichen Axiomatik getreten ist. Diese Annahmen sind überraschend gleichförmig, wenn man bedenkt, daß sie sich in einer Disziplin herausgebildet haben, die konfessionell aufgesplittert ist, außerdem eher einen national gegliederten als internationalen Charakter hat und überdies Arbeiten verschiedener forschungstechnischer Kompetenzgrade beherbergt. Solange diese verborgene Axiomatik unformuliert bleibt, kann sie die Rolle einer wissenschaftlichen Ideologie spielen und so eine unvoreingenommene Sicht des Problems der Religion in der modernen Gesellschaft erschweren.

Anmerkungen

1 Anmerkung des Herausgebers: Der folgende Abschnitt erscheint in der oben angegebenen Veröffentlichung, der dieser Text entnommen wurde, als »Anmerkung«, die sich über mehr als vier Seiten erstreckt. Die Legitimation dafür, diese Anmerkung als Teil des Haupttextes aufzunehmen, glauben wir aus der 1967 erschienenen englischen, überarbeiteten Version »The Invisible Religion« (New York/London) ableiten zu dürfen, wo der Autor den folgenden Abschnitt als erstes Kapitel unter der Überschrift »Religion, Church and Society« (a. a. O., S. 17–27) aufnahm.

2 Eine detailliertere Betrachtung verschiedener deutscher, französischer und englischer religionssoziologischer Veröffentlichungen aus den letzten Jahren findet sich in meiner Sammelbesprechung Neuere Schriften zur Religionssoziologie, in: Kölner Zeitschrift für Soziologie und Sozialpsychologie 12, 2, 1960, S. 315–326.

3 Siehe Talcott Parsons, The theoretical development of the Sociology of Religion, in: Essays in Sociological Theory Pure and Applied, The Free Press, Glencoe Ill. 1949, S. 52–66; und The Role of Ideas and Social Action, a. a. O., S. 163.

HANS BOSSE

Die Säkularisierung der politischen Ethik: Max Weber

Ein zentraler Aspekt des Weberschen Werkes gilt der Frage, wie die universalgeschichtliche Sonderstellung der modernen europäischen Kultur zu erklären sei. Weber sah sie in der Entwicklung einer sich rational durchsetzenden Wissenschaft begründet und in der Entstehung »der schicksalsvollsten Macht unseres modernen Lebens« – des Kapitalismus sich manifestieren[1]. Als durchgängiges Element der »okzidentalen Kultur« erkannte er »einen spezifisch gearteten *›Rationalismus‹*[2]«, der sich durch die verschiedenen europäischen Kulturerscheinungen hindurchziehe und von Weber in den Arbeiten zur Wirtschafts-, Staats-, Rechts-, ja sogar in Ansätzen zu einer Musiksoziologie analysiert wurde.

Im »modernen okzidentalen Rationalismus« lösten sich, so Weber, die Kulturbereiche von ihren früheren religiösen Bindungen ideellen oder institutionellen Charakters. Weber bezeichnete diesen Vorgang als Säkularisation[3]. Säkularisation bedeutet lediglich die Schlußphase des langen Rationalisierungsprozesses in der okzidentalen Geschichte. Dieser Prozeß, in welchem sich die Religion und die anderen Kulturbereiche mehr oder weniger gleichzeitig rationalisieren, treibt die Trennung von Religion und übriger Kultur mit innerer Konsequenz aus sich hervor und bringt deren Unvereinbarkeit voll ans Licht.

Was *Weber* unter Rationalisierung konkret versteht, erhellt am besten seine Abhandlung »Die protestantische Ethik und der Geist des Kapitalismus«, die ihm mit einem Schlage Weltruhm verschaffte. Weber versuchte, sich die Entstehung und das Wesen des modernen Kapitalismus klarzumachen. Dabei ging er von der Feststellung aus, daß es bereits im vorkapitalistischen Zeitalter, etwa im antiken römischen Weltreich, kapitalistische Wirtschaftsformen gegeben hat. Eine entscheidende Differenz zwischen beiden Wirtschaftsformen sah We-

---

Aus: Hans Bosse, Marx-Weber-Troeltsch. Religionssoziologie und marxistische Ideologiekritik, München, Mainz 1970, S. 23–36. Mit freundlicher Genehmigung des Chr. Kaiser Verlags, München.

ber nun darin, daß der antike und mittelalterliche Kapitalismus, von Weber »Abenteurerkapitalismus« genannt, größtenteils auf einzelne hohe Gewinne spekulierte, der moderne Kapitalismus jedoch auf *stetigen* Gewinn abzielt und diesen Zweck durch das Mittel eines strengen Kalküls erreicht: durch sorgfältige Buchhaltung und ständige Gewinninvestitionen. Diese bewußte und methodische Zweck-Mittel-Relation bezeichnete Weber als »Rationalisierung«.

Weber fragte aber nun weiter: Wo sind die Gründe dafür zu suchen, daß dieser moderne Kapitalismus sich so ausbreiten konnte, d. h. nicht beschränkt blieb auf relativ kleine Kreise wie der antike und mittelalterliche Kapitalismus, vielmehr ins Bürgertum eindrang? Webers geniale Lösung lautete: Eine der wichtigsten Ursachen hierfür ist im puritanischen Ethos zu suchen, d. h. in der Lebensführung der calvinistisch beeinflußten Sekten und Denominationen des 17. Jahrhunderts in England und den Niederlanden. Die calvinistische Spielart der protestantischen Ethik war ja dadurch gekennzeichnet, daß die Sorge um das eigene Heil das Individuum bewog, sich seiner eigenen Prädestiniertheit durch den Erfolg im Beruf zu vergewissern. Hierin lag ein Antrieb zur methodischen Führung des Berufs, zu seiner »Rationalisierung«. Er verband sich mit dem calvinistischen Verdikt der »Kreaturvergötterung«.[4]

Distanz gegenüber der Kreatur aber bedeutete im wirtschaftlichen Bereich eine Konsumeinschränkung. So entstand ein »kapitalistisches Ethos« unter der Devise: Heilsvergewissernde Berufsbewährung mit Hilfe von Kapitalbildung durch asketischen Sparzwang. Weber kam zu dem Ergebnis: Wahlverwandt mit dem rationellen Geist des modernen Kapitalismus, gab das puritanische Ethos diesem ein gutes Gewissen und arbeitete so mit an seiner Machtergreifung, bis sich der Adept seiner religiösen Antriebe entledigen konnte und so »säkularisiert«, d. h. wirtschaftsimmanenten Antrieben wie Streben nach Reichtum und gesellschaftlicher Macht gehorchend zu einem der Hauptgegner der christlichen Religion wurde. – Auch mit der rationalen Politik und Intellektualität stieß die rationalisierte Religion zusammen, was zur Säkularisierung dieser Gebiete führte[5]. Weber versteht also unter Säkularisierung einen geschichtlichen Vorgang, an dessen Ende sich die Unvereinbarkeit des religiösen und weltlichen Geistes abzeichnet, – ein Vorgang, bei welchem nur technisch-methodische Elemente, welche einmal innerhalb des religiösen Lebens sich ausbildeten, nicht aber die eigentlichen religiösen Antriebskräfte in die moderne Kultur und Gesellschaft eingehen. Dieses historische Ergebnis hatte für Weber prinzipielle Bedeutung. In ihm spiegelt sich seine eigene Religions-

und Gesellschaftstheorie ab. Denn Weber begrüßte den schwindenden Einfluß der Religion auf das gesellschaftliche Leben. Er liebte es, den abendländischen Rationalisierungs- und Säkularisierungsprozeß als die »Entzauberung der Welt« zu kennzeichnen[6], – als die Befreiung der Menschen von magischen Schranken der Naturbeherrschung und menschlichen Sinnerfüllung, von Schranken, die er gerade auch durch die Religion aufgerichtet sah. Weber hatte ein gebrochenes Verhältnis zur Religion, speziell zu ihrer »rationalisiertesten« Gestalt im Puritanismus. Er akzeptierte die hier freigesetzte Zweckrationalität des Handelns, um sich gleichzeitig von den religiösen Antrieben desselben zu distanzieren. Mit Recht ist Weber deshalb ein »säkularisierter Puritaner« genannt worden[7].

Wie sieht aber nun Webers positive Theorie einer entzauberten Welt, einer säkularen Gesellschaft aus?

Webers These von der »Entzauberung der Welt« führt uns auf den Begriff der »Rationalität«. Weber hatte dem Calvinismus eine Ethik bescheinigt, welche der modernen Gesellschaft zur Entstehung verhalf. Die konsequente Indienstnahme aller menschlich-gesellschaftlichen Lebensbereiche als *Mittel* zum Zweck der Gloria Dei bedeutete eine Methodisierung und Intensivierung der kulturellen Lebensäußerungen – deren »Rationalisierung«. Die Irrationalität des Glaubens jedoch, so Weber, wurde erst durch die täuferischen Sekten minimalisiert, welche sich in ihrem Handeln nicht mehr auf eine biblizistische Gebotsethik stützten, sondern auf die im Gewissen erfolgende innere Erleuchtung. Deren Vorbereitung, das »Harren« auf die Wirkung des Geistes, der das Gewissen erleuchtet, diente dabei, so Weber, der »Überwindung des Triebhaften und Irrationalen ... des ›natürlichen Menschen‹[8]«. So bedeutete der täuferische Gedanke, »daß Gott nur redet, wo die Kreatur schweigt, offenbar eine Erziehung zur ruhigen *Erwägung* des Handelns und zu dessen Orientierung an sorgsamer individueller *Gewissens*erforschung[9]«. Die Ausrichtung des Handelns auf die regula des eigenen Gewissens trug, so Weber, wesentlich zur »Rationalisierung« des Berufslebens bei.

Der Übergang von der Heteronomie zur Autonomie der »Ethik« erschien Weber als ein entscheidender Moment im Prozeß der Entzauberung der Welt. Allerdings auch in dieser maximal entzauberten Phase der christlichen Religion sah Weber noch einen »irrationalen« Rest. In der Annahme eines nicht von Menschen gesetzten Sinns der Welt gewahrte er ein »Opfer des Intellekts«, das ihm selbst unvollziehbar blieb[10]. An welchem Gegenbild ist aber diese Kritik der »Irrationalität« der Weltbedeutung und Ethik gewonnen?

»Entzauberung der Welt« signalisiert im Sprachgebrauch Webers den fortschreitenden Abbau der Anwendung magischer Praktiken in der Reproduktion des Individuums und der Gesellschaft, sei es in Erkenntnis- und Handlungsprozessen der materiellen Selbsterhaltung (Beruf usw.), sei es bei der Gewinnung individueller Identität (etwa in der sakramentalen Heilsvergewisserung). Dabei tritt an die Stelle magischen Objektverhaltens die prinzipielle *technische Verfügbarkeit* der Objekte in Erkenntnis- und Handlungsprozessen[11]. Konkret besagt solche »Entzauberung der Welt« die Einführung der antimetaphysisch-positivistischen Methode der Geistes- und Naturwissenschaften[12]. In den Handlungsprozessen äußert sich technische Verfügbarkeit in der methodisierten Auswahl erfolgsgarantierender Mittel bei vorgegebenen Zwekken. Webers »Rationalität« ist die Logik, die die vorgegebenen Zwekke und Objekte von sich aus entwickeln; Weber spricht gern von der »Eigengesetzlichkeit« der Sachbereiche[13]. Aber diese »Rationalität« ist keineswegs auch die Vernünftigkeit der individuellen und gesellschaftlichen Zwecke. Weber sah vielmehr die Welt als einen Schau-, ja Kampfplatz unvermittelbarer »letzter Werte«, über deren Hierarchie oder Auswahl das Individuum isoliert von anderen zu »entscheiden« hatte. Gesellschaftlich war diese Entscheidung nur insofern, als sie, durch den Standort des Individuums in der Gesellschaft bedingt (Klassen- und Schichtzugehörigkeit), sich als Ausdruck eines Gruppeninteresses herausstellte. Diese Anschauung vom unaufhebbaren Wert- oder Interessenpluralismus führte Weber dazu, die Ära des Christentums als eine zweitausendjährige Oktroyierung bestimmter Werte zu sehen. Weber versteht »Säkularisierung« nicht als gesellschaftliche Einbringung christlicher Gehalte, sondern als Rückkehr der Gesellschaft in ein vorchristliches anarchistisches Wertchaos: »Die alten vielen Götter, entzaubert und daher in Gestalt unpersönlicher Mächte, entsteigen ihren Gräbern, streben nach Gewalt über unser Leben und beginnen untereinander wieder ihren ewigen Kampf ... Schicksal unserer Kultur aber ist, daß wir uns dessen wieder deutlicher bewußt werden, nachdem durch ein Jahrtausend die angeblich oder vermeintlich ausschließliche Orientierung an dem großartigen Pathos der christlichen Ethik die Augen dafür geblendet hatte.[14]« So bedeutet Webers »Säkularisation« die Rückkehr vom christlichen Monotheismus zum »Polytheismus«, vom Wertmonismus zum antagonistischen Wertpluralismus. Gefordert wird nur noch die »intellektuelle Rechtschaffenheitspflicht«, sich im Handeln seiner »letzten weltanschauungsmäßigen

Grundanschauungsposition« bewußt und sich somit »treu« zu bleiben, nicht aber die Vernünftigkeit des Handelns selber.

In Webers Vorschlägen zu einer Reform der deutschen Reichsverfassung der Bismarck-Ära[15], die ja bekanntlich das Entstehen der Weimarer Verfassung beeinflußt haben[16], hat sich Webers Theorem der irrationalen Wertwahl zur politischen Figur verdichtet. Der Reichspräsident, der plebiszitär-charismatische Führer jenes Typs von Demokratie, den Weber propagiert, ist (anders als sein parlamentarischer Gegenspieler, der Reichskanzler) vom Volke direkt gewählt und also legal an die Macht gekommen. Diese *formale* Legitimität verbindet sich mit einer *»materialen«:* den persönlichen Qualitäten des Führers, die ihm erst das Vertrauen der Wähler ermöglichen[17]. Doch diese Materialität beschränkt sich auf die Führerqualitäten rein als solche. Umgekehrt läßt sich der Politiker nur scheinbar ein sachliches Mandat geben. Um mit der Legitimität die Macht zu erlangen, produziert er in Wirklichkeit Emotionen; diese haben für ihn rein *technischen* Wert, sie sollen »die Massen« hinter ihn bringen[18]. Eine Orientierung des Politikers an sachlichen allgemeingültigen Normen und Werten hält Weber für überholt und ausgeschlossen – daher seine Polemik gegen jegliche »naturrechtliche Axiomatik« als bindende juristisch-politische Norm staatlicher Führung[19].

Die Zentrierung der politischen Macht und damit letztlich auch die Monopolisierung der freien Wertwahl beim plebiszitären Führer, die sich machttechnisch in der scharfen Kontrolle der Bürokratie und des Parlaments äußert, welches zum »Seminar für Führerbildung« herabgedrückt wird[20], – dieses Bekenntnis zur Irrationalität der Macht ist bei Weber paradoxerweise der Ausweg aus einer anderen Irrationalität. Weber vermeint, die moderne Bürokratie – Inbegriff abendländischer Rationalisierung politischer Herrschaft – sei im Begriff, sich gegen den Spielraum des Planens, Entscheidens und Handelns der Individuen selbst zu kehren, denen sie doch planvolles Handeln gerade ermöglichen sollte. »Wie ist es angesichts dieser Übermacht der Tendenz zur Bürokratie *überhaupt noch möglich, irgendwelche* Reste einer in *irgend*einem Sinn ›individualistischen‹ Bewegungsfreiheit zu retten?[21]« Die Antwort auf diese, von den »Irrationalitäten der Rationalisierung[22]« diktierte Frage findet ihre Antwort in der Forderung nach dem irrational zwischen Werten wählenden und Zwecke setzenden »charismatischen« Führer. Uns scheint, daß sich dieser tragische Versuch Webers, Irrationalität durch Irrationalität zu begegnen, auf anderen Ebenen des Politischen wiederholt.

Weber wußte um den diabolischen Charakter nicht nur machtpolitischen Handelns, sondern auch um dessen ideologische Verklärung im Nationalismus. Ohne Zweifel war es vom Standpunkt eines Nationalismus, der sich seiner volkswirtschaftlichen Komponente bewußt war, *zweckrational*, eine derart offen imperialistische Wirtschaftspolitik zu fordern wie Weber in seiner berühmten Freiburger Antrittsrede. Ebenso war sich aber Weber bewußt, daß eine solche Großmachtspolitik die internationalen Kämpfe ins Unerträgliche steigern mußte. Es spricht einiges für die Annahme, daß Weber in den Jahren zwischen 1894 und 1898 einen militärisch ausgetragenen »Konflikt« zwischen den Industriemächten vorausgesehen und in Rechnung gestellt hat[23]. Da Weber einerseits die zwangsläufig aus dem Imperialismus sich ergebenden zukünftigen internationalen Kämpfe um Weltmachtgeltung voraussah, andererseits realistisch genug war, die Unmöglichkeit einer deutschen Hegemonie sich einzugestehen, mußte sich an der Alternative, ob Deutschland gestärkt oder nicht eher geschwächt aus jenen Kämpfen hervorgehen würde, entscheiden, ob der Imperialismus zweckrational den nationalen Interessen diente oder nicht. Das unerhörte Risiko der von Weber geforderten Politik führte indes nicht zu einer Überprüfung der Weberschen Wertwahl. Das Ideal des nationalen machtpolitisch strukturierten Staates wurde nicht in Frage gestellt. Die mögliche Irrationalität einer imperialistischen Politik – sich gegen die nationalen Ziele selbst zu kehren – wurde heroisch in Rechnung gestellt, aber schlug nicht zu Buche. Sie hätte den Gedanken einer machtstaatlich gesicherten Nation selbst als möglicherweise widersinnig erscheinen lassen können. Indem Weber diese Überlegungen ausspart, verstärkt sich die Irrationalität seiner Wahl des National-Werts.

Webers Nationalismus und Führerideal sind gewissen-los, weil die Wertwahl keiner Wahrheitskontrolle unterliegt. »Es ist und bleibt ... ein unüberbrückbarer Unterschied, ob eine Argumentation sich an unser Gefühl und unsere Fähigkeit, für konkrete praktische Ziele oder für Kulturformen und Kulturinhalte uns zu begeistern, wendet, oder, wo einmal die Geltung ethischer Normen in Frage steht, an unser Gewissen ...«[24].

»Kulturideale, die der einzelne verwirklichen *will*, und ethische Pflichten, die er erfüllen *soll*, (sind) von prinzipiell verschiedener Dignität[25].«

Ethisch relevant wird die Wertentscheidung erst in dem Moment, wo es die bezogenen Werte mit der ethischen Position im Handeln abzustimmen gilt. Hier stellt sich dem Politiker, so Weber, besonders *ein* Problem – wie der innerethische Konflikt zwischen Gesinnungs- und Verantwortungsethik von einer politischen Wertwahl aus lösbar sei.

b. »Gesinnungs- oder Verantwortungsethik« – die kritische und die ideologische Funktion der politischen Ethik Webers

Es handelt sich bei der von Weber angeschnittenen (und durch seine prägnanten Thesen in dem Vortrag »Politik als Beruf«[26] gleichsam kanonisierten) Unterscheidung von »Gesinnungs-« und »Verantwortungsethik« kurz gesagt erstens um die Frage, ob sich ein bestimmtes Handeln schon dadurch ethisch rechtfertigen lasse, daß es dem gewählten Wert folge und ihn im Momente der Tat subjektiv »realisiere«, *ohne* die *Folgen* der jeweiligen Entscheidung in Rechnung zu stellen, die eben auch der faktisch-objektiven Realisierung des Wertes zuwiderlaufen können. Die alternative Frage lautet, ob eine Tat erst dann sittlich qualifiziert sei, wenn sie ihre voraussehbaren Folgen einkalkuliere. In diesem Falle entscheidet sich aufgrund der Kalkulation, ob der oberste Leitwert des Tuns jederzeit *unmittelbar* in das Handeln eingehen kann oder nicht vielmehr im Kompromiß mit der Realität zeitweilig anderen Werten zu opfern ist, um erst durch den Erfolg solcher Operation eventuell nachträglich rehabilitiert zu werden[27]. Hand in Hand mit diesem Konflikt geht zweitens die Frage, ob ethisch gutes Handeln mit der Folgen-Orientierung auch die Mittel-Wahl zu berücksichtigen habe.

Weber nennt das folgen- und mittel-irrationale Handeln gesinnungsethisch, das folgen- und mittel-rationale Tun verantwortungsethisch orientiert.

Gesinnungs- und Verantwortungsethik tragen für ihn den Charakter von zwei »voneinander grundverschiedenen, unaustragbar gegensätzlichen Maximen[28]«.

Für den Politiker sieht Weber nur die Möglichkeit verantwortungsethischen Handelns, denn Politik ist ihm Ausübung und Erwerb von Macht und Herrschaft, Handhabung und Kampf um das Monopol legitimer physischer Gewaltsamkeit im Innern, und in der Weltpolitik der offene und kartellierte Konkurrenzkampf um Macht. Nur bewußte Mittelwahl, Berechnung der Folgen und die Bereitschaft, für sie aufzukommen, scheinen ihm geeignet, den »diabolischen« Charakter jedes Umgangs mit der Macht bewußt zu halten und das Risiko unnützen Gebrauches von Gewalt zu minimalisieren[29].

Schroff konnte Weber deshalb gegen »gesinnungsethische« Gesichtspunkte politischen Handelns Stellung nehmen. Das brachte ihn in Gegensatz zur christlichen Ethik. Weil Weber in der Bergpredigt den reinsten Typ von Gesinnungsethik erblickte und diese »absolute Ethik des Evangeliums[30]« zur genuin christlichen Ethik überhaupt erhob, wurden für ihn Christentum und *Politik* schlechthin unvereinbar. Dem Politiker, der Mittel und Folgen bedenkt, stellt Weber den Christen gegenüber, der nach der Maxime handele: »Der Christ tut recht und stellt den Erfolg Gott anheim[31]«.

Im Grunde spricht Weber dem Christen politisches Handeln überhaupt ab. Der Christ hat sich jeglicher Politik fernzuhalten, wenn er wie Jesus jegliche Form von Gewalt abzulehnen sich zum Grundsatz macht; konsequent scheint Weber dieser Standpunkt nur in der Existenz des »Heiligen«[32]. Begibt sich der Gesinnungsethiker aber in die Politik, macht er sich zugleich politisch und ethisch lächerlich. Weber hat sich von einer solchen Zwittersituation in den schärfsten Worten distanziert, sie eine »Ethik der Würdelosigkeit« und ihre Vertreter »politische Hampelmänner« genannt[33].

Webers Freund Naumann bekam dies zu spüren, als er den Christlich-Sozialen den Plan einer zu gründenden national-sozialistischen Partei vortrug. Weber, der dem im Anschluß an die Beratungen (1896) gegründeten »National-Sozialen Verein« beitrat, warnte nachdrücklichst vor Naumanns Zielsetzung, unter (christlich-)miserabilistischen Gesichtspunkten eine »Partei der Mühseligen und Beladenen« zu gründen, – »derjenigen, die irgendwo der Schuh drückt, aller derer, die keinen Besitz haben und welchen haben möchten[34]«. Weber beschwor die Erfolgsirrationalität des Naumannschen Programms. Jedes sich allmählich wirtschaftlich verbessernde Parteimitglied, jede aufsteigende gesellschaftliche Gruppe werde mit der Zeit automatisch zum Gegner der national-sozialen Bewegung, wenn sie erst einmal den wirtschaftlichen Besitz erlangt habe, dessen Fehlen sie zur Partei der wirtschaftlich Schwachen einmal trieb. Die politische *Macht*, notwendig, um Einfluß auf die Wirtschaftslage zu gewinnen, würde eine an ethischen Prinzipien orientierte Partei nie erringen[35].

Karität als Politik-Ersatz – diese Leistung einer pseudochristlichen politischen Ethik hat Weber so mit seiner Polemik gegen gesinnungsethisches Handeln in der Politik zu Recht schärfstens abgelehnt. Fragen wir aber nun nach den ethischen Implikationen *seiner* politischen Anschauungen, nach der »verantwortungsethischen« Absicherung seines Nationalismus und seines Bildes vom charismatisch-plebiszitären Führer. In der nationalen Politik sowohl wie im politischen Stil und der politischen Struktur des deutschen Reiches bedeutet verantwortungsethische Orientierung für Weber erstens, daß der Politiker seiner »Sache«, dem von ihm gewählten politischen Werte »treu« bleibe[36], und zweitens, daß er für seine Politik verantwortlich gemacht werden könne und für seine Entscheidungen samt ihren Folgen hafte[37].

Wir haben eingangs Webers Sorge erwähnt, eine übermächtige Bürokratie würde den politischen Entscheidungsspielraum durch Überverwaltung immer mehr einengen. Von hierher ist sein Versuch berechtigt, der politischen Verantwortung durch den starken Führer wieder zum Leben zu verhelfen, der dann auch für seine Politik einzustehen hatte. Die Kehrseite dieses Programms war die Ausschaltung effektiver Kontrollen des Führers selbst. Der blinde Gehorsam seiner Gefolgschaft, solange seine Politik von Erfolg gekrönt war, mußte nicht gerade kritische Maßstäbe entwickeln dafür, *welche* Politik denn nun hier erfolgreich (oder erfolglos) war[38]. Eben diese Kontrolle legt sich aber auch der seiner Sache verantwortliche Führer – trotz aller verantwortungsethischen Orientierung nicht auf.

Seine Verantwortung reicht bis zur möglichst konsequenten Vertretung seiner Sache und bis zur Haftung für das Resultat seines Tuns. Vor der Frage nach der Richtigkeit des Gewählten, der »Sachlichkeit« seines Tuns jedoch, macht die Verantwortungsethik halt. Denn »Sachlichkeit« ist bei Weber identisch mit »leidenschaftliche(r) Hingabe an eine ›Sache‹, an den Gott oder Dämon, der ihr Gebieter ist[39].« Die zu verantwortende »Sache« ist nur die Intensität, mit der etwas vertreten wird, und nur die Qualität des Verhältnisses zu einer Sache – nicht aber die Sache selbst, – der gewählte Wert, das erstrebte Ziel. »Sachlich« und verantwortungsethisch könnte nach diesem Verständnis auch eine verbrecherische Politik sein – wenn auch Webers Gefühl für Gerechtigkeit hier zu schärfstem Protest aufgerufen haben würde[40] –, eine Politik etwa, die von einem entsprechenden Verständnis von »Menschenwürde« getragen und der Zustimmung der Mehrheit des Volkes teilhaftig, die Vernichtung »lebensunwerten« Lebens fordern und praktizieren würde. Webers persönliches Wertsystem, nicht aber sein politisch-ethisches Begriffsschema und seine politische Institutionen- und Verhaltenslehre sind gegen diese Usurpation geschützt.

Einen tragischen Akzent erhält Webers »Lehre« von der Verantwortungsethik politischen Handelns in seinem Nationalgedanken. Der vom Deutschen Reich verlorene Weltkrieg mußte von Weber konsequenterweise den Folgen des Nationalismus zugerechnet werden; und Weber war klarsichtig, offen und mutig genug, dies auszusprechen – ein Schuldbekenntnis abzulegen bedeutete dies nun aber ganz und gar nicht[41]. Noch viel weniger wurde diese Einsicht aus einer Katastrophenstimmung heraus geboren, aus Angst vor dem Sieger oder aus nationalen Minderwertigkeitskomplexen. Weber hielt eine »männliche und herbe Haltung« dem Feinde gegenüber für angemessen, die sich in den Worten zu äußern habe: »Wir verloren den Krieg, – ihr habt ihn gewonnen. Das ist nun *erledigt:* nun laßt uns darüber reden, welche Konsequenzen zu ziehen sind entsprechend den *sachlichen* Interessen, die im Spiel waren, und – die Hauptsache – angesichts der Verantwortung vor der *Zukunft*, die vor allem den Sieger belastet[42].«

Weber will die nationalen Haß-, Hetz-, Beschuldigungs- und Entschuldigungskampagnen mit dem Ende des Krieges beendet wissen, er hält es für angemessen, daß mit Kriegsende zur Tagesordnung übergegangen werde, deren erster Punkt laute: Haftbarmachung des Besiegten und des Siegers für die Kriegsfolgen, was nichts anderes heißt als die Durchsetzung der Interessen des Siegers auf Kosten des Besiegten.

Menschliche Größe, nicht menschliches Glück schien Weber die höchste Bestimmung des Menschen zu sein. Der kollektiven menschlichen Größe – der nationalen Ehre – durfte daher zu Recht die grauenhafte Summe menschlichen Leides und Leidens geopfert werden, die ein Weltkrieg zwischen imperialistischen Industrienationen mit sich bringen *mußte.* Diese Abwertung menschlichen Rechtes auf Glück als eines Hedonismus, zugunsten eines tragischen Heroismus, erscheint heute mehr als fraglich. Vom Standpunkt seines machtpolitischen Nationalismus aus konnte Weber nicht anders urteilen. Dennoch stimmt es nachdenklich, daß bei Weber die Tatsache des Weltkrieges überhaupt (mitsamt seinen Folgen speziell für das Deutsche Reich) den obersten Wert einer nationalen Größe nicht zu erschüttern vermochte. Webers Nationalismus war Ausdruck einer vermeintlichen Loyalität gegenüber dem eigenen Volk, die er vom Schicksal verhängt glaubte[43].

»Schicksal« ist hier nichts anderes als die mythische Umschreibung für Webers heroisch-resignative Annahme der scheinbar unbeeinflußbaren politisch-gesellschaftlichen Zwangsmechanismen der europäischen Industrienationen: daß »die Struktur der Gesellschaft den Krieg erzeugte[44]« – die Struktur eben *dieser* europäischen imperialistischen Staaten. An die Möglichkeit, internationale Konflikte nicht-militärisch zu regulieren, hat Weber nicht geglaubt; er war überzeugt von der »Möglichkeit und Unvermeidlichkeit des Machtkrieges« »auf unabsehbare Zeit[45]«. Und eine Umstrukturierung der frühkapitalistischen Gesellschaft in Richtung auf ein weniger expansives und repressives System hielt Weber aus ökonomischen, technologischen und technokratischen Überlegungen heraus für nicht sinnvoll, wenn Deutschland Machtnation unter Machtnationen bleiben sollte. Webers ethisches Begriffsschema reicht nicht weiter als seine politisch-gesellschaftliche Einsicht: sie stellt den Leitwert (der Machtnation) nicht mehr in Frage[46].

Anmerkungen

1 M. Weber, GAzRS, Bd. I, [5]1963, Vorbemerkung 1, 4.
2 Ebenda, Hervorhebung von uns.
3 Siehe etwa: M. Weber, GAzRS, Bd. I, S. 24, 212, 87 (Anm.); dort auf den Prozeß im Leben der nordamerikanischen Gesellschaft bezogen, den wir bereits analysiert haben: Religiös motivierte soziale Verhaltensmuster (der Sekte) dringen in profane gesellschaftliche Institutionen ein und werden außerreligiösen Zwecken dienstbar.
4 M. Weber, GAzRS, Bd. I, S. 154. Das Verbot der Kreaturvergötterung folgte aus dem calvinistischen Grundsatz »In majorem Dei gloriam«; s. auch S. 100, 190.
5 M. Weber, Religion und Politik, in: GAzRS, Bd. I, S. 546 ff; ders., Religion und Intellektualität, in: GAzRS, Bd. I, S. 564 ff. Als Säkularisierung interpretieren wir hier den Vorgang, daß sich die Menschen der *Weltlichkeit* oder, mit Worten Webers, der inneren Eigengesetzlichkeit der weltlichen Güter bewußt werden (S. 541). Dieser Vorgang ist für Weber die Folge der »Rationalisierung und bewußte(n) Sublimierung der Beziehungen des Menschen zu den verschiedenen Sphären äußeren und inneren, religiösen und weltlichen, Güterbesitzes«. D. h. – die Religion begab sich der magischen und rituellen Weihe »äußerer« »weltlicher« Güter und zog sich auf die inneren »Güter« zurück. Sie entwickelte sich zu einer Religiosität der Gesinnung und gab durch diesen ganzen Sublimierungsprozeß den weltlichen Kulturbereichen den Spielraum zur Entfaltung ihrer *Eigengesetzlichkeit*. Hatten sie erst einmal selbständige gesellschaftliche Zwekke ausgebildet, so war ein Zusammenstoß mit den Zweck- und Sinnvorstellungen der Gesinnungsreligion unvermeidlich. – Weber hat mit dem Begriff der Säkularisierung, oder Säkularisation, wie er sagt, nicht nur den genannten geistes- und gesellschafts*geschichtlichen* Prozeß der Neuzeit bezeichnet. Er verwendet den Begriff auch typologisch für die Profanisierung religiöser Verhaltensweisen überhaupt, also auch in nichtwestlichen Kulturen (etwa M. Weber, GAzRS, Bd. I, S. 196, u. WuG, Studienausgabe hrsg. von J. Winckelmann, 1964, S. 347). Darauf hat schon Lübbe hingewiesen.
6 Siehe etwa: M. Weber, Wissenschaft als Beruf (1919), in: GAzW, hrsg. von J. Winckelmann, [2]1951, S. 596.
7 G. Schmidt, Deutscher Historismus.
8 M. Weber, GAzRS, Bd. I, 158.
9 Ebenda. Weber schließt aus diesem Bild der Täufer die enthusiastisch-chiliastische Münsteraner Bewegung aus.
10 M. Weber, Wirtschaftsethik (Zwischenbetrachtung), in: GAzRS, Bd. I, S. 564 ff; s. auch M. Weber, Wissenschaft als Beruf, in: GAzW, S. 595.
11 M. Weber, Die protestantische Ethik, in: GAzRS, Bd. I, S. 94, 114, 156.
12 M. Weber, Wissenschaft als Beruf, in GAzW, S. 577 f.
13 M. Weber, Wirtschaftsethik (Zwischenbetrachtung), in: GAzRS, Bd. I, S. 552 ff. u. ö.
14 M. Weber, Wissenschaft als Beruf, in GAzW, S. 589.
15 M. Weber, GPS, vor allem die beiden großen Aufsätze Wahlrecht und Demokratie in Deutschland (1917) und Parlament und Regierung im neugeordneten Deutschland (1918).

16 Siehe dazu W. Mommsen, Max Weber und die deutsche Politik, s. 324 ff.

17 »Die ›plebiszitäre Demokratie‹ – der wichtigste Typus der Führer-Demokratie – ist ihrem genuinen Sinn nach eine Art der charismatischen Herrschaft, die sich unter der *Form* einer vom Willen der Beherrschten abgeleiteten und nur durch ihn fortbestehenden Legitimität verbirgt. Der Führer (Demagoge) herrscht tatsächlich kraft der Anhänglichkeit und des Vertrauens seiner politischen Gefolgschaft zu seiner *Person* als solcher«. M. Weber, WuG, S. 199.

18 Weber spricht ungeniert von der »Ausnutzung der Emotionalität der Massen« (M. Weber, Politik als Beruf, in: GPS, S. 525). Es muß deshalb fraglich erscheinen, ob man so wie G. Schmidt interpretieren darf, Weber wolle die »emotionale Manipulation« durch »rationale Argumente«, durch eine rational überzeugende Interpretation der Staatsinteressen ergänzen (G. Schmidt, Deutscher Historismus). Schon aus propagandatechnischen Gründen scheint diese Komplementarität von Rationalität und Irrationalität an *dieser* Stelle unwahrscheinlich. Außerdem wäre an Schmidt die Frage zu richten, was denn rationale Zustimmung zu einer vertretenen Sache (»Staatsräson«) bedeuten soll. Sie könnte etwa einer unter nationalpolitischen Gesichtspunkten »rationalen«, aber völkerrechtlich kriminellen Annexionspolitik die Weihe geben.

19 M. Weber, WuG, S. 502; s. dazu W. Mommsen, Max Weber und die deutsche Politik, S. 390 u. 402.

20 G. Schmidt, Deutscher Historismus, S. 249 – dort als schöner Ton im Dreiklang »Führerschaft, Parlamentarismus und Bürokratie« gedeutet.

21 M. Weber, GPS, S. 321.

22 J. Habermas, in: Verhandlungen des fünfzehnten deutschen Soziologentages, 1965, S. 79.

23 M. Weber, GPS, S. 23, 14; s. den bei Mommsen, Max Weber und die deutsche Politik, S. 87, zitierten Ausschnitt aus einem Artikel Webers in der Badischen Landeszeitung vom 16. 12. 1897, wo es heißt: »Wir rücken mit beängstigender Schnelligkeit dem Zeitpunkt entgegen, an dem die Ausdehnung der Versorgung asiatischer halbgebildeter Völker ihr Ende gefunden hat. Dann entscheidet über den auswärtigen Markt weiter nichts als die Macht, als die *nackte* Gewalt ... Wann sich diese Entwicklung vollzieht, weiß man nicht, sicher ist aber, *daß* sie sich vollzieht, sicher ist die Entstehung eines *erbitterten Kampfes* um die Macht *an Stelle* eines scheinbar friedlichen Fortschrittes. Und in diesem gewaltigen Kampfe wird der Stärkste Sieger sein.«
(Hervorhebungen von uns.)

24 M. Weber, GAzW, S. 155.

25 A. a. O., S. 154.

26 M. Weber, GPS, S. 536 ff.

27 Damit ist für Weber nicht eine »Anpassung in der Auswahl aus den überhaupt möglichen letzten Stellungnahmen selbst an die jeweiligen wirklichen oder scheinbaren Augenblickschancen einer von ihnen« gemeint – also nicht die »Realpolitik« der Wilhelminischen Ära, wie Weber bissig anmerkt, sondern vielmehr die »Anpassung der Mittel einer letzten Stellungnahme an gegebene Situationen (›Realpolitik im engeren Sinn‹)«, in: M. Weber, Wissenschaftslehre, S. 501.

28 M. Weber, Politik als Beruf, in: GPS, S. 539.

29 Siehe etwa a. a. O., S. 546.
30 A. a. O., S. 538.
31 A. a. O., S. 539; R. Aron, in: Max Weber und die Soziologie heute, S. 177 f., hat die Frage aufgeworfen, ob Weber denn nicht in der Alternative Gesinnungs- oder Verantwortungsethik *zwei* Antinomien verwechselt habe, nämlich 1. die Antinomie in der Frage der teuflischen Mittel und 2. die Folgen-Antinomie. Aron führt gegen Weber an, daß niemand das Recht habe, gegen die Folgen seines Tuns gleichgültig zu sein, wie niemand sich auch unter gewissen Umständen einer inneren Forderung (– einem gesinnungsethischen Appell –) entziehen könne – trotz des Risikos der Folgen. Von Weber wird dies aber auch gar nicht behauptet. Nach Weber stellt der Christ *Gott* die Folgen des Tuns anheim. M. Weber, GPS, S. 593; ders., Wissenschaftslehre, S. 491. Erst dem nicht mit einer außermenschlichen Welt- und Menschenführung Rechnenden muß diese religiöse Folgenrationalität als folgen-irrational erscheinen. Die Gesinnungsethik ist prinzipiell »nicht von dieser Welt«, d. h. religiös. Auch der nichtreligiöse Syndikalist (Wissenschaftslehre, S. 500) mit seiner säkularen reinen Gesinnungsethik müßte sich nach Weber konsequenterweise verstehen. Was ferner die Gesinnungskomponente alles Handelns angeht, so haben wir ja schon beschrieben, wie für Weber auch das verantwortungsethische Tun *prinzipiell* – wenn auch mit Umwegen – einem gewählten Werte treu bleibt und insofern auch ein gesinnungsethisches Moment enthält.
32 M. Weber, GPS, S. 538.
33 A. a. O., S. 538 und 27.
34 M. Weber, Zur Gründung einer national-sozialen Partei, in: GPS, S. 27.
35 Weber ließ nur *eine* Alternative als politisch erfolgversprechend gelten: die agrarisch-feudale Reaktion oder die – seiner Meinung nach unabwendbare – »bürgerlich-kapitalistische Entwicklung« (a. a. O., S. 28) zu unterstützen. Eine Arbeiterpartei hielt er dabei nur mit, nicht gegen die Bourgeoisie für sinnvoll.
36 A. a. O., S. 140, 513, 534, 323, 331, 365, 410, 513.
37 A. a. O., S. 537, 227, 279, 330, 336.
38 A. a. O., S. 336.
39 A. a. O., S. 533.
40 E. Troeltsch, Max Weber, in: Deutscher Geist und Westeuropa, 1925, S. 251.
41 M. Weber, GPS, S. 537.
42 Ebenda; 1. Hervorhebung von uns.
43 A. a. O., S. 142. Dort bezeichnet Weber den Kampf für die nationale »Ehre« als Eintreten »für vom Schicksal verhängte geschichtliche Pflichten des eigenen Volkes«.
44 A. a. O., S. 537.
45 A. a. O., S. 142.
46 Es könnte scheinen, als dringe Webers Kategorie der verantwortungsethischen Orientierung schließlich doch vor zu einer sachlichen Diskussion der Wertwahl. Häufig kehrt in Webers politischen Schriften der Begriff der »Verantwortlichkeit« bzw. »Verantwortung vor der Geschichte« wieder (M. Weber, GPS, S. 14, 19, 24, 139 f., 171 f., 431, 537), gerade auch, um den Krieg und seine Folgen zu legitimieren (S. 140, 537) – als sinn-

vollen (S. 141) Versuch, der späteren Generation des Volkes einen würdigen Lebensraum, d. h. die Möglichkeit zu erhalten, gemäß den spezifisch deutschen Vorstellungen von Gesellschaft, Politik, Geist und Kultur zu leben. Aber diese lebenswürdige zukünftige Gestalt Deutschlands, der Weber sich verantwortlich fühlte, war von vornherein durch den nationalen Machtstaatsgedanken geprägt. Die Verantwortlichkeit von der Geschichte ist bei Weber die Verantwortung von der zukünftigen nationalen Größe des eigenen Volkes. Es ist natürlich nicht beabsichtigt, diese Argumentation in einen Moralismus münden zu lassen, etwa derart, daß dem deutschen Machtpolitiker Weber ein Vertreter z. B. der »friedlichen Schweiz«, also etwa Jacob Burckhardt mit seiner These, daß »Macht an sich böse« sei – siehe dazu W. Mommsen, Max Weber und die deutsche Politik, S. 53 – gegenübergestellt wird. Die geographische Lage – M. Weber, GPS, S. 140 – erlaubte es der Schweiz, von der kapitalistischen Entwicklung der europäischen Nationen zu profitieren und sich ohne militaristische Auseinandersetzung in der gleichen Richtung zu entwickeln. In der Tat wäre es für Deutschland sinnlos gewesen, ohne internationale Absprachen und Absicherungen, und ohne weitgehende Strukturveränderungen in der europäischen Gesellschaft »durch *freiwilligen* Entschluß sich einer pazifistischen Politik ... zuzuwenden«, A. a. O., S. 140.

Max Webers politische Soziologie

WOLFGANG J. MOMMSEN

Vom liberalen Verfassungsstaat zur plebiszitären Führerdemokratie

Unsere Untersuchung über Max Weber und die deutsche Politik ist an einem Punkt angelangt, der es notwendig macht, noch einmal den Blick zurückzurichten auf die Gesamtheit seines politischen Wollens.

Max Weber fand, als er seine ersten Schritte in die Tagespolitik hinein unternahm, den deutschen Liberalismus, dem er nach Abkunft und eigenem Bekenntnis zugehörte, in einer Periode des Niedergangs vor. Mit der rapiden Entwicklung des Kapitalismus und dem gewaltigen ökonomischen Aufschwung seit Anfang der achtziger Jahre erlahmte zugleich die politische Aktivität des deutschen Bürgertums. Es begann die Erhaltung des ökonomischen und gesellschaftlichen status quo den Zielen einer fortschrittlichen liberalen Politik voranzustellen. Der Kampf um die Steigerung der Parlamentsrechte und ein verantwortliches Reichskabinett wurde einstweilen vertagt. Das bestehende halbkonstitutionelle System schien die wirtschaftliche Prosperität und die wirtschaftliche Bewegungsfreiheit des Bürgers nicht zu hemmen, im Gegenteil, es gewährte Schutz gegen die revolutionären Bestrebungen der Arbeiterschaft und garantierte ein hohes Maß an Rechtssicherheit und Ordnung, derer der bürgerliche Kapitalismus zu ungestörtem Funktionieren bedarf. Das liberale Bürgertum gab sich daher mit dem Maß an politischen Rechten zufrieden, das man 1867 Bismarck abzuringen vermocht hatte, und richtete seine Bemühungen vornehmlich auf den Ausbau und die Sicherung der formellen Rechtsstaatlichkeit in Politik und Verwaltung; im übrigen reagierte es seine politische Energien im Kulturkampf gegen die vermeintliche Autokratie des Katholizismus ab. Rudolf v. Gneists politisches Wirken ist für diese Haltung insbesondere des Nationalliberalismus der Bismarckzeit paradigmatisch. Bismarck selbst suchte die Neigung des Bürgertums, auf eine Erweiterung der Verfassungsrechte des Reichstages zu verzichten und gegen die andrängende Linke mit den bestehenden Gewalten einen Kom-

Aus: Wolfgang J. Mommsen, Max Weber und die deutsche Politik 1890 bis 1920, Tübingen 1959, S. 387–413. Mit freundlicher Genehmigung des Verlags J. C. B. Mohr (Paul Siebeck), Tübingen.

promiß einzugehen, seinerseits nach Kräften zu fördern. Er wußte das »rote Gespenst« souverän zur Einschüchterung und zur Zersprengung des Liberalismus zu benutzen. Immer wieder gelang es ihm, die bürgerlichen Kräfte in den Zwiespalt zwischen ihren liberalen verfassungspolitischen Zielen und dem Wunsch nach Erhaltung ihrer vermeintlich ernsthaft bedrohten sozialen und ökonomischen Positionen zu bringen.

Insbesondere die großbürgerlichen Schichten hatten den Gedanken einer Umgestaltung Deutschlands im Sinne der bürgerlich-liberalen Verfassungsideale, die sie 1848 zur Revolution gegen die dynastischen Regierungen beflügelt hatten, fallengelassen. Sie neigten immer stärker dazu, sich im Rahmen des bestehenden gesellschaftlichen Systems zu akkommodieren und bei den herrschenden feudalen Schichten Anschluß zu suchen. Ein äußerer und innerer Feudalisierungsprozeß erfaßte das deutsche Großbürgertum und die Schichten von Bildung und Intelligenz; sie alle wollten am Glanz und Ansehen der Krone und des Offizierskorps wenigstens in bescheidenem Maße partizipieren.

Max Weber hat in dieser Situation den leidenschaftlichen Appell an das deutsche Bürgertum gerichtet, sich auf seine eigenen kulturellen und politischen Ideale zu besinnen und, statt sich verächtlichen Renegatentums zu befleißigen, sein Klassenbewußtsein wieder zu ergreifen. Webers berühmte Untersuchung über die »Protestantische Ethik und der Geist des Kapitalismus« war *auch* ein Versuch, zur Wiederbelebung dieses bürgerlich-puritanischen Klassenbewußtseins beizutragen. Statt der Annäherung des Bürgertums an die privilegierte Schicht des preußischen Adels, wie sie in Preußen unter der Ägide v. Miquels praktiziert wurde, verlangte Weber klassenbewußte Geschlossenheit im Kampf gegen diese, zumal ihr Führungsanspruch durch die wirtschaftliche Entwicklung überholt sei. Durch eine liberale Sozialpolitik nicht im Manchestersinne, sondern nach Art des Brentanoschen Sozialliberalismus, hoffte Weber auch die Unterstützung der Arbeiterschaft im Kampf gegen den Konservativismus gewinnen zu können, in der festen und richtigen Überzeugung, daß die Wege des Bürgertums und des Proletariats jahrzehntelang nebeneinander her führen könnten.

Weber wollte das Epigonenbewußtsein und die Sekuritätsmentalität des Bürgertums überwinden, indem er diesem als neues positives Ziel eine deutsche liberale Weltmachtpolitik vor Augen stellte. Dem Anspruch der Konservativen, sie seien die wahren Hüter des Bismarckschen Erbes, hielt Weber entgegen, daß allein eine nationale imperialistische Politik, getragen von den wirtschaftlich führenden Schichten des deutschen Volkes, die echte Fortsetzung der nationalen Großtat Bismarcks, der Errichtung des Deutschen Reiches als Großmacht, darstelle. Mit Bismarck wollte er den Kampf gegen seine falschen Palladine führen, die sich 1890 feige und mit spekulativen Hintergedanken der »neuen Sonne« zugewandt hätten. Der preußische Konservativismus erschien ihm nicht nur als Hort der innenpolitischen Reaktion, sondern auch als Hemmschuh des Aufstiegs Deutschlands zur ökonomischen und politischen Großmacht in der Welt.

Daher sah Weber 1895 die entscheidende Schicksalsfrage Deutschlands darin, ob das deutsche Bürgertum sich, nachdem die Führung der Staatsgeschäfte aus den Händen Bismarcks in die konservativer Beamtennaturen gefallen war, endlich reif und willens zeige, die politische Leitung der Nation zu übernehmen, die ihr durch die wirtschaftliche Entwicklung zudiktiert schien. Die Stagnation des Nationalliberalismus, die er im Elternhause aus nächster Nähe hatte beobachten können, weckte seine Verachtung. Er verlangte eine energische Politik, die sich die Parlamentarisierung der deutschen Verfassung und insbesondere die Beseitigung des preußischen Dreiklassenwahlrechts zum Ziele setzte, der verfassungsrechtlichen Bastion, durch die allein der preußische Adel seine privilegierte politische Stellung und seinen mittelbaren Einfluß auch auf die Reichspolitik zu behaupten imstande war. Weber bemühte sich, dem Liberalismus ein positives Verhältnis zur Macht, zu großen politischen Führern einzuimpfen; dieser sollte endlich seine negative Haltung gegenüber dem Staate von sich werfen.

Weber forderte die Parlamentarisierung und Demokratisierung des deutschen Staates, um die konservativ-feudalen Schichten in der Herrschaft abzulösen. Die spezifischen demokratischen Ideale, die dem parlamentarischen Verfassungsstaat seine Legitimation und höhere Dignität gegenüber anderen Staatsformen verleihen, spielten dagegen für ihn eine geringe Rolle. Er forderte zwar eine freiheitlichere Verfassung, in der dem Staatsbürger die Chance zu verantwortlicher Mitarbeit an allen politischen Angelegenheiten gegeben würde, schon aus allgemeinen Kulturgründen; gerade das Fehlen der vollen freiheitlichen Rechte in Deutschland mindere das Ansehen der deutschen Kultur im Ausland, welches sich längst ein weit höheres Maß an innerer Freiheit errungen habe. Mit Nachdruck konnte er davon sprechen, daß nur »Herrenvölker«, d. h. Völker, die ihre inneren Angelegenheiten auf freiheitlicher Grundlage zu gestalten vermögen, innerlich zu großer Weltpolitik legitimiert seien. Gleichwohl traten die spezifischen Wertideale, die der Lehre der freien Selbstbestimmung des souveränen Volkes zugrunde liegen, mehr und mehr in den Hintergrund. Der universale Prozeß der »Entzauberung der Welt« machte auch vor den liberalen und demokratischen Lehren nicht halt.

Max Weber hielt die naturrechtliche Begründung der Demokratie und des liberalen Rechtsstaats für altes Eisen, das keine tragfähige Basis für eine moderne Staatslehre mehr abgeben könne. Die »Menschenrechte« seien ein Produkt des religiösen Sektenwesens und ihrem Wesen nach »extrem rationalistische Fanatismen«[1]. Wer aber vermöge heute noch *»selbst* ›Sekten‹-Mensch« zu sein, fragte er[2]. Gewiß, er betonte nachdrücklich, daß »heute« niemand ohne die Errungenschaften »aus der Zeit der ›Menschenrechte‹«, ohne das Maß an »›individualistischer‹ Bewegungsfreiheit« zu leben vermöge, welches »der *radikale* Idealismus« der Sekten geschaffen habe[3]. Aber er hielt die naturrechtliche Axiomatik für nicht mehr imstande, unter den Bedingungen des Hochkapitalismus eindeutige Weisungen für eine gesellschaftliche Ordnung zu geben[4]. Auch für ihn hatte »der alte individualistische Grundgedanke der ›unveräußerlichen‹ Menschenrechte[5]« unter den Bedingungen der modernen Industriegesellschaft viel von seiner Überzeugungskraft verloren, und er scheute sich nicht, sich gelegentlich ausdrücklich über sie hinwegzusetzen.

Die liberale Lehre vom »Rechtsstaat« unterzog Max Weber, bezeichnenderweise ohne diesen inhaltsschweren Begriff selbst zu gebrauchen, einer schonungslos desillusionierenden Kritik. Die naturrechtlichen Grundlagen der rechtsstaatlichen Lehre wurden von ihm in aller Form aufgegeben. »Die naturrechtliche Axiomatik« habe »die Tragfähigkit als Fundament eines Rechtes verloren[6].« Er hielt die Entwicklung zum reinen Rechtspositivismus für unaufhaltbar: »die zunehmende Wertung des jeweils geltenden Rechts als eines rationalen, daher jederzeit zweckrational umzuschaffenden, jeder inhaltlichen Heiligkeit entbehrenden, technischen Apparats« sei unvermeidliches Schicksal[7]. Die Legitimität der Rechtsordnung werde nicht mehr von einem positiven Glauben an zugrunde liegende »präeminent geltende« Normen naturrechtlicher Art getragen. Überdies habe der scharfe Gegensatz, welcher zwischen formalen und materialen Naturrechtsnormen bestehe, die Geltung der Naturrechtslehre erschüttert[8]. Die klassische liberale Lehre vom Rechtsstaat als eines Systems generell geltender formaler Normen wies Weber als die spezifische Rechtsform auf, die dem bürgerlichen Kapitalismus adäquat sei: »Vertragsfreiheit«, also »prinzipiell freie Konkurrenz«, gehöre zu ihren naturrechtlichen Grundaxiomen. Die formale Rationalität des Rechts sei eine wesentliche Voraussetzung bürgerlich-kapitalistischer Kalkulation und liege daher im Interesse der bürgerlichen Klassen. Sie wirke sich in aller Regel zugunsten der »jeweils ökonomisch Mächtigen und daher an der freien Ausbeutung ihrer Macht Interessierten« aus[9], während sie die »inhaltlichen Gerechtigkeitsideale« durch ihren abstrakten und formalen Charakter vielfach verletze. Eine proletarische Gesellschaft habe daher keinerlei direktes Interesse an einer solchen formalen rationalen Rechtsordnung, sondern werde unter Umständen den Prinzipien materialer Rationalität, beispielsweise des »Rechtes auf Arbeit« und des »Rechtes auf den vollen Arbeitsertrag«, den Vorzug geben. Ebenso werde sie möglicherweise die formalistische Rechtsprechung durch eine Kadijustiz ersetzen, die nach materialen Rechtsgesichtspunkten urteile[10].

Es ist deshalb kein Zufall, daß Max Weber, wie man mit Recht hervorgehoben hat, den klassischen liberalen Rechtsstaatsbegriff, der eine der Hauptwaffen aus dem politischen Arsenal des bürgerlichen Liberalismus des 19. Jahrhunderts darstellte und nicht zufällig Bismarcks sarkastischen Spott über diesen »von Robert v. Mohl erfundenen Kunstausdruck« gefunden hatte, nirgends in positivem Sinne anwandte, sondern an seine Stelle den Begriff der (formalen) Legalität treten ließ[11]. Der Rechtsstaatsbegriff hatte für Weber durch den doppelten Aufweis seines klassengebundenen Charakters und der Erschütterung des ihm zugrunde liegenden Naturrechtsglaubens seine werthafte Dignität eingebüßt.

Nicht anders erging es auch der klassischen demokratischen Lehre von der Volkssouveränität. Sie ließ nach Webers Ansicht die fundamentale Tatsache außer acht, daß jede Herrschaft, welche Formen sie im einzelnen auch immer annehme, durch eine Oligarchie von Führern ausgeübt werde; nur in der Art der Führerauslese unterschieden sich die einzelnen Herrschaftstypen. Die Selbstherrschaft des Volkes hielt er nur in Form der unmittelbaren Demokratie und auch das nur in kleinen politischen Verbänden für möglich[12]. Aber ihre spezifischen Ideale, die »Minimisierung der Herrschaft«, die Beseitigung der »Herrschaft des Menschen über den Menschen« zugunsten der Verwaltung von Sachen, teilte er nicht; er hielt sie weder für realisierbar noch überhaupt für wünschenswert. Sein demokratischer Staatsgedanke stand unter dem Ideal der möglichsten Machtsteigerung des Staates nach außen und bejahte diese infolgedessen auch im Innern. Nachdrücklich betonte er, daß sich die Politik eines Großstaats niemals in reiner Verwaltung von Sachen erschöpfen könne, daß sie »Herrschaft« sein müsse; nationale Machtpolitik und bloße Verwaltung seien unvereinbare Gegensätze[13]. Im äußersten intellektuellen Rationalismus gab Weber dem demokratischen Gedanken der freiheitlichen Selbstorganisation des Volkes prinzipiell den Abschied. »Jeder Gedanke, ... durch noch so ausgetüftelte Formen der ›Demokratie‹ die Herrschaft des Menschen über den Menschen zu beseitigen«, sei eine Utopie[14]. Demokratisierung könne, wenn überhaupt einen präzisen Sinn, dann nur den einer »Minimisierung der Herrschaftsgewalt der ›Berufsbeamten‹« – des Herrschaftsstabes – »zugunsten der möglichst ›direkten‹ Herrschaft des ›Demos‹, das heißt aber praktisch: seiner jeweiligen Parteiführer«, haben[15]. Der Demos als ungegliederte Masse regiere nie selbst; er werde regiert und wechsele nur die Führer an der Spitze des Verwaltungsstabes, wiederum auf Betreiben einzelner Parteiführer. An Robert Michels, der leidenschaftlich mit der Frage rang, wie das ethisch-politische Postulat der Volkssouveränität mit den Realitäten, die unerbittlich immer neue Oligarchien hervorbrachten, zu vereinbaren sei, schrieb Max Weber die illusionslos-nüchternen Worte: »Aber – ach wie viel Resignation werden Sie noch über sich ergehen lassen müssen! Solche Begriffe wie ›Wille des Volkes‹, wahrer Wille des Volkes, existieren für mich schon lange nicht mehr, sie sind *Fiktionen*. Es ist gerade so, als ob man von einem Willen der Stiefelkonsumenten reden wollte, der für die Art, wie der Schuster seine Technik (!) einrichten sollte, maßgebend sein müsse! Die Schuhkonsumenten wissen zwar, wo sie der Schuh *drückt,* aber niemals, wie er besser gemacht werden sollte[16].« Weber verzichtete darauf, auch nur einen ideellen Kern der klassischen demokratischen Lehre in die moderne Massendemokratie hinüberzuretten. Das Postulat der freien Selbstbestimmung des Volkes, welches dem demokratischen Gedanken seit Rousseau seine besondere Dignität verliehen hatte, wurde ersetzt durch das Prinzip der *formal* freien Führerwahl. Dem einzelnen Staatsbürger der großen Zahl wurde nicht länger die Aufgabe verantwortlicher Mitgestaltung des politischen Gemeinschaftslebens angesonnen; er akklamierte seinen Führern im Vertrauen auf deren Führereigenschaften als solche. Demokratie wurde auf solche Weise zu einem funktionalistischen System, das dem Volke nicht mehr und nicht weniger gab als die Garantie, daß die Leitung der Staatsgeschäfte in aller Regel in den Händen von formal optimal qualifizierten Führern liege. Von einer materiellen Mitformulierung der politischen Ziele der Gemeinschaft durch das Volk in gleich welcher Form war nicht mehr die Rede, dies lag allein bei den Politikern, die sich durch ihre demagogischen Qualitäten die Zustimmung zu den Zielen verschaffen, welche sie selbst setzen. Der demokratische Verfassungsstaat wurde insofern wesentlich zu einer *technischen* Veranstaltung, um politische Führer auszubilden und ihnen Aufstieg und Herrschaft zu ermöglichen[17].

Max Weber forderte dementsprechend den parlamentarischen Verfassungsstaat für Deutschland nicht deshalb, weil er sich davon ein Höchstmaß freier Selbstbestimmung des Staatsbürgers oder eine besonders rechtsstaatliche Verfassungsordnung erwartete, sondern in erster Linie aus *national*politischen Gründen. Er wollte einen machtvollen nationalen Staat, der im Innern von den Kräften der aufsteigenden Schichten des deutschen Volkes getragen werde und darum fähig sei, große *außen*politische Leistungen zu vollbringen. Lukácz scharfem Urteil, daß die Demokratisierung für Weber nur eine »technische Maßnahme zugunsten eines besser funktionierenden Imperialismus« gewesen sei, wird man schwerlich ein gewisses Maß von Berechtigung bestreiten können[18]. Weber selbst betonte immer wieder, daß Parlamentarisierung und Demokratisierung für ihn in erster Linie ein *Mittel* seien, um die innenpolitischen Voraussetzungen für eine deutsche Weltpolitik zu schaffen. »Staatsformen sind für mich Techniken wie jede andere Maschinerie«, bekannte er[19]. Höchst charakteristisch heißt es einmal in Webers Gutachten zur Werturteilsfrage für den Verein für Sozialpolitik vom Jahre 1913: »Wem etwa ›nationale‹ Machtinteressen ein ›letztes‹ Ziel wären, der müßte je nach der gegebenen Situation sowohl eine absolutistische, wie eine radikal demokratische Staatsverfassung für das (relativ) geeignetere Mittel ansehen, und es wäre höchst lächerlich, einen Wechsel in der Bewertung dieser staatlichen Zweckapparate (!) für einen Wechsel in der ›letzten‹ Stellungnahme eines Menschen anzusehen[20].« Das eben war Webers eigener Standpunkt; in äußerster Konsequenz ordnete er die demokratischen Verfassungsideale den nationalen Machtinteressen unter. Leichten Herzens bekannte er sich stets dazu, daß ihm die nationalen Machtinteressen Deutschlands turmhoch über allen Fragen der Staatsform stünden. Insofern trug bei Weber leidenschaftliches nationales Machtdenken erheblich dazu bei, den demokratischen Gedanken seiner inhaltlichen Wertgehalte zu berauben und einer rein funktionalistischen Auffassung der Demokratie den Weg zu bereiten. Demokratie hörte auf, eine Staatsform von besonderer Dignität zu sein; ihr Vorzug lag vornehmlich in der größeren außenpolitischen »efficiency«. Sie gewährleistete am besten jenes Minimum an Zustimmung der Regierten, ohne das eine kraftvolle Politik unter den Bedingungen der modernen Massengesellschaft, namentlich in Krisenzeiten, ausgeschlossen schien.

Sinn und Aufgabe der parlamentarischen Demokratie reduzierten sich in Webers Auffassung im wesentlichen auf zwei Funktionen: die Auslese politischer Führerpersönlichkeiten und die Kontrolle der rein technischen und deshalb nicht zu Führungsaufgaben berufenen Verwaltungsbürokratie. Weber hypostasierte damit die konkreten Resultate, die seine Analyse der deutschen Politik seiner Zeit gebracht hatte, ins Allgemeine. Sah er doch das Scheitern der deutschen Weltpolitik vornehmlich dadurch bedingt, daß nach Bismarcks Sturz die Leitung der deutschen Politik reinen Beamtennaturen zugefallen war, während im übrigen infolge Bismarcks antiparlamentarischer Demagogie und der chronischen Machtlosigkeit des Reichstages ein völliges Vakuum an politischen Führerpersönlichkeiten bestand. Ganz anders schien ihm die Lage im parlamentarisch regierten England zu sein. Hatte das englische Parlament nicht jene Politiker hervorgebracht, die ein Drittel des Erdkreises zu in nicht unerheblichem Maß freiwilliger Unterordnung unter die britische Krone gebracht hatten? Politiker, nicht Beamte, mußten an die Spitze des Staates, das vor allem sollte durch die Parlamentarisierung erreicht werden. In harter parlamentarischer Arbeit, im Kampf um Anerkennung und Anteil an der Macht, im Werben um Gefolgschaft und Stimmen könnten sich allein politische Führerpersönlichkeiten heranbilden; nur machtvolle Parlamente seien freilich zu solcher Führerauslese imstande.

Weber teilte dagegen keineswegs die Auffassung, nach der das Parlament als frei beschließende Körperschaft der Regierung, als eines aus seinen Reihen delegierten Exekutivausschusses, die Richtlinien der Politik vorschreibt. Webers Begriff vom Wesen politischer Führerschaft stand, wie wir sahen, einer solchen Lehre diametral entgegen. Nach seiner Ansicht soll der leitende Politiker nicht ausführendes Organ des Willens der Parteienmehrheit im Parlament sein, sondern etwas qualitativ anderes: Führer, d. h. er muß diesen Willen mittels seines Einflusses und seiner demagogischen Überzeugungskraft allererst formen und hervorbringen. Für seine ureigensten Ziele gewinnt er sich Gefolgschaft im Parlament; vermag er diese nicht zu erhalten, muß er sein Amt niederlegen. Das Parlament hat wesentlich eine bloß passive Rolle, ihm muß der große Politiker seine Führereigenschaft beweisen, es mahnt ihn an seine spezifische Verantwortlichkeit. Nur eine einzige echte, von ihm allein zu erfüllende Funktion fällt dem Parlament zu, die Verwaltungskontrolle. Weber maß dieser, wie sich uns zeigte, außerordentlich hohe Bedeutung bei; sein jedes vernünftige Maß überschreitende Eintreten für das Enquêterecht war charakteristisch dafür.

Die Beschränkung der Aufgaben der parlamentarischen Demokratie auf Führerauslese und Verwaltungskontrolle war das dialektische Gegenstück zu Webers Lehre, daß sich mit dem Fortschreiten der Bürokratisierung und der Uniformierung aller sozialen Beziehungen die Gesellschaftsstrukturen zunehmend verhärten müßten. Demokratische

Herrschaft war ein natürlicher Feind der Bürokratie und darum ein Mittel, die Entwicklung des »Gehäuses der Hörigkeit der Zukunft« hintanzuhalten. Hier fand Weber den Ansatzpunkt für den Versuch einer neuen ideellen Fundamentierung der Demokratie, die mit der klassisch-naturrechtlichen Lehre vollständig brach und die charismatisch-plebiszitäre Führerstellung der leitenden Politiker proklamierte.

Weber ergab es sich als zwingende Tatsache, daß der universale Bürokratisierungsprozeß grundlegende Wandlungen in den Formen der Willensbildung der parlamentarischen Demokratie heraufgeführt hatte. Vor allem Ostrogorsky und Bryce hatten die Entstehung der modernen bürokratischen Parteimaschinen beschrieben und daraus weitgehende Folgerungen über das Wesen der modernen parteienstaatlichen Massendemokratie gezogen. Max Weber machte sich diese Thesen seinerseits zu eigen und suchte sie auf die deutschen Verfassungsverhältnisse zu übertragen. Wohl als einer der ersten hat er gesehen, daß der liberale Verfassungsstaat sowohl durch die Bildung straff organisierter Parteimaschinen wie durch das Überhandnehmen rein materiellen Interessentenbetriebs in seinen ideellen Grundlagen erschüttert wurde. Das Parlament hörte endgültig auf, der Ort der freien Auseinandersetzung in Rede und Widerrede zu sein; es wurde zur Stätte des Machtkampfes der Parteien im Lichte der Öffentlichkeit. Die Parlamentarier verloren ihre Eigenschaft, unabhängige, frei gewählte Persönlichkeiten zu sein; Parteifunktionäre und Interessenvertreter bevölkerten das Parlament. Die Masse der Staatsbürger, die nach liberal-demokratischer Lehre prinzipiell zu gleichem Recht an der Formulierung des Willens der Nation beteiligt sein sollten, wurde gespalten in wenige politisch aktive und eine weit überwiegende Zahl passiver Elemente[21]. Ohne Massenorganisation, ohne die nötigen finanziellen Mittel, ohne persönlichen Einfluß vermochte der einzelne Staatsbürger seinem politischen Willen nicht wirksam Ausdruck zu verleihen. Er wurde darauf beschränkt, seine Stimme periodisch zugunsten dieser oder jener Partei mit ihren jeweiligen Wahlversprechungen abzugeben[22]. Der Sache nach war das eine *plebiszitäre* Entscheidung; und dies um so mehr, sobald an die Stelle der Persönlichkeitsdie Verhältniswahl trat: es gab dann nur noch die Wahl zwischen mehreren Parteimaschinen. Die politischen Entscheidungen fielen im Prinzip nicht mehr im Parlament, sondern in den Parteien; die Führer der Parteimaschinen bestimmten, mit Rücksicht auf die Reaktion der Massen, die Richtung der Politik. Die Parteiapparate sorgten für das notwendige »ja« des Volkes[23].

Weber zog aus einer solchen Diagnose der modernen Massendemokratie radikale Folgerungen, die in der Distanz zu der klassischen demokratischen Lehre Ostrogorskys Thesen noch beträchtlich übertrafen. Im einzelnen ist dies oben bereits dargelegt worden, wir fassen hier die wesentlichen Punkte noch einmal zusammen. Weber hielt auch, und gerade unter diesen Bedingungen, an seiner Forderung fest, daß nur innerlich qualifizierte, selbständige Persönlichkeiten, die dem bürokratischen Herrschaftsapparat die Ziele zu setzen vermögen, zur politischen Führung berufen seien. Er gab seiner Lehre von der demokratischen Führerherrschaft deshalb eine ausgesprochen *personal*plebiszitäre Wendung. Mit massendemagogischen Mitteln soll sich der charismatisch qualifizierte Führer Gefolgschaft und Akklamation bei den Massen erringen und sich dergestalt an die Spitze der Parteimaschine setzen. Die Parteimaschine war ja nicht Selbstzweck, sondern Mittel in der Hand des großen Politikers, um ihm im Volke die Zustimmung zu seinen politischen Zielen zu verschaffen. Weber sah die Gefahr der »Kastrierung des Charisma« des geborenen Politikers durch den bürokratischen Parteibetrieb[24]; andererseits glaubte er folgern zu können, daß eine Partei, je maschinenmäßiger sie organisiert sei, desto mehr des großen Führers bedürfe und ihm daher auch desto eher Gefolgschaft zu geben willens sei. Denn nur er könne ihr bei den Wahlen kraft seines persönlichen Charisma die Stimmen der Massen erobern. Führerherrschaft mit Maschine, dies schien Max Weber das letzte Wort in der Entwicklung der modernen Massendemokratie zu sein. Gladstones großer persönlicher Erfolg in den home rule Wahlen vom Jahre 1886 betrachtete er als das erste große geschichtliche Beispiel für die Wendung zur plebiszitären Führerwahl in der modernen Massendemokratie[25]. Der »Herrschaft des Diktators des Wahlschlachtfeldes« schien die Zukunft zu gehören[26]. Mit vollem Bewußtsein forderte er daher selbst die plebiszitäre Führerdemokratie.

Noch ein anderes wichtiges Moment bestimmte Weber zu solch radikalen Folgerungen. Weber konstatierte kühl das Vordringen materieller Interessengruppen auf dem Felde der Politik. Aber bemerkenswerterweise hielt er an dem Ideal fest, daß nur ökonomisch unabhängige, »abkömmliche« Persönlichkeiten, die für die Politik, nicht von ihr leben, zu politischer Führung berufen seien[27]. Er betonte wiederholt, daß Politik »*Interessenten*betrieb« sei, fügte aber hinzu, daß »unter ›Interessenten‹ ... dabei nicht jene materiellen Interessenten, die, in verschieden starkem Maße, bei jeder Form der Staatsordnung die Politik beeinflussen«, gemeint seien, sondern »jene politischen Interessenten, welche politische Macht und Verantwortung zum Zweck der Realisierung bestimmter politischer Gedanken erstreben[28]«. Kraft seiner im guten Sinne demagogischen Begabung, sich Gefolgschaft und Akklamation zu werben, könne sich, wie Weber hoffte, der echte Politiker dennoch über den materiellen Interessentenbetrieb hinwegsetzen. Ein Parlament von Interessenvertretern dagegen neige zur »Führerlosigkeit«; Interessenvertretern sei »nationale Politik Hekuba«.

Politik hatte nach Max Webers Auffassung grundsätzlich voluntaristischen Charakter, im Gegensatz zur bloßen, nach festen Regeln und Kompetenzen arbeitenden Verwaltung. Der prinzipiell freie Konkurrenzkampf der politischen Führer um Macht und Verantwortung war für ihn eine Voraussetzung jeder im echten Sinne verantwortlichen Politik überhaupt. Führer sein, hieß aus freier Eigenverantwortlichkeit handeln; Funktionäre oder instruierte Vertreter politischer oder sozialer Verbände als solche waren keine politischen Führer. Weisungsgebundenes Handeln welcher Art auch immer ließ sich nach Webers rigoristischer Lehre grundsätzlich mit dem Wesen des verantwortlichen Politikers nicht vereinbaren. Nicht zufällig hielt er auch in der Definition des Parteienbegriffs am Prinzip des Voluntarismus fest. Obgleich er selbst zeigte, daß die modernen Massenparteien mit ihren fast unzerstörbaren Apparaten die bisherigen Formen der freien politischen Willensbildung erschüttert hatten, bezeichnete er die Parteien als »auf (formal) freier Werbung beruhende Vergesellschaftungen ...[29]«.

Er sah aber sehr wohl und mit großer Beunruhigung, daß durch die zunehmende Bürokratisierung und Apparatisierung aller politischen und sozialen Verbände der Voluntarismus der Politik allmählich erstickt werden könne, daß an die Stelle des freien Parteienkampfes in der Öffentlichkeit das Aushandeln starrer Interessenverbände und berufsständischer Vertretungen zu treten drohe. Im Nebel der Zukunft sah er eine sozial erstarrte Gesellschaftsordnung auftauchen, die schließlich alle freie Initiative und individuelle Bewegungsfreiheit auch auf dem Felde der Politik vernichten würde. Was jüngst Hans Freyer mit dem Begriff der »sekundären Systeme« umschrieben hat, die den Menschen funktionalisieren und parzellieren, das war schon Webers Sorge[30]. Weber blickte freilich noch ungleich düsterer in die Zukunft, die ihm den antiken Liturgiestaat zurückzubringen versprach. So viel Wahrheit in dieser universalgeschichtlichen Prognose enthalten ist, für seine Gegenwart überschätzte Weber die Bürokratisierungstendenzen erheblich. Er rechnete schon für die nächste Zukunft mit einer viel stärkeren Verfestigung der sozialen Beziehungen, als sie tatsächlich eingetreten ist.

Angesichts der Bürokratisierung aller politischen Verbände und des zunehmenden Auftretens organisierter materieller Interessen auf dem Felde der Politik erschien Max Weber freies verantwortliches politisches Führertum nur in der Form personal-plebiszitärer Führerauslese aufrechtzuerhalten, die sich bewußt der Methoden demagogischer Massenbeeinflussung bedient: ». . . es gibt nur die Wahl: Führerdemokratie mit ›Maschine‹ oder führerlose Demokratie, das heißt: die Herrschaft der ›Berufspolitiker‹ ohne Beruf, ohne die inneren charismatischen Qualitäten, die eben zum Führer machen[31].« In der Herrschaft des großen Demagogen kraft persönlicher Qualität sah er den gegebenen Ausweg, um der freien, führungsbegabten Persönlichkeit in einer von Parteimaschinen, Verbandsbürokratien und Interessengruppen beherrschten Gesellschaft Wirkungsfeld und Geltung zu erhalten. Darauf eigentlich beschränkte sich der Sinn der Demokratie unter den Bedingungen der modernen industriellen Massengesellschaft. Nur dieser Weg schien Max Weber den universalen Bürokratisierungsprozeß wirksam aufzuhalten und dem einzelnen wenigstens einen Rest individueller Bewegungsfreiheit, im bürgerlichen (nicht im politischen) Sinne des Wortes, zu bewahren.

Weber trug daher keine Bedenken, dem plebiszitären Führergedanken bis in seine äußersten Konsequenzen zu folgen. Er blieb nicht allein bei der These, daß die Masse »politisch passiv« ist, und erst der Politiker die Ziele setzt und sich zum Zweck ihrer Verwirklichung mit demagogischen Mitteln Gefolgschaft und Akklamation verschafft, sondern reduzierte die Mitwirkung der Massen auf das prinzipiell äußerste denkbare Minimum, auf die Akklamation des Führers rein im Vertrauen auf seine *formalen* Führereigenschaften. Das Volk folgt dem Führer kraft seiner charismatischen Qualifikation und erst ganz in zweiter Linie, weil er bestimmte sachliche Ziele verfolgt, die ihren Wünschen entsprechen, oder genauer, von deren Wünschbarkeit er sie allererst überzeugt hat. Letzten Endes entscheiden über die Richtigkeit seines politischen Tuns nicht mehr sachliche oder interessenpolitische Gründe, sondern allein der Erfolg.

Wesentliches Charakteristikum charismatischer Herrschaft ist nach Webers Lehre die Notwendigkeit der steten »Bewährung«. Versagt der charismatische Führer, so hat sein Charisma die »Chance zu schwinden[32]«. Seine Gefolgschaft fällt infolgedessen von ihm ab. Umgekehrt ist die Anerkennung und Gefolgschaft gegenüber dem charismatisch Qualifizierten Pflicht[33]. Weber folgerte analog auch für die Führerschaft des demokratischen Staatsmannes, der nach seinen Vorstellungen kraft des Charisma seiner »großen Demagogie« im antiken Sinne des Wortes regierte, daß seine Gefolgschaft ihm »blind« gehorchen müsse, »solange« er »Erfolg« habe[34]. Solange er regiere, habe das Volk nicht hineinzureden; erst wenn er abtrete, könne es »richten«: »hat der Führer Fehler gemacht – an den Galgen mit ihm[35]!« Das galt insbesondere für die Parteimaschinen: »Die Leitung der Parteien durch plebiszitäre Führer bedingt die ›Entseelung‹ der Gefolgschaft, ihre geistige Proletarisierung, könnte man sagen. Um für den Führer als Apparat brauchbar zu sein, muß sie blind gehorchen, Maschine im amerikanischen Sinne zu sein, nicht gestört durch Honoratioreneitelkeit und Prätensionen eigener Ansichten ... Es ist das eben der Preis, womit man die Leitung durch Führer zahlt[36].«

Uns, die wir die Herrschaft autoritärer Parteien erlebt haben, die rein technisch diese von Weber geforderten Bedingungen vollendet erfüllten, und an die Möglichkeit einer echten parteienstaatlichen Demokratie glauben, müssen bei solchen Formulierungen Bedenken kommen. Denn gar zu sehr scheinen sie die Gefahr eines Umschlages plebiszitär-demokratischer in charismatisch-autoritäre Herrschaft zu vernachlässigen. Aber sie zeigen sehr deutlich, worauf es Max Weber in erster Linie ankam. Die plebiszitäre Führerdemokratie erschien der gegebene Weg, um unter den Bedingungen einer von gewaltigen bürokratischen Organisationen beherrschten Gesellschaft eine neue führungsbegabte Elite zur Macht zu bringen, die die Rolle der durch den Verlust ihrer »sturmfreien Existenz« ihrer Führungsqualifikation beraubten Schicht des konservativen Adels übernehmen sollte. Es war dies die Klasse der »Berufspolitiker« aus innerem Beruf, die durch ihre charismatischen Qualitäten aus der Masse der passiven Staatsbürger herausgehoben waren[37]. Mit dieser demokratischen Elitetheorie näherte sich Weber bemerkenswert der Lehre Paretos vom permanenten Wechsel der Führungseliten.

Max Weber war sich selbst vollkommen darüber klar, daß die plebiszitäre Führerdemokratie die Grundlagen des herkömmlichen parlamentarischen Gesetzgebungsstaates hinter sich ließ, auch wenn sie sich formal seiner Organe und Institutionen bediente. Das Prinzip *legaler* demokratischer Herrschaft gemäß den Gesetzesbeschlüssen einer den Willen des Volkes repräsentierenden Körperschaft, in den Schranken einer von normativen Wertidealen getragenen Verfassungsordnung, wurde durch den plebiszitär-charismatischen Führergedanken beiseite geschoben: »Die ›plebiszitäre Demokratie‹, der wichtigste Typus der Führerdemokratie, ist ihrem genuinen Sinn nach eine Art der charismatischen Herrschaft, die sich unter der *Form* einer vom Willen der Beherrschten abgeleiteten und nur durch ihn fortbestehenden Legitimität verbirgt. Der Führer (Demagoge) herrscht tatsächlich kraft der Anhänglichkeit und des Vertrauens seiner politischen Gefolgschaft zu seiner *Person* als solcher[38].« Plebiszitär-charismatische Legitimität verdrängte die rationale Legitimität des parlamentarischen Verfassungsstaates. Dieser wurde zum technischen Mittel, um die Herrschaft charismatischer Eliten in Permanenz zu gewährleisten.

Schon an anderer Stelle, im Zusammenhang der Forderung Webers nach einem plebiszitären Reichspräsidenten, ergab sich uns die Frage nach den Legitimitätsquellen des parlamentarisch-demokratischen Verfassungsstaates; es zeigte sich, daß Weber die charismatische Legitimitätsform in das Verfassungssystem des Weimarer Staates einfügen wollte, weil er die legitimierende Kraft bloß rationaler Legalität unter den Bedingungen der modernen Massendemokratie nicht allzuhoch einschätzte. Wenn wir uns daran erinnern, daß die demokratische Staatsform für Weber im wesentlichen eine Technik zur Hervorbringung von Führern darstellte und die ursprünglichen naturrechtlichen Geltungsgrundlagen für ihn keine tragende, normsetzende Kraft mehr besaßen, so verwundert nicht, daß die Legitimität kraft geglaubter Legalität, die typische Legitimitätsform des reinen parlamentarischen Verfassungsstaates, bei ihm rein formellen, positivistischen Charakter annahm: »Die heute geläufigste Legitimitätsform ist der *Legalitäts*glaube: die Fügsamkeit gegenüber *formal* korrekt und in der üblichen Form zustande gekommenen Satzungen[39].« Diese rein formelle, nicht an einer materialen Wertordnung orientierte Geltung der Regierungs- und Verwaltungsakte sei das Charakteristikum der modernen »legalen Herrschaft kraft Satzung«: »Grundvorstellung ist: daß beliebiges (!) Recht durch formal korrekt (!) gewillkürte Satzung geschaffen oder abgeändert werden könne[40].« Der moderne Verfassungsstaat verlor damit seine spezifische Dignität, auf einem System demokratisch-rechtsstaatlicher Normen zu ruhen; die Verfassung sank herab zu einem System praktischer »Spielregeln«[41] von bloß faktischer Geltung, aller »inhaltlichen Heiligkeit« entbehrend[42]. Weber hob freilich mit Nachdruck hervor, daß eine rein zweckrationale Orientierung an einem solcherart gegebenen Normensystem formalen Charakters nicht hinreiche, um ein echtes Legitimitätseinverständnis zu begründen; es müsse ein Glaube hinzutreten, daß dieser entweder von einer dazu als legitimiert angesehenen Körperschaft[43] paktiert oder von einer als legitim geltenden Herrschaft oktroyiert sei[44]. Aber alle inhaltlichen Werte traten damit in den Hintergrund; die Verfassung wurde zu einem zweckvoll gesetzten Regelsystem formalen Charakters, innerhalb dessen die Politiker aus Beruf mit demagogischen Mitteln ihren Kampf um Volksgunst und Herrschaft führen.

Max Weber stellte allerdings neben diesen Typ der auf rein *zweck*rationalen Geltungsgrundlagen beruhenden legalen Satzungsherrschaft einen solchen, der sich auf ein Normensystem wertrationaler Art gründet. Die alte naturrechtliche Demokratie war das Hauptbeispiel dieses Typs. Aber Weber glaubte persönlich nicht mehr an die Realisierbarkeit einer solchen Art von demokratischer Satzungsherrschaft. Mit dem Voranschreiten des universalen Rationalisierungsprozesses schienen alle vermeintlich objektiven Wertnormen, die zur Grundlage eines solchen Systems hätten dienen können, dahingeschmolzen; an die Stelle der alten naturrechtlichen Postulate neue zu setzen hielt Max Weber ehrlicherweise für unmöglich. Die prinzipielle Scheidung von empirischer und Wertsphäre, welch letztere nur dem Einzelnen als Person zugänglich ist, schloß die empirisch-normative Geltung von bestimmten verfassungsrechtlichen Grundsätzen in für alle Staatsbürger gleich verbindlicher Form ohnehin aus. Weber hielt den Sieg des »*formalistischen* juristischen Rationalismus« im Okzident, welcher an die Stelle der »Legitimität der Herrschaft« die »Legalität der generellen, zweckvoll (!) erdachten, formell korrekt gesatzten und verkündeten Regel« gesetzt habe, für unwiderruflich[46]. Jede moderne Herrschaft war für sein Empfinden, was ihre verfassungsmäßige Struktur betraf, im Grunde nur auf *zweck*rationaler Grundlage denkbar. Eine Verfassung erhielt nach seiner Auffassung normativen Charakter nicht wegen der in ihr oder ausdrücklich enthaltenen Wertnormen, sondern kraft positiver legaler Satzung durch ein als legitim geltendes Organ. Die ausdrückliche Parallelisierung der legalen Herrschaftsform in Staat und Gemeinde mit dem Herrschaftsverhältnis im privaten kapitalistischen Betrieb zeigt das zur Genüge[47]; denn wo wären hier die immanenten rationalen Werte, die die Herrschaft des Unternehmers über die Arbeiter legitimieren?

Nur weil es Weber allein auf die *formale* Geltung der Satzung und die *formelle* Korrektheit des Regierens gemäß solcher Satzung ankam, konnte er die bürokratische Herrschaft als »reinsten Typus der legalen Herrschaft«[48] bezeichnen. Denn in der formell korrekten Ausführung von Verwaltungsaufgaben nach vorgegebenen formalen Regeln wurde sie ja von keiner anderen Herrschaftsform übertroffen. Eine wertrational begründete Satzungsherrschaft dagegen muß ihr Augenmerk insbesondere darauf richten, daß die Bürokratie material und nicht bloß formell den ihr zugrunde liegenden Wertnormen entsprechend verwaltet und regiert. Eine weniger technisch vollendete Verwaltung kann unter Umständen der materialen Geltung der Wertnormen eher Genüge leisten als eine hochspezialisierte[49]. Der Gegensatz von Demokratie und Bürokratie beruht wesentlich auf diesem Dualismus von formellem Legalismus und materialer Wertverwirklichung. Weber selbst betonte immer wieder, daß die Demokratie stets ein erbitterter Gegner der Demokratie sein müsse. Aber für ihn schob sich das Führungsproblem beherrschend in den Vordergrund; es ging ihm im wesentlichen darum, daß die Bürokratie die von den Führern gesetzten Ziele korrekt ausführe und ihr wertesetzendes Charisma nicht seiner Wirkung beraube.

Insofern konnte Carl Schmitt Max Weber durchaus als Kronzeugen für seine These anführen, daß der Legalitätsglaube des parlamentarischen Gesetzgebungsstaates weithin zu bloßem Formalismus erstarrt sei[50]. Tatsächlich konnten in einem Verfassungssystem, das den Charakter bloß formeller Spielregeln angenommen hatte, »innere Legitimitätsschranken« *wert*haften Charakters[51] nicht bestehen. Gerade für Weber war Demokratie ein technischer, zweckhafter Apparat, dessen Sinn darin bestand, die bei Lage der Dinge optimale Form der Führerauslese zu gewährleisten und der Bürokratie wirksame Schranken zu setzen[52]. Einem Wechsel zu anderen Formen typischer Führungsauslese, sofern diese nur imstande waren, *formal* qualifizierte Führer heranzubilden, standen jedenfalls immanente Wertnormen nicht entgegen. Deshalb hatte Weber ja ohne Bedenken cäsaristische Ausleseformen an die Stelle parlamentarischer Ausleseformen treten lassen können.

Aber Weber teilte nicht allein den Glauben an den nach seiner Meinung unvermeidlichen rein formellen Legalismus der modernen rationalen Herrschaft, er beschrieb zugleich seine im Vergleich zu anderen Legitimitätsquellen schwache legitimitierende Kraft. Er wies selbst darauf hin, daß eine *legale* Herrschaft in aller Regel der Ergänzung durch Elemente traditionaler und auch charismatischer Legitimität bedürfe. »Der Bestand auch bei weitem der meisten ihrem Grundcharakter nach *legalen* Herrschaftsverhältnisse ruht, soweit bei ihrer Stabilität der Legitimitätsglauben mitspricht, auf gemischten Grundlagen. Traditionale Eingewöhnung und ›Prestige‹ (Charisma) rücken mit dem – letztlich ebenfalls eingelebten – Glauben an die Bedeutung der formalen Legalität zusammen: die Erschütterung eines von ihnen durch gegenüber der Tradition ungewohnte Anforderungen an die Beherrschten, außergewöhnliches, das Prestige vernichtendes Mißgeschick oder Verletzung der üblichen formalen Korrektheit erschüttert den Legitimitätsglauben in gleichem Maße[53].« Das Charisma der Herrschenden, die »Normativität des Faktischen«, die Tradition, treten hinzu und tragen das Legitimitätseinverständnis kraft formellen

Legalitätsglaubens zu einem beträchtlichen Teile mit. Der Gedanke an eine materiale Wertordnung, im Sinne von wie immer gearteten wertrationalen Grundsätzen und Grundrechten, die aus eigener Kraft die Herrschaft im Rahmen des demokratischen Verfassungsstaates zu legitimieren vermöge, lag dagegen außerhalb des Kreises dessen, was Weber unter den Bedingungen der modernen entzauberten Massengesellschaft für realisierbar hielt. Deshalb suchte er den wertneutralen Funktionalismus des parlamentarischen Verfassungsstaates in seiner massendemokratischen Spielart durch das wertesetzende Charisma der plebiszitären Führerdemokratie zu überwinden. Die plebiszitär-charismatische Legitimität der vom »formal und der Fiktion nach« freien Vertrauen der Massen getragenen Führer[54] sollte die Legitimität kraft Legalitätsglaubens ergänzen. Indem die Führer bewußt die irrationalen Methoden der Massengewinnung anwandten, trugen sie freilich dazu bei, die rationale Legalität des parlamentarischen Verfassungsstaates noch weiter zu erschüttern. Die legitimierende Kraft des wesentlich emotional bedingten Glaubens an die Führerqualitäten des oder der Herrschenden widersprach im Grunde dem Wesen rationaler Satzungsherrschaft.

Hier stoßen wir auf die Problematik der demokratischen Ideologie Max Webers. Sie wollte in grandiosem Zug entgegengesetzte Extreme zusammenzwingen, rational legale Herrschaft mit den Mitteln voll entwickelter bürokratischer Herrschaftsstäbe, ausgeübt durch große charismatische Führerpersönlichkeiten, die kraft ihrer persönlichen Qualitäten auf cäsaristisch-plebiszitärer Basis herrschen. Es war die bittere Erfahrung des Fehlens aller politischen Führerpersönlichkeiten im Deutschland seiner Tage, zusammen mit der Erkenntnis, daß die Apparatisierung des politischen und sozialen Gemeinschaftshandelns unabhängigen Führern in zunehmendem Umfang den Aufstieg zur Macht erschwerte, die ihn zu einer solchen Konzeption der Führerdemokratie trieb. Demokratie wurde reduziert auf die Herrschaft von formal frei, faktisch aber auf Grund ihrer persönlichen demagogischen Qualitäten gewählten Führern. Das Verfassungssystem der parlamentarischen Demokratie wurde nicht angetastet, aber im Gegensatz zu seinem ursprünglichen Sinne als technischer Apparat verstanden, der Führer zur Macht bringt und ihnen dann als Herrschaftsapparat zur Verfügung steht, solange sie Erfolg haben. Die rationalistische Gleichheitsidee der egalitären Demokratie wurde zugunsten der Lehre von den durch Charisma zur Führung Berufenen aufgegeben, der Gedanke freier Selbstbestimmung und Selbstorganisation des souveränen Volkes zum alten Eisen geworfen. Faktisch herrschte innerhalb eines formal demokratischen Verfassungssystems eine Oligarchie charismatisch qualifizierter Führer.

In Schumpeters bekannter Theorie der Demokratie als eines »Konkurrenzkampfes um die politische Führung« fand Max Webers Lehre eine bemerkenswerte Nachfolge[55]. Obgleich Schumpeter Weber nirgends zitiert, so kann doch kein Zweifel bestehen, daß er von diesem wesentliche Anregungen erhalten hat[56]. Auch Schumpeter sah in der »Anerkennung der Führung« die eigentliche Funktion der Wählerschaft[57]. Gladstone war für ihn ebenso wie für Weber das klassische Beispiel des großen Demagogen, der sich durch seine persönliche Wirkung über Parteiapparat und Parlament hinweg die Macht erobert[58]. Er forderte gleichfalls den Berufspolitiker als die klassische Figur im Konkurrenzkampf um die politische Gunst des Volkes; und es könnte ebensogut aus Max Webers Munde stammen, wenn er das Wesen der Demokratie unter dem Aspekt der Führerschaft dahingehend definierte: »Die Demokratie ist die Herrschaft des Politikers[59].« Die einzige unabdingbare Voraussetzung dieses Systems war nach Schumpeter die freie Konkurrenz der Führer untereinander; mit anderen Worten, die faire Einhaltung der demokratischen »Spielregeln«.

Dennoch bleibt zwischen beiden Theorien ein wesentlicher Unterschied. Denn bei Schumpeter sind die Politiker in erster Linie Techniker der Herrschaft, die bestimmte politische Projekte aufgreifen, weil sie bei Lage der Dinge Erfolg bei den Wählermassen zu bringen versprechen. Insofern modulieren und formulieren sie den amorphen Willen der Wählerschaft, wenn sie ihre Pläne mit allen ihnen zur Verfügung stehenden publizistischen Mitteln propagieren. Webers Führer sind etwas qualitativ anderes, sie formulieren ihre Programme aufgrund letzter innerer Überzeugungen und gewinnen dann kraft ihrer rein formalen Führerqualitäten Gefolgschaft und Zustimmung bei den Massen. Schon gegenüber Schumpeter müßte man die Frage stellen, ob jenes Maß an Achtung der »Spielregeln«, an Fairneß und Toleranz, auf die Dauer aufrechterhalten werden kann, wenn nicht dem demokratischen System und demokratischen Verhaltungsweisen eine aus naturrechtlichen Quellen fließende innere Wertschätzung entgegengebracht würde. Es ist schwer vorzustellen, wie eine Demokratie auf die Dauer funktionieren soll, wenn das regulative Prinzip der freien Selbstbestimmung des Staatsbürgers, wie gering das Maß seiner Verwirklichung auch ausfallen möge, durch die Vorstellung ersetzt wird, daß es einzig und allein darauf ankomme, *formal* qualifizierte Politiker an die Spitze des Staates zu bringen, die dann das Volk mit demagogischen Mitteln für ihre Politik gewinnen. Es würde dies einen Freibrief für die formal massendemagogisch begabtesten Führer darstellen, die dann mit dem nötigen Maß an emotionaler Massenpropaganda jede beliebige, auch die sachlich antidemokratischste Politik treiben könnten. Eine solche Demokratie müßte zu immer stärkerer Oligarchisierung neigen und würde stets in der Gefahr stehen, in eine autoritäre Herrschaft umzuschlagen. Dies aber gilt ganz besonders von Webers demokratischer Elitetheorie.

Es war gewiß ein Verdienst Max Webers, wenn er gegenüber der obrigkeitsstaatlichen Tradition in Deutschland die Gestalt des großen demokratischen Demagogen wieder zu Ehren zu bringen und dem Begriff der Demagogie seinen positiven antiken Sinn wiederzugeben versuchte. Aber allzusehr vernachlässigte er die Frage nach den prinzipiellen Schranken des Gebrauchs massendemagogischer Mittel. Gute und schlechte Demagogie bezeichnete seine der Intention nach wertfreie Soziologie gleichermaßen mit dem Begriff des Charisma. Mit seiner Lehre, daß die Massen dem Führer allein kraft seiner formalen Führereigenschaften akklamieren sollen, war prinzipiell der Entsachlichung der Politik Tür und Tor geöffnet, so wenig das seinen eigenen Absichten entsprochen haben mag. Weber räumte selbst ein, daß in der plebiszitären Führerdemokratie den irrationalen und emotionalen Faktoren eine wachsende Bedeutung zukommen werde. Der Führerdemokratie sei, wie er meinte, »im allgemeinen der naturgemäße emotionale Charakter der Hingabe und des Vertrauens zum Führer charakteristisch, aus welchem die Neigung, dem Außeralltäglichen, Meistversprechenden, am stärksten mit Reizmitteln Arbeitenden als Führer zu folgen, hervorzugehen« pflege[60]. Um so erstaunlicher bleibt es, daß er der Frage nie näher nachgegangen ist, ob nicht eine solche plebiszitär-charismatische Führerschaft des großen Demagogen, wie er sie forderte, zu einer Entsachlichung und Emotionalisierung des politischen Lebens führen könne, an deren Ende eine charismatische Gewaltherrschaft stehen würde[61].

Und dabei barg die Absolutsetzung der Rolle der charismatisch qualifizierten Führer im System der plebiszitären Führerdemokratie, die Degradierung des Volkswillens zu bloßer Akklamation, die Reduzierung des Legitimierungssystems des demokratischen Verfassungsstaates auf bloße formelle Legalität, die Gefahr eines Umschlags in eine solche charismatische Diktatur unmittelbar in sich. Dem Charisma gegenüber war, solange es sich durch Erfolge überhaupt bewährte, Gefolgschaft *Pflicht*. Von dieser Grundlage aus war keine wirksame Schranke zu gewinnen, die die plebiszitär-demokratische Herrschaft des »Diktators des Wahlschlachtfeldes« von der faktisch plebiszitären Herrschaft eines totalitären Diktators abgrenzte. Webers Begriffssystem erlaubte, weil es sich radikalem Wertagnostizismus verschrieb und daher die politischen Phänomene nur unter formalen Gesichtspunkten betrachtete, nicht die Unterscheidung zwischen echtem demokratischem Charisma, das sich positive Wertverwirklichung im Dienste der Gesamtheit zum Ziele setzt, und jenem falschen Charisma, das durch den Appell an die niedrigen Instinkte und emotionalen Triebe der Massen den Volkswillen korrumpiert und zum Hebel benutzt, um eine Gewaltherrschaft aufzurichten[62].

Max Weber fürchtete freilich nicht den Umschlag der Führerdemokratie in eine charismatische Diktatur, obgleich er dergleichen natürlich theoretisch für möglich hielt[63]. Er rechnete mit einer geradezu entgegengesetzten Entwicklung, der zunehmenden bürokratischen Erstarrung des voluntaristischen politischen Betriebs, welche charismatischen Führern immer weniger die Chance zum Aufstieg geben würde. Er glaubte, daß allein schon die rational und bürokratisch organisierten Massenparteien ein wirksames Korrektiv emotionaler Exzesse im innenpolitischen Kampfe sein würden[64]. Das Charisma war nach seiner Lehre eine typisch »außeralltägliche« Macht, stets der Versachlichung und Institutionalisierung anheimfallend. Die unentrinnbaren und übermächtigen Tendenzen der Bürokratisierung und Rationalisierung schienen es immer gründlicher zu zähmen und den Spielraum für das Auftreten charismatischer Kräfte immer stärker einzuschränken: ... »mit der Rationalisierung der politischen und ökonomischen Bedarfsdeckung« gehe »das Umsichgreifen der Disziplinierung als einer universellen Erscheinung unaufhaltsam vor sich und« schränke »die Bedeutung des Charisma und des individuell differenzierten Handelns zunehmend ein[65]«. Deshalb vernachlässigte Weber die Frage nach den Grenzen und dem Mißbrauch des Charisma, die für uns brennend ist, die wir die totalitäre Herrschaft des Faschismus erlebt haben, der in Webers Terminologie eindeutig als charismatisches Phänomen zu gelten hat[66]. Die Gefahr der bürokratischen Erstarrung der modernen Massengesellschaft sah Weber so universal drohend vor sich, daß er unbedenklich den Weg der plebiszitär-charismatischen Herrschaft des großen Demagogen einschlug, als des einzigen, der auf absehbare Zeit an dem »Gehäuse der Hörigkeit der Zukunft« vorbeiführe.

Eine tückische Lungenentzündung raffte Max Weber im Juni 1920 in einer Periode reichsten Schaffens dahin. Es war ihm nicht vergönnt, selbst zu erleben, daß die plebiszitär-charismatische Führerherrschaft nicht die Form einer kraftvollen rechtsstaatlichen Demokratie, sondern der totalen Gewaltherrschaft des faschistischen Führerstaates annehmen sollte. Über seine eigene Haltung gegenüber einer solchen Form charismatischer Herrschaft kann kein Zweifel bestehen; eine jede Politik, die sich niedriger Masseninstinkte und nationalistischer Emotionen bedient, hätte er mit äußerster Leidenschaft bekämpft. Seine Lehre von der Verantwortungsethik, die von dem Politiker verlangt, daß er sich rational Rechenschaft über die letzten Gründe und möglichen Folgen seines Handelns gibt, steht dem Größenwahn und der brutalen Engstirnigkeit faschistischer Herrschaft diametral entgegen.

Dennoch war seine Lehre der plebiszitären Führerdemokratie der Umdeutung im autoritären Sinne fähig. Wenn Koellreutter Max Weber in seinen politischen Auffassungen mit Oswald Spengler auf eine Stufe gestellt hat, so war dies gewiß verfehlt[67]; daß aber ein solcher Versuch überhaupt unternommen werden konnte, ist lehrreich genug. Von Max Webers Standort aus, der das Parlament zu einer »Arbeitsschule der Politiker« und bloßem Kontrollorgan der Verwaltung herabdrückte[68] und im übrigen der Herrschaft des großen Demagogen kraft charismatischer Begabung das Wort redete, war der Weg zum reinen Plebiszitarismus nicht mehr weit. Carl Schmitt hat ihn, auf Webers Lehren aufbauend, bewußt eingeschlagen. Ein solches Unterfangen war um so leichter, insofern als bei Max Weber die spezifisch demokratischen Grundwerte hinter den nationalen Machtinteressen der Nation weit zurücktraten. Webers demokratische Elitetheorie ließ sich durchaus zu einer Lehre fortentwickeln, die die »Abkehr vom Parteienstaate« und die »Veredelung der ›egalitären‹ Demokratie durch ihre Umwandlung in eine Führeroligarchie« als den Ausweg aus der massendemokratischen Wirklichkeit des Weimarer Staates empfahl, so wenig das seinen eigenen Intentionen entsprochen haben mag[69]. Das Jahr 1933 brachte dann die charismatisch-plebiszitäre Führerherrschaft »mit Maschine«, wenn auch in ungleich anderer Form, als Weber dies im Sinn hatte. Gleichwohl wird man ehrlicherweise feststellen müssen, daß Webers Lehre von der charismatischen Führerherrschaft, verbunden mit ihrer radikalen Formalisierung des Sinns der demokratischen Institutionen, ihr Teil dazu beigetragen hat, das deutsche Volk zur Akklamation der Führerstellung Adolf Hitlers innerlich willig zu machen[70].

Die Aufgabe, eine demokratische Ordnung zu schaffen, die sich nicht in Führerlosigkeit und Fehlen echter Autorität selbst ad absurdum führt und dennoch die Grundwerte freiheitlicher Selbstbestimmung inmitten einer von Verbandsbürokratien und Interessengruppen beherrschten Gesellschaft behauptet, ist uns heute neu gestellt. Wie groß sie ist, zeigt gerade die jüngste Entwicklung, die die Tendenz der modernen industriellen Massengesellschaft zu autoritären Herrschaftsformen in mehr oder minder demokratischer Verhüllung offenbart hat. Mischformen autoritär-charismatischer und verfassungsstaatlicher Herrschaft haben sich nicht nur unter den noch jungen Nationen reichlich ausgebildet, sondern sie haben sich gelegentlich sogar an die Stelle parlamentarischer Demokratien mit großen Traditionen gesetzt. Gerade das Schicksal der vierten französischen Republik zeigt, wie berechtigt Max Webers Forderung war, daß die parlamentarische Demokratie ohne Führer, ohne starke Autorität, nicht zu bestehen vermag. Aber die Gefahren des Umschlags legaler verfassungsmäßiger Herrschaft in totale Herrschaftsformen haben sich auch hier gezeigt; und wenn das Regime de Gaulle weise Mäßigung gezeigt und den Parlamentarismus nicht so weitgehend beiseite geschoben hat, wie es wohl rein machtpolitisch imstande gewesen wäre, so öffnen sich doch beunruhigende Perspektiven für die Zukunft der westlichen Demokratie als solcher.

Niemand vermag heute zu sagen, ob das Regierungssystem de Gaulle eine größere Zukunft haben wird als seine Vorgänger. Insofern müssen wir hier mit unserem Urteil zurückhalten. Wohl aber vermag uns die Problematik der charismatischen Führerdemokratie Max Webers von hier aus aufs neue deutlich zu werden. Denn die neue französische Verfassung hat in vieler Hinsicht schlagende Ähnlichkeit mit Webers Vorschlägen zur Gestaltung der Weimarer Verfassung vom Jahre 1918/19. Die quasi-plebiszitäre Führerstellung de Gaulles, der zwar nicht vom Volke, aber von einem sehr großen Wählerkollegium gewählt wurde, entspricht ganz den Vorstellungen, die Weber von einer starken Reichspräsidentschaft gehabt hat. Auch hier regiert der Präsident mit einem Kabinett verantwortlicher Minister, die des Vertrauens der parlamentarischen Körperschaften bedürfen, gestützt auf die präsidentiellen Prärogativen des Auflösungsrechts und des Referendums an das Volk. Die Beseitigung des Verhältniswahlrechts zugunsten eines ziemlich reinen Mehrheitswahlrechts trifft ebenfalls mit Webers damaligen Forderungen zusammen, die im Listenwahlsystem eine unerträgliche Machtsteigerung der Parteibürokratien bekämpften. Allerdings ist die Machtstellung der parlamentarischen Körperschaften im gegenwärtigen französischen Verfassungssystem, dank einer ganzen Reihe von Restriktionen ihrer Tätigkeit und ihres Einflusses, weit schwächer, als Weber dies je erwogen hat. Insbesondere hat de Gaulle die Unvereinbarkeit von Regierungsämtern und der Mitgliedschaft in einer der legislativen Körperschaften eingeführt; eine Bestimmung, die Weber in der Bismarckschen Reichsverfassung leidenschaftlich bekämpft hatte, um den Parteiführern in eben dieser ihrer Eigenschaft den Aufstieg zur Macht zu ermöglichen und die Parteien als solche mit der Verantwortung für die Regierungspolitik zu belasten. Insofern wäre es falsch, den Vergleich der Verfassungspläne Max Webers mit der gegenwärtigen französischen Verfassung zu weit zu treiben; die Verwandtschaft beider ist gewiß weitgehend nur formaler Art. Freilich hat Weber 1919 seinerseits einen ausgesprochen antiparlamentarischen Kurs eingeschlagen, der ihn vielleicht zu ähnlichen Konsequenzen hätte führen können wie de Gaulle. Und vergessen wir nicht, daß es gerade die nationale Glorie war, die de Gaulle in den Sattel gesetzt hat, und für eine solche war Weber seinerseits empfänglich: Das Amt des Reichspräsidenten sollte großen, charismatischen Staatsmännern die Chance geben, das große nationale Werk Bismarcks, das kleinliche Epigonen zugrunde gerichtet hatten, zu neuem Glanze zu führen.

Man könnte die Ansicht vertreten, daß eine Weimarer Reichsverfassung nach dem Muster der gegenwärtigen französischen, vielleicht in der demokratischeren Form, wie sie Max Weber damals vorschlug, dem deutschen Volk das Jahr 1933 erspart hätte. Wir haben im Zusammenhang der Erörterung der Reichspräsidentenpläne Max Webers das Gegenteil vertreten zu müssen geglaubt. Denn Webers verfassungspolitische Projekte trugen trotz ihres grundsätzlich demokratischen Charakters unverkennbar autoritäre Züge und waren gegen eine totalitäre Umformulierung nicht immun. Politisches Charisma rein als solches, ohne werthafte inhaltliche Bestimmung, kann nicht den festen Grund abgeben, um darauf eine echt demokratische Staatsordnung aufzubauen.

Wir werden daher in wesentlichen Punkten heute andere Wege zu gehen haben als Max Weber. Der Appell an das Charisma und die große Demagogie des politischen Führers wird uns nicht mehr als echter Ausweg aus dem Dilemma gelten können, in das der demokratische Gedanke angesichts des Eigengewichts der Parteiapparate und des materiellen Interessentenbetriebs in der Politik unserer Tage geraten ist. Wir werden nach neuen Formen wertrationaler Gestaltung des politischen Gemeinschaftslebens suchen müssen, die den bürokratischen und interessenpolitischen Tendenzen der modernen Gesellschaft wirksam entgegentreten. Die verfassungsmäßig garantierten Rechte des Staatsbürgers und die Prinzipien der Rechtsstaatlichkeit werden wir wieder stärker in den Mittelpunkt einer demokratischen

Herrschaftstheorie rücken müssen, als dies Max Weber in seiner Situation möglich und notwendig schien. Nicht mehr wird die Nation ausschließliche und unbezweifelbare Norm unseres politischen Handelns sein können; die Neigung, in der Machtstellung des eigenen nationalen Staates ein werthaftes letztes Ideal zu sehen, werden wir endgültig zu überwinden haben. Aber Max Webers geistige Grundhaltung, sein leidenschaftliches Streben nach »intellektueller Aufrichtigkeit«, das sich nie mit bequemen ideologischen Schemata zufriedengab, wird auch uns verpflichtende Maxime sein müssen.

Anmerkungen

1 WuG, S. 2.

2 Brief an Harnack vom 5. 2. 1906.

3 GPS, S. 321, ähnlich Brief an Harnack vom 12. 1. 1905: »Wir dürfen doch nicht vergessen, daß wir den Sekten Dinge verdanken, die *Niemand* von uns heute missen könnte: Gewissensfreiheit und die elementarsten ›Menschenrechte‹, die uns heute selbstverständlicher Besitz sind. Nur *radikaler* Idealismus konnte das schaffen.« Ferner WuG, S. 732 ff.

4 Zur Lage, S. 118: »Diese ›naturrechtlichen‹ Axiome geben ebensowenig *ein*deutige Weisungen für ein soziales und ökonomisches Programm, wie sie selbst ganz und gar nicht *ein*deutig durch irgendwelche – am wenigsten die ›modernen‹ – ökonomischen Bedingungen *allein* produziert werden.«

5 Zur Lage, ebenda.

6 WuG, S. 502. Der »latente Einfluß naturrechtlicher, uneingestandener Axiome auf die Rechtspraxis« erscheint hier als etwas Auszurottendes!

7 Ebenda, S. 513.

8 Ebenda, S. 501 f.

9 Ebenda, S. 470, noch schärfer S. 455.

10 Vgl. ebenda, S. 470 und S. 500. – Eine sehr eindringliche Demonstration dieses Gegensatzes von »bürgerlicher« formaler und »proletarischer« »gerechter« Rechtsprechung bei Brecht in seinem »Kaukasischen Kreidekreis«, die freilich der »Rechts«-Praxis der DDR Hohn spricht.

11 Winckelmann, Gesellschaft und Staat in der verstehenden Soziologie Max Webers, Berlin 1957, S. 35 f., allerdings ohne die Bedeutung dieser Tatsache auszuschöpfen.

12 WuG, S. 169 f.

13 GPS, S. 277.

14 Brief an Michels vom 4. 8. 1908, nach Kopie im Nachlaß.

15 WuG, S. 576.

16 Brief an Michels, ebenda.

17 Vgl. dazu die scharfe Kritik Wilhelm Hennis' an Webers technischem Staatsbegriff, die uns nach Abschluß unserer Arbeit zur Hand kommt.

Zum Problem der deutschen Staatsanschauung, in: Vierteljahreshefte für Zeitgeschichte, 7. Jg. (1959), Heft 1, S. 19 ff.

18 Die Zerstörung der Vernunft, Berlin 1954, S. 488.

19 Brief an Ehrenberg vom 16. 7. 1917, GPS, S. 469 f.: »Die Staatsform ist mir völlig wurst, *wenn* nur Politiker und nicht dilettierende Fatzkes wie Wilhelm II. und seinesgleichen das Land regieren . . .«

20 S. 103. Vgl. GAzW, S. 474, wo das Wort »nationale« durch die neutrale Formulierung »staatliche« (Machtinteressen) ersetzt ist.

21 GPS, S. 389.

22 Ebenda, S. 517.

23 Vgl. dazu Gerhard Leibholz, Die Auflösung der liberalen Demokratie, in: Deutschland und das autoritäre Staatsbild, München 1933, S. 51 ff. und neuerdings: Der Strukturwandel der modernen Demokratie, Karlsruhe 1952. Leibholz hat den plebiszitären Charakter der modernen Demokratie besonders herausgestellt.

24 Vgl. WuG, S. 677; GPS, S. 389 f.

25 Vgl. GPS, S. 522 ff.; WuG, S. 677 f.

26 Der Terminus, angewandt auf Gladstone, GPS, S. 523.

27 Vgl. GPS, S. 377 f.

28 Ebenda, S. 389, S. 516 f.; ferner WuG, S. 167, 175.

29 WuG, S. 167.

30 Theorie des gegenwärtigen Zeitalters, Stuttgart 1955, insbesondere S. 103 f.

31 GPS, S. 532.

32 WuG, S. 140.

33 Ebenda, S. 140, 156.

34 GPS, S. 336. Die Formulierung bezieht sich dem ursprünglichen Sinn nach auf die englische whip-Technik, erhält aber bei Weber eine weit allgemeinere Bedeutung als die einer bloßen parlamentarischen Technik.

35 Aus Webers berühmten Gespräch mit Ludendorff vom Mai 1919, in: Marianne Weber, Max Weber. Ein Lebensbild, Heidelberg [2]1950, S. 665.

36 GPS, S. 532.

37 Vgl. dazu auch Antoni, Vom Historismus zur Soziologie, Stuttgart 1950, S. 178 f.

38 WuG, S.156. Welche *anderen* Typen der Führerdemokratie Weber im Auge hatte, ist nicht ersichtlich.

39 WuG, S. 19.

40 Die drei reinen Typen der Legitimität, jetzt WuG, S. 551.

41 Der Begriff »Spielregel« bei Carl Schmitt, Verfassungslehre S. 307, sicher zu Recht, Weber zugeschrieben: der Parlamentarismus sei nach Webers Auffassung eine »praktische ›Spielregel‹«. Freyer hat dann a. a. O., S. 93 ff., den Terminus der »Spielregel« zu einem Fundamentalbegriff seiner Beschreibung des Wesens »sekundärer Systeme« gemacht.

42 »Inhaltliche Heiligkeit«, siehe WuG, S. 513.

43 Ebenda, S. 19, § 7d α).

44 Ebenda, S. 19, § 7d β).

45 Vgl. ebenda: »Der reinste Typus der wertrationalen Geltung wird durch das ›Naturrecht‹ dargestellt. Wie begrenzt auch immer gegenüber seinen idealen Ansprüchen, so ist doch ein nicht ganz geringes Maß von realem Einfluß seiner logisch erschlossenen Sätze auf das Handeln

nicht zu bestreiten und sind diese sowohl von dem offenbarten wie vom gesatzten (!) wie vom traditionalen Recht zu scheiden.« Man möge die relative Geringschätzigkeit beachten, mit der Weber hier vom Naturrecht spricht.

46 GAzRS, Bd. I, S. 273 f.

47 WuG, S. 552.

48 Die drei reinen Typen der legitimen Herrschaft, ebenda S. 551.

49 Weber wies gelegentlich selbst darauf hin, etwa wenn er die Haltung der amerikanischen Bürger beschrieb, die ein korruptes spoils system einer Fachbürokratie vorzogen, weil sie nicht von dieser beherrscht werden wollten.

50 Winckelmanns in seiner Untersuchung: Legitimität und Legalität in Max Webers Herrschaftssoziologie, Tübingen 1952, unternommener Versuch eines Gegenbeweises scheint uns mißlungen. Nach unserer Ansicht kann in keiner Weise davon die Rede sein, daß Weber prinzipiell nur der *wert*rational begründeten Legalität legitimierende Kraft zugesprochen habe. Weber meinte, daß »*beliebiges* Recht durch Paktierung oder Oktroyierung rational, zweckrational oder wertrational (oder beides) gesatzt werden« könne (WuG, S. 125). Schmitt hielt dem mit Recht entgegen, daß auf *wert*rationaler Grundlage eben nicht *beliebiges* Recht formell korrekt gesatzt werden könne, sondern nur solches, das den fundamentalen Wertnormen material nicht zuwiderlaufe. Wertneutralismus gegenüber den eigenen Geltungsgrundlagen, wie er in solchem positivistischen und formalistischen Legalismus zum Ausdruck komme, bedeute nichts weniger als den Zusammenbruch des Legitimierungssystems des parlamentarischen Gesetzgebungsstaates. Siehe Legalität und Legitimität, S. 14 ff.

51 Solche »inneren Legitimitätsschranken« postuliert Winckelmann, ohne zureichende Begründung, für Webers dritten Legitimitätstypus.

52 Vgl. auch Wilhelm Hennis' Kritik, a. a. O., S. 20 f.

53 WuG, S. 556.

54 Ebenda, S. 156.

55 Kapitalismus, Sozialismus und Demokratie, Bern 1946, S. 427.

56 Vgl. auch Heuß, Max Weber in seiner Gegenwart, GPS, S. XXXI: Schumpeter habe unter dem Eindruck des jähen Todes von Max Weber gesagt: »Wer durch seine Einflußsphäre gegangen ist, ist für alle Zukunft klarer und gesünder geworden.«

57 Schumpeter, a. a. O., S. 433.

58 Ebenda, S. 440 f.

59 Ebenda, S. 452.

60 WuG, S. 157: »Hier liegt auch die Schranke der Rationalität dieser Verwaltung in moderner Zeit.« Vgl. ebenda, S. 676.

61 Gelegentlich klingt dergleichen an, so GPS, S. 391 f.: »...die staatspolitische *Gefahr* der Massendemokratie liegt ja in allererster Linie in der Möglichkeit starken Vorwiegens *emotionaler* Elemente in der Politik.«

62 Vgl. Arnold Bergstraesser, a. a. O., S. 217 f.

63 Vgl. WuG, S. 154: »Hartnäckige eklatante Mißerfolge« müßten »*jeder* Regierung zum Verderben gereichen, ihr Prestige brechen und die Zeit für charismatische Revolutionen reifen lassen.«

64 GPS, S. 392.

65 WuG, S. 695. Vgl. dazu ferner S. 669 f., 677, 688, 690.

66 Winckelmanns entgegengesetzte These läßt sich nicht auf Äußerungen Webers stützen. Winckelmann glaubt schreiben zu können: »... niemand – seit Jacob Burckhardt – hat wie er den dumpfen, unterirdischen Donner der Geschichte rollen hören, der ihm den Übergang eines bürgerlich-rationalen Zeitalters in eine irrationale, demagogisch-cäsaristische Epoche mit ihrer überwiegenden empirischen Geltung charismatischer Herrschaftsformen anzukündigen schien.« Legitimität und Legalität in Max Webers Herrschaftssoziologie, S. 64. Weber hat ein noch ungleich rationalistischeres Zeitalter erwartet und im Charisma nur einen retardierenden Faktor, einen Ausweg aus der Alleinherrschaft bürokratischer Lebensideale, gesehen, nicht aber mit der Möglichkeit gerechnet, daß sich die Balance zugunsten des Charisma verschieben könne, noch dazu in solcher Form, wie wir sie erlebt haben. Träfe Winckelmanns Ansicht zu, so müßte man Weber unter die direkten Wegbereiter des Faschismus zählen.

67 Die staatspolitischen Anschauungen Max Webers und Oswald Spenglers, a. a. O., S. 481 ff.

68 GPS, S. 525; vgl. Carlo Antoni, a. a. O., S. 177 ff.

69 Ansätze dazu bei Heinrich Triepel, Die Staatsverfassung und die politischen Parteien, Berlin 1928. Das Zitat ebenda S. 28 f.

70 Vgl. dazu Löwith, Max Weber und seine Nachfolger, in: Maß und Wert, 3. Jg., Heft 1 (1939), S. 171: »Er hat den Weg zum autoritären und diktatorischen Führerstaat positiv dadurch gebahnt, daß er überhaupt die irrationale ›charismatische‹ Führerschaft und die ›Führerdemokratie mit Maschine‹ vertrat, und negativ durch die gewollte Inhaltslosigkeit, durch das Formelle seines politischen Ethos, dessen letzte Instanz nur die entschiedene Wahl einer Wertsetzung unter anderen war, gleichgültig welcher!«

KARL LOEWENSTEIN

Max Webers Beitrag zur Staatslehre in der Sicht unserer Zeit[1]

I

Über Max Webers Rolle in der deutschen Politik gegen und nach Ende des ersten Weltkriegs ist so viel geschrieben worden, daß hierüber nichts Neues mehr zu sagen wäre. Was aber heute noch, und gerade heute, von Interesse sein mag und in dem kaum mehr übersehbaren Schrifttum über ihn erstaunlicherweise vernachlässigt wurde, ist eine kritische Würdigung seiner staatspolitischen oder – wie er selbst sagte – seiner staatstechnischen Auffassungen, also dessen, was er über die Einrichtungen und Techniken des ihm zeitgenössischen Staates dachte. Zwar war alles, was er im Zusammenhang damit zu Papier brachte, im wesentlichen auf die damalige und die zukünftige politische Situation seines Deutschland bezogen, denn seine politische Grundeinstellung war germanozentrisch, aber was er dabei vorbrachte, ist nicht dem Fach des deutschen Staats- und Verfassungsrechts, sondern dem weiteren Gebiet dessen zuzurechnen, was damals in der akademischen Welt als Allgemeine Staatslehre galt, heute aber wohl in den weitgespannten Rahmen der politischen Wissenschaft einzupassen wäre.

Dies also ist unsere Aufgabe. Wir wollen uns darüber klarzuwerden versuchen, wie er sich Deutschlands zukünftige Staats- und Regierungsgestaltung vorstellte[2]. Er selbst nahm damit eine Art Vorschau oder Vorprojektion der kommenden deutschen Dinge vor. Sie war schon allein um deswillen keine billige Prophetie, weil sie auf der Grundlage seiner gewaltigen historischen Kenntnisse erwachsen war, die ihm das Material zu seiner Typologie der Herrschaftsformen geliefert hatten. Eine zusammenfassende Darstellung seiner Staatslehre würde sich also an sich lohnen. Der eigentliche Reiz unseres Vorhabens liegt nun darin, sich darüber Rechenschaft zu geben, inwieweit die seit jetzt einem Menschenalter eingetretenen Veränderungen des

Aus: Max Weber. Gedächtnisschrift der Ludwig-Maximilian-Universität München zur 100. Wiederkehr seines Geburtstages 1964, Berlin 1966, S. 131 bis 146. Mit freundlicher Genehmigung des Verlags Duncker & Humblot, Berlin.

Staatlich-Politischen, die in ihrer Gesamtheit nichts weniger als eine Weltrevolution bedeuten, seine Vorschau bestätigt oder aber widerlegt haben. Bei dieser Konfrontation der heutigen politischen Realität mit Max Webers damaligen Auffassungen heißen wir seine Vorschau die »Vorprojektion«, die von uns vorzunehmende Rückschau aber die Rückschaltung oder »Rückprojektion«, mit dem Eingeständnis freilich, daß beide Ausdrücke unschöne Wortbildungen sind, die aber in Ermangelung besserer hier in Kauf genommen werden mögen.

Vor Eintritt in die Untersuchung wäre gerade im Hinblick auf das hier zu analysierende Material darauf hinzuweisen, daß Max Weber, obgleich er immer nationalökonomische Lehrstühle innehatte, mehr als ausreichend bewiesen hat, er hätte jedes Fachordinariat für Staats- und Verfassungsrecht mit Glanz vertreten können. Er besaß nicht nur eine außerordentliche Beherrschung der deutschen Angelegenheiten, sondern war auch mit dem öffentlichen Recht und der Politik Westeuropas, Amerikas und Rußlands vertraut wie kein zweiter Deutscher zu seiner Zeit. Vor allem galt dies auch für England, das ihm wie vielen Deutschen damals wie heute als das Maß der politischen Dinge erschien.

Der wesentliche Bestandteil aber seiner geistigen Ausrüstung waren seine universalgeschichtlichen Kenntnisse und die daraus erwachsene Systematisierung der staatlichen Gestaltungen in der Typologie der Herrschaftsformen. Gerade sie war es, die ihm die Vorschau ermöglichte, wie sich Deutschland nach der Katastrophe von 1918 in ihren Rahmen einpassen würde. Dabei kam ihm die induktiv-empirisch erarbeitete Erkenntnis zu Hilfe, daß es trotz der unendlichen Mannigfaltigkeit der geschichtlichen Einzelerscheinungen im modernen Massenstaat eben nur eine begrenzte Zahl der politischen Einrichtungen und Techniken geben kann, was ihn dazu veranlaßte, die deutsche Situation nicht als eine einmalige Besonderheit *sui generis*, sondern als eine notwendige Anwendungsform allgemeiner Kategorien zu behandeln. Konkreter ausgedrückt bedeutete dies: daß, von Deutschlands Lage nach der Katastrophe von 1918 ausgehend, es sein Postulat und Ziel war, Deutschland aus seiner ebenso engstirnigen wie arroganten Eigenbrötelei herauszulösen und ihm den Weg zum Anschluß an die fortschrittlichere und volksnähere politische Gestaltung des Westens zu zeigen.

Was Max Weber dabei nicht voraussehen konnte – und hier setzt bereits unsere Rückprojektion ein –, war, was wir heute *ex post facto* wissen, daß der erste Weltkrieg nichts anderes als der Auftakt zur Weltrevolution war, in deren Mitte wir jetzt stehen, ohne unsererseits ihren Ausgang absehen zu können – jener Weltrevolution, welche, um staatsrechtlich zu sprechen, die Abwertung des Parlaments als des Trägers des Volkswillens und den Aufstieg der starken Exekutive auf Kosten des Parlaments, das Überhandnehmen der nackten Gewaltherrschaften in zivilistischer oder militärischer Verkleidung, die totale Partei und den totalen Staat, den gewaltigen Einfluß der Massenmedien als Mittel zur Beherrschung der Meinungsbildung und, wo nicht diesen selbst, zumindest die Ausdehnung der Staatskontrolle im täglichen Leben des Wohlfahrtsstaats gebracht hat. Diese Enthüllungen, die auch der Seher nicht hätte voraussehen können, können ihm nicht als Fehldiagnosen angerechnet werden. Von seiner Zukunftsschau bleibt trotzdem noch genug und übergenug als richtig bestehen.

II

Wenden wir uns nun Max Webers konkreten Analysen der kommenden deutschen Einrichtungen zu, wie er sie ja in den Anfängen der Weimarer Republik noch selbst erlebt hat, so wäre davon auszugehen, daß er zwar von Haus aus überzeugter Anhänger der *Monarchie* war, sich aber, ohne einen Augenblick zu schwanken, trotzdem für die parlamentarische Republik als Deutschlands zukünftiger Staatsform entschlossen hat. Seine monarchistische Einstellung war nicht emotional oder gar mystisch, sondern streng zweckrational: weil bei einer Monarchie die höchste Stelle im Staat ein für alle Male besetzt, also dem Konkurrenzkampf der Politiker entzogen ist. Den Kaiser Wilhelm II. haßte er mit allen Fasern seiner leidenschaftlichen Natur als einen unerträglichen Dilettanten und gefährlichen Sprüchemacher. Seine würdelose Flucht ins Ausland, statt sich der Verantwortung vor der Geschichte zu stellen, veranlaßte Max Weber, sich von der monarchistischen Lösung völlig abzukehren. Nur ein Monarch, der sich der politischen Führung seiner vom Volksvertrauen getragenen Minister bedingungslos fügte und eben darin seine Aufgabe sah, schien ihm politisch tragbar zu sein, wie er es in England vorfand, wobei er allerdings die außenpolitische Bedeutung des Königtums selbst in England wohl überschätzt hat. Hier hat ihm die Geschichte völlig recht gegeben. Nicht nur sind die Kronen schon zu seiner Zeit in Mitteleuropa gefallen, ihre Zahl wurde seither weiterhin dezimiert: auf dem Balkan, in Spanien, Italien und im Nahen Osten. Die Republikanisierung der Welt hat unaufhaltsame Fortschritte gemacht. Andererseits ist die konstitutionelle Monarchie in Westeuropa, wo sie sich hat erhalten können, heute stärker geworden, als es damals den Anschein haben konnte, weil die Souveräne, dem dynastischen Hausmachtstreben ebenso wie der Führung in der Politik absagend, sich mit den staatszeremoniellen und staatsintegrierenden Aufgaben begnügen, die das wesentliche ihres Amtes ausmachen.

Über Max Webers Stellung zur *Verfassung von Weimar*, deren Anfangszeit er ja noch miterleben konnte – er ist im Juni 1920 aus dem Leben abberufen worden –, braucht nicht viel gesagt zu werden; es sind bekannte Dinge. Zwar blieb ihm ein Mandat in der Nationalversammlung dank der Mißgunst der Parteibürokraten und zum Bedauern vieler versagt, aber seine Schriften und sein Rat haben die Weimarer Verfassung vielfach mitgestaltet; beispielsweise bei der Einführung der Volksabstimmung als *ultima ratio* einer demokratischen Entscheidungsfällung, bei der Ausgestaltung des Enquêterechts auf Antrag einer parlamentarischen Minderheit, vor allem aber bei Einrichtung des volksgewählten Reichspräsidenten als Gegengewicht gegen ein parteibetriebenes Parlament. Die Allgemeine Staatslehre ist allerdings heute geneigt, diese erstrebte Gleichgewichtslage zwischen einem volksgewählten Parlament und einem desgleichen volksgewählten Staatsoberhaupt als ungangbar zu verwerfen. Die Chancen einer sich daraus ergebenden Verfassungsklemme infolge der unglücklichen Verkoppelung des Vertrauens des Reichstags *und* des Reichspräsidenten zur Person des Reichskanzlers (gemäß Artikel 53 und 54 der Weimarer Verfassung) sind unter deren Geltung besonders drastisch hervorgetreten und führten zu den dem Geist der Verfassung zuwiderlaufenden Präsidialkabinetten. Aber in der Erkenntnis der Notwendigkeit einer starken Staatsführung, der *executive leadership* also, ist er seiner Zeit, die in jenem Frühling – oder auch Altweibersommer – der parlamentarischen Demokratie das alleinige Heil in der Parlamentssouveränität erblickte, weit vorausgegangen.

Auch die Demokratie als solche galt ihm ausschließlich als ein Postulat der praktischen Vernunft, ohne daß er es durch eine Idealisierung oder gar Ideologisierung verbrämt hätte. Die Demokratie, technisch als Parlamentarisierung ausgestaltet, bot sich ihm als die einzige Alternative zum deutschen Obrigkeitsstaat. Damit hängt auch seine nüchterne, völlig illusionslose Einstellung gegenüber der Freiheit als abstraktem Wert aufs engste zusammen. Sie als ein naturrechtlich bedingtes Absolutum anzuerkennen, kam ihm nicht bei. Auch seine Einstellung zur Freiheit war zweckrational bedingt: Freiheit oder die Selbstbestimmung der Bürger über ihr politisches Schicksal war ihm nicht mehr als die Abwesenheit einer obrigkeitlichen Bevormundung, vor allem durch eine nicht volksverbundene Bürokratie. Die Freiheit liegt weniger in Gesinnungen, denen seine Geschichtserfahrung mißtraute, als in bestimmten Einrichtungen und Techniken der kollektiven Selbstregierung. Der demokratische Parlamentarismus war ihm vor allem das hervorragendste Mittel der echten Führerauslese, und sie konnte nur durch das Medium der frei betriebenen politischen Parteien erzielt werden.

In diesem Zusammenhang aber muß einer seiner für die Gegenwart wichtigsten und folgenschwersten Einsichten gedacht werden. Eben weil er eine Ideologisierung der Freiheit als absoluten Wert ablehnte, war er auch gegenüber allen Ideologien völlig indifferent, gleichgültig, ob sie freiheitsbetonend oder freiheitsverneinend waren, ob sie sich auf die politische oder die wirtschaftliche Gestaltung der Gemeinschaft bezogen. Alle Ideologien, ob Konservativismus oder Liberalismus, Kapitalismus oder Sozialismus, waren ihm geschichts- und milieubedingte Infrastrukturen bestimmter Interessenlagen, nicht aber Absolutismen, welche die Literaten seiner – und unserer – Zeit so gern im Munde führen. Er ist damit – und hierin liegt ideengeschichtlich eine seiner bedeutendsten Leistungen, ohne daß er daraus viel Umstände gemacht hätte – im eigentlichen Sinn zum Überwinder der ideologischen Gegensätze geworden, die seither die Welt gespalten haben oder zumindest gespalten zu haben scheinen. Denn wie uns Zeitgenossen in der Rückschau klargeworden ist, vorausgesetzt wir können uns von den *slogans* loslösen: es gibt heute nur noch eine einzige Universalideologie, vor der alle Einzelversionen verblassen, nämlich die Besserung des Lebensstandards der bisher unterprivilegierten Massen. Dies ist die Ideologie, die alle anderen Ideologien auflöst. Kapitalismus und Kommunismus sind sich lediglich über die Mittel und Wege uneinig, mit denen diese Universalideologie sich verwirklichen läßt. Und wenn es noch eines Beweises bedürfte, so wäre es der, daß der angeblich kapitalistische Westen sich ebenso in weitem Maß der Verstaatlichungstechnik bedient wie der vorgeblich nach dem Dogma noch bestehende Kommunismus sich in seiner Wirtschafts- und Sozialgestaltung dem Westen angenähert hat. Und die zahllosen nackten Gewaltherrschaften oder Diktaturen, die jetzt den Erdball wie Scharlachflecken überziehen, sind betont unideologisch, die Blöße ihrer Herrschaft der Gewalt nicht einmal mit einem ideologischen Feigenblatt verdeckend.

Geht man nun mit Max Weber zu den einzelnen Staatstechniken und -einrichtungen über, so zeigt sich, daß das *allgemeine Wahlrecht*, das er für Deutschland als vordringlichstes Postulat gefordert hatte, heute das Weltenschicksal geworden ist. Der Glauben zumindest an die Würde, wenn auch nicht gleichzeitig an die Weisheit des Volkes, dem man zu Max Webers Zeiten in Deutschland solchen – und auch heute noch nicht völlig überwundenen – Widerstand entgegensetzte, ist heute zur unabdingbaren Grundlage der Gemeinschaftsgestaltung geworden. Nicht nur die formalen Demokratien, auch die Diktaturen tragen dem Grundsatz gerade dadurch Rechnung, daß sie dem Volkswillen durch von oben manipulierte Wahlen und Plebiszite die gewünschte Richtung geben. Das Volk ist allenthalben der wirkliche Souverän geworden, selbst und gerade in den vom neuen Wein der Freiheit benebelten Entwicklungsländern. Damit bestätigt sich auch Max Webers temperamentvolle Absage an die Aristokratie als Führungsschicht. Sie hat schon zu seinen Zeiten in Deutschland kein lebensfähiges Dasein mehr geführt, ist überall von der politischen Bildfläche verschwunden und dies selbst in England, wo sie sich der demokratisch determinierten Führungsschicht assimiliert, oder in Japan, wo sie schlechthin ausgelöscht ist.

Auf einer anderen mehr staatstechnischen Ebene liegt Max Webers Skeptizismus hinsichtlich der Brauchbarkeit der *Verhältniswahl als* einer »gerechteren« Ausgestaltung des Wahlrechts. Dies ist um so bemerkenswerter, als die Verhältniswahl damals nur experimentell in gewissen marginalen Staaten in Geltung war und das reiche Belegmaterial, das sich seither durch ihre Einführung in großen Massenstaaten angesammelt hat, nicht vorhanden war. Er hat die damit bewirkte Entseelung des Parlaments und die Einnistung der Interessentenverbände im politischen Prozeß richtig vorausgesehen, welche die Listenwahl mit sich bringt und die sich seither überall, wo die Verhältniswahl zum Zuge kam, auch in der Bundesrepublik Deutschland mit ihrer an sich ingeniösen Verkoppelung der Listen- mit der Persönlichkeitswahl, immer wieder gezeigt hat. Und die Gestaltung des Parlaments als eines politischen und nicht wirtschaftlichen Instruments der politischen Entscheidung lag ihm besonders am Herzen. Wiederum erweist die Rückprojektion die Richtigkeit seiner Einstellung; denn dem Proporz war nur eine kurze Modeblüte beschieden. England und die Vereinigten Staaten haben sich von ihm nicht versuchen lassen, und wo er beibehalten wurde, erlitt er durch die ominöse Fünf-Prozent-Klausel und andere Korrekturen eine undemokratische Verfälschung, die schlimmer wirken mag als die Benachteiligung der Minderheit bei der Mehrheitswahl, weil diese immerhin sich ausgleichen kann, wenn das politische Glücksrad sich dreht. Auch das *berufsständische Wahlrecht* und die berufsständische Repräsentation, die ja heute noch in manchen deutschen Köpfen spuken, lehnte er rundweg ab, da im ständigen Fluß des Wirtschaftslebens die Kategorisierung der Wählerschaft nach beruflichen Kriterien ein Prokrustesbett der Wirklichkeit ist.

Auch der Bedeutungswandel in der zweikammerigen Struktur des Parlaments ist von ihm, der die englische Parlamentsreform von 1911 eingehend studiert hatte, nicht verkannt worden. Ein *Oberhaus* als Organ zur technischen Verbesserung der Gesetzgebung, wobei der Rat und die Erfahrung älterer, nicht mehr aktiver Staatsmänner genutzt werden können, erschien ihm zulässig, nicht aber als ein mit der Volkskammer gleichberechtigtes Organ der Entscheidungsfällung. Die einschlägigen Ausführungen lesen sich jetzt wie eine Beschreibung der britischen Lordskammer von heute. Die seitherige, universelle Abkehr vom Zweikammersystem, insbesondere auch bei den neuen Staatsbildungen, hat ihm durchaus recht gegeben. Nur beim Föderativstaat ist ein Oberhaus als Organ der föderativen Staatswillensbildung unentbehrlich. Hier widmete er der deutschen Variante intensive und ungemein sachkundige Aufmerksamkeit, vor allem ob ein echtes Staatenhaus mit gewählten Vertretern der Einzelstaaten oder aber eine Körperschaft vorzuziehen sei, die sich aus instruierten Regierungsvertretern zusammensetzt. Seine Vorschau für Deutschland ergab die traditionelle Form der Versammlung der Regierungsvertreter, die dann Weimar aufnahm und die auch nach 1945 sich durchsetzte, obwohl hier die wirkliche Gelegenheit zur Abkehr bestanden hätte. Damit konnte allerdings auch die ihm aus der Bismarckschen Verfassungspraxis bekannte Funktion des Bundesrats als zentrales Verwaltungsorgan aufrechterhalten werden. Ob aber dem Föderalismus im wohlverstandenen Sinn einer Staatsorganisation, in der alle wesentlichen Entscheidungen auf gesamtnationaler Ebene ergehen und ergehen müssen, damit ein wirklicher Dienst erwiesen wurde, bleibt auch unter dem Bonner Grundgesetz, das sich hier dem Zwang der nationalen Tradition fügte, einigermaßen dahingestellt.

Schließlich wäre hier im Zusammenhang mit den eigentlichen staatstechnischen Problemen auch der Frage der *unmittelbaren Volksgesetzgebung* zu gedenken, die damals in der Luft lag und auch von Max Weber eingehend in Betracht gezogen wurde. Trotz der ihr anhängenden Mängel – es kann nur mit Ja oder Nein geantwortet werden – hielt er sie für begrenzt nützlich als *ultima ratio* für Dinge, die sich eindeutig formulieren und entscheiden lassen. Die Fehlleistungen unter der Weimarer Republik konnte er natürlich nicht voraussehen. Wieder aber berührt es merkwürdig, daß ganz in seinem Sinne die innerpolitische Bedeutung von Initiative und Referendum in der Zwischenzeit zwischen den beiden Weltkriegen zugunsten der repräsentativen Komponente stark abgenommen hat, daß aber seit dem Ende des letzten Weltkriegs eine wahre Renaissance der unmittelbaren Volksabstimmung für die Annahme oder Verwerfung einer Verfassung im ganzen, wie in Frankreich 1946 und 1958 und vielfach anderswo, stattgefunden hat und daß zur Entscheidung von Souveränitätsakten vor allem der Selbstbestimmung die Volksabstimmung nunmehr in Gestalt des Plebiszits wieder große Mode geworden ist.

III

Für Max Webers politisches Denken war der Haupt- und Erzfeind die *Bürokratie*. Ihre deutsche Spielart verkörperte ihm den verhaßten Obrigkeitsstaat, in dem alle politischen Entscheidungen von einer den Staat beherrschenden und vor allem parlamentarisch unverantwortlichen Beamtenschaft getroffen wurden. Ohne leugnen zu wollen, daß die preußische Bürokratie des Bismarckschen Reichs sachliche Verwaltungsaufgaben technisch befriedigend zu bewältigen verstand, war die Herrschaft ihrer Kaste volksfremd und oft volksfeindlich. Sie der parlamentarischen Kontrolle zu unterstellen, war daher der Hauptzweck der Parlamentarisierung. Anstelle einer unverantwortlichen Bürokratie sollte aus der Parlamentarisierung eine wirkliche Führungsschicht hervorgehen; an die Stelle der sich selbst kooptierenden bürokratischen Herrschaftsgruppe sollte die parlamentarische Auslese der Führungsschicht treten. Aber nicht genug damit: die fortschreitende Bürokratisierung auf allen Lebensgebieten erschien ihm als das unausweichliche und unentrinnbare Schicksal des modernen Massenstaats und seiner Gesellschaft. Hier hat Max Weber durchaus richtig prognostiziert. Überall in allen politischen Gemeinschaften ist in der Tat die Bürokratie an die Herrschaft gelangt. Ohne die fachgeschulten Beamten hätte sich der unsere Zeit bestimmende Übergang vom ehemaligen Gesetzgebungs- in den heutigen Verwaltungsstaat überhaupt nicht vollziehen können. Dies zu beklagen wäre ebenso sinnlos, wie es rückgängig machen zu wollen. Denn nur der spezialisierte Fachmann kann die komplizierte Verwaltung handhaben, nicht die politischen Dilettanten in den Parlamenten.

Und weiter: über das Staatliche hinaus hat sich die Bürokratie des gesamten Sozial- und Wirtschaftslebens der technologischen Massengesellschaft bemächtigt. Bürokratisiert sind die politischen Parteien, die Verbände, die Kartelle und nicht zuletzt die privatkapitalistischen

Unternehmungen, die sich als anonyme Korporationen organisiert haben. Auf allen Lebensgebieten haben die Manager und die Funktionäre die Herrschaft angetreten. Die *managerial elite* ist die Spitzenklasse der neuen Bürokratie, ihre soziale Mobilität ist nur scheinbar, denn wie bei allen Bürokraten vollzieht sich ihr Berufsleben im Rahmen der Beförderung mit Gehaltsaufbesserung und schließlicher Pensionsberechtigung. Unter ihr breitet sich als ihr unerschöpfliches Reservoir die Masse derer aus, der *organization men*, die sich einem Unternehmen, Verband, Partei als Leibeigene verschrieben haben. Eine neue Art der Feudalisierung hat Platz gegriffen, die für kommunistische Gesellschaften nicht minder gilt als für privatkapitalistische. Nirgends hat Max Weber so sehr ins Schwarze getroffen als in der Voraussage der Bürokratie als Weltenschicksal.

Auf dieser richtigen Prämisse hat Max Weber allerdings eine unrichtige Vorprojektion aufgebaut, wenn er annahm, die Parlamentarisierung und die durch sie erzeugte politische Führungsschicht seien in der Lage, der Bürokratie die Kandare anzulegen. Wie sich im Laufe der letzten Jahrzehnte gezeigt hat, ist nirgends auf der Welt das politische Parlament imstande gewesen, die Bürokratie einzudämmen, außer in England, wo aber der *civil service* seinen Stolz eben darein setzt, politisch neutral zu sein und sich der jeweiligen parlamentarischen Führung strikt unterzuordnen. All die vielbeachteten politischen Schwankungen der dritten und vierten französischen Republik hat die Bürokratie wie ein *rocher de bronze* überstanden. Die jungen Technokraten des de-Gaulle-Regimes sind schon wegen der Entmachtung des Parlaments völlig kontrollfrei. In den Vereinigten Staaten war und ist der Kongreß nicht in der Lage, die Bundesbürokratie auch nur mit Stichproben zu kontrollieren. Das Telos des in den achtziger Jahren des vorigen Jahrhunderts begonnenen und seither immer mehr ausgebauten Systems der *Independent Regulatory Agencies* – der Verwaltungsbehörden mit spezialisierter Wirtschaftsaufsicht – ist geradezu in sein Gegenteil umgeschlagen, da diese Behörden vielfach die Gefangenen gerade der Wirtschaftsinteressenten geworden sind, die sie beaufsichtigen sollen. Und was Deutschland anlangt, so hatte sich die Ministerialbürokratie in Reich und Ländern so tief eingegraben, daß sie nicht nur der Parlamentarisierung, sondern gerade auch der Demokratisierung widerstehen konnte. Unter dem nationalsozialistischen Regime schaltete sie sich aus Selbsterhaltungsgründen gleich, und in der Bundesrepublik ist sie ebenso fest im Sattel wie in der Weimarer Zeit. Zusammen mit der Schwerindustrie und der katholischen Hierarchie ist sie einer der drei Pfeiler der deutschen Staatsgesellschaft geblieben. Der gerade in Skandinavien erfolgreiche und auch anderwärts viel diskutierte Versuch, eine Verwaltungskontrolle im Interesse des Publikums durch den *ombudsman* zu schaffen, ist in Deutschland, wie die Erfahrungen mit dem Wehrbeauftragten erwiesen haben, alles andere eher als ermutigend.

Daß allerdings die bürokratischen Bäume nicht in den Himmel wachsen können, ist einer Institution zu verdanken, die Max Weber vollständig entgehen mußte, weil sie eben zu seiner Zeit sich noch im Anfangsstadium befand, nämlich den unabhängigen Verwaltungsgerichten und vor allem auch den Verfassungsgerichten. Kein Geringerer als ein früherer Präsident des deutschen Bundesverfassungsgerichts sagte dem Vortragenden vor Jahren, die eigentlichen Feinde des Verfassungsgerichts seien nicht die Parlamente, nicht die Parteien und nicht die Regierung, sondern die Ministerialbürokratie, die die Parteien, Parlamente und Regierungen dazu bringe, die Rechtsnormen nach ihren Bedürfnissen zu schreiben, auch auf die Gefahr hin, daß sie verfassungswidrig sein könnten.

Ebensowenig hat sich Max Webers Vorprojektion des *Parlamentarismus* als das Mittel zur echten *Führungsauslese* bewahrheitet. Zu dieser Erwartung oder Hoffnung hatte ihn das Beispiel Englands verführt, das ihm überhaupt als der Idealtyp demokratischer Machtgestaltung galt. Nur in England hat sich diese parlamentarische Führungsschicht ausbilden und bis auf den heutigen Tag, wenn auch vielleicht nicht mehr im früheren Glanz, erhalten können. Dort konnte sich das Parlament das Monopol der Führungsauslese sichern, weil es keinen anderen Zugang zur politischen Macht gibt als eben durch das Parlament, das damit eine Schule der echten Führerauslese geblieben ist. Wenn ein Industriekapitän daran teilhaben will, muß er sich eben ins Unterhaus wählen lassen. Der *Civil Service* ist streng neutral und sieht sein Berufsethos darin, keinen politischen Ehrgeiz zu haben. In Deutschland ist die echte parlamentarische Führungsschicht schon dadurch im Keim erstickt worden, daß die Berufsbeamten als Abgeordnete im Parlament sitzen, eine unglückliche Situation, die von keinem anderen Land geteilt wird. Was in Deutschland außerdem der Entstehung einer parlamentarischen Eliteschicht hindernd im Wege stand, war unter Weimar der Gebrauch oder Mißbrauch des Artikels 48, dessen Verordnungen, den Schubladen der Ministerialbürokratie entstammend, jenseits aller Parlamentskontrolle waren, unter Bonn aber die Praxis der mit erheblicher Beschönigung sogenannten »Kanzlerdemokratie«, die in Wirklichkeit ein unverfälschtes autoritäres Regime und nur deswegen formell demokratisch war, weil alle vier Jahre eine der Kanzlerautorität willfährige Parlamentsmehrheit gewählt wurde. Ein einziges Mal, in der Spiegel-Affäre, hat sich der Wurm der deutschen öffentlichen Meinung gekrümmt, aber, wie es beim herrschenden Wohlstandsklima nicht anders zu erwarten war, nicht lange und nicht gründlich genug.

Damit hängt, was wiederum die Rückprojektion enthüllt, die allgemeine Erscheinung zusammen, daß das Parlament sich als politischer Machtfaktor seit einer Generation und mehr in ununterbrochenem Rückzug vor der starken Exekutive befindet, wohl die wichtigste Erscheinung der ganzen neueren Verfassungsentwicklung, die selbst ein Max Weber nicht hat voraussehen können. In der nicht übermäßig zahlreichen Klasse parlamentarischer Staaten allerdings ist es eine Exekutive, die dem Parlament ihre Existenz und Machtstellung verdankt. Wo dies aber nicht der Fall ist, hat die Exekutive das Parlament einfach überrollt.

Der Parlamentarismus ist ohne *politische Parteien* nicht denkbar. Für Max Weber ist die politische Partei zutreffendermaßen ein Wettbewerbsverband mit freiwilliger Mitgliedschaft. Er hat auch richtig erkannt, sich hier an Michels und vor allem Ostrogorski orientierend, daß der Betrieb der politischen Partei im Massenstaat einer Apparatur von Professionellen bedarf und daß in einer Massenpartei die Parteiführung notwendig oligarchisch sein muß. Ebenso sah er zum Unterschied der meisten Liberalen richtig, daß eine gesetzliche Normierung des Parteibetriebs eben deshalb unmöglich ist. Damit mußten Parteimitglieder und erst recht die bloßen Parteiwähler zu Soldaten der von der Parteiführung und ihrer Bürokratie diktierten Parteistrategie und -taktik oder – unhöflicher gesagt – zum bloßen Stimmvieh oder Kanonenfutter der Parteischlachten werden. In diesen Einsichten hat ihm kein Soziologe seiner Zeit das Wasser reichen können. Es muß ihm zugestanden werden, ohne daß sich hierfür direkte Belegstellen finden ließen, daß er angesichts der alle Parteien ergreifenden Verapparatisierung ihre zunehmende Entideologisierung vorausgeahnt haben muß. In welchem Maß allerdings sich die noch zu seiner Zeit ausgeprägten ideologischen oder Weltanschauungsgegensätze trotz des allseits verübten ideologischen Getöses abschleifen und einander annähern würden, kann ihm bei seiner Indifferenz gegenüber allen Ideologien kaum verborgen geblieben sein. Auch die eigentlichen Arbeiterparteien und erst recht die religiösen Parteien wenden sich längst nicht mehr an eine bestimmte Klasse oder Konfession. Alle Parteien haben sich der Universalideologie des allgemeinen Wohlfahrtsstaats verschrieben.

Aber das für Max Weber und für alle anderen Fachleute schlechthin Unerwartete war die Zwangspartei, die, auf Zwangsmitgliedschaft beruhend, zum Herrschaftsinstrument einer neuen revolutionären Führungsschicht wurde, gleichzeitig ob kommunistischer, faschistischer oder nationalsozialistischer Observanz. Daraus wurde dann in logischer Folge die Einheits- und einzige Staatspartei, wenn nicht überhaupt die Gewaltherrschaften das Parteiwesen als solches mit dem Bannstrahl belegten. Die Zwangsmitgliedschaft trat an die Stelle der noch von Max Weber betonten individuellen Freiwilligkeit des Parteianschlusses. Was diese Entwicklung überhaupt erst möglich machte, war das Regierungsmonopol an den Massenmedien der Meinungsbildung in Presse, Rundfunk und neuestens Fernsehen, technologische Phänomene, die zu Max Webers Zeit der sozusagen noch idyllischen Massengesellschaft einfach nicht voraussehbar waren.

IV

Damit ist das Stichwort für ein oder das Zentralstück der Max Weberschen Staatslehre gefallen, die *plebiszitäre Massendemokratie* und der aus ihr hervorgewachsene *Cäsarismus*. Der *terminus technicus* Cäsarismus stammt von der Praxis des großen Gaius Julius, der sich von den Massen in den Volksversammlungen alle Staatsämter legitim übertragen ließ, aber durch die damit verbundene Ämterkumulation und die schließlich unbefristete Amtsübertragung die klassische römische Verfassungsordnung zerbrach. Auf eine kurze staatssoziologische Formel gebracht, bedingt die Volldemokratisierung mit dem allgemeinen Wahlrecht die Führerauslese durch eine Massenwählerschaft. Die plebiszitäre Führerdesignation tritt an die Stelle der repräsentativen durch das Parlament. Während der Honoratiorenbetrieb in der Politik in der parlamentarischen Führerauslese gipfelte, führt das allgemeine Stimmrecht zwangsläufig zur Beherrschung des Staats durch eine Persönlichkeit, die, weil vom Vertrauen der Massen legitimiert, ihr Führungsamt cäsaristisch ausnutzt. Die plebiszitäre Führerbestellung ist ein universelles Phänomen der Massendemokratie. Der durch die Massen an die Spitze gelangende Führer ist notwendig ein Demagoge, wobei für Max Weber der Begriff rein funktionell und deshalb durchaus wertneutral war. Es tut Max Webers Vorprojektion keinerlei Abbruch, sondern im Gegenteil verstärkt sie, daß die nach seiner Zeit entwickelten Propagandatechniken der Massenmedien der Demagogie eine damals nicht vorstellbare Breiten- und Tiefenwirkung haben zuteil werden lassen.

In dieser Annahme lag eine Voraussage Max Webers von geradezu unheimlicher Präzision, da sich das Phänomen des plebiszitären Cäsarismus zu seiner Zeit in keiner der damaligen Verfassungsordnungen ersichtlich durchgesetzt hatte. Heute gilt die Technik offenkundig in allen Zweiparteien-Staaten. In Großbritannien werden die Generalwahlen weniger zwischen den Konservativen und Labour als zwischen Macmillan und Gaitskell, Sir Alec Douglas-Home und Harold Wilson, in den Vereinigten Staaten weniger zwischen Demokraten und Republikanern als vielmehr zwischen Kennedy und Nixon oder Johnson und Goldwater ausgefochten. Nur in Staaten mit einem traditionellen Mehrparteiensystem, wo Koalitionsregierungen gebildet werden müssen, scheint sich die Führerdesignation durch das Parlament erhalten zu haben, kann aber auch dort, falls ausgeprägte Führerpersönlichkeiten vorhanden sind, von personalplebiszitären Motivationen bestimmt sein.

In allen diesen ausschlaggebenden Aspekten muß Max Weber bei Vornahme der Rückprojektion durchaus zugestimmt werden. Die Zweifel setzen erst ein, wenn man sich fragt, ob die an sich durch plebiszitäre Akklamation erlangte Macht auch *notwendig* cäsaristisch, das heißt unter Beiseiteschieben der bestehenden Verfassungsordnung, auch der Substanz nach diktatorial ausgeübt werden muß. Die plebiszitäre Macht*erlangung* muß keineswegs identisch mit cäsaristischer Macht*ausübung* sein. Denn Max Weber selbst hat durchaus sachgemäß betont, daß im demokratischen Verfassungsstaat, solange die Verfassungsordnung nicht durch Gewalt oder Gewaltandrohung beseitigt ist, der plebiszitäre Führer sich keineswegs cäsaristisch-diktatorial gerieren *kann,* weil seiner Macht eben durch die Verfassung Grenzen gesetzt sind und weil er sich ohne ausgesprochenen Verfassungsbruch nicht über die Machtausübung beschränkenden Interorgan-Kontrollen hinwegsetzen kann. Aus der bewußten und quellenfremden Interpretation, daß der plebiszitär erkorene Führer zwangsnotwendig auch als cäsaristischer Diktator fungieren muß, wie sie neuerdings von gewissen jüngeren Leuten, so auf dem Heidelberger Soziologentag vom April 1964 mit einem erheblichen Maß von intellektueller Unehrlichkeit Max Weber unterstellt wird, erwuchs dann jene aus Max Webers Texten selbst widerlegbare Auffassung, er habe als »Ahnherr des plebiszitären Führerstaats« dem Nationalsozialismus sozusagen intellektuelle Steigbügeldienste geleistet und letztlich von der »charismatischen Diktatur« geträumt. Wer sich, wie es bei dem heutigen Redner der Fall ist, nicht scheut, bei Gelegenheit das Kind beim richtigen Namen zu nennen, würde diese Interpretation als eine dreiste Geschichtsklitterung bezeichnen, derer sich der Tote nicht mehr erwehren kann, die aber schärfstens zurückgewiesen werden muß.

Damit wären unsere Darlegungen beim letzten und vielleicht interessantesten Punkt angelangt. Der Ausdruck »charismatischer« Führer entstammt Max Webers berühmter Typologie der Herrschaftsformen, die zwischen der traditionalen, der Herrschaft kraft Satzung – worunter der Verfassungsstaat gemeint ist – und der charismatischen Herrschaft unterscheidet. Mit der Einführung des Begriffs des Charisma ist Max Weber wohl der größte Wurf seines ganzen *œuvre* gelungen, eine Verbalformulierung von solcher Brisanz, daß sie zum Bestandteil unserer Alltagssprache geworden ist. Der charismatische Führer, der kraft des Charisma, der außeralltäglichen Gnadengabe herrscht, kann ein Kriegsheld, ein Prophet, ein Demagoge, ein Vollbringer echter oder angenommener Wunder sein. Auf der Wechselwirkung zwischen dem Führer und seiner ihm fanatisch ergebenen Gefolgschaft beruht die charismatische Herrschaft.

Max Webers Typologie der Herrschaftsformen – und innerhalb derselben die Kategorie der charismatischen Herrschaft – hat fast eine Generation lang unangefochten das staatssoziologische Denken beherrscht. Es schien im Rückblick von der Erfahrung voll bestätigt. Allenthalben sind Führer aufgetaucht, denen der charismatische Zauber anzuhaften schien oder ihm jedenfalls von der von ihm kontrollierten Propagandamaschine zugeschrieben wurde. Aber die Zeit mag nunmehr gekommen sein, die typologische Trinität, statt sie vorbehaltslos anzunehmen, auf ihren Wirklichkeitsgehalt zu untersuchen. Daß es in der Geschichte Herrschaftsformen gegeben hat, die auf jenem als Charisma bezeichneten Persönlichkeitszauber beruhten und die sich von der traditionalen wie von der Herrschaft kraft Satzung wesentlich unterschieden, ist *historisch* belegbar und daher nicht zu bestreiten. Hinsichtlich ihrer Fortgeltung aber in der Zeit der zusehends allenthalben rationalisierten Staatstechniken erheben sich Zweifel. Man wird die Kategorie des charismatischen Führers neu durchdenken und auch an der zeitgenössischen Erfahrung messen müssen. Es sei dabei davon abgesehen, daß der charismatische Führer auch bei traditionaler Herrschaft vorhanden sein kann, wo er dann die traditionalen Elemente verstärkt, oder daß er auch bei Herrschaft kraft Satzung nicht undenkbar ist, in welchem Fall er dann in der Lage sein könnte, die verbriefte Staatsordnung auf sein Charisma abzustimmen. Was aber besondere Schwierigkeiten macht, ist die Abgrenzung des charismatischen vom plebiszitär an die Macht gelangten und vom sich cäsaristisch gerierenden Führer. Der plebiszitär bestellte Führer braucht zu einer erfolgreichen Herrschaftsausübung keineswegs Charisma zu besitzen. Andererseits aber kann der angeblich charismatische Führer sich dadurch an der Macht *erhalten*, daß er dank der ihm nunmehr zur Verfügung stehenden Massenmedien und der Zwangsapparatur des Staates, wie schon Machiavelli feststellte, die Untertanen zum Glauben an die übernatürliche Macht seiner Herrschaft *zwingen* kann. Zahlreiche Beispiele aus der neueren, seit Max Weber verstrichenen Zeit erweisen, daß der plebiszitär erkorene Führer nicht nur nicht cäsaristisch zu herrschen braucht, sondern daß auch der cäsaristische Führer keineswegs immer, und sogar sehr selten, mit der Magie des Charismatischen ausgestattet ist.

Aus all dem ergibt sich für den Staatssoziologen unserer Zeit, daß die von Max Weber miteinander verkoppelten Begriffe der plebiszitären, cäsaristischen und charismatischen Machtausübung verschiedenen Denkkategorien angehören. Plebiszitär und cäsaristisch sind staatstechnische Erscheinungen, charismatisch aber ist eine davon verschiedene massenpsychologische Kategorie.

Bei einer neuerlichen, kritischen Überprüfung von Max Webers sichtlich bedeutendster Einsicht in den politischen Prozeß wird man auf das auffallende und geradezu paradoxe Phänomen stoßen, daß die von ihm nicht gekannten oder jedenfalls noch nicht voll erfaßten Massenmedien der Meinungsbildung und -beeinflussung zwar den staatstechnischen Attributen des plebiszitären und cäsaristischen Führers zu Hilfe kommen, indem sie die plebiszitäre Wirkung verstärken und die cäsaristische Herrschaftsausübung rechtfertigen und den Machtadressaten plausibel oder mundgerecht machen. Aber der charismatischen Wirkung sind sie durchaus abträglich und oft geradezu feindlich. Rundfunk und Fernsehen und besonders die letztere Technik dienen, statt zur Verstärkung, geradezu zur Entzauberung der politischen Persönlichkeit. Wenn Magie das Hauptelement des Charismatischen ist, so wirken die Konkretisierungen und Veralltäglichungen des Charismatischen, wie sie Rundfunk und Fernsehen vornehmen, eher magiefeindlich als magiefördernd.

Man wird sich dabei vordringlich fragen müssen: Was macht die Wirkung des politischen Führers aus? Einstweilen hat die *theory of influence* noch keine handfesten Kriterien dafür geliefert. Daß ein hoher Grad von Volkstümlichkeit, der politische *sex appeal*, dabei unentbehrlich ist, steht außer Zweifel. Aber wann und wie verwandelt sich die Volkstümlichkeit in die Magie des Charismatischen? Wer sich die Mühe nimmt, die erlebten Führer unserer eigenen Zeit – für die Vergangenheit sind wir ja ohnehin auf Erfahrungen aus zweiter Hand angewiesen – daraufhin zu prüfen, ob sie »charismatisch« waren, wird kaum einen einzigen finden, der diese Qualität seiner Herrschaft ganz für sich in Anspruch nehmen kann. Wenn überhaupt, findet sie ihre volle Geltung nur im religiösen Bereich, aus dem sie Max Weber nach seinem eigenen Zeugnis erstlich entnommen hatte. Gandhi muß ein echt charismatischer Führer gewesen sein, aber seine politische Wirkung in einem orientalischen Milieu ist von der religiösen Komponente eben nicht zu trennen. Nur eine einzige Gestalt des zeitgenössischen öffentlichen Lebens drängt sich wie von selbst unserer dankbaren Erinnerung auf, von der die Magie des Charismatischen mit einer Überzeugungskraft ausstrahlte, der sich niemand, aber auch niemand entziehen konnte und die seltsamerweise bei den Millionen, die ihn nur aus Rundfunk und Fernsehen kannten, genauso stark war wie bei denen, die ihn leiblich wahrnehmen konnten: Papst Johannes XXIII., dessen allbezwingender Zauber in seiner Güte und Menschlichkeit bestand. Geht man dagegen die Reihe der in das Rampenlicht der jüngsten Geschichte getretenen politischen Führerpersönlichkeiten kritisch durch, wird kaum ein einziger, nicht Bismarck, nicht Lloyd George oder Churchill, nicht Hitler oder gar Adenauer – der geradezu die Negation des Begriffs darstellt – die Prüfung bestehen.

Somit könnte es scheinen, daß die Typologie der Herrschaftsformen, die eine Generation lang als größte von Max Webers staatssoziologischen Leistungen anerkannt gewesen war, nunmehr ergänzungsbedürftig, wenn nicht überhaupt überholt sein mag. Die traditionale Herrschaft, einst die fast universelle staatliche Gestaltungsform, besteht nur mehr aus kümmerlichen Restbeständen in marginalen Ländern Asiens und Afrikas. Mit der Degradierung des japanischen Tenno zu einem bloßen staatlichen Symbolwert ist ihr letztes bedeutendes Bollwerk gefallen. Die charismatische Herrschaft ist gleichfalls bestenfalls eine historische Kategorie und, wie gezeigt, infolge ihrer Entzauberung durch die Telekommunikationen heute kaum mehr denkbar. Was schließlich die Herrschaft kraft Satzung *alias* den Verfassungsstaat anlangt, so ist er nach wie vor der Menschheit beste Hoffnung auf eine Gesellschaftsordnung, die ihrer Würde und gleichzeitig ihrem Interesse entspricht. Aber auch diese Kategorie ist seit Max Webers Zeiten unverkennbar in die Defensive gegenüber den illegitimen Gewaltherrschaften, offen oder in Camouflage, gedrängt worden. Die Max Webersche Trinität wäre also durch die Hinzufügung einer neuen Kategorie zu ergänzen: der Gewaltherrschaft, die entweder illegitim durch militärischen Zwang aufgerichtet wird oder auch durch plebiszitäre Techniken erlangt sein kann. Diese neue Kategorie ist allerdings keine Neuigkeit in der Allgemeinen Staatslehre; sie ist nichts anderes als die mit Stromlinien versehene Tyrannis oder Despotie.

Wenn wir nunmehr diesen Überblick über Max Webers Staatslehre abschließen, so will es uns in der Rückschau scheinen, daß seine Staatssoziologie nach wie vor in ihren Hauptzügen ihre Richtigkeit erwiesen hat. Die Voraussicht der wesentlichen Züge der gegenwärtigen Staatsgestaltung: die universelle Demokratisierung, die unabwendbare Herrschaft der Bürokratie in allen Lebensschichten, die plebiszitäre Massengesellschaft mit der ihr innewohnenden Anlage zum neuen Cäsarismus, all das kann gewissermaßen als eine Art geschichtlicher Gesetzlichkeit angesehen werden. Diese Leistung ist um so erstaunlicher, wenn man den damaligen Erkenntnisstand der staatlichen und gesellschaftlichen Erscheinungsformen bedenkt. Was sie aber nicht voraussehen konnte, war der Einfluß der neuen Techniken der Massenbeeinflussung durch die Telekommunikationen. Niemand kann ihm das zum Vorwurf machen. In diesem Jahr, in dem wir anläßlich seines 100. Geburtstages seine dauernde Stellung in unserer Geistesgeschichte würdigen, müssen wir uns bewußt bleiben, daß viele staatspolitische Erkenntnisse, die heute zu unserem täglichen Brot gehören, aus dem Weizen gebacken wurden, der erstmals auf Max Webers Acker gewachsen ist.

Anmerkungen

1 Die nachfolgenden Gedankengänge wurden vom Verfasser zu einem Buch ausgebaut, das unter dem Titel Max Webers staatspolitische Auffassungen in der Sicht unserer Zeit, Frankfurt/Main 1965, erschienen ist. Dort finden sich auch die Belegstellen aus Max Webers Schriften und Literaturnachweise, auf die hier verzichtet werden muß.

2 Max Webers hier einschlägige Schriften sind in Max Weber, GPS, Tübingen 1958, zusammengestellt. Das hier besprochene Material ist vor allem den folgenden Schriften entnommen: Wahlrecht und Demokratie in Deutschland (1917), a. a. O., S. 233 ff.; Parlament und Regierung im neugeordneten Deutschland (1918), a. a. O., S. 294 ff.; Deutschlands zukünftige Staatsform (1918), a. a. O., S. 436 ff.; Politik als Beruf (1919), a. a. O., S. 493 ff. Vgl. auch die von Johannes Winckelmann herausgegebene Staatssoziologie, Berlin 1956, [2]1966.

WOLFGANG J. MOMMSEN

Universalgeschichtliches und politisches Denken bei Max Weber

Max Webers politisches Denken ist in den letzten Jahren vornehmlich unter historisch-politischen Gesichtspunkten zum Gegenstand heftiger Kontroversen geworden[1]. Wie immer man über Max Webers politische Auffassungen im einzelnen denken mag, in der bloßen Tatsache, daß es zu einer solchen Diskussion kam, liegt bereits eine Anerkennung des geistigen Rangs dieser großen Gelehrtengestalt, die zugleich ganz und gar politisch engagiert war. In Max Webers Werk spiegeln sich gleichsam wie in einem Brennglas von ungewöhnlicher Schärfe die großen Probleme der jüngeren deutschen Geschichte. Weber urteilte kühl und im Vollbesitz eines außerordentlichen Wissens über das politische Geschehen seiner Zeit, frei von kleinlichen Vorurteilen. Aber aller kritischen Distanz zum Trotz blieb auch er ein Gefangener der vorherrschenden Tendenzen der Epoche, von denen wir uns weithin befreit zu haben glauben oder doch darum bemüht sind. Nur mit größerer Folgerichtigkeit verschrieb er sich dem nationalistischen Geist einer Zeit, die immer weniger in Begriffen nationaler Autonomie und der kulturellen Gemeinsamkeiten der europäischen Völker und immer mehr in den Begriffen nationaler Macht und imperialistischer Ausdehnungspolitik zu denken begann. Seine Lehre von der »plebiszitären Führerdemokratie« trägt unverkennbar cäsaristisch-autoritäre Züge, die uns ihrer nicht recht froh werden lassen, wie sehr auch immer anerkannt sei, daß sie auf einer außerordentlich nüchternen und weitsichtigen Analyse des Wesens demokratischer Herrschaft beruht[2].

In den folgenden Ausführungen ist freilich nicht beabsichtigt, die Probleme des politischen Denkens Max Webers erneut unter dem Gesichtspunkt ihrer Bedeutung für die deutsche politische Geschichte zu behandeln; ich habe dies andernorts, in meiner Untersuchung über »Max Weber und die deutsche Politik 1890 bis 1920« getan und darf auf deren Ergebnisse verweisen. Es soll vielmehr versucht werden, eine andere Dimension des politischen Denkens Max Webers aufzuzeigen,

Aus: Historische Zeitschrift, Bd. 201 (München 1965), S. 557–612.

die, wie uns scheint, in der bisherigen Diskussion nur unzureichend berücksichtigt worden ist, nämlich dessen Verwurzelung in den universalhistorischen Grundanschauungen dieses wohl letzten Polyhistors der europäischen Geistesgeschichte. Ansätze einer solchen Analyse finden sich schon in Karl Löwiths an Eindringlichkeit und Prägnanz immer noch unübertroffene Abhandlung über »Max Weber und Karl Marx«[3], in Ernst Noltes Studie »Max Weber vor dem Faschismus«[4], sowie neuerdings in Günter Abramowskis Untersuchung über »Das Geschichtsbild Max Webers«. Alle diese Versuche einer universalgeschichtlichen Deutung des politischen Werkes von Max Weber gehen freilich von speziellen Gesichtspunkten aus, so Löwith von der Frage, wie nach Weber Persönlichkeit inmitten eines stahlharten Gehäuses sachgegebener Relationen noch möglich sei, Nolte vom Problem des Verhältnisses Webers zum Faschismus. Abramowski[5] wählt, wie vor ihm Johann Dieckmann[6], den »okzidentalen Rationalisierungsprozeß« zum Leitfaden seiner Darstellung des universalgeschichtlichen Denkens Max Webers.

Max Weber hat es freilich seinen Interpreten außerordentlich schwer gemacht, das universalgeschichtliche Grundschema zu erfassen, welches seinem soziologischen Werk und seinen politischen Auffassungen zugrunde liegt. Seine Soziologie tritt uns entgegen als ein Begriffssystem von schlechthin universalem Charakter, ausgezeichnet durch ein hohes Maß gedanklicher Abstraktion, ungeachtet der ungeheuren Fülle empirischer Data, die in ihr verarbeitet worden sind. Insbesondere den monumentalen Torso seines Hauptwerkes »Wirtschaft und Gesellschaft«, dessen idealtypische Konstruktionen auf einem gewaltigen historischen Tatsachenmaterial beruhen, vermögen wir als Ganzes einfach nicht zu überschauen. Die bewährte philologische Methode, die an Hand der Texte nach Einflüssen und letzten Stellungnahmen sucht, versagt weitgehend; nur an vergleichsweise wenigen Stellen finden sich noch eindeutige Spuren zeitgeschichtlicher Auffassungen, die man als Anhaltspunkte benutzen könnte, um Webers Werk einer bestimmten geistesgeschichtlichen Position zuzuordnen. Für eine umfassende Analyse dieser Art, so scheint es, fehlt noch die genügende Distanz, obwohl seit dem ersten Erscheinen von »Wirtschaft und Gesellschaft« fast ein halbes Jahrhundert verstrichen ist[7].

Gleichwohl soll hier versucht werden, Max Webers geschichtsphilosophische Grundkonzeption wenigstens in ihren Hauptlinien nachzuzeichnen; erst auf solchem Hintergrund läßt sich, wie wir zu zeigen hoffen, auch sein politisches Denken in seiner vollen Bedeutung erfassen[8].

Der Weg, den wir zu diesem Ziele einschlagen müssen, ist schwierig und vielfach verschlungen. Denn es kann kein Zweifel darüber bestehen, daß eine solche geschichtsphilosophische Grundkonzeption, wie wir sie einstweilen als Hypothese annehmen wollen, im Werke Webers keinesfalls explizit vorhanden ist. Denn Max Weber wollte mit seiner universalen Idealtypenlehre ja gerade allen spekulativen Geschichtskonstruktionen aus dem Wege gehen. Er beanspruchte für diese Idealtypen bekanntlich keinen Realitätscharakter; diese sollten nur gedankliche Systematisationen sein, welche als Handhabe für die verschiedenartigsten Interpretationen konkreten Erfahrungsmaterials dienen können. Nach seiner eigenen Auffassung wollte seine Soziologie nur »begriffliche Orientierungspunkte« geben[9], keineswegs unmittelbare Seinsaussagen machen. Die weitgehende Formalisierung aller idealtypischen Begriffe, die Weber im Laufe seiner Arbeit an »Wirtschaft und Gesellschaft« immer weiter vorantrieb, diente zugleich dem Zweck, alle historisch bedingten Werturteile und damit alle zeitbeeinflußten Begriffsbildungen möglichst zu eliminieren und damit die Anwendbarkeit des von ihm entwickelten Begriffssystems noch universaler zu gestalten.

Wir müssen uns weiterhin eingestehen, daß wir uns mit unserer Frage nach der geschichtsphilosophischen Grundkonzeption Max Webers gewissermaßen auf ein Gebiet begeben, das von ihm selbst mit einem Tabu belegt worden ist. Denn er hat es stets abgelehnt, so etwas wie eine umfassende Theorie der Kulturentwicklung aufstellen zu wollen. So heißt es einmal im Zusammenhang einer idealtypischen Darstellung der indischen Religiosität: »Das konstruierte Schema hat natürlich nur den Zweck, ein idealtypisches Orientierungsmittel zu sein, nicht aber eine eigene Philosophie zu lehren[10]«. In Max Webers Selbstverständnis war mit dem universalen Vordringen rationaler wissenschaftlicher Methoden jede mit dem Anspruch auf universale Gültigkeit auftretende Deutung der Weltgeschichte, sei diese nun religiöser, wissenschaftlicher oder philosophisch-spekulativer Art, unmöglich geworden. »Wo immer ...«, so heißt es in einer späten Stelle der Aufsätze zur Religionssoziologie, »rational empirisches Erkennen die Entzauberung der Welt und deren Verwandlung in einen kausalen Mechanismus konsequent vollzogen hat, tritt die Spannung gegen die Ansprüche des ethischen Postulates: das die Welt ein gottgeordneter, also irgendwie ethisch *sinnvoll* orientierter Kosmos sei, endgültig hervor. Denn die empirische und vollends die mathematisch orientierte Weltbetrachtung entwickelt prinzipiell die Ablehnung jeder Betrachtungsweise, welche überhaupt nach einem ›Sinn‹ des innerweltlichen Geschehens fragt[11]«. Aus dieser Überzeugung heraus hat Max Weber alle geschichtsphilosophischen Konstruktionen seiner Zeit scharf bekämpft. Diese Tatsache bildet gleichsam den negativen Pol, von dem wir in unseren Erörterungen auszugehen haben. Bemerkenswert und auffällig ist freilich, mit welcher – bisweilen ganz ungezügelten – Leidenschaft Max Weber diesen Kampf führte. Es verlohnt sich, dies einmal etwas näher zu verfolgen.

Webers Kritik galt zunächst einmal der positivistischen Fortschrittsideologie eines Comte und eines Bentham. Ihm, dem aufmerksamen Leser Nietzsches, mißfiel daran zunächst einmal das Postulat vom »größten Glück der größten Zahl«; schon die Freiburger Antrittsrede bringt leidenschaftliche Ausfälle gegen derartige eudämonistische Menschheitsideale[12]. Darüber hinaus aber decouvrierte er schonungslos den pseudoreligiösen Charakter dieser Lehre: »Der Fortschrittsgedanke stellt sich eben erst dann als notwendig ein, wenn das Bedürfnis entsteht, dem religiös entleerten Ablauf des Menschheitsschicksals einen diesseitigen und dennoch objektiven Sinn zu verleihen[13]«. Max Weber bezweifelte ohnehin, daß der wirtschaftliche und technologische Fortschritt auf die Dauer anhalten werde. Vor allem aber hielt er es für schwächlich, sich gewissermaßen an den objektiven Tatsachen des technologischen Fortschritts einen innerlichen Halt zu suchen und sich auf diese Weise bequeme Gewißheit über den Sinn des Weltgeschehens zu schaffen, ohne dabei das Risiko des Glaubens einzugehen.

Komplexer, aber in mancher Hinsicht ähnlich war Max Webers Einstellung zur marxistischen Geschichtsauffassung. Als innerweltliche Erlösungslehre verurteilte er den dialektischen Materialismus mit äußerster Schärfe; er hielt jeden Gedanken, »durch irgendein noch so sozialistisches Gesellschaftssystem ... die Herrschaft des Menschen über den Menschen zu beseitigen, für eine Utopie[14]«. Eine Verstaatlichung der Privatindustrie werde die Arbeiter um kein Jota freier machen, sondern die Allmacht der Gewalten, denen sie sich gegenübergestellt sähen, nur noch unendlich steigern. Die »wissenschaftliche« Seite der marxistischen Lehre, die das Kommen der klassenlosen Gesellschaft gleichsam logisch zwingend aus den Widersprüchen der Produktionsverhältnisse zu deduzieren suchte, war für ihn absolut ungenießbar. Er verhöhnte die deutschen Sozialdemokraten, weil sie sich ihren kommenden Sieg über die bürgerliche Gesellschaft vom objektiven Gang der Geschichte bescheinigen ließen, statt sich ihn mit entschlossener Tat zu erkämpfen[15]. Revolutionärer Sozialismus hatte für Max Weber einen innerlichen Sinn nur als gesinnungsethische Verhaltensweise, als ein Credo, das sich um die konkreten Chancen seiner Verwirklichung nicht kümmert. In solcher Form – aber nur in dieser –

vermochten die sozialistischen Ideen eine gewisse Anziehungskraft auf ihn auszuüben[16]; und so hat er sich denn in Heidelberg mit Vorliebe mit linken Revolutionären umgeben, während er die Führer der, wie er richtig erkannte, im Prinzip bereits reformistischen, nichtrevolutionären deutschen Sozialdemokratie seiner Zeit allzu eilfertig als Spießer und Kleinbürger verdammte.

Davon bleibt natürlich unberührt, daß Weber den dialektischen Materialismus als eine für die modernen Gesellschaftswissenschaften außerordentlich fruchtbare Arbeitshypothese anerkannte[17]. In der Tat lassen sich große Teile seines Werkes, so insbesondere seine Untersuchung über »die protestantische Ethik und den Geist des Kapitalismus«, als Auseinandersetzung mit Marx deuten. Mehr noch, beide Denker gingen von einer durchaus verwandten Fragestellung aus, der Sorge, was unter den Bedingungen des modernen, rationalen, arbeitsteiligen Produktionskapitalismus aus dem Individuum werden würde. Sie deuteten jene ganz verschieden und kamen zu anderen Antworten; Marx gelangte zu der dogmatischen These des dialektischen Materialismus, nach der die Selbstentfremdung des Menschen durch den objektiven gesellschaftlichen Prozeß schließlich durch eine proletarische Revolution wieder aufgehoben werde. Weber erkannte hingegen, daß mit einer Änderung der Eigentumsverhältnisse als solcher gar nichts erreicht sein würde und daß die wahre Gefahr für das europäische Menschentum im immer mächtigeren Wachstum der Bürokratien, in der immer größeren Macht rein zweckrationaler gesellschaftlicher Ordnungen bestand, welche die Initiative des einzelnen zu ersticken imstande sein würden. Aber ganz abgesehen davon, daß Max Weber einen wirklichen Ausweg aus diesem Dilemma ehrlicherweise nicht angeben konnte[18], widerstand er doch der Versuchung, das Phänomen der Bürokratisierung zur Grundlage einer expliziten Geschichtstheorie zu machen, die jener des Marxismus hätte vergleichbar sein können. Eine solch einlineare Konstruktion des universalen Geschichtsprozesses würde, so sah er klar, der ungeheuren Fülle des geschichtlichen Materials niemals gerecht werden können. Die Frage der Heraufkunft des modernen okzidentalen Rationalismus und ihrer Folgen für das Schicksal des abendländischen Menschen spielt in Max Webers Denken eine zentrale Rolle, aber sie bildet keineswegs für sich allein den leitenden Gesichtspunkt seiner universalen soziologischen Idealtypenlehre. Diese enthielt sich vielmehr tunlichst jeder Parteinahme für oder gegen den Prozeß der Rationalisierung und suchte diesen vielmehr in den Rahmen einer universalen Typologie einzuordnen, statt, wie noch in den Aufsätzen zur Religionssoziologie, seinen Einzigartigkeitscharakter hervorzuheben[19]. Eben das Gegenteil aber, nämlich die Verabsolutierung eines an sich wichtigen Gesichtspunkts, warf er Marx vor. Die Zeit für dogmatische Theorien wie die marxistische war nach seiner Ansicht vorüber; intellektuelle Redlichkeit verbot es, ein unter subjektiven Gesichtspunkten gewiß wichtiges Element des Geschichtsprozesses zum ausschließlich entscheidenden, allein wesentlichen Faktor zu erklären.

Ungleich schroffer noch lehnte Max Weber freilich alle Geschichtstheorien in der Nachfolge Hegels und der Romantik ab. Diese Arten von Geschichtsphilosophie erschienen ihm insofern als noch viel fragwürdiger, als sie an das Gefühl appellierten und sich nur schwer in die Form überprüfbarer Hypothesen fassen ließen. Es ist auffallend und bemerkenswert, welch außerordentlich großen Raum die Auseinandersetzung mit solchen Theorien in Max Webers wissenschaftlichem Frühwerk einnimmt[20]. Er bekämpfte jegliches Eindringen solcher geschichtsphilosophischer Systematisationen in sein engeres Fachgebiet der Nationalökonomie mit einer polemischen Schärfe, die schon den Zeitgenossen unangemessen erschien.

In der Abhandlung »Roscher und Knies und die logischen Probleme der Nationalökonomie«[21] distanzierte sich Weber in schroffster Weise von allen organologischen Geschichtsphilosophien, die, sei es auf der Grundlage des Volksgeistes, sei es auf andere Weise, generelle Theorien des Geschichtsverlaufes aufstellten. Die ungewöhnlich scharfe Kritik an Stammlers »Überwindung der materialistischen Geschichtsauffassung«[22] sollte nicht bloß die völlige Unzulänglichkeit dieses Versuchs einer Widerlegung von Marx bloßstellen, sondern insbesondere auch die naive idealistische Geschichtsauffassung, die Stammlers Argumentationen zugrunde lag, gründlich als pseudowissenschaftlich entlarven. Der dialektische Materialismus war Weber offenbar doch noch hundertmal lieber als eine solche optimistische und unkritische Kulturtheorie. Eine Besprechung von Wilhelm Ostwalds »Energetischen Grundlagen der Kulturwissenschaft« wuchs sich gleichfalls aus zu einer generellen Kritik an dem »›Weltformel‹-Bedürfnis« der Naturwissenschaftler[23]. Hellpachs Ansätze zu einer universalen Geschichtskonstruktion auf der Grundlage typischer psychologischer Bewußtseinszustände fanden ebenfalls seine leidenschaftliche Kritik; in zahlreichen Briefen suchte Weber diesem wenigstens die größten Ungereimtheiten seiner Theorie auszureden[24]. Mit noch ungleich größerer Leidenschaft wandte sich Max Weber gegen die morphologischen Kulturstufentheorien Breysigs und insbesondere Lamprechts. Breysig hielt er für einen Dilettanten, Lamprecht für einen ausgesprochenen

Scharlatan. Er plante im »Archiv für Sozialwissenschaft« gegen letzteren zu Felde zu ziehen; vermutlich wäre seine Kritik noch ungleich schroffer und ätzender ausgefallen als diejenige an Stammler[25]. Spenglers Kulturzyklentheorien hat er später nicht weniger leidenschaftlich verurteilt[26].

Warum, so stellt sich die Frage, diese leidenschaftliche, oft Maß und Form gleichermaßen sprengende Polemik gegen alle diese geschichtsphilosophischen Theorien? Eine erste – vorläufige – Antwort findet sich in der Tatsache, daß Max Weber in allen diesen Fällen fachwissenschaftliche Aussagen aufs Unerträglichste mit Werturteilen vermengt fand. Hier, so erkannte er, wurden ständig Seinsaussagen und Sollensaussagen miteinander verquickt, Antworten auf die Frage »Was sollen wir tun?« auf logisch ganz unzumutbare Weise aus Aussagen über den geschichtlichen Prozeß deduziert[27]. Mit anderen Worten, hier wurden, wie er urteilte, Wissenschaftlichkeit vorspiegelnd, in Wahrheit Weltanschauungen produziert. Dies aber war unvereinbar mit seiner eigenen methodologischen Haltung: »... *Fachwissenschaft* ist Technik, lehrt technische Mittel. Wo aber um Werte gestritten wird, da wird das Problem in eine ganz andere, jeder ›Wissenschaft‹ entzogene Ebene des Geistes projiziert; präziser: eine gänzlich heterogene *Fragestellung* vorgenommen. Keine Fachwissenschaft und keine noch so wissenschaftliche Erkenntnis ... gibt ›Weltanschauungen‹[28].«

Gegen die »herkömmliche Geschichtsmetaphysik« protestierte jedoch keineswegs nur der empirische Sozialwissenschaftler Weber, der die reinliche Scheidung von Werturteilen und empirischer Forschung zum obersten Gebot wissenschaftlicher Redlichkeit erklärt hatte. Der Gegensatz reicht wesentlich tiefer, und erst dadurch wird die leidenschaftliche Tonart verständlich, die Max Weber stets in solchen Fragen anschlug. Diese Geschichtstheorien waren eben nicht nur wissenschaftlich, sondern auch »ethisch falsch«[29]. Es war der Schüler Nietzsches, der gegen sie zu Felde zog. Webers dezisionistische Verantwortungsethik, die in der autonomen Wertwahl das Wesen der Persönlichkeit sah, war unvereinbar mit allen geschichtsphilosophischen Konstruktionen, die überindividuelle Faktoren zum bewegenden Element des geschichtlichen Prozesses erklärten – sei dies die Entwicklung des Weltgeistes zum Bewußtsein der Freiheit, die Dialektik der ökonomischen Produktionsverhältnisse, die Emanationen eines Volksgeistes, die morphologische, sich gleichsam nach biologischen Gesetzen stufenweise entwickelnde Struktur eines Volkes, oder was auch immer. Denn dadurch wurde das Individuum über seine spezifische

Verantwortlichkeit hinweggetäuscht, ihm eine »Geborgenheit« im Schoße der Geschichte offeriert, die bloßer Schein war, und ihm Anpassung an die übermächtigen Tendenzen des geschichtlichen Prozesses nahegelegt oder ihm womöglich gar die eigenen Wertüberzeugungen als vermeintlich objektiv richtig bestätigt und ihm damit das Risiko abgenommen, sich zu diesen zu bekennen und diese praktisch zu erproben[30]. »Sinn«, »Sinngebung des Weltgeschehens«, das war nach Webers innerster Überzeugung stets eine Sache persönlicher Entscheidung des einzelnen, seiner Wahl zwischen »verschiedenen Göttern«, seiner Option für »den Dämon ..., der seines Lebens Fäden hält[31]«. Nie und nimmer aber könne die Wissenschaft, und schon gar nicht eine geschichtsphilosophische Theorie welcher Art auch immer, dem einzelnen eine solche persönliche Entscheidung abnehmen[32]. »Der Glaube an die überempirische Geltung letzter und höchster Wertideen, an denen wir den Sinn unseres Daseins verankern[33]«, sollte weder durch geschichtsphilosophische Konstruktionen noch durch andere metawissenschaftliche Theorien eine Mediatisierung erfahren.

Diese von einem aristokratischen Individualismus nietzscheanischer Prägung geleitete Kritik an den herkömmlichen Geschichtsphilosophien machte auch vor dem Historismus selbst nicht halt. Es ist auffällig, daß Weber den Begriff »Geschichte« meist vermied und statt dessen völlig wertneutrale Formulierungen wie »Weltgeschehen«, »innerweltliches Geschehen« und dergleichen verwandte. Er war bestrebt, den Begriff »Geschichte« konsequent der Reste eines ontologischen Sinngehalts zu entkleiden, wie ihn diese für die Historisten noch besaß. Ernst Troeltsch unternahm damals den großen Versuch, aus dem Zusammenbruch der traditionellen Metaphysik den Begriff der »Entwicklung« zu retten und ihn als Fundament einer Theorie des Historismus beizubehalten. Max Weber hingegen nannte den »Entwicklungsgedanken«, gerade weil darin noch ein Rest teleologischer Seinsgewißheit enthalten war, sehr zum Schmerze Troeltschs »romantischen Schwindel«[34]. Für ihn war der Historismus, wenigstens sofern dieser als die »letzte Religion der Gebildeten« figurierte, nicht weniger ungenießbar als die Geschichtsphilosophien[35].

Ganz ähnlich lehnte Weber es auch ab, die Geschichte als Wissenschaft auf einen naiven Positivismus zu gründen, demzufolge die Historiographie nichts weiter tue, als die objektiv gegebenen Kausalketten nachzuzeichnen, die von der Vergangenheit hin zur Gegenwart führen. Eduard Meyers Versuche, sich angesichts der Unendlichkeit historischer Data an das historisch Wirksame zu halten, fanden daher

– in diesem Falle einmal relativ nachsichtige – Kritik[36]. Der Begriff des historisch Wirksamen, so argumentierte Weber, allein genüge nicht, um als Leitfaden durch die Vielfalt historischen Geschehens zu dienen, welches, ebenso wie das Naturgeschehen, an und für sich sinnlos sei. Erst durch »unser an ›Werten‹ orientiertes Interesse«, nicht durch eine wie immer geartete objektive Kausalbeziehung zwischen vergangenen Wirklichkeiten und der gegenwärtigen Kultur, werde Geschichte konstituiert[37]. Weber argumentierte hier mit Rickertschen Begriffen; er lehnte sich an dessen Theorie an, derzufolge ein historisches Objekt erst dadurch, daß es zu bestimmten Kulturwerten in Beziehung gesetzt wird, zu einem »historischen Individuum« von unverwechselbarer Eigenart wird, im Sinne der Droysenschen Definition der Geschichte als »eines steten Werdens neuer individueller Bildungen«. Aber tatsächlich meinte Max Weber etwas ganz anderes als Rickert[38]. Er teilte nicht dessen neukantianischen Glauben an ein System objektiver Kulturwerte, sondern stellte diesem einen Wertdezisionismus nietzscheanischer Prägung entgegen, demzufolge die Kulturwerte, welche zu leitenden Gesichtspunkten aller Geschichtsbetrachtung erhoben werden, ihre Geltung einzig der subjektiven Entscheidung der Persönlichkeit verdanken. Damit löste Weber »Geschichte« als einen ontologischen Begriff von universaler Geltung faktisch in »Geschichten« auf, nämlich in jeweils unter anderen Wertgesichtspunkten ausgewählte und nur im Hinblick auf diese sinnvolle »endliche Ausschnitte aus der sinnlosen Unendlichkeit des Weltgeschehens[39].« Es bedeutet dies natürlich nicht, wie man auf den ersten Blick meinen könnte, die völlige Subjektivierung der Geschichte als Wissenschaft, sondern vielmehr das gerade Gegenteil: die präzise Scheidung von Sollens- und Wertaussagen einerseits, strenger kausaler Zuordnung gemäß dem logischen Prinzip der »adäquaten Verursachung« andererseits. Eben durch die Aufgabe auch der letzten Reste teleologischen und ontologischen Denkens[40] sollte die Geschichtswissenschaft das leisten, was ihr zukam, nämlich zu ihrem Teile zur Erfassung der Kulturbedeutung der großen gesellschaftlichen Prozesse beizutragen und dergestalt dem einzelnen die notwendigen Informationen zu geben, welche es ihm ermöglichen, rational und verantwortungsbewußt zwischen verschiedenen gesellschaftlichen Alternativen und Wertreihen wählen zu können.

Paradox genug, im Zuge seiner Auseinandersetzung mit den Geschichtsphilosophien und dem geschichtlichen Denken seiner Zeit enthüllt sich uns Max Webers eigene geschichtsphilosophische Position. Die Prätentionen der Geschichtsmetaphysiken werden zurückgewiesen, die Wissenschaft streng auf den Bereich empirischer Tatsachenforschung beschränkt, um der spontanen schöpferischen Tat des Individuums, das von letzten, persönlich als verbindlich gesetzten Werten geleitet wird, den freien Raum zu lassen, der ihm zukommt. Kraft seiner Fähigkeit, geistig zur Welt Stellung zu nehmen und zwischen verschiedenen höchsten Werten zu wählen, überragt das Individuum – jedenfalls potentialiter – die empirische Welt. Es vermag sein Handeln an höchsten Idealen zu orientieren und so der Geschichte neue Wege zu weisen. Es kann sich für diese Ideale eine Gefolgschaft gewinnen und mit deren Hilfe auf die gesellschaftliche Umwelt einwirken. Sosehr Weber in seinem Wissenschaftsideal dem Positivismus nahesteht, es gibt für ihn eben doch die Chance zu gesellschaftlicher Tat aus genuinen geistigen Impulsen heraus. Gewiß, Weber wollte in diesem Punkte nicht als Anhänger eines naiven Idealismus verstanden werden; er wußte natürlich, daß materielle Interessenlagen und konkrete Umweltbedingungen alles individuelle Handeln maßgeblich beeinflussen. Aber zumindest in zwei Punkten kamen ideelle Motivationen ins Spiel: sie weisen dem Tun des einzelnen die Richtung, wie stark auch immer es durch materielle Konstruktionen bedingt sein mag; darüber hinaus aber wecken sie unter Umständen ein solches Maß von tätiger Energie, wie es rein interessengebundenes Handeln niemals aufzubringen vermag.

Wir können diese Detailfrage hier freilich zunächst auf sich beruhen lassen und wollen hier nur festhalten: es sind die Individuen, und zwar in der Regel die großen Individuen, welche kraft ihrer Fähigkeit, Werte zu bekennen und für sich und andere als verbindlich zu erklären, dem gesellschaftlichen Geschehen Ziele zu setzen vermögen. Es ist dies der Punkt, der Max Weber in größter Entfernung von Marx und im Einklang mit der idealistischen Tradition, insbesondere aber in größter Nähe zu Nietzsche zeigt. Nietzsches Lehre, daß das Schicksal der europäischen Kultur von den großen Individuen abhängig sei, von ihrem Willen, sich selbst zu wollen und eben dadurch die Welt zu verändern, hat deutliche Spuren im Werke Max Webers hinterlassen[41]. Die Funktion, die Weber den großen charismatischen Führerfiguren zuschreibt, drängt Vergleiche mit Nietzsche förmlich auf. Nietzsches Forderung nach »intellektueller Redlichkeit« wird bei Weber geradezu zum konstituierenden Prinzip der Persönlichkeit[42] erklärt. Vor allem aber hat er sich Nietzsches Morallehre zu eigen gemacht. Nietzsches Ansicht, daß es die Aufgabe des großen Individuums sei, der Gesellschaft, unbekümmert um die hergebrachten traditionellen Wertvorstellungen neue Werte zu setzen, finden in Max

Webers »dezisionistischer Verantwortungsethik«[43] ihre direkte Fortsetzung[44]. Webers berühmtes Wort, »daß wir den *Sinn* des Weltgeschehens nicht aus dem noch so sehr vervollkommneten Ergebnis seiner Durchforschung ablesen können, sondern ihn selbst zu schaffen imstande sein müssen[45]«, setzt die Zertrümmerung aller herkömmlichen Metaphysik durch Nietzsche voraus, und entspricht mit dem Appell, die Werte »aus der eigenen Brust zu holen[46]« Nietzsches Forderung nach einer »Umwertung aller Werte«.

Jedoch lag es Max Weber ganz fern, einem irrationalistischen Persönlichkeitskult das Wort zu reden. Das Wesen der Persönlichkeit lag für ihn gerade »in der *Konstanz* ihres inneren Verhältnisses zu bestimmten letzten ›Werten‹ und Lebensbedeutungen[47]«, nicht aber darin, sich Gefühlen des Augenblicks hinzugeben oder in persönlichen Erlebnissen zu schwelgen. Methodisch-rationale Lebensführung aufgrund verantwortlicher Entscheidung zwischen den in jedem Augenblicke möglichen verschiedenen Wertreihen war für ihn schlechthin Voraussetzung dafür, eine Persönlichkeit zu sein. Denn wertrationales Handeln im Dienste dieser selbstgewählten Ideale ist deren Lebensgesetz. Es entspricht dies dem puritanischen Persönlichkeitsideal, das sich Weber selbst zum Leitbild gewählt hatte[48]. Rationales Verhalten, intellektuelle Aufrichtigkeit in jedem Augenblicke des Lebens, selbst um den Preis innerweltlicher Askese, stehen im Vordergrund. Hier fließen puritanische Grundsätze in eigentümlicher Weise mit Nietzsches Forderung nach intellektueller Selbstzucht und unnachgiebiger Strenge gegen sich selbst zusammen[49].

Rationales Verhalten ist zugleich die Bedingung der Möglichkeit der Freiheit. Erst indem die Persönlichkeit sich rational Rechenschaft gibt über die Motive und Konsequenzen des eigenen Tuns, erhebt sie sich über den triebhaften, »ungeschieden vegetativen ›Untergrund‹ des persönlichen Lebens« und wird innerlich frei[50]. Hier lag nach Webers Überzeugung auch die eigentliche Aufgabe aller Wissenschaft. Auch die Wissenschaft konnte einen Eigenwert nicht beanspruchen; für sich selbst genommen war sie sinnlos. Aber sie war keineswegs nur ein »technisches« Instrument zur Lösung praktischer Probleme des Daseins, sondern vor allem ein Mittel rationaler Weltorientierung im Dienste der Persönlichkeit. Die Wissenschaft sollte dem einzelnen helfen, sich selbst klar zu werden über den letzten Sinn seines Tuns. Sie sollte ihn informieren über die Bedeutung und die inneren Konsequenzen seiner Option für bestimmte Ideale. Sie sollte ihm die zweckmäßigsten Mittel zur Verwirklichung seiner Ideale an die Hand geben und ihn aufklären über die zu erwartenden Rückwirkungen seines Handelns auf die diesem zugrunde liegenden oder auch auf mit diesen konkurrierende Ideale, kurz, sie sollte ihm die vollen Konsequenzen seiner Entscheidungen vor Augen stellen.

Die Persönlichkeit bedarf – so läßt sich Max Webers Ansicht zusammenfassen – rationaler Orientierung in zweifacher Hinsicht: erstens, um »sie selbst«, um »frei« zu sein, und zum anderen, um verantwortlich handeln zu können. Gerade die Rationalität ist »der Ort der Freiheit«, rationales Handeln im Dienste letzter Zwecke das Wesen der Persönlichkeit. Diese letzten Zwecke sind jedoch rein persönlichen Ursprungs, sie entspringen der transzendentalen Persönlichkeitssphäre. Letztere aber ist rationalem, an empirischen Sachverhalten orientierten Denken gerade entgegengesetzt. Denn »Werte« werden eben gerade aus »grundloser« Überzeugung heraus gesetzt. Die Bejahung des Prinzips der Rationalität hat infolgedessen zur Folge, daß sich die Persönlichkeit in ein beständiges Ringen entgegengesetzter Prinzipien gestürzt sieht. Denn die Rationalisierung macht auch vor den intimsten Sphären des Menschlichen nicht halt; die fortschreitende »Entzauberung« aller Lebensbeziehungen bedroht auch die Wurzeln, aus denen die Persönlichkeit ihre Kräfte zieht, und zerstört die Werte, die man nur bekennen, nicht aber begründen kann. Karl Löwith hat die eigentümliche Dialektik im Persönlichkeitsbegriff Max Webers, die aus dieser gleichzeitigen Bejahung und Verneinung des Prinzips der Rationalität resultiert, klassisch dargestellt[51]. Einen Ausweg aus diesem ewigen Konflikt gibt es nach Weber nicht, es sei denn, man werfe sich in die Arme einer offenbarten Religion. Es bleibt nur eines, sich ihm in heroischer Weise immer wieder neu zu stellen und damit zu leben. »Ich will sehen, wieviel ich aushalten kann«, bekannte Weber einmal gegen Ende seines Lebens[52].

Diese Analyse des Begriffs der Persönlichkeit bei Max Weber scheint von unserer Frage nach den geschichtsphilosophischen Grundlagen seines politischen Denkens abzuführen. Bei näherer Betrachtung erweist sich jedoch, daß die innerhalb der Persönlichkeitsstruktur beobachtete Dialektik in der geschichtlichen Realität eine direkte Entsprechung hat. Es ist dies der beständige Gegensatz des »Kulturmenschen« und des »Fachmenschen«. Die schöpferische Persönlichkeit, die ihr Weltverhalten in letzter Instanz an metaphysischen – oder sagen wir mit Max Weber lieber »außeralltäglichen« – Werten orientiert und daher gegenüber den Bedingungen der Umwelt im innerlichen Sinne des Wortes »frei« ist, steht in einem immerwährenden Kampfe mit den »Fachmenschen«[53] und den »Ordnungsmenschen«[54], welche ihr Handeln *ausschließlich* an den bestehenden Verhältnissen und den vorhandenen Erfolgschancen ausrichten. Die Persönlichkeit orientiert sich in ihrem Weltverhalten unter allen Umständen *auch* an den selbstgesetzten Idealen; für den »Ordnungsmenschen« hingegen sind logischerweise Anpassung[55] und Fügsamkeit gegenüber den jeweils Mächtigen oberstes Gesetz.

Dieser Antagonismus, bei dem die Würde des Menschen auf dem Spiel steht, bildet den geschichtsphilosophischen Hintergrund, vor dem das Universalgebäude der soziologischen Idealtypenlehre Max Webers erst in seinem letzten Sinn erkennbar wird. Den drei zentralen Themata seiner Soziologie, dem Verhältnis von religiösen – »außerweltlichen« – Werthaltungen und ihren »innerweltlichen« Folgen (dem Gegenstand der Religionssoziologie), dem Verhältnis von Charisma und Bürokratie (dem wichtigsten Gegenstand von »Wirtschaft und Gesellschaft«) und dem Verhältnis von Führern und »Berufspolitikern ohne Beruf« (der zentralen Problematik der »Politischen Schriften«) liegt dieses Problem in einer jeweils modifizierten Form zugrunde. Wir haben es in letzter Instanz mit einem anthropologischen Ansatzpunkt von ganz bestimmter Art zu tun, von dem her sich Webers disparates Werk zu einem Ganzen zusammenschließt.

Man hat mit Recht bemerkt, daß Max Weber, sobald die Frage des Verhältnisses von individuellem Tun und kollektiven Zwangseinwirkungen zur Sprache komme, stets den Akzent auf das erstere gelegt habe[56]. Wenn man den hier beschriebenen individualistischen Ausgangspunkt berücksichtigt, von dem her Max Weber Gesellschaftswissenschaft betrieb, so ist das nicht länger erstaunlich. Es wird auch ohne weiteres verständlich, warum er sich mit solcher Radikalität gegen den Gebrauch von Kollektivbegriffen in der Soziologie wandte und forderte, daß diese stets vom Handeln des einzelnen und von den Motiven, die ihn dabei leiten, auszugehen habe[57]. Dieses Postulat hat vielfach Verwirrung und Unverständnis hervorgerufen, denn es kann ja kein Zweifel darüber bestehen, daß Weber in seiner Soziologie ständig soziologische Gruppen- und Kollektivbegriffe wie Klasse, Stand, Partei, Sekte, Bürokratie verwendete und diesen bestimmte gesellschaftliche Verhaltungsweisen typisch zuordnete, ohne dabei auf die Motivationen der jeweils beteiligten Individuen zurückzugehen. Wenn er beispielsweise die Konservierung des case law in der angelsächsischen Rechtstradition auf das Gruppeninteresse der englischen Juristen zurückführte, so sollte dies doch nicht bedeuten, daß jeder einzelne englische Richter sich eines subjektiven oder objektiven Interesses an der Erhaltung des bestehenden Rechtszustandes bewußt sei, sondern nur, daß die auf Exklusivität und Tradition beruhende

Organisation des englischen Juristenstandes einen Trend zur Monopolisierung des Rechtswissens entstehen lasse, welche sich zu Gunsten des einmal vorhandenen case law auswirke[58]. Webers Ruf nach einer »strikt ›individualistischen‹ Methode« richtet sich denn auch gar nicht so sehr gegen die Verwendung von Kollektivbegriffen überhaupt, sondern gegen solche Begriffe, denen eine personhafte oder besser persönliche Qualität zugeschrieben wird, wie den Begriff »Gemeinschaft« oder den Begriff »Staat« als »Person« im juristischen oder als »Individualität« im historischen Sinne, mit welchen man dann, von der Einstellung der Individuen ganz absehend, operieren kann. Denn damit entfernt man sich völlig von der Ebene individueller Motivationszusammenhänge und wird dazu verführt, diesen Kollektivbegriffen direkt oder indirekt eine Eigengesetzlichkeit (z. B. im Falle des Staates die »Staatsraison«) oder ein Eigenleben (man denke nur an die organische Staatslehre von Herder und den Romantikern bis hin zu Gierkes Genossenschaftstheorie) zuzuschreiben, zumal gewisse Eigentümlichkeiten unserer Sprache und unseres Denkens solchem Vorgehen Vorschub leisten[59]. Es versteht sich, daß dergleichen Sünde wider den individualistischen Geist der Soziologie Max Webers ist: »der einzelne (ist) auch nach oben zu die Grenze und der einzige Träger sinnhaften Sichverhaltens[60].« Wenn, wie wir zu zeigen versucht haben, die Auseinandersetzung des in einem spezifischen Sinne »außeralltäglichen« Werten verpflichteten Individuums mit einer in der Regel traditional oder zweckrational bestimmten Umwelt die Grundfrage bildet, um die Webers persönliches wie sein wissenschaftliches Denken in letzter Instanz kreisen, so ist es nur logisch, wenn er zu verhindern suchte, daß sich Soziologie oberhalb des Individuums etabliere und dieses, vollbeschäftigt mit der Analyse sog. objektiver Tendenzen, aus dem Blickfeld verliere[61].

Es bleibt freilich in diesem Punkte ein Rest von Unklarheit über die letzten Absichten Max Webers bestehen. In der Tat findet sich in seinem soziologischen Werk keine ganz präzise Antwort auf die Frage, welche Rolle individuelle Faktoren inmitten einer Unendlichkeit objektiver, gesellschaftlich bedingter Kausalitäten spielen[62]. Aber immerhin wird man folgendes sagen können: da es das Wesen des Individuums ausmacht, sein Handeln an außeralltäglichen, überempirischen Idealen ausrichten zu können, fällt die Frage nach den Formen der Einwirkung der Persönlichkeit auf die Geschichte zusammen mit dem Problem, auf welche Weise solche geistigen Impulse rein persönlichen Ursprungs die gesellschaftliche Realität zu verändern vermögen. Vor allem in zwei Formen vollzog sich nach Webers Ansicht im geschichtlichen Raum diese Umsetzung »außerweltlicher«, d. h. weltunabhängiger Ideale in »innerweltliches« gesellschaftliches Handeln:

1. in Gestalt der weltverändernden Kraft religiöser Verhaltensweisen, insbesondere der großen Weltreligionen. Es ist dies das Thema seiner Religionssoziologie. Die hervorragendsten Beispiele solcher religiösen Lehren, die die gesellschaftliche Wirklichkeit grundlegend umgestalten, sind nach Weber der Puritanismus und die antike Prophetie.

2. durch das Charisma der großen Persönlichkeit, die kraft ihrer rein persönlichen Qualitäten imstande ist, eine ihr ergebene Gefolgschaft um sich zu sammeln und mit deren Hilfe ihren persönlichen, in einem spezifischen Sinne »außeralltäglichen« oder gar »außerweltlichen« Idealen in der empirischen Realität Geltung zu verschaffen und diese womöglich dementsprechend umzugestalten. Es ist dabei selbstverständlich belanglos, daß das Resultat dieser Umgestaltung in aller Regel den ursprünglichen Intentionen recht unähnlich ausfällt.

Diese zweite Form der Einwirkung geistiger Impulse auf die geschichtliche Wirklichkeit begreift in gewisser Weise die erstere in sich ein, da ja alle religiösen Bewegungen zumindest in ihren Ursprüngen charismatische Züge tragen. Aber in Anlehnung an die Entwicklung, die Webers Denken in diesen Fragen genommen hat, ist eine getrennte Behandlung beider Fälle gleichwohl angebracht. Wenden wir uns zunächst der Frage nach der Funktion religiöser Ideale im geschichtlichen Raum zu.

Im Gegensatz zu Marx und auch zu Nietzsche hat Max Weber stets daran festgehalten, daß jede echte religiöse Ethik nicht ausschließlich aus ökonomischen oder gesellschaftlichen oder sozial-psychologischen Bedingungen herzuleiten ist, wie groß auch im Einzelfalle die Einwirkungen der sozialen Gegebenheiten auf die konkrete Gestaltung des jeweiligen Dogmas immer sein mögen[63]. Wenigstens in ihren höchsten Postulaten entstammen namentlich die großen, weltgeschichtlich wirksamen Heilslehren rein religiösen Quellen. Weber verwahrte sich nachdrücklich gegen die marxistische These, daß Religionen ein bloßer ideologischer »Überbau« der ökonomischen Verhältnisse seien[64]. Vielmehr gehören religiöse Überzeugungen, in letzter Instanz das religiöse Charisma einzelner »Heiliger« oder Propheten, zu den bedeutendsten primären Kausalfaktoren gesellschaftlichen Wandels, wenn auch natürlich nicht jeder gesellschaftlichen Bewegung überhaupt. Max Weber wußte wie kein anderer, daß gesellschaftliche Gebilde, einmal entstanden, eigene Entwicklungstendenzen ausbilden; ihrer Erforschung war ein großer Teil seiner soziologischen Arbeit gewidmet. Aber zum Ausbruch aus bestehenden Verhältnissen, zur Begründung *neuer* geschichtlicher Entwicklungsreihen, bedurfte es stets des Rückgriffs auf geistige Energien, und in aller Regel kamen diese aus der Sphäre religiösen Denkens.

Max Weber wollte diese seine Auffassung freilich keineswegs in einem rein idealistischen oder gar spiritualistischen[65] Sinne verstanden wissen: »Interessen (materielle und ideelle), nicht: Ideen, beherrschen unmittelbar das Handeln des Menschen. Aber: die ›Weltbilder‹, welche durch ›Ideen‹ geschaffen wurden, haben sehr oft als Weichensteller die Bahnen bestimmt, in denen die Dynamik der Interessen das Handeln fortbewegte. Nach dem Weltbild richtete es sich ja: ›wovon‹ und ›wozu‹ man ›erlöst‹ sein wollte, und nicht zu vergessen: – konnte. Ob von politischer oder sozialer Knechtschaft zu einem diesseitigen messianischen Zukunftsreich ... Oder von einem radikal Bösen und der Knechtschaft unter der Sünde zur ewigen freien Güte im Schoß eines väterlichen Gottes ... Oder von den in Leiden, Not und Tod sich äußernden Schranken der Endlichkeit und den drohenden Höllenstrafen zu einer ewigen Seligkeit in einem, irdischen oder paradiesischen, künftigen Dasein[66]«. Der Möglichkeiten gab es zahllose mehr. Wir haben hier nur die wichtigsten der von Weber genannten zitiert. Für alle sie aber galt etwas, dem Weber höchste Bedeutung zuschrieb: »Stets steckte dahinter eine Stellungnahme zu etwas, was (gemessen) an der realen Welt als spezifisch ›sinnlos‹ empfunden wurde und also die Forderung, daß das Weltgefüge in seiner Gesamtheit ein irgendwie sinnvoller ›Kosmos‹ sei oder sein solle[67]«. Diese religiösen Haltungen setzten sich im Alltagsleben in jeweils verschiedenem Grade in eine methodische Lebensführung von großer Intensität um. Eben weil diese stets an religiösen Idealen orientiert war, welche, verglichen mit den Gegebenheiten des Alltags, allemal utopisch waren, war ihr jeder Gedanke an Anpassung und Einfügung in bestehende Verhältnisse fremd, sofern dies nicht, wie in den Fällen des Konfuzianismus und des orthodoxen Luthertums, gerade aus religiösen Gründen anempfohlen wurde. Man fragte nicht nach dem Erfolg, noch weniger nach dem Erreichbaren, sondern strebte ausschließlich danach, den religiösen Normen nach bestem Vermögen genüge zu tun, mochte man auch in der Praxis weit dahinter zurückbleiben. Aus einer solchen geistigen Haltung heraus entfalteten religiöse Gruppen die außerordentliche Leistungsfähigkeit und schöpferische Kraft, die den Anstoß zu neuen gesellschaftlichen Entwicklungen gibt.

Aus diesem Grunde gehören die großen religiösen Bewegungen, insbesondere in ihrer ursprünglichen, noch nicht institutionalisierten Form, zu den schlechthin dynamischen, ja revolutionären Kräften der

Geschichte. Der Paradefall solcher religiösen Bewegungen, welche »die Welt verändern«, war für Max Weber der *Puritanismus*. Weber hat zwar auch die anderen Varianten des Christentums und die anderen großen Weltreligionen unter dem Gesichtspunkt der sozialen Konsequenzen ihrer Lehren eingehend untersucht, aber keine von ihnen hat nach seiner Ansicht in einer derart revolutionierenden Weise den Gang der geschichtlichen Entwicklung der Menschheit in neue Geleise gelenkt wie die puritanische Religiosität.

Der Katalog welthistorischer Phänomene, die Max Weber, gleichviel ob zu Recht oder zu Unrecht, auf die puritanische Religiosität zurückführte, ist bemerkenswert umfangreich. Seine berühmte Untersuchung über »Die protestantische Ethik und der Geist des Kapitalismus« erwies, daß der Typus des modernen Berufsmenschen und mit ihm die geistigen Grundlagen des modernen, rationalen, kapitalintensiven, kontinuierlich betriebenen Kapitalismus ein Produkt puritanischer Religiosität seien. Die kalvinistische Prädestinationslehre in der Fassung, die ihr später von den puritanischen Sekten gegeben worden sei, habe dem Einzelnen eine streng rational reglementierte, ausschließlich dem Erwerb hingegebene Lebensführung zur religiösen Pflicht gemacht und damit die inneren Antriebe für eine unablässige Kapitalakkumulation und eine stetige Intensivierung der Produktion bei gleichzeitigem Konsumverzicht geschaffen. Dergestalt sei der Puritanismus der Schöpfer des modernen Kapitalismus geworden, der schlechthin revolutionären Macht unseres Zeitalters.

Die Leistungen des Puritanismus erstreckten sich nach Weber jedoch keineswegs nur auf wirtschaftliches, sondern ebenso auf politisches Gebiet. Weber rühmte die individualistische Gesinnung der puritanischen Sekten und ihre nüchterne und pragmatische Einstellung zum Staat. Vor allem aber pries er sie als die eigentlichen Schöpfer der naturrechtlichen Axiomatik der Menschen- und Bürgerrechte. »Nur dem radikalen Individualismus der Sekten« danke die Welt »Gewissensfreiheit und die elementarsten ›Menschenrechte‹ ... Dinge, die niemand von uns heute missen könnte[68]«. Wenn Weber wiederholt vom Naturrecht als dem Recht »revolutionär geschaffener Ordnungen« sprach[69], so meinte er damit, daß diese Rechtsideen, im Gegensatz zum traditionalen oder zum positiven Recht, transzendenten Ursprungs waren und (von dem von ihm geteilten rechtpositivistischen Standpunkt aus) typisch utopischen Charakter trugen. Nur extremer Idealismus, so urteilte er, habe derartiges hervorbringen können[70]. Gerade ihrem utopischen Charakter, um dessentwillen der empirische Sozialwissenschaftler der Naturrechtslehre die Chance absprach, auch weiterhin als brauchbare Grundlage eines modernen Rechts zu dienen, verdanke diese die Durchschlagskraft, ohne die so außerordentliche Dinge wie die Menschen- und Bürgerrechte niemals das Licht der Welt erblickt hätten. Mit anderen Worten: gerade die Unbedingtheit der Naturrechtslehre, die keinerlei Kompromisse mit den Gegebenheiten des Alltags einging, der täglich zahllose Beispiele faktischer Ungleichheit vordemonstrierte, war nach Webers Ansicht das eigentliche Geheimnis ihres Erfolges.

Worauf waren diese großen »innerweltlichen« Leistungen des Puritanismus zurückzuführen? Auf die Tatsache, daß der Puritaner sich in seinem Handeln nicht bloß nach materiellen Interessen und nach dem im Augenblick Erreichbaren richtete, sondern seine Berufsarbeit als gottgefälliges Tun ansah, als Wirken zur höheren Ehre Gottes. Gerade »das Hinausgreifen über die Welt[71]«, die Orientierung des Handelns an überempirischen Werten, war die Bedingung der Möglichkeit großer »innerweltlicher« Leistungen. Dem Puritaner wurde die Welt zum bloßen »Materiale der Pflichterfüllung[72]«; religiöse Überzeugungen veranlaßten den Einzelnen, seine ganze Lebensführung planmäßiger rationaler Gestaltung zu unterwerfen[73]. Noch etwas weiteres kam hinzu: die ungewöhnlich starke Spannung zwischen religiöser Norm und Wirklichkeit, die tiefe Kluft, welche zwischen den Forderungen eines streng majestätisch aufgefaßten Gottes und der natürlichen Qualitäten des von Grund aus als verdorben geltenden Menschen bestand. Diese Kluft konnte nicht durch eine *unio mystica* mit dem Göttlichen nach Art der Mystik oder durch ein Eingehen in einen göttlichen Urgrund wie das Nirvana des Buddhismus geschlossen werden; auch die Hilfe aus dem Gnadenschatz einer von Gott gestifteten Kirche oder das feste Vertrauen in die allein seligmachende Kraft des Glaubens konnte sie nicht überbrücken. Vielmehr vermochte der Gläubige in seiner Sorge um sein Seelenheil angesichts der besonders hoch gesteckten religiösen Ansprüche nur in rastloser Berufsarbeit Ruhe zu finden.

Eine religiöse Lehre von einer dem Puritanismus vergleichbaren Radikalität des religiösen Anspruchs und ähnlicher Intensität hinsichtlich der von dieser ausgehenden »innerweltlichen« Wirkungen entdeckte Max Weber in der jüdischen Prophetie der vorexilischen Zeit, solange diese noch nicht durch das Amtscharisma einer Priesterkaste mediatisiert war. Auch in diesem Falle rühmte Max Weber die ungeheure Spannung, die zwischen den Forderungen der Propheten und den Gegebenheiten der Wirklichkeit bestanden habe. Er wandte sich nachdrücklich dagegen, die Propheten als verkappte Politiker deuten zu wollen, obgleich die Wirkungen ihrer Lehren ja im wesentlichen politischer Natur waren. Im Gegenteil, die ungeheure Wirksamkeit der prophetischen Weissagungen beruhte nach seiner Ansicht gerade darauf, daß diese »rein religiös motiviert« waren[74] und, »realpolitisch« betrachtet, »durchaus utopischen Charakter« trugen[75]. Im Namen des unnahbaren, allmächtig herrschenden, unerbittlich strengen Gottes Jahve verkündeten sie ihre Verheißungen. Zugleich aber legten sie dem jüdischen Volke ganz konkrete »innerweltliche« Pflichten auf[76]. Eben in dieser Kombination lag, so urteilte Weber, die eigentliche Ursache ihres weltgeschichtlichen Erfolges.

Prophetie wurde aus Ekstase heraus geboren; sie war – wir müssen darauf noch zurückkommen – ein typisch charismatisches Phänomen. Aber charakteristisch für sie war, und Weber sah darin das eigentlich Wertvolle an ihr, daß ihre mit außerordentlicher Intensität vorgetragenen Forderungen, obgleich sie aus irrationalen oder doch »außeralltäglichen« Wurzeln kamen, eine streng rationale Lebensführung erzwangen, eben um diesen Forderungen in optimaler Weise genügen zu können: »Eine echte Prophetie schafft eine systematische Orientierung der Lebensführung an einem Wertmaßstab von innen heraus, dem gegenüber die ›Welt‹ als das nach der Norm ethisch zu formende Material gilt[77].« Allein auf solche Weise, durch radikalen Verzicht auf »Anpassung« und ohne jede Rücksicht auf die Frage nach dem im Augenblick Erreichbaren, vor allem aber unter Beiseitelassen aller materiellen Interessengesichtspunkte, verwirklicht sich große geschichtliche Tat. Eben diese Seite der Sache faszinierte Max Weber auch rein persönlich an dem Phänomen der jüdischen Prophetie; mit unüberhörbarer Sympathie sprach er noch in »Wissenschaft als Beruf« von dem »großartigen Rationalismus der ethisch-methodischen Lebensführung, der aus jeder religiösen Prophetie quillt[78]«.

Unter dem gleichen Gesichtspunkt der »innerweltlichen« Wirkungen religiösen Handelns untersuchte Max Weber alle großen Weltreligionen; doch nirgends fand er religiöse Ethiken, die den Antrieb zu gesellschaftlicher Aktivität von gleicher Intensität gaben wie der Puritanismus und die vorexilische Prophetie. Namentlich bei den asiatischen Religionen herrschten traditionelle und konventionelle Verhaltensweisen vor; hier fehlte die Spannung zwischen Ideal und Wirklichkeit. Im Gegenteil, vielfach war »Anpassung« an die gegebenen Verhältnisse, passives Sich-Einfügen in den Weltlauf geradezu religiös vorgeschrieben, wie insbesondere im Konfuzianismus. »Nie ist die chinesische Seele durch einen Propheten revolutioniert worden[79].« Die Ethik des Konfuzianismus, welche »die Anpassung an das Tao, das unpersönliche ewige Weltgesetz und die daraus folgende politische Ordnung[80]« zur Pflicht machte, kann geradezu als Gegenbild zu Max Webers persönlicher Weltanschauung gedeutet werden. Das Aufgehen des Individuums im Allgemeinen, die grundsätzliche Bejahung der diesseitigen Gegebenheiten, die Negierung persönlicher Verantwortlichkeit, dies alles steht im schroffsten Gegensatz zu Webers aristokratischem Individualismus, der verantwortliche Tat aus letzten Werten heraus fordert und ein konsequent wertrationales Verhalten als Vorbedingung eines optimalen Erfolges voraussetzt[81].

Es erübrigt sich hier, auf die religionssoziologischen Arbeiten Max Webers noch weiter einzugehen; überall fand er seine Überzeugung bestätigt, daß es nur dort zu großen gesellschaftlichen Schöpfungen von weltgeschichtlicher Bedeutung kam, wie etwa der Bildung des modernen rationalen Staates oder des rationalen Kapitalismus, wo »jenseitige Ideale« von großer Intensität eine Revolutionierung auch des »innerweltlichen« Handelns bewirkten und dem Menschen Ziele setzten, die prinzipiell über das Nächstliegende und im Rahmen des herkömmlichen Liegende hinausreichten. Die Analyse der Wirtschaftsethik der Weltreligionen erbrachte gewissermaßen einen indirekten Beweis für die Richtigkeit der Kapitalismusthese, und darüber hinaus eine Bestätigung der Vorstellungen Webers von den typischen Formen der Einwirkung geistiger Kräfte auf die gesellschaftliche Wirklichkeit[82].

Die Gespanntheit des Zieles über das hinaus, was, gemessen an den Alltagsbedürfnissen, wünschbar und erreichbar ist, ist einer der wesentlichen Gründe für die Tatsache, daß von solchen in ihren Wurzeln »jenseitigen« oder »außeralltäglichen« Bewegungen tiefgreifende gesellschaftliche Wandlungen ausgelöst wurden. Am Anfang neuer Entwicklungsreihen, so läßt sich generell sagen, steht immer der Griff nach dem Utopischen. Nur eine geistige Haltung, die konsequent an bestimmten »außeralltäglichen« Werten orientiert ist, denen sich der einzelne *als Person* verpflichtet fühlt, vermag das Maß von Energien aufzubringen, welches notwendig ist, um das Gehäuse der alltäglichen Welt aufzusprengen und ihrem trägen Dahinfließen eine neue Richtung zu geben. Nicht die »matter-of-fact-men«[83], die sich gegebenen Verhältnissen immer geschickt anzupassen wissen, sondern diejenigen, die nach den Sternen greifen, sind die »weltgeschichtlichen Individuen«. Von ihnen gehen die Impulse aus, die über das Wesen und das Schicksal einer Kultur entscheiden.

An den Beispielen des Puritanismus und der altjüdischen Prophetie war Max Weber die weltverändernde Kraft »jenseitiger« beziehungsweise »außeralltäglicher« Ideale zum ersten Male in vollem Umfang deutlich geworden. Der hier beobachtete Sachverhalt drängte nach Verallgemeinerung, nach Loslösung aus dem Kontext individueller geschichtlicher Entwicklungen. Es galt, dafür eine »wertfreie« Formulierung zu finden, die auch auf nichtreligiöse Sphären des gesellschaftlichen Lebens Anwendung finden konnte. Dieses Bemühen steht im Einklang mit der Entwicklung des Methodenbewußtseins bei Max Weber; in seinem Werke zeichnet sich mehr und mehr die Tendenz ab, an die Stelle monographischer Untersuchungen von individuellen historischen Sachverhalten eine vergleichende Idealtypenlehre zu setzen[84]. Bei Rudolf Sohm stieß Max Weber zuerst auf den Begriff des Charisma; dieser schien sich für den Zweck einer Verallgemeinerung seiner religionssoziologischen Beobachtungen vorzüglich zu eignen. Sohm verwandte den Begriff Charisma zur Beschreibung des Phänomens innerer Berufung, durch welche sich die Kirchenältesten der frühchristlichen Gemeinde zu ihrem Amte erwählt fühlten. Weber löste den Begriff aus dem Zusammenhang des frühchristlichen Spiritualismus heraus und verwandte ihn in einem viel allgemeineren Sinne, auch wenn er die Spuren seiner Herkunft aus dem religiösen Bereich nie ganz verlor. Der Gedanke der Auserwähltheit kraft besonderer Gnadengabe, welche die Berufung zur Führung im Kreise von Gleichgesinnten in sich schließt, fügte sich gut zusammen mit dem puritanischen Ideal, das den einzelnen zu steter Bewährung als Werkzeug Gottes auffordert. Überdies ähneln ja auch die Formen der »Führerauslese« bei den puritanischen Sekten jener von Sohm beschriebenen frühchristlichen Praxis. Was hingegen jenen anderen Modellfall religiös-geistiger Führung angeht, die antike Prophetie, so bot sich hier die Anwendung des Begriffs des Charisma in noch unmittelbarerer Weise an: die selbstgewählte Rolle des Propheten, als Sprachrohr Jahves, welche ihn nach der herrschenden Auffassung zum geistigen Führer und Wegweiser der Nation macht, kann als reinster Typus charismatischen Handelns überhaupt charakterisiert werden. Die Definition des Begriffs »Charisma« schließt sich nicht zufällig nahezu nahtlos an das an, was wir als gemeinsamen Grundzug der jüdischen Prophetie und des Puritanismus hinsichtlich ihrer »innerweltlichen« Wirkungen gefunden haben: das »Hinausgreifen über die Welt«[85] und die durchgängige »gesinnungsethische Innenbestimmtheit«[86] des Handelns des Charismatikers und seiner Gefolgschaft. Charisma wird beschrieben als eine Form geistiger Energie, welche ihre Wirkung auf andere Menschen gerade »außeralltäglichen«, »jenseitigen« Idealen verdankt, die in mehr oder weniger krassem Gegensatz zu den Realitäten des Alltags stehen. Die Spannung zwischen den Idealen, die der charismatisch Begabte predigt und normalerweise persönlich vorlebt, und der Alltagswirklichkeit ist in der Regel sogar noch viel größer als jene, die zwischen den Postulaten religiöser Ethiken und dem Alltagsverhalten des Durchschnittsmenschen besteht. Aber gerade die Unbedingtheit, mit der schlechthin das »Neue« und »Außeralltägliche« verkündet wird, vermag andere Menschen in ihren Bann zu schlagen und zu einer bedingungslosen Gefolgschaft im Dienste des »Führers« zusammenzuschweißen. Das Charisma hat weiterhin mit den von uns bisher analysierten religiösen Ethiken das gemein, daß es »von innen her« wirkt, durch eine »Revolutionierung der Köpfe«. Kraft seiner rein geistigen Faszination zwingt es den einzelnen in seine Dienste. Es verlangt ebenfalls den ganzen Menschen, die Ausrichtung der gesamten Lebensführung in seinem Sinne. Schließlich erschöpft sich auch das Charisma nicht in rein spiritueller Ekstase, sondern es muß sich »bewähren« und drängt daher in aller Regel auf eine Umgestaltung auch der empirischen Wirklichkeit im Sinne seiner Ideale.

Bedenkt man diese Zusammenhänge, so tritt uns der Begriff des »Charisma« – und mit ihm der Typ der charismatischen Herrschaft – nicht mehr so formal und so beziehungslos zu den persönlichen Werthaltungen Max Webers entgegen, wie man auf den ersten Blick anzunehmen geneigt ist. Vielmehr enthüllen sich Max Webers religionssoziologische Studien, insbesondere seine Aufsätze über »die protestantische Ethik und den Geist des Kapitalismus«, als eine Art geistiger Vorgeschichte der Entdeckung des Begriffes des Charisma, welchen man fraglos als Archetyp seiner Herrschaftssoziologie betrachten darf. Gerade der innere Zusammenhang des Charismabegriffs mit Webers Vorstellungen vom Wesen der Persönlichkeit deutet auf seine grundlegende Bedeutung hin und verweist das Postulat von der Wertfreiheit dieses Begriffes in das Reich der frommen Wünsche.

Max Weber hoffte im »Charisma« einen Begriff von zureichender Spannweite gefunden zu haben, um alle ideologisch und geschichtlich bedingten Züge dieses Phänomens der Einwirkung von Werthaltungen auf gesellschaftliche Realität ausscheiden zu können. Die Eigentümlichkeiten des Grundschemas geschichtlicher Bewegung, welches dahinterstand, wurden jedoch dadurch eigentlich nur gesteigert, nämlich daß große gesellschaftliche Tat ohne durchgängige Innenbestimmtheit durch »außeralltägliche« Werte nicht möglich ist, und daß es allemal das Individuum, und zwar in aller Regel das große Individuum ist, welches neuen Entwicklungen in der Geschichte zum Durchbruch verhilft.

Vielmehr erwies sich der Begriff des Charisma als hervorragend geeignet, dieser axiomatischen Vorstellung in schlechthin universaler Weise Ausdruck zu geben. Das Charisma ist, in seiner weitesten Bedeutung, die eigentliche Einbruchsstelle der Ideen in die Mannigfaltigkeit strukturell oder materiell bedingter Kausalitäten der empirischen Realität. Max Weber beschrieb die Weltwirkung des Charisma in folgender Weise: »Das Charisma ruht in seiner Macht auf Offenbarungs- und Heroenglauben, auf der emotionalen Überzeugung von der Wichtigkeit und dem Wert einer Manifestation religiöser, ethischer, künstlerischer, wissenschaftlicher, politischer oder welcher Art immer, auf Heldentum, sei es der Askese oder des Krieges, der richterlichen Weisheit, der magischen Begnadung oder welcher Art sonst. Dieser Glaube revolutionierte ›von innen heraus‹ die Menschen und sucht Dinge und Ordnungen nach seinem revolutionären Wollen zu gestalten.« Von innen, »von einer zentralen ›Metanoia‹ der Gesinnung der Beherrschten, her« manifestiert es »seine revolutionäre Gewalt«. Es steht in schroffem Gegensatz zu allen bürokratischen und traditionalen Ordnungen und sprengt diese in der Regel unerbittlich, sofern sie dieselben nicht in ihre Dienste zu zwingen vermag[87]. Die Bedeutung des Charisma im Rahmen der geschichtlichen Entwicklung ist daher schlechterdings nicht zu überschätzen. Weber bezeichnete es wiederholt als die »spezifisch ›schöpferische‹ revolutionäre Macht der Geschichte[88]«.

Die revolutionäre Wirkung des Charisma beruht vor allem darauf, daß es, in Webers Formulierung, »eine Wandlung der zentralen Gesinnungs- und Tatenrichtung aller Einstellungen zu allen Lebensformen und zur ›Welt‹ überhaupt zu bewirken vermag[89]«. Es interessiert den einzelnen nicht bloß für bestimmte Ideale oder Zielsetzungen, sondern ergreift ihn »von innen her« mit allen Fasern seines Wesens und veranlaßt ihn, seine ganze Lebensführung durchgängig nach diesen neuen Idealen auszurichten. Die »innerweltlichen« Wirkungen der großen religiösen Ethiken erweisen sich als bloße Spezialfälle dieses universalen Phänomens. In aller Regel hat die Radikalität der Ansprüche des Charisma zur Folge, daß auch die gegebenen Verhältnisse des Alltags, sofern sie im Widerspruch dazu oder ihnen doch direkt oder indirekt im Wege stehen, revolutioniert und beseitigt werden. So stellt sich in allgemeinster Form die Weltwirkung des Charisma im geschichtlichen Raum dar. Alle wirklich neuen Entwicklungsreihen in der Geschichte gehen zumindest in ihren Ursprüngen auf Manifestationen charismatischen Geistes zurück[90]. Charisma ist schlechthin individualistischen Charakters, es ist immer an das Individuum, und zwar an das große Individuum, gebunden. Die Begründung charismatischer Gefolgschaften ist die genuine Form, in der das große Individuum seine persönlichen Ideale im gesellschaftlichen Raum zur Geltung bringt und der Gesellschaft neue Ziele weist.

Es ist dies eine exakte Gegenposition zu Karl Marx, die deutlich unter dem Einfluß Nietzsches steht. Jedoch formulierte Weber seine Ansicht, daß »innerliche«, »gesinnungsethische« Faktoren im Geschichtsprozeß eine bestimmende und unter Umständen »revolutionierende« Rolle spielen, mit äußerster Vorsicht. Er war weit davon entfernt, dies für die ganze Wahrheit zu halten; keinesfalls dachte er daran, die Geschichte nun einfach als ein reines Produkt charismatischer Gestaltungen zu deuten. Er betonte vielmehr mit Nachdruck, daß »die durch religiöse und andere ›innerliche‹ Momente bedingten Einstellungen des Menschen zur Welt[91]« nur *eine* Determinante gesellschaftlichen Geschehens darstellen, wenn auch »oft eine ganz entscheidende[92]«. Er wies selbst darauf hin, daß sogar auf die Art und die Verbreitung dieser in ihrem Ursprung »außeralltäglichen« Ideale äußere Interessenlagen und die Klassenschichtung, also die von Marx als zentral angesehenen Faktoren, in ganz außergewöhnlichem Maße einwirken. Weiter kommen als gleichsam strukturbedingte Determinanten die immanenten »Eigengesetzlichkeiten[93]« solcher »außeralltäglicher« Lehren hinzu, besonders sobald diese eine institutionalisierte Form angenommen haben. Gerade in dem Nachweis der steten gegenseitigen Verschränkung von »innerlichen« und »äußeren«, von »ideellen« und »materiellen« Interessen, auf dem Hintergrund von jeweils sehr verschiedenen sozialen Schichtungen und Gesellschaftsformen, liegt noch heute die große wissenschaftliche Bedeutung der Religionssoziologie Max Webers, mag sie auch in einzelnen Details durch die neuere Forschung überholt sein.

Was wir für die gesellschaftlichen Erscheinungsformen der religiösen Ethiken festgestellt haben, gilt nun natürlich ganz allgemein. Die »Dynamik der materiellen Interessen[94]« ist ein ebenso entscheidendes Moment geschichtlichen Wandels wie die Dynamik »der ideellen Interessen«, die, wie wir sahen, in ihren Ursprüngen stets charismatischer Natur ist. Max Weber faßte den Begriff der »materiellen Interessen« freilich von vornherein wesentlich weiter als Marx; die sogenannte »Dialektik der ökonomischen Produktionsverhältnisse« bildete nur einen Aspekt desselben. Ihre eigentliche universalgeschichtliche Bedeutung erhält die »Dynamik der materiellen Interessen« bei Weber erst dadurch, daß sie mittelbar oder unmittelbar den Trend zur Rationalisierung fördert, sobald überhaupt einmal die Vorherrschaft der

Magie gebrochen ist und der Gedanke rationaler Ordnung prinzipiell Fuß gefaßt hat. Denn der eigentliche Gegenspieler alles Individuellen bzw. alles charismatischen Handelns ist in letzter Instanz nicht die Dialektik der materiellen Verhältnisse, wenn wir uns in Anlehnung an Marx einmal so ausdrücken dürfen, sondern der Prozeß der Rationalisierung. Die Untersuchung und begriffliche Erfassung dieses Phänomens ist bekanntlich einer der Hauptgegenstände der Soziologie Max Webers. Er hat die spezifischen Formen, in denen die Rationalisierung sich des gesellschaftlichen Lebens bemächtigt, im einzelnen beschrieben. Wir dürfen die Ergebnisse dieser Analysen im wesentlichen voraussetzen und beschäftigen uns hier mit der Rationalisierung nur insoweit, als sie der Gegner alles charismatischen und damit letzten Endes alles individuell bestimmten Handelns ist.

Max Weber hat stets großen Nachdruck auf den Nachweis gelegt, daß die Auslösung und Ausbreitung des Rationalisierungsprozesses an bestimmte Voraussetzungen geistiger Art gebunden sei. Seine Untersuchungen über die »protestantische Ethik« brachten den Nachweis für einen Spezialfall: erst die Entstehung einer kapitalistischen Wirtschaftsgesinnung machte den universalen Siegeszug des rationalen kapitalistischen Wirtschaftssystems möglich. Zu den ideellen Faktoren, die der Macht der *ratio* den Weg gebahnt haben, zählte Max Weber insbesondere die religiösen Prophetien[95] und die moderne Wissenschaft[96]. Letztere treibt aus rein intellektualistischen Motiven heraus jenen »Prozeß der Entzauberung« voran, der in stetig zunehmendem Maße überkommene Auffassungen als ideologisch entlarvt und einer rein zweckrationalen Einstellung gegenüber allen Dingen dieser Welt den Boden bereitet.

Aber für den hier beschriebenen Dualismus von Charisma und Rationalisierung bleibt entscheidend, daß letztere zu ihrem Vormarsch solcher ideeller Antriebe *prinzipiell nicht mehr bedarf*, und zwar um so weniger, je weiter sie fortgeschritten ist. Denn die Rationalisierung wirkt normalerweise mit rein technischen Mitteln, und zwar im Gegensatz zum Charisma nicht durch eine »Revolutionierung der Köpfe«, sondern durch eine Revolutionierung der materiellen Lebensverhältnisse. Anders formuliert, die Rationalisierung wirkt »von außen her« auf das Verhalten der Menschen ein; sie verläuft in der Form, daß »die breite Masse ... lediglich die äußeren, technischen, für ihre Interessen praktischen Resultanten« sich aneignet oder sich ihnen anpaßt, ohne von den ideellen Faktoren, die im gegebenen Falle den Anstoß dazu gegeben haben, im geringsten Kenntnis zu nehmen[97].

Die Ansatzpunkte der Rationalisierung liegen vornehmlich auf den Gebieten der Wirtschaft und der Politik. Die »Eigengesetzlichkeiten des wirtschaftlichen und politisch rationalen Handelns[98]« wirken sich in aller Regel zugunsten fortschreitender Rationalisierung aus. Der Kapitalismus ist bekanntlich, einmal entstanden, auf das Vorhandensein einer ihm adäquaten Wirtschaftsgesinnung nicht mehr angewiesen; kraft der ihm innewohnenden Dynamik zwingt er den modernen Menschen dazu, Berufsmensch zu sein, mag er dies nun wollen oder nicht. »Indem die Askese die Welt umzubauen und in der Welt sich auszuwirken unternahm, gewannen die äußeren Güter dieser Welt zunehmende und schließlich unentrinnbare Macht über den Menschen, wie niemals zuvor in der Geschichte. Heute ist ihr Geist – ob endgültig, wer weiß es? – aus diesem (›stahlharten‹) Gehäuse entwichen. Der siegreiche Kapitalismus jedenfalls bedarf, seit er auf mechanischer Grundlage ruht, dieser Stütze nicht mehr[99]«. Der Kapitalismus – nach Max Webers Ansicht die stärkste rationalisierende Macht in der modernen Welt – verlangt kraft der ihm innewohnenden Tendenzen nach optimalen Organisationsformen der Produktion; in gleicher Weise verlangt der moderne Staat nach optimalen Organisationsformen der Herrschaft. In beiden Fällen bietet sich die Bürokratie als die »an Präzision, Stetigkeit, Disziplin, Straffheit und Verläßlichkeit, also: Berechenbarkeit ..., Intensität und Extensität der Leistung, formal universeller Anwendbarkeit auf alle Angaben, rein *technisch* zum Höchstmaß der Leistung vervollkommenbare, formal rationalste Form der Herrschaftsausübung«[100] unvermeidlich an. Die Bürokratisierung aber ist das wichtigste Vehikel der Rationalisierung überhaupt. Ihr universales Vordringen ergibt sich zwangsläufig als Folge immer weiter vorangetriebener Anpassung an die einmal als zweckmäßig erkannten Organisationsformen. Die hier in Gang gesetzte Dynamik schien Max Weber eine schlechthin unentrinnbare Form angenommen zu haben; ihr inneres Gesetz lautet: Rationale Vergesellschaftung aller Lebensbeziehungen schlechthin, d. h. die Einhegung alles individuellen Handelns in ein »stahlhartes Gehäuse«[101] zweckrationaler Regelungen und Normierungen. Hier entsteht dem Charisma, dem spezifisch »schöpferischen« Element der Geschichte, ein erbitterter Gegenspieler; der »revolutionären Macht« des Charisma tritt die ebenfalls »revolutionäre Macht« der Rationalisierung entgegen[102].

»Rationale Vergesellschaftung«[103], besonders wenn sie sich in ausschließlich zweckrationalen Formen vollzieht[104], ist schlechthin der schärfste Gegner alles Charisma. Denn sie züchtet »rationale Disziplin«. Diese ist, nach Weber, »inhaltlich nichts anderes als die konsequent rationalisierte, d. h. planvoll eingeschulte, präzise, alle eigene Kritik bedingungslos zurückstellende Ausführung des empfangenen Befehls und die unablässige innere Eingestelltheit ausschließlich zu diesem Zweck[105]«. Weber wies darauf hin, daß insbesondere »Militär« und »Großbetrieb« die charakteristischen Schulungsstätten dieser Geisteshaltung seien. Dies erinnert an Jacob Burckhardts bekannte pessimistische Prognose: »Ein bestimmtes Maß an Misere mit Avancement und in Uniform, täglich unter Trommelwirbel begonnen und beschlossen, das ist's, was logisch kommen müßte[106]«. Der Trend zur Uniformierung und zur Eliminierung alles individuellen, an höchsten Idealen orientierten Handelns, der jeder rationalen Vergesellschaftung eigentümlich ist, zielt in seiner Konsequenz ab auf die völlige Durchrationalisierung aller gesellschaftlichen Beziehungen und auf die »Versteinerung« der Kultur. Die spezifischen Lebensideale, die damit harmonisieren, sind Gehorsam, Gewissenhaftigkeit, und vor allem – Anpassungsfähigkeit. Es ist dies die Welt der »Ordnungsmenschen«, der in einem spezifischen Sinne »Gesinnungslosen«, die sich stets von Gesichtspunkten der Zweckmäßigkeit im Sinne und des Erfolges im Rahmen des Bestehenden leiten lassen.

Der »wechselvolle Kampf zwischen Disziplinierung und individuellem Charisma[107]«, zwischen dem an »außeralltäglichen« Werten orientierten und insofern innengeleiteten Individuum und den in den äußeren Dingen der Welt wirkenden Mächten der Rationalisierung und Reglementierung, ist in Webers Selbstverständnis das eigentliche Thema der geschichtlichen Welt, sofern man diese auf ihre letzten Distinktionen zurückführt[108]. Das wird auch in der ihrer Absicht nach wertfreien und daher ganz formal gehaltenen Typologie der Herrschaftsformen deutlich, den sogenannten »drei reinen Typen der legitimen« (was heißen will, nicht bloß ephemeren) »Herrschaft«[109]. Auch hier wird sichtbar, daß das Charisma das *primum movens* der Geschichte ist[110]. Am Anfang geschichtlicher Entwicklung stehen stets charismatische Herrschaftsformen. Rationalisierung und Veralltäglichung sind die großen Gegenspieler des Charisma; infolge ihrer Einwirkung gehen aus den ursprünglich charismatischen Gebilden traditionale und schließlich legale Herrschaftstypen hervor. Die beiden letzteren Typen können in der empirischen Realität, sofern sie von Bestand sein sollen, gewisser charismatischer Zusätze nicht ganz entbehren, denn in letzter Instanz legitimiert allein das Charisma[111].

Die »drei reinen Typen der legitimen Herrschaft« stehen also keineswegs völlig beziehungslos nebeneinander, wie man gemeint hat[112], sondern sind logisch miteinander verknüpft; und in der Art ihrer Verknüpfung steckt eine Aussage über die Dynamik der Geschichte. Obwohl diese idealtypischen Modelle der Herrschaftsformen als solche statisch sind, stellen sie die äußersten möglichen Grenzpositionen dar, innerhalb derer sich der ewige Kampf zwischen Charisma und Rationalisierung, zwischen individuellem Schöpfertum und den Eigengesetzlichkeiten der durch den Menschen selbst hervorgebrachten gesellschaftlichen Gebilde abspielt.

Aus der Tatsache, daß der Typus der charismatischen Herrschaft bei Weber logisch stets als der ursprüngliche gedacht ist, folgt nun natürlich keineswegs, daß der konkrete Geschichtsverlauf als eine lineare Entwicklung von charismatischen über traditionale zu bürokratischen Herrschaftsformen hin konstruiert werden müsse, auch wenn, rein empirisch betrachtet, in der Frühzeit der Geschichte charismatische Formen vorherrschen. Es wäre dies gleichsam auf eine Verfeinerung der historischen Gesellschaftstheorie Wilhelm Roschers hinausgelaufen[113]. Weber hat sich jedoch gegen ein solches Mißverständnis stets energisch verwahrt. Ganz abgesehen davon, daß in der geschichtlichen Wirklichkeit stets Mischtypen vorlägen, finde sich charismatische Herrschaft keineswegs lediglich auf primitiven Entwicklungsstufen, sondern bilde auch in Gesellschaften, die prinzipiell dem bürokratischen Typ angehören, »ein höchst wichtiges Element der sozialen Struktur[114]«. Vielleicht nicht ohne die Nebenabsicht, den Gedanken an einen linearen Verlauf des geschichtlichen Prozesses im eben angedeuteten Sinne gar nicht erst entstehen zu lassen, hat er seine »drei reinen Typen« stets in umgekehrter Reihenfolge behandelt[115]. Wir haben es also keinesfalls mit einer bestimmten Abfolge dieser Typen der Herrschaft zu tun, noch viel weniger aber mit einem in irgendeiner Art fixierbaren Kreislauf derselben. Max Weber hat eine einlineare Konstruktion der Geschichte vielmehr ebenso abgelehnt wie ein Schema sich eindeutig wiederholender Kreisläufe[116]. Der Prozeß der Geschichte, so wie er sich in seiner Typologie der Herrschaftsformen darstellt, läßt sich vielmehr korrekter in dem Bilde eines stetigen »Gefälles« von überwiegend charismatischen zu traditionalen und schließlich zu bürokratischen Lebens- und Herrschaftsformen beschreiben, das immer wieder ganz oder teilweise von charismatischen Eruptionen durchbrochen und in neue Richtungen gelenkt wird. In diesen charismatischen Eruptionen, die unter Umständen das Ausmaß von »charismatischen Revolutionen«[117] annehmen können, spielen die großen Individuen, die »Propheten« und »Führer«, eine ausschlaggebende Rolle. Gelegentlich kann es dabei zu ganz neuen Aufgipfelungen, zu völlig neuartigen Kulturschöpfungen von weltgeschichtlichem Rang kommen. Doch erweisen sich Routinisierung und Rationalisierung immer wieder als unermüdliche Nivellierer und *simplificateurs*.

Die Nähe dieser geschichtsphilosophischen Konzeption zu Nietzsche ist unübersehbar[118]. Nietzsche deutet Geschichte als einen Prozeß naturhaften Wachstums und Verfalls, dem jeder teleologische Sinn abgeht und in dem die großen Individuen die Rolle des schöpferischen, des kulturzeugenden Elements spielen. Ähnlich wie bei Weber das Charisma stets von der nivellierenden Macht der Rationalisierung bedroht ist, befinden sich die großen Individuen bei Nietzsche im ewigen Kampf gegen Nivellierung und Mediatisierung der Kultur in einem bloß mechanischen Massendasein, in welchem materielle Versorgung und das »Glück der größten Zahl« zu alleinherrschenden Idealen werden. Max Weber schreibt dem Individuum eine ganz ähnliche Rolle zu wie Nietzsche; aus eigener »grundloser« Überzeugung heraus setzt es der Gesellschaft neue Ziele. Dies ist keineswegs nur in intellektualistischem Sinne zu verstehen, etwa als bloßes Werben für neue Ideen. Denn charismatische Begabung konstituiert, zumindest in ihrer reinen Form, rechtens Herrschaft; auch wenn die Hingabe der Gefolgschaft der Form nach freiwillig erfolgt, ist sie dennoch »Pflicht« und kann erzwungen werden[119]. Machtgebrauch zum Zwecke der Durchsetzung dieser neuen Werte und Ziele, unter Umständen im Widerstreit mit hervorgebrachten ethischen Normen, kann gegebenenfalls normativ aufgegeben sein[120]. Weber war sich mit Nietzsche einig darin, daß die Lehre der Bergpredigt, die den Verzicht auf jegliche Gewaltanwendung empfahl, eine miserabilistische Ethik der Würdelosigkeit darstelle[121]. Machtkampf war schlechthin das Grundelement alles Kulturlebens – auch hier finden wir Übereinstimmung mit Nietzsche[122]. Die Begründung einer Gefolgschaft kraft charismatischer Begabung war prinzipiell ebenso eine Form der Machtausübung wie etwa die Anweisungen eines Herrschers an seinen Verwaltungsstab[123]. Nur eine hauchdünne Linie trennt Max Weber in diesem Punkte von Nietzsches Auffassung, daß der »Wille zur Macht« das Grundgesetz und die Triebfeder aller Kultur überhaupt sei und daß die großen Individuen sich vor den Massen eben dadurch auszeichnen, daß sie sich konsequent und illusionslos zu diesem Gesetz bekennen und es zur Richtschnur ihres Handelns machen.

Unter dem Eindruck dieser nicht zu leugnenden (und leicht noch zu vermehrenden) Parallelen ist jüngst Eugène Fleischmann dazu gelangt, in Max Weber den »Testamentsvollstrecker Nietzsches auf dem Gebiet der Politik« zu sehen[124]. Doch man sollte in dieser Hinsicht nicht zu weit gehen und die großen Unterschiede nicht verkennen, welche das führende Individuum bei Max Weber vom »Übermenschen« Nietzsches trennen[125]. Weber distanzierte sich mit Nachdruck von Nietzsches Vorstellung, daß das große Individuum über die Masse herrschen müsse, nicht um diese zu ihrem Besten zu leiten, sondern allein um des Genusses der Macht willen, welcher die unentbehrliche Grundlage seines aristokratischen Lebensgefühls bilde. Er wandte sich gegen den »Mißverstand der auf Nietzsche zurückgehenden Prophetien, die glauben, nur auf dem Kothurn der ›aristokratischen‹ Kontrastierung seiner selbst gegen die Vielzuvielen zu gewinnen[126]«. Liberales Denken und ein Gefühl der Verpflichtung gegenüber den breiten Massen ließen ihn eine solche autoritäre Variante des individualistischen Denkens bekämpfen, so sehr er Nietzsche sonst nahestand[127]. Mit den Massen, nicht gegen die Massen, ist das große Individuum groß. Es gehört zu den wesentlichsten Eigenschaften des großen, charismatisch begabten Führers, daß er seine Gefolgschaft innerlich von den eigenen Führerqualitäten zu überzeugen vermag. Auf bloßen Zwang gründet sich keine erfolgreiche Führerschaft. Zwar ist der »Führer« ähnlich wie bei Nietzsche im eigentlichen Sinne des Wortes nur sich selbst und der eigenen Sache verpflichtet[128], aber dennoch besteht eine Verantwortlichkeit auch für die »Anderen«, die Nietzsche in fast zynischer Weise als »Herde« deklassierte.

Insofern war Max Webers Geschichtsauffassung keineswegs einfach eine solche großer Männer, »die Geschichte machen«, und er hätte Nietzsches Wort, daß »das Ziel der Menschheit nicht an ihrem Ende« liege, »sondern nur in ihren höchsten Exemplaren[129]«, gewiß nicht gebilligt, so empfänglich er auch für den Gedanken war, daß die großen Individuen ihren Wert in sich selbst tragen und nicht bloß groß sind durch das, was sie tun[130]. Dennoch aber hat Nietzsches Ruf nach großen Persönlichkeiten, die die Fesseln einer zu klein gewordenen Zeit sprengen und den Weg zu neuen Ufern weisen, deutliche Spuren in seiner Herrschaftssoziologie hinterlassen. Zwar wandte sich Weber mit Verachtung gegen diejenigen unter seinen Zeitgenosssen, welche um jeden Preis einen neuen Cäsar haben wollten; er wußte, daß die Herrschaft großer Männer stets mit einem Verlust an innerer und äußerer Freiheit für die Gesamtheit verbunden ist[131]. Aber auch in seiner Herrschaftssoziologie sind es am Ende die großen Individuen, die sich an die Spitze traditionaler oder bürokratischer Systeme setzen und ihnen, die zur Verewigung des Bestehenden neigen, neue Ziele setzen, Männer wie Napoleon, Bismarck, Gladstone, der »Diktator des Wahlschlachtfeldes«, oder auch Theodore Roosevelt. Und ebenso findet sich die Verachtung aller »kleinbürgerlichen« Ideale in einer Schroffheit, die Nietzsche wirklich nicht viel nachsteht[132]. In den gleichen Zusammenhang gehört schließlich auch die Zurückweisung des Postulats der »Minimisierung der Herrschaft des Menschen über den Menschen[133]«. Ganz abgesehen davon, daß die Beseitigung der Herrschaft über den Menschen zugunsten der Verwaltung von Sachen ein völlig utopisches Ideal sei, laufe dies darauf hinaus, einer total verwalteten Welt den Weg zu bahnen, in der für menschliche Größe schlechterdings kein Raum mehr bleiben werde. Konfrontiert mit *solchen* Perspektiven, schlug sich Weber allerdings auf die Seite Nietzsches.

Grundsätzlich war die geschichtliche Entwicklung, »der wechselvolle Kampf zwischen Disziplinierung und individuellem Charisma«, in die Zukunft hinein offen. Aber Weber stellte sich die bange Frage, ob nicht durch die Entwicklung des modernen Produktionskapitalismus und der bürokratischen Mechanismen der industriellen Gesellschaft grundsätzlich neue Verhältnisse entstanden seien, die das Schicksal der Menschheit in unentrinnbarer Weise determinierten, jedenfalls für eine jede absehbare Zukunft. Er sprach wiederholt von dem »stahlharten Gehäuse«, das sich die Menschheit im kapitalistischen Wirtschaftssystem geschaffen habe, und wagte in Formulierungen, die unmittelbar von Nietzsches »Also sprach Zarathustra« angeregt sind, einen apokalyptischen Ausblick in die Zukunft: »Niemand weiß noch, wer künftig in jenem Gehäuse wohnen wird, und ob am Ende dieser ungeheuren Entwicklung ganz neue Propheten oder eine mächtige Wiedergeburt alter Gedanken stehen werden *oder* aber – wenn keins von beiden – mechanisierte Versteinerung, mit einer Art von krampfhaftem Sich-wichtig-Nehmen verbrämt. Dann allerdings könnte für die ›letzten Menschen‹ dieser Kulturentwicklung das Wort zur Wahrheit werden: ›Fachmenschen ohne Geist, Genußmenschen ohne Herz‹: Dieses Nichts bildet sich ein, eine nie vorher erreichte Stufe des Menschentums erstiegen zu haben[134].«

Max Weber stellte keine eindeutige Prognose; aber er meinte, in dem ewigen Kampfe zwischen schöpferischem Charisma und rationalisierender Bürokratie müsse diese zumindest vorerst zugunsten der letzteren lauten, weil alle materiellen Bedingungen auf ihrer Seite stünden. Insbesondere der Kapitalismus – wir haben schon darauf hingewiesen – fördere mit unwiderstehlicher Kraft den Trend zur Rationalisierung und Bürokratisierung aller Lebensbereiche. »... mit der Rationalisierung der politischen und ökonomischen Bedarfsdeckung geht das Umsichgreifen der Disziplinierung als einer universellen Erscheinung unaufhaltsam vor sich und schränkt die Bedeutung des Charismas und des individuell differenzierten Handelns zunehmend ein[135].« Mit einem gewissen Unterton von Resignation stellte Weber fest, daß »die charismatische Verklärung der Vernunft« die »letzte Form« sei, »die das Charisma auf seinem wechselreichen Wege überhaupt angenommen habe[136]. Die Zeichen der Zeit, so urteilte er, wiesen auf zunehmende Unfreiheit. Im Nebel der Zukunft glaubte er die Umrisse einer erstarrten Gesellschaft ähnlich jener der Spätantike vor sich auftauchen zu sehen[137], in welcher die abendländischen Begriffe der Freiheit und der Selbstverantwortlichkeit des Individuums ihren Sinn vollständig verloren haben würden.

Es ist dies das gleiche Thema, das auch Karl Marx und Friedrich Nietzsche, jeden auf seine Weise, beschäftigte, die »Entfremdung« des Menschen im Gehäuse der von ihm selbst geschaffenen gesellschaftlichen und ökonomischen Strukturen, der Verlust des natürlichen Adels und der Fähigkeit des Menschen, über sich selbst hinauszuwachsen, im Getriebe einer egalitären Massengesellschaft, die das »größtmögliche Glück der größten Zahl« an ihre Fahnen geheftet hatte. Max Webers Diagnose der »Krankheit zum Tode« des abendländischen Menschen unterschied sich sowohl von derjenigen Marx' wie von derjenigen Nietzsches, neigte aber in letzter Instanz doch mehr der letzteren zu. In einem Punkte zumindest ging Max Weber entscheidend über Marx hinaus. Es waren keineswegs nur die ökonomischen Produktionsverhältnisse, welche die »Entfremdung« des Menschen bedingten. Daher sah Weber in Marx' Vorschlag zur Lösung des Dilemmas, der Aufhebung des Privateigentums, nur eine Naivität. Denn diese konnte seines Erachtens die Lage nur verschlimmern. Gerade die Erhaltung der Dynamik des kapitalistischen Wirtschaftssystems war eine wesentliche Voraussetzung dafür, daß der individuellen Initiative im gesellschaftlichen Raum noch ein Spielraum verbliebe. In einer staatlich reglementierten Versorgungswirtschaft dagegen werde die Lage für das Individuum erst vollends kritisch werden.

Anders als Marx wußte Weber ehrlicherweise keinen bündigen Ausweg. Es gab kein Mittel, den gordischen Knoten der universalen Rationalisierung alles gesellschaftlichen Lebens einfach zu durchschlagen, auch nicht die Propagierung eines neuen Heroenkults, der mit zynischer Verachtung der breiten Massen einherging. Am wenigsten aber taugte die Flucht in einen neuen Irrationalismus. In diesem Punkte wandte sich Weber, wenn nicht gegen Nietzsche selbst, der allerdings die Hoffnung auf den kommenden »Übermenschen« selbst ausgestreut hatte, so doch gegen die Nietzscheaner. Man müsse »mit der Grundtatsache«, daß man »in einer gottfremden, prophetenlosen Zeit zu leben das Schicksal« habe, fertig zu werden wissen, und es sei verächtlich, sich Pseudoprophetien oder sonstigen Surrogaten an den Hals zu werfen[138]. Es gelte, den Realitäten illusionslos ins Auge zu schauen und sie auszuhalten.

Hier bricht ein heroischer Pessimismus durch, der sich von Nietzsches Zukunftsvisionen nicht wesentlich unterscheidet. Max Weber identifizierte sich vollständig mit Nietzsches »vernichtender Kritik an jenen ›letzten Menschen‹, die ›das Glück erfunden‹ haben[139]«. Seine eigenen Empfindungen berührten sich eng mit den düsteren Prognosen, welche Zarathustra seinem Volke verkündete: »Wehe! Es kommt die Zeit, wo der Mensch nicht mehr den Pfeil seiner Sehnsucht über den Menschen hinauswirft, und die Sehne seines Bogens verlernt hat, zu schwirren[140]!« Weber fürchtete, daß die weitere universalgeschichtliche Entwicklung zu etwas ganz Ähnlichem führen könne, zum vollständigen Sieg des »Fachmenschen« über den »Kulturmenschen«[141]. Dem disziplinierten Berufsmenschen, der sich willig in den ihm vorbestimmten Platz im Räderwerk der modernen industriellen Gesellschaft einfügt, und dem geschäftigen, stets zur Anpassung an die gegebenen Verhältnisse bereiten Opportunisten, der sich nur noch nach zweckrationalen Gesichtspunkten richtet, ihnen schien die Zukunft zu gehören, nicht den von persönlichen Idealen geleiteten schöpferischen Individuen.

Damit haben wir die wesentlichen universalgeschichtlichen Voraussetzungen skizziert, auf denen das Gebäude der politischen Soziologie Max Webers ruht und von denen her auch seine aktuellen politischen Stellungnahmen erst in ihrem vollen Sinn erkennbar werden. Es ging Weber um die Behauptung des Eigenwerts der Persönlichkeit in einer weltgeschichtlichen Situation, die dieser grundsätzlich feindlich war. »›Wider den Strom‹ der materiellen Konstellationen sind wir ›Individualisten‹ und Parteigänger ›demokratischer‹ Institutionen«, bekannte Weber angelegentlich der russischen Revolution von 1905[142], und ebenso stellte er 1917 in seinen Studien über die zukünftige Verfassung Deutschlands die Frage in den Mittelpunkt: »Wie ist es angesichts dieser Übermacht der Tendenz zur Bürokratisierung *überhaupt noch möglich, irgendwelche* Reste einer in *irgend*einem Sinn individualistischen Bewegungsfreiheit zu retten[143].« In welcher Weise, so läßt sich dieses, Weber zutiefst bewegende Problem allgemein formulieren, war die moderne Gesellschaft vor »mechanischer Versteinerung«, vor einem neuen Ptolemäertum[144] zu bewahren? Dies aber fiel zusammen mit der Frage, auf welche Weise und mit welchen verfassungstechnischen und organisatorischen Mitteln dem Charisma der großen Führerpersönlichkeiten ein Höchstmaß von Wirkungsmöglichkeit eröffnet werden könne. Es war dies um so dringlicher, weil unter den Bedingungen einer bürokratischen Gesellschaft die Chancen individuellen Charismas ohnehin immer ungünstiger wurden[145]. Den wenigen »Führern« aus innerer Berufung sollte daher der Aufstieg zu leitenden Positionen durch institutionelle Hemmnisse so wenig als möglich erschwert sein. Die Schaffung optimaler Ausleseformen war eine Lebensfrage für die moderne Gesellschaft, wollte sie nicht in einem System starrer bürokratischer Mechanismen versinken. Die Erhaltung und Förderung einer dynamischen Gesellschaftsordnung war das oberste Prinzip, das Max Weber in seinen wirtschaftspolitischen nicht weniger als in seinen politischen Anschauungen leitete.

Auf politischem Gebiet ergab sich aus diesen Prämissen folgerichtig sein Eintreten für die parlamentarische Demokratie. Nicht eine spezifisch demokratische Gesinnung naturrechtlicher Art war es, die ihn seit der Jahrhundertwende zu einem Vorkämpfer der parlamentarischen Demokratie hatte werden lassen, sondern die Überzeugung, daß diese unter den Bedingungen der industriellen Gesellschaft eine optimale Form der Führerauslese gewährleiste[146]. Als sich dann in Deutschland endlich das parlamentarische System durchsetzte, befielen Weber jedoch Zweifel, ob man sich damit zufrieden geben könnte. Die Sorge, daß »Berufspolitiker ohne Beruf«, das heißt Politiker bar jeglicher großen Ideale und ohne »die inneren charismatischen Qualitäten, die eben zum Führer machen[147]«, die Leitung von Staat und Gesellschaft monopolisieren könnten, erfaßte ihn und trieb ihn zur Weiterentwicklung seiner Vorstellungen über Wesen und Funktion der modernen Demokratie. Das Resultat dieser Überlegungen war die Konzeption der »plebiszitären Führerdemokratie«[148]. Allein in solcher Form, so glaubte er, könne »dem Trend zur Führungslosigkeit in der spätliberalen Gesellschaft«, wie Karl Mannheim diesen Sachverhalt später treffend formuliert hat[149], wirksam begegnet werden. Das Modell der »plebiszitären Führerdemokratie« war in wichtigen Einzelzügen am englischen Modell geschneidert[150], aber mit durchaus unenglischem Inhalt gefüllt. Es sollte die plebiszitär-cäsaristische Herrschaft großer, charismatisch qualifizierter Führergestalten ermöglichen, zugleich aber die Nachteile rein cäsaristischer Systeme ausschalten, insbesondere aber deren Degenerierung in sterile Diktaturen unmöglich machen. Es liegt dieser Gedanke ganz in der Linie der universalgeschichtlichen Auffassungen Max Webers, die allein dem Charisma die Kraft zuschrieben, schöpferisch in die gesellschaftlichen Prozesse eingreifen zu können. Es ist der Lösungsversuch eines aristokratischen Liberalen, der die entgegengesetzten Pole zusammenzwingen wollte.

Auch in der modernen Massendemokratie sollten große Einzelpersönlichkeiten zum Zuge kommen können. Die »Führerdemokratie mit Maschine« schien dafür der gegebene Weg: die Führerbegabung des Charisma sollte sich mit der technischen Leistungsfähigkeit der Bürokratie verbünden, um die »offene Gesellschaft« in einer weltgeschichtlichen Situation, die ihr wenig Überlebenschancen verhieß, weiterhin »offen« zu erhalten und sie davor zu bewahren, langsam aber stetig in gesellschaftlicher Erstarrung und Sterilität zu versinken[151].

Im Lichte dieser universalgeschichtlichen Zusammenhänge ist es weiter nicht erstaunlich, daß Weber die »plebiszitäre Führerdemokratie«, im Gegensatz zu den verschiedenen Typen der »führerlosen Demokratie«, als eine Variante charismatischer Herrschaft interpretierte, die sich freilich der Form nach als ein rein zweckrationales, formell legales Verfassungssystem darbiete[152].

Dem entspricht schließlich auch das Bild, welches Max Weber vom leitenden Politiker des demokratischen Typus entwarf. Es trägt, im Sinne seiner Terminologie, durchaus charismatische Züge[153]. Der Politiker ist ausschließlich sich selbst und der von ihm im Hinblick auf bestimmte persönliche Wertideale gewählten Aufgabe verpflichtet. Seine Verantwortlichkeit beschränkt sich auf »Bewährung«; d. h., er muß durch Erfolge beweisen, daß die bedingungslose Hingabe seiner Gefolgschaft an ihn selbst rein als Person eine innere Berechtigung hat. Hingegen besteht nicht ein Schimmer einer Verpflichtung gegenüber den materiellen Zielen der Massen; jeden Anklang an die Theorie, daß der demokratische Führer ein Mandat seiner Wähler auszuführen habe, bekämpfte Weber mit äußerstem Nachruck. Bindung der Massen an die eigene Person, nicht deren sachliche Überzeugung vom Wert der angestrebten Ziele, ist nach Weber das der »plebiszitären Führerdemokratie« Eigentümliche. Nicht die sachlichen Zielsetzungen als solche entscheiden den Ausgang einer Wahl, sondern die persönliche – charismatische Qualifikation des kandidierenden Führers. Nur auf solche Weise konnte sich Weber unter modernen Verhältnissen die unabhängige Herrschaft des großen Individuums unbeschadet aller verfassungsrechtlichen Kautelen vorstellen. Die »Führerdemokratie« beschrieb er als beständigen Konkurrenzkampf der Politiker um die Gunst der Massen. Dieser wird vorwiegend mit demagogischen Mitteln geführt; ein System von formalen Spielregeln sorgt dafür, daß der obsiegende Politiker sich bewähren und im Falle seines Versagens gegebenenfalls abtreten muß.

Es überrascht daher nicht, wenn Max Weber auch das Prinzip des Kampfes als wesentliches Element allen voluntaristischen politischen

»Betriebs« ganz generell bejahte, und mit ihm auch den Begriff der »Herrschaft«. Entgegen den Traditionen des Liberalismus betonte Max Weber den Beruf des Politikers zum Machtgebrauch mit aller Schärfe. Der Pazifismus erschien ihm als eine schwächliche, verächtliche Ideologie, die im politischen Sinne schlechthin verantwortungslos sei[154]. Im Gegensatz zur »führerlosen Demokratie«, die zur »Minimisierung der Herrschaft des Menschen über den Menschen« strebt, will die »Führerdemokratie« ein Höchstmaß von Herrschaft, die allerdings mit dem formal freiwilligen Einverständnis der Beherrschten ausgeübt werden muß. Denn nur eine wirklich starke *Führung* hat die Möglichkeit zu großer schöpferischer Leistung im gesellschaftlichen Raum, während eine sachgerechte Verwaltung nie über den Kreis des Bestehenden hinauszudringen vermag. Unter universalgeschichtlichen Gesichtspunkten führt nicht die Reduzierung persönlicher Autorität zugunsten der Herrschaft des Gesetzes zu größerer Freiheit, sondern umgekehrt nur die möglichste Steigerung persönlicher Autorität unter Bedingungen, die die Notwendigkeit steter Bewährung des politischen Führers garantieren und ein Degenerieren seiner Herrschaft in sterile Tyrannei ausschließen. Nur die Herrschaft des großen Politikers kann die Gesellschaft auf die Dauer offen erhalten und verhindern, daß »Freiheit« zu einem sinnentleerten Begriff wird.

Unter diesem Gesichtspunkt wird es verständlich, warum Max Weber auch im innerpolitischen Geschehen den »Willen zur Macht« mit so positiven Vorzeichen versah. Seine Position läßt sich auf die nur scheinbar paradoxe Formel bringen: *Möglichst viel Freiheit durch möglichst viel Herrschaft.* Es kommt allerdings dazu der Einfluß des puritanischen Gedankens von der Gnadenlosigkeit alles diesseitigen kreatürlichen Geschehens. Hier, und nicht sosehr in seinem Streben nach rein empirischer, werturteilsfreier Beschreibung des Wirklichen, liegt die eigentliche Ursache für die fast unerträgliche Nüchternheit der Sprache, mit der Max Weber das Problem der »innerpolitischen Gewaltsamkeit« abhandelte. Dieser Sachlage entspricht es auch, wenn Weber meinte, daß zwischen Sphären der Ethik und der Politik ein Dualismus unübersteigbarer Art bestehe, und von einer förmlichen Konkurrenz zwischen politischen und ethischen Normen sprach[155]. Die Möglichkeit einer Ethisierung des politischen Handelns bestritt Weber prinzipiell, er hielt die reinliche Scheidung beider Spären noch für die ehrlichste Lösung[156]. Vom Standpunkt seines aristokratischen Individualismus aus, der sich ausschließlich rein personal gesetzten Werten verpflichtet fühlte, war die politische Welt eben auch nur eine zweckrationale Maschinerie, deren Eigengesetzlichkeiten der einzelne, und zwar vor allem auch der politisch Führende, hinnehmen muß, wenn er sie im Sinne seiner letzten Ziele benutzen will. Das bedeutet, daß der handelnde Politiker in bestimmten Konstellationen unvermeidlich mit den Geboten einer jeden nichtpolitischen Ethik in Konflikt kommen muß, und dies besonders dann, wenn von der Politik normative Forderungen von ganz der gleichen Intensität ausgehen wie von religiösen Ethiken.

Dies gilt insbesondere für politische Postulate von scheinbar solch zwingender Kraft wie jene der modernen Nationsidee. Bekanntlich führte Max Weber das Prinzip des nationalen Gedankens und mit ihm zugleich die Forderung großer nationaler Machtpolitik gleichsam auf bekenntnismäßigem Wege in sein Denksystem ein; die Frage nach seiner absoluten oder relativen Berechtigung hat er nie gestellt[157]. Ganz im Gegenteil, er vermeinte dem Postulat des Primats des nationalen Interesses gegenüber den ganzen Komplex der politischen Institutionen und des Rechts ebenso als zweckrationales Instrument ansehen zu müssen, wie dem Puritaner die materielle Umwelt als bloßes Instrumentarium zum immer erneuten Beweis seiner religiösen Qualifikation diente[158].

Die Unabdingbarkeit des nationalen Prinzips steht, so scheint es, in krassem Mißverhältnis zu Webers demokratisch-individualistischer Grundhaltung. Dennoch bestehen auch hier innere Zusammenhänge. Ebenso wie er im Felde der Innenpolitik den Konkurrenzkampf der Politiker um die Macht rückhaltlos bejahte, weil dieser ein wesentliches dynamisches Element des gesellschaftlichen Lebens darstelle, so bejahte er auch den Konkurrenzkampf der Träger autonomer Kulturideale um Macht und Ausdehnung ihres Einflusses in der Welt. Alle Kultur war nach seiner Überzeugung noch auf lange Zeit hinaus unvermeidlich »national gebunden«[159]; insofern waren die großen Nationalstaaten dazu berufen, die Geltung und das Prestige ihrer Nationalkulturen auch mit den Mitteln militärischer Macht zu verteidigen und gegebenenfalls zu steigern. Der Kampf der Nationen und ihrer Werte wurde von Weber prinzipiell als ein integrierender Bestandteil einer dynamischen Weltordnung akzeptiert. Das Gegenbild dazu bietet die mittelmeerische Gesellschaft der Spätantike; hier gebot ein übernationaler Weltstaat mit eiserner Hand Frieden und verhinderte die politische Entfaltung der einzelnen nationalen Gruppen. Dadurch aber wurde der allmählichen Erstarrung alles gesellschaftlichen Lebens wesentlich Vorschub geleistet. Es stand daher durchaus im Einklang mit Webers universalgeschichtlichen Vorstellungen, wenn er im ersten Weltkriege dem Deutschen Reiche die weltgeschichtliche Mission zuschrieb, für die Behauptung eines deutschbestimmten, mitteleuropäischen Kulturkreises inmitten von »angelsächsischer Konvention«, »lateinischer Raison« und »russischer Knute« zu kämpfen[160].

Von dieser Position aus konnte Max Weber sogar dazu gelangen, eine Politik eines konsequenten nationalen Imperialismus zu befürworten. Man muß allerdings dabei berücksichtigen, daß er den seiner Zeit allgemeinen Glauben teilte, daß nur diejenigen Nationen auf die Dauer eine Chance zur Behauptung ihrer besonderen staatlichen und kulturellen Eigenart besäßen, welche die Kraft aufbrächten, zu Weltmächten aufzusteigen. In diesem Sinne ist sein berühmtes Wort zu verstehen, daß »die Einigung Deutschlands ein Jugendstreich war, den die Nation auf ihre alten Tage beging und seiner Kostspieligkeit halber besser unterlassen hätte, wenn sie der Abschluß und nicht der Ausgangspunkt einer deutschen Weltmachtstellung sein sollte[161]«.

Die Bejahung des Kampfes als eines wesentlichen Elements alles dynamischen Weltverhaltens, selbst auf die Gefahr des Verlusts bestimmter Kulturwerte hin, galt ganz ebenso auf wirtschaftlichem Gebiet. Weber war überzeugt, daß die Mobilität der industriellen Gesellschaft in erheblichem Maße von der Erhaltung der Dynamik der wirtschaftlichen Entwicklung abhängig sei. Ein Erlahmen des technischen und ökonomischen Fortschritts werde, so meinte er, die moderne Gesellschaft der »Versteinerung« erheblich näher bringen[162]. Unter diesem universalen Gesichtspunkt und nicht allein aus wirtschaftlichen Gründen brachte Max Weber dem Prinzip des wirtschaftlichen Konkurrenzkampfes auf der Basis individuellen Unternehmertums größte Hochschätzung entgegen. Das Prinzip der Konkurrenz war nicht nur als optimale Form der Regulierung des Marktes unentbehrlich, sondern vor allem als Quelle wirtschaftlicher Dynamik. Freie Konkurrenz und individuelle Unternehmerinitiative wirkten zusammen; gemeinsam erst verliehen sie der modernen industriellen Wirtschaft die vorwärtsdrängende Kraft, welche das Geheimnis ihrer ungeheuren Leistungen war. Im Wertsystem Max Webers war intensive wirtschaftliche Aktivität aus universalhistorischen Gründen – wir haben sie oben dargelegt – mit einem positiven Vorzeichen versehen, im Gegensatz zum bloßen friedlichen Genießenwollen des Rentnertums, das er mit Ausdrücken der Verachtung belegte[163]. Die Rastlosigkeit des klassischen puritanischen Unternehmers war sein persönliches Ideal. Somit darf man mit Ludwig Marcuse in Max Weber durchaus den klassischen Repräsentanten des bürgerlichen individualistischen Kapitalismus sehen, ohne doch notwendig seiner Folgerung zustimmen zu müssen, daß Weber uns in der Phase des Spätkapitalismus, in welcher die Irrationalismen des kapitalistischen Systems in gesteigerter Form hervorträten, nichts mehr zu sagen habe[164]. In der Tat nannte sich Max Weber gelegentlich selbst einen »klassenbewußten Bourgeois«[165]. Nicht zufällig war er in der Zeit vor dem ersten Weltkriege ein leidenschaftlicher Vorkämpfer einer konsequenten Entwicklung Deutschlands in einen modernen Industriestaat. Er bedauerte, daß das deutsche Bürgertum nicht das gleiche, auf nüchterne wirtschaftliche Leistung gegründete Selbstbewußtsein besaß, das er am Bürgertum der angelsächsischen Länder so sehr bewunderte[161]. Schon damals trat er dafür ein, daß sich Deutschland in jeder Hinsicht dem gesellschaftlichen Typus angleiche, der sich in den westlichen Industrienationen am reinsten ausgebildet hatte und in dem er den herrschenden Typ der Zukunft sah. Auch während des und nach dem Weltkriege, als planwirtschaftliche Ideen in Deutschland auch in nichtsozialistischen Kreisen an Einfluß gewannen und vielfach diskutiert wurden, hat er am Prinzip individuellen Unternehmertums grundsätzlich festgehalten. Gerade im Zeitalter des Großbetriebs könne man, so urteilte er, auf die großen Unternehmerpersönlichkeiten nicht verzichten[167].

Schon deshalb lehnte Max Weber, auch wenn er während der Revolution gewisse oratorische Konzessionen an die Idee des Sozialismus machte, jeden Gedanken an eine sozialistische Wirtschaftsordnung in naher oder ferner Zukunft scharf ab. Jede »rationale sozialistische Wirtschaft« werde die Macht der Bürokratien, welche die Betriebsmittel verwalteten, außerordentlich vermehren und infolgedessen die Abhängigkeit der Arbeiter ins Unermeßliche steigern[168]. Was dies im Hinblick auf seine Sorge vor einer neuen »Hörigkeit der Zunkunft« bedeutete, liegt auf der Hand.

Gleichwohl war Max Weber keineswegs ein kapitalistischer Bourgeois im reaktionären Sinne. Schon seine leidenschaftliche Polemik gegen die »patriarchalischen Herrschgelüste« des deutschen Unternehmertums läßt eine solche Deutung nicht zu[169]. Er befürwortete die Integration der Arbeiterschaft als eines gleichberechtigten Partners in das System des modernen industriellen Kapitalismus. Eudämonistische Gesichtspunkte lagen ihm dabei freilich ebenso fern wie Empfindungen sentimentaler Art. Auch auf diesem Gebiete bejahte er das Prinzip des Kampfes. Die Emanzipation der Arbeiterklasse sollte nicht das Resultat einer wohlwollenden und fürsorglichen staatlichen Sozialpolitik sein, sondern durch die Kraft und die Initiative der Arbeiterschaft selbst verwirklicht werden. Politische und gewerkschaftliche Organisation, insbesondere aber die Waffe des Streiks, schienen die gegebenen Mittel dazu. Alle staatliche Sozialpolitik sollte sich darauf beschränken, für den Kampf der Sozialpartner im Rahmen eines Systems rechtlich fixierter Spielregeln Chancengleichheit zu schaffen. Die Ideale des »Wohlfahrtsstaates« hat Max Weber, soweit wir sehen, dagegen in keiner Weise geteilt: sie waren nach seiner Überzeugung nicht dazu geeignet, zu individueller Initiative und zum Aufstieg kraft eigener Leistung innerhalb des bestehenden sozialen Systems anzureizen[170]. Auch hier, auf sozialem Gebiet, bestimmte das Leitbild des in rechtliche Bahnen gelenkten und dergestalt versachlichten Kampfes um die Macht Webers konkrete Vorschläge zur Lösung gesellschaftlicher Probleme.

Wir sind am Ende unserer Betrachtungen. Max Webers politische Auffassungen erweisen sich in wesentlichen Aspekten als Ausfluß einer bestimmten Auffassung vom Wesen der Geschichte, in deren Zentrum der Gedanke der Führungsrolle des großen, an rein persönlichen Idealen werthafter Art orientierten Individuums steht[171]. Nichts anderes meint, im letzten Sinne, jener umstrittene Begriff des Charismas, der eine so entscheidende Stelle in Max Webers Idealtypenlehre einnimmt. Die Frage, was die Geschichte für den abendländischen Menschen bedeute und ob dieser imstande sei, gegenüber den auf ihn einstürmenden Gewalten der Rationalisierung sich selbst zu behaupten und sein Wesen zu bewahren, darf als Ausgangspunkt seines politischen und gesellschaftlichen Denkens gelten. Damit reiht Weber sich ein in eine ganze Gruppe großer Denker, die freilich unter jeweils anderen Voraussetzungen mit den gleichen Grundproblemen rangen, Männer wie Jacob Burckhardt, Alexis von Toqueville, Karl Marx, Friedrich Nietzsche und Vilfredo Pareto.

Max Webers Antwort war die eines heroischen Pessimismus; alle Lösungsrezepte der Zeit verwarf er mit dem scharfblickenden Auge des Wissenschaftlers als illusionistische Konstruktionen. Auch die Demokratie war ihm letzten Endes nur ein Mittel, um die Herrschaft großer Persönlichkeiten in einer verwalteten Welt zu ermöglichen; sie hatte für ihn keinesfalls einen Eigenwert. Das einzige Ideal, dem er sich, neben dem der Würde des Menschen, bis zu einem gewissen Grade innerlich verpflichtet fühlte, war das des nationalen Staates[172]. Aber auch das Engagement zugunsten des eigenen Nationalstaats beruhte, wie wir sahen, zumindest teilweise auf universalhistorischen Gründen. Optimistische Ideale wie etwa das der Beseitigung der Herrschaft des Menschen über den Menschen lagen ihm fern. Er bejahte den Machtkampf im politischen und gesellschaftlichen Leben rückhaltlos und wünschte ihn lediglich in rechtlichen Formen einzufangen – und auch das nicht zu sehr. Ähnlich wie Nietzsche wollte er das dynamische Prinzip des »Willens zur Macht« nicht ganz und gar aus der modernen Kulturentwicklung eliminiert sehen. Denn ohne Macht kann es politische Führung im echten Sinne des Wortes nicht geben, und ohne diese keine Dynamik der Gesellschaft. In einer stagnierenden Gesellschaft aber würde der Gedanke der Freiheit des Einzelnen seinen Sinn weitgehend einbüßen: das Ideal der selbstverantwortlichen Persönlichkeit würde zu einem Anachronismus werden. Aus diesen Gründen kam es Max Weber vor allem darauf an, die Gesellschaft vor dem Zustand der Führerlosigkeit zu bewahren; sie durfte nicht den Berufspolitikern ohne Beruf ausgeliefert werden. Denn den »Ordnungsmenschen«, denen Anpassung zum ausschließlichen Lebensideal geworden ist, sollte das Feld nicht kampflos überlassen werden.

Anmerkungen

1 Den Anfang machte J. P. Mayers noch in den Kriegsjahren entstandene Studie Max Weber in German Politics, London [1]1944, [2]1956, die in Weber »a new Machiavelli of the steel-age« sehen zu müssen glaubte. Seitdem ist die Diskussion im Anschluß an meine Untersuchung, Max Weber und die deutsche Politik 1890–1920, Tübingen 1959, und Reinhard Bendix Buch, Max Weber. An intellectual Portrait, New York [1]1959, [2]1962, (dt. Max Weber. Das Werk, München 1964) heftiger aufgeflammt; es sei hier nur verwiesen auf die Stellungnahmen von Reinhard Bendix, Paul Honigsheim und Karl Löwenstein (Bendix: Einige Bemerkungen zu einem Buch von Wolfgang Mommsen, Honigsheim: Max Weber und die deutsche Politik, Löwenstein: Max Weber als Ahnherr des plebiszitären Führerstaats) in der Kölner Zeitschrift für Soziologie und Sozialpsychologie, 13. Jg. (1961), S. 258 ff., meine Entgegnung zum Begriff der »plebiszitären Führerdemokratie« bei Max Weber, ebendort 15. Jg. (1963), S. 295 ff., sowie auf Raymond Arons großes Referat auf dem Heidelberger Soziologentag 1964 über Max Weber und die Machtpolitik und die sich daran anschließende Diskussion (Max Weber und die Soziologie heute. Verhandlungen des 15. Deutschen Soziologentages vom 28. bis 30. April 1964 in Heidelberg, Tübingen 1965, S. 103 ff. – künftig zitiert: Verhandlungen). Weiterhin wäre zu nennen die wohlabgewogene Einleitung von Hans Gerth und C. Wright Mills in der amerikanischen Ausgabe der Essays in Soziology, New York 1959, das Buch von H. Stuart Hughes, Consciousness and Society, New York [2]1961, sowie neuerdings Eduard Baumgarten, Max Weber. Werk und Person, Tübingen 1964. Bei dem zuletzt genannten Werk handelt es sich um eine Auswahl aus Webers Werken, die auch eine Anzahl bisher ungedruckter Briefe sowie einige abgelegenere Stücke enthält. Ein genauer Nachweis der Originaldruckorte wäre freilich wünschenswert gewesen. Das so entstehende Bild wird durch einige etwas unsy-

stematisch angeordnete Kommentare ergänzt. Ferner wäre hinzuweisen auf die Aufsätze von Carl Joachim Friedrich, Political Leadership and the Problem of Charismatic Power, in: Journal of Politics, Februar 1961; Die Legitimität in politischer Perspektive, in: Politische Vierteljahresschrift, 1. Jg. (1960), H. 2; Some Observations on Weber's Analysis of Bureaucracy, in: Robert K. Merton, Reader in Bureaucracy, Glencoe, Ill. 1952, S. 27 ff. Weiter sei hingewiesen auf den Artikel von Karl Löwith, Max Weber und Carl Schmitt, in: Frankfurter Allgemeine Zeitung, Nr. 146 vom 27. Juni 1964, der allerdings einige Teile eines älteren Aufsatzes Max Weber und seine Nachfolger, in: Maß und Wert, 3. Jg. (1939), Heft 1, S. 166–176 übernimmt, sowie auf Fred H. Blum, Max Weber. The Man of Politics and the Man dedicated to Objectivity and Rationality, in: Ethics, Bd. 70 (1959), S. 1–20. In etwas allgemeinerem Zusammenhang steht die Kritik von Leo Strauss an Max Weber in seinem Buche Natural Right and History, Chicago 1953. Dazu die Auseinandersetzung Raymond Arons mit Strauss in der Einleitung zu der französischen Taschenbuchausgabe Max Weber. Le savant et le politique, Paris 1959. Die jüngsten Beiträge zu unserem Thema bilden, soweit ich sehe, der Aufsatz von Gerhard Schulz, Geschichtliche Theorie und politisches Denken bei Max Weber, in: Vierteljahreshefte für Zeitgeschichte, 12. Jg. (1964), S. 525 ff., sowie die brillante Analyse von Golo Mann, Max Weber als Politiker, in: Die neue Rundschau, 75. Jg. (1964), S. 380 ff., und schließlich die bisher nur in Maschinenschrift vorliegende Dissertation von Günter Abramowski, Das Geschichtsbild Max Webers. Universalgeschichte am Leitfaden des okzidentalen Rationalisierungsprozesses, Kieler phil. Diss. 1963. Als Spezialstudie wäre noch zu nennen die Arbeit von Gustav Schmidt, Deutscher Historismus und der Übergang zur parlamentarischen Demokratie, in: Historische Studien, Bd. 398, Lübeck 1963. Nach Abschluß des Manuskripts kamen mir noch zwei Veröffentlichungen zur Hand, die nicht mehr berücksichtigt werden konnten. Es sind dies Karl Löwenstein, Max Webers staatspolitische Auffassungen in der Sicht unserer Zeit, Frankfurt und Bonn 1965, und Judith Janoska-Bendl, Methodologische Aspekte des Idealtypus. Max Weber und die Soziologie der Geschichte, Berlin 1965. Die scharfsinnige und tiefdringende Analyse, die in der zuletzt genannten Untersuchung dem Begriff des Idealtypus gewidmet wird, berührt sich in der Betonung der Konstruiertheit des Idealtypus als einer Art von impliziter Theorie mit den folgenden Darlegungen, die, freilich über Janoska-Bendl hinausgehend, das von dieser aufgewiesene »Minimum an Geschichtsphilosophie« nicht nur formal, sondern auch inhaltlich zu beschreiben versuchen, insofern als sie zeigen, welche Faktoren der geschichtlichen Entwicklung für Weber »bedeutsamer waren als andere«. Auf weitere Literatur wird im Anmerkungsteil jeweils Bezug genommen werden. – Einige der hier vorgetragenen Thesen hat der Vf. bereits in einem freilich weit weniger umfangreichen Aufsatz über Max Weber's Political Sociology and his Philosophy of World History entwickelt, der im International Social Science Journal, Bd. XVII, Nr. 1, Februar 1965, S. 23–45, erschienen ist.

2 Gegen diese Deutung des politischen Denkens Max Webers, wie ich sie in meiner bereits genannten Untersuchung ausführlich begründet habe,

ist vielfach Sturm gelaufen worden. Es ist demgegenüber festzuhalten, daß schon Ernst Troeltsch, der Max Weber aus nächster Nähe erlebt hat und ihm auch persönlich nicht fernstand, zu ähnlichen Folgerungen gelangte. Siehe dafür etwa Der Historismus und seine Probleme, Gesammelte Schriften, Bd. III, Tübingen 1922, S. 160, und Deutscher Geist und Westeuropa, Berlin 1925, S. 251. Zur Frage des Demokratiebegriffes Max Webers sei auf meinen Aufsatz Zum Problem der »plebiszitären Führerdemokratie« bei Max Weber und die dort angegebene Literatur verwiesen. Die Arbeiten von Bendix und Abramowski tendieren zu einer Abschwächung der Problematik und einer Einebnung der Spannungen in der politischen Theorie und im politischen Denken Max Webers, die vielleicht »zeitgemäß«, aber sicher nicht dem Denken dieses Mannes, der intellektuelle Kompromisse selbst aufs äußerste verabscheute, angemessen ist.

3 Jetzt in seinen Gesammelten Abhandlungen, Stuttgart 1960, S. 1–67. Wir verdanken Löwith wesentliche Anregungen für die vorliegende Studie. Löwiths Fragestellung wird in einer bestimmten Richtung fortgesetzt von Walter Wegener, Die Quellen der Wissenschaftsauffassung Max Webers und die Problematik der Werturteilsfreiheit der Nationalökonomie, Berlin 1962. Wegener führt Webers Wissenschaftsauffassung ähnlich wie Löwith auf eine bestimmte, wenngleich nicht explizit entwickelte anthropologische Ontologie zurück.

4 Der Staat, 2. Jg. (1963), S. 1–24.

5 Siehe S. 4, Anm. 1.

6 Max Webers Begriff des modernen okzidentalen Rationalismus, sozialwiss. Dissertation, Köln 1961.

7 Abramowski ist der erste, der eine solche umfassende Deutung, allen Schwierigkeiten zum Trotz, dennoch versucht hat. Aber es ist bezeichnend, daß er, um nicht den Boden unter den Füßen zu verlieren, gewissermaßen selbst auf die »Plattform« (wenn wir diesen amerikanischen Ausdruck ins Deutsche übertragen dürfen) Max Webers gestiegen ist. Überdies orientiert sich Abramowski in erster Linie an den in ihren Grundlinien relativ früh konzipierten Aufsätzen zur Religionssoziologie, die noch eine vergleichsweise historische Form der Analyse aufweisen, sowie an den Politischen Schriften, während die vergleichende Typenlehre von »Wirtschaft und Gesellschaft«, deren späteste Fassung alle teleologischen Restbestände historistischer Provenienz systematisch eliminiert, nicht die gleiche Berücksichtigung erfährt. Wir berühren uns im Folgenden vielfach mit Abramowskis Studie, die uns freilich erst unmittelbar vor Abschluß des Manuskripts zugänglich geworden ist. Jedoch scheint uns seine Darstellung in der Herausarbeitung des zugestandenermaßen zentralen Aspekts der Rationalisierung allzu einlinear ausgefallen zu sein; das Werk Webers wird hier einheitlicher und geschlossener interpretiert, als es unseres Erachtens berechtigt ist. Störend erscheint uns die Art, in der Abramowski, sich selbst mit der Position Max Webers identifizierend, schlechte Zensuren an alle jene austeilt, die von anderen Positionen her Kritik an einzelnen Thesen Max Webers üben. Gelegentlich räumt freilich auch Abramowski ein, daß in Webers Analysen universalgeschichtlicher Phänomene höchst persönliche Werthaltungen sichtbar werden, aber er versagt es sich, der Frage, ob hier nicht charak-

teristische Verzeichnungen entstehen, näher nachzugehen (so u. a. S. 56). Er bleibt vielmehr in einer konservativ-historischen Grundhaltung im Bannkreise des Werkes Webers stehen.

8 Der Aufsatz von Gerhard Schulz, Geschichtliche Theorie und politisches Denken bei Max Weber, a. a. O., S. 525 ff., hält nicht, was der Titel verspricht; es gelingt Schulz trotz zahlreicher interessanter Einzelbeobachtungen nicht, einen inneren Zusammenhang zwischen Webers Theorie des geschichtlichen Denkens und seinen politischen Auffassungen aufzuweisen.

9 GAzRS, Bd. I, S. 267. Vgl. dazu Reinhard Bendix, Max Webers Soziologie heute, Gedenkrede zur Hundertjahrfeier Max Webers an der Freien Universität Berlin am 7. Juli 1964. Ich zitiere nach dem mir von Prof. Bendix freundlicherweise übersandten hektographierten Manuskript. Dieses ist inzwischen in englischer Fassung im International Social Science Journal, Bd. 17, Nr. 1, 1965, S. 9 ff., erschienen. [Anm. d. Hrsg.: in diesem Band S. 50–67.]

10 GAzRS, Bd. I, S. 537.

11 GAzRS, Bd. I, S. 564.

12 GPS, Tübingen ²1958, S. 2. Vgl. auch GAzSuS, S. 423.

13 GAzW, Tübingen ¹1922, S. 33. Wir zitieren nach der 1. Auflage.

14 Brief an Robert Michels vom 4. August 1908, zitiert bei Mommsen, Max Weber, a. a. O., S. 118.

15 GPS, S. 61.

16 Vgl. Mommsen, Max Weber, S. 118.

17 Vgl. den Objektivitätsaufsatz, wo es heißt: »Die Pflege der ökonomischen Geschichtsinterpretation ist einer der wesentlichsten Zwecke unserer Zeitschrift«. GAzW, S. 167.

18 Vgl. dazu unsere weiteren Ausführungen unter S. 276 f.

19 Die an sich verdienstvolle Arbeit von Abramowski tut eben das, was Weber offenbar gerade nicht zu tun wünschte, und präpariert den Prozeß der Rationalisierung als Leitfaden des soziologischen Werks Max Webers rein heraus. Es wird infolgedessen eine – zugestandenermaßen eine sehr wichtige – Dimension des universalgeschichtlichen Denkens Max Webers auf Kosten anderer unzulässig überbewertet.

20 Siehe GAzW, S. 1–145, 215–290, 291–359, 376–402, 556–579. Vgl. dazu Alexander v. Schelting, Max Webers Wissenschaftslehre, Tübingen 1934, S. 178 ff.

21 GAzW, S. 1 ff.

22 Ebenda, S. 291 ff., 556 ff.

23 Ebenda, S. 376; die Formulierung »›Weltformel‹-Bedürfnis« S. 387. Vgl. auch GAzSuS, S. 420.

24 Siehe Willy Hellpach, Grundlinien einer Psychologie der Hysterik, Leipzig 1904. Ein Exemplar mit Randbemerkungen von der Hand Max Webers befindet sich im Max-Weber-Archiv in München. Im Nachlaß Weber (DZA II, Rep. 92 Merseburg) befindet sich eine ganze Anzahl von Briefen an Hellpach, auf die wir uns hier beziehen. Siehe insbesondere die in der folgenden Anmerkung zitierten Briefe.

25 Vgl. Brief an Hellpach vom 31. März 1905: »Könnten Sie sich entschließen, Lamprecht aus dem Spiel zu lassen« (Anm. d. Vfs.: Hellpach hatte der Redaktion des »Archivs für Sozialwissenschaft« einen Artikel

gesandt, in dem er sich unter anderem auf Lamprecht berief). »... Mir scheint es *für uns* (d. Archiv!) nicht gut möglich, einen Aufsatz, der ihn *wissenschaftlich ernst* nimmt, zu bringen, da es nötig sein wird – voraussichtlich muß ich selbst der Henker sein – auch unsererseits auszusprechen, daß wir ihn für einen Schwindler und Scharlatan schlimmster Sorte halten, soweit er als Culturkritiker und Culturhistoriker auftritt.« Ähnlich heißt es in einem wenig späteren Briefe vom 5. April 1905: »Seine Culturstufentheorie, nach dem Motto: ›Reim dich oder ...‹ den Tatsachen oktroyiert, ist von Comte und Roscher (um von den zahlreichen Dilettanten zu schweigen) längst antizipiert, die ›begriffsmäßige‹ Methode im Gebiet der Geschichte seit Jacob Burckhardt überholt, der Begriff der ›Sozialpsychologie‹ *correkt* durch Eulenburg formuliert, bei ihm stets mit metaphysischen Fragen vermengt, kurz: nicht einmal die Fehler der Sache sind originell. Sondern dies ist nur die Reklame, und über die lasse ich, nach dem, was ich in Amerika auf Lamprechts Spuren so beiläufig zu hören bekam, nicht mehr mit mir reden: von jeder gutgläubigen, selbst fanatischen Ideen-›Propaganda‹ oder naiver Eitelkeit ist sie durch sehr bestimmte ›psychologische‹ Merkmale geschieden ...«.

26 Marianne Weber, Max Weber, Ein Lebensbild, Tübingen 1926, S. 685 f. Künftig zitiert: Lebensbild.

27 Für die Fortschrittsideologie und für die marxistische Geschichtsideologie haben wir dies oben S. 7 f. schon angedeutet; ein auf Stammler bezüglicher Fall dieser Argumentation GAzW, S. 577 f.

28 Brief an Edgar Jaffé vom 13. September 1907, abgedruckt bei Baumgarten, a. a. O., S. 646. Die zitierten Passagen beziehen sich auf Sigmund Freud.

29 Wir berühren uns hier eng mit den Ausführungen Abramowskis, a. a. O., S. 187ff. Vgl. auch GAzW, S. 38.

30 Es ist mir unverständlich, wie Gabriel Kolko, A Critique of Max Weber's Philosophy of History, in: Ethics, Bd. 70 (1959), S. 21ff., angesichts einer solchen Sachlage zu der Ansicht gelangt, Max Weber rede einer deterministischen Geschichtsphilosophie das Wort.

31 GAzW, S. 555.

32 Vgl. auch GAzSuS, S. 420: »Wir kennen keine wissenschaftlich beweisbaren Ideale. Gewiß, die Arbeit ist nun härter, sie aus der eigenen Brust holen zu sollen in einer Zeit ohnehin subjektivistischer Kultur. Allein wir haben eben überhaupt kein Schlaraffenland und keine gepflasterte Straße dahin zu versprechen, weder im Diesseits noch im Jenseits, weder im Denken noch im Handeln; und es ist das Stigma unserer Menschenwürde, nach der Friede unserer Seele nicht so groß sein kann als der Friede desjenigen, der von solchem Schlaraffenland träumt.«

33 GAzW, S. 213.

34 Siehe Ernst Troeltsch, Die Probleme des Historismus, Gesammelte Schriften, Bd. 3, S. 189.

35 Auch in diesem Punkte berührte sich Weber mit Nietzsche. Vgl. Nietzsche, Aus dem Nachlaß der 80er Jahre, Gesammelte Werke, herausgegeben von Schlechta, München [2]1960, Bd. 3, S. 554. Dort geißelt Nietzsche den Versuch, »in der Historie mit einem immanenten Geist, welche ihr Ziel in sich hat und der man sich überlassen kann«, einen

Ersatz für die in sich zusammengefallene »übermenschliche Autorität« zu suchen: »Man möchte herumkommen um den Willen, um das Wollen eines Zieles, um das Risiko, sich selbst ein Ziel zu geben; man möchte die Verantwortung abwälzen (–man würde den Fatalismus akzeptieren).«

36 Vgl. GAzW, S. 215 ff., insbesondere S. 238–241.

37 Ebenda, S. 259.

38 Zum Problem des Verhältnisses Webers zu Rickert siehe Dieter Henrich, Die Einheit der Wissenschaftslehre Max Webers, Heidelberg 1949, S. 4 ff. und, m. E. den Sachverhalt treffend beschreibend, Wegener, a. a. O., S. 85ff.

39 GAzW, S. 22.

40 Vgl. dazu Troeltschs Stellungnahme, a. a. O., S. 367.

41 Zum Verhältnis Webers zu Nietzsche siehe neuerdings den großen Aufsatz von Eugène Fleischmann, De Weber à Nietzsche, in: Archives Européennes de Sociologie, 5. Jg. (1964), S. 190–238. Ich bin Herrn Prof. Fleischmann für die Überlassung eines Umbruchexemplars seines Aufsatzes sehr zu Dank verpflichtet. Auf solche Weise war es möglich, Fleischmanns Ergebnisse noch zu berücksichtigen, obwohl unsere Untersuchung bereits im wesentlichen abgeschlossen war. – Der Einfluß Nietzsches auf Max Weber ist groß und nachhaltig gewesen, läßt sich aber philologisch nicht immer präzis nachweisen. Am deutlichsten zu greifen ist er in Webers Religionssoziologie. Allerdings nimmt hier Weber vielfach recht kritisch zu Nietzsches Theorien des Ressentiments und der Pariasituation als Ursprüngen des Entstehens religiöser Bewegungen Stellung (für die Frage der Bedeutung des Pariabegriffs im Rahmen von Webers Studien über das antike Judentum ist neuerdings der interessante Diskussionsbeitrag Jacob Taubes auf dem Heidelberger Soziologentag 1964, »›Die Entstehung des jüdischen Pariavolkes‹. Ideologiekritische Noten zu Webers ›Gesammelte Aufsätze zur Religionssoziologie‹, Band 3, ›Das antike Judentum‹«, Verhandlungen S. 222ff., heranzuziehen). Bis in den Duktus der Sprache hinein findet sich Nietzscheanisches bei Weber, in den frühen Schriften ganz ebenso wie insbesondere noch in »Wissenschaft als Beruf«, wo ja in wesentlichen Punkten direkt auf diesen Bezug genommen wird. Zentralbegriffe Webers wie »intellektuelle Redlichkeit«, »Verantwortlichkeit« finden sich ganz in dem gleichen Sinne schon bei Nietzsche. Wenn es bei Nietzsche heißt: »Unsere ›neue Welt‹: wir müssen erkennen, bis zu welchem Grade wir die *Schöpfer* unserer Wertgefühle sind, – also ›Sinn‹ in die Geschichte legen können« (Der Wille zur Macht, Kröner-Ausgabe 1959, S. 663), so läßt sich Webers wissenschaftliches Werk als steten Versuch deuten, diesem Postulat zu entsprechen. Und Webers Kampf für die Werturteilsfreiheit der Wissenschaft kann ebenfalls als einfache Anwendung der Forderung Nietzsches verstanden werden: »... die Wissenschaft bedarf in jedem Betrachte erst eines Wert-Ideals, einer werteschaffenden Macht, in deren *Dienste* sie an sich selber *glauben darf* – sie selbst ist niemals werteschaffend« (Werke, Bd. 2, S. 891). Fleischmann hat in seinem erwähnten Aufsatz eine Fülle weiterer Parallelen im Werke Nietzsches und Webers beigebracht, die, auch wenn er unseres Erachtens darin gelegentlich ein wenig zu weit geht, doch keinen Zwei-

fel daran bestehen lassen, daß Max Weber in vielen seiner grundlegenden Positionen Nietzsche außerordentlich nahesteht. Welch außerordentlichen Eindruck Nietzsches Philosophie auf Weber machte, zeigt sich unter anderem auch in seinen Randbemerkungen zu Georg Simmels Schopenhauer und Nietzsche, Leipzig 1907 (ein aus dem Nachlasse Webers stammendes Exemplar dieses Werkes mit eigenhändigen Randbemerkungen Webers befindet sich im Max-Weber-Archiv in München. Baumgarten bringt, a. a. O., S. 614 f., einige dieser Randbemerkungen, freilich in einer absolut unzuverlässigen Form. Insbesondere beim Simmelschen Text handelt es sich meist um Zusammenfassungen Baumgartens, nicht um wörtliche Zitate. Die »dicken Striche« S. 229, lt. Baumgarten – S. 614, vorletzte Zeile – existieren im Original gar nicht!)

42 Vgl. unten S. 186. Wegerer zeigt, a. a. O., S. 264 f., daß Weber den Begriff der »intellektuellen Aufrichtigkeit« als absoluten Wert zur Basis einer anthropologischen Ontologie machte, einer Lehre vom Vernunftsmenschen in einer »verwalteten« Welt.

43 Dieser treffende Terminus bei Abramowski, S. 187.

44 Vgl. Fleischmann, a. a. O., S. 212 f.

45 GAzW, S. 154.

46 GAzSuS, S. 420, vgl. oben S. 13, Anm. 3.

47 GAzW, S. 132.

48 Man geht nicht fehl, wenn man annimmt, daß der Typ des Puritaners, der aus einem ganz persönlichen religiösen Empfinden heraus intensive schöpferische Tätigkeit in der Welt entfaltet, für Weber ein persönliches Ideal gewesen ist. Obwohl er nach eigener Aussage »religiös unmusikalisch« war (Brief an Toennies, 1908, abgedruckt bei Baumgarten, a. a. O., S. 670), besaß er eine starke Hinneigung zur puritanischen Religiosität. Er gab dem Puritanismus gegenüber dem lutherischen Anstaltskirchentum unter menschlichen ebenso wie unter religiösen Gesichtspunkten entschieden den Vorzug, denn er hielt die geistigen Antriebe, die vom Puritanismus ausgingen, auch ganz abgesehen von ihrem religiösen Gehalt, für an sich wertvoll. Dies geht u. a. aus einem Brief an Adolf v. Harnack vom 5. Februar 1906 (Nachlaß von Harnack, Deutsche Staatsbibliothek Berlin) hervor: »Es ist eine innerlich schwierige und typische Situation: *Niemand* von uns könnte heute *selbst* ›Sekten‹-Mensch, Quäker, Baptist etc. sein . . ., die Zeit für ›Sekten‹ oder etwas ihnen Wesensgleiches ist, vor allem, historisch vorbei. Aber daß unsere Nation die Schule des harten Askezismus, niemals, in *keiner* Form, durchgemacht hat, ist auf der anderen Seite der Quell alles Desjenigen, was ich an ihr, *wie an mir selbst* (!), hassenswert finde«.

49 Dafür gibt es einen interessanten Beleg in den Randbemerkungen Webers zu dem erwähnten Buche von Simmel. Dieser hatte zu Nietzsches Lehre von der »ewigen Wiederkunft des Gleichen« geschrieben, daß ihm »der Sinn für die Verantwortlichkeit als das letzte Motiv der wunderlichen Lehre Nietzsches von der ewigen Wiederkunft des Gleichen« zu sein scheine (S. 244): »In ganz anderem Maße sind wir für unser Tun verantwortlich, zum mindesten erkennen wir unsere Verantwortlichkeit« (Ebenda, S. 248). Dazu bemerkt Weber: »Analogie des Puritanismus«. Simmel (S. 254): »Wir sollen so leben, als ob es eine ewige Wiederkunft gäbe«. Dazu meint Weber: »Ausgezeichnet gewendet«.

50 GAzW, S. 132. Vgl. dazu v. Schelting, a. a. O., S. 194 und S. 350, ferner Wegerer, a. a. O., S. 267 f., und Henrich, a. a. O., S. 108 f., 121 f., weiterhin Hughes, a. a. O., S. 334.

51 Löwith, a. a. O., S. 23 ff.

52 Lebensbild, S. 690. Vgl. Fleischmann, a. a. O., S. 238, der diesen Ausspruch mit Nietzsches »Ecce Homo« in Parallele setzt: »Wieviel Wahrheit *erträgt*, wieviel Wahrheit *wagt* ein Geist?«

53 Zum Begriff »Fachmenschen« siehe u. a. GAzRS, Bd. I. S. 204.

54 Zum Begriff »Ordnungsmenschen« siehe u. a. GAzSuW, S. 278.

55 Zum Begriff »Anpassung« siehe u. a. GAzW, S. 476 ff., GAzRS, Bd. I, S. 514 ff.

56 Reinhard Bendix, Max Weber's Interpretation of Conduct in History, in: American Journal of Sociology, Bd. 51 (1946), S. 520 ff.

57 GAzW, S. 415, WuG, S. 7 f., ferner Brief an Robert Liefmann vom 9. März 1920 (der der letzten Stufe der Entwicklung der Methodologie Webers entstammt), Nachlaß Weber (DZA II, Rep. 92, Merseburg): »... Wenn ich jetzt nun einmal Soziologe geworden bin (laut meiner Anstellungsurkunde), dann wesentlich deshalb, um dem immer noch spukenden Betrieb, der mit Kollektivbegriffen arbeitet, ein Ende zu machen. Mit anderen Worten: auch Soziologie kann nur durch Ausgehen vom Handeln des oder der, weniger oder vieler Einzelnen, strikt ›individualistisch‹ in der Methode also – betrieben werden.«

58 Siehe Rechtssoziologie, hrsg. von Winckelmann, Neuwied 1960, S. 197 ff.

59 Vgl. GAzW, S. 415: »Es liegt in der Eigenart nicht nur der Sprache, sondern auch unseres Denkens, daß die Begriffe, in denen Handeln erfaßt wird, dieses im Gewande eines beharrenden Seins, eines dinghaften oder ein Eigenleben führenden ›personhaften‹ Gebildes, erscheinen lassen«.

60 Ebenda. Vgl. dazu neuerdings auch Karl Löwith, die Entzauberung der Welt durch Wissenschaft, in: Jahrbuch für kritische Aufklärung, Jg. 2 (1964), S. 150: »Die letzte Voraussetzung von Webers Definitionen der sozialen Gebilde ist: daß wahrhaft wirklich und existenzberechtigt nur der auf sich gestellte einzelne Mensch ist, nachdem den ›Objektivitäten‹ jeder Art infolge ihrer Entzauberung durch die Rationalisierung keine selbständige substantielle Bedeutung mehr zukommt.«

61 Weber selbst hat sich nachdrücklich dagegen verwahrt, daß von der Anwendung einer »individualistischen Methode« auf eine individualistische Wertung geschlossen würde. Auch von einem nichtindividualistischen Standpunkt aus, so betonte er, könne man sich einer individualistischen Methode bedienen (siehe WuG, S. 9). Es ist dies zuzugeben, aber es bleibt bestehen, daß eine Umkehrung dieser Aussage nicht möglich ist. Eine von einem individualistischen Wertungsstandpunkt ausgehende Soziologie kann sich nicht einer kollektivistischen Methode bedienen, ohne sich selbst aufzugeben. – Zu diesem Problem vergleiche auch Theodor Schieder, Strukturen und Persönlichkeiten in der Geschichte, in: Historische Zeitschrift, Bd. 195, 1962, S. 281.

62 Bendix' These: »... Weber envisages the past as an infinity of causal sequences of individual conduct, because he has no theory of social chance« (siehe Max Weber's Interpretation of Conduct in History, a. a. O., S. 524), müßte umgekehrt lauten: weil Weber die Ver-

gangenheit als unendliche Folge individueller Handlungen deutet, kann er keine generelle, keine kollektive Theorie des sozialen Wandels haben.

63 Siehe u. a. WuG, S. 303 f., GAzRS, Bd. I, S. 247 ff., und GAzSuS, S. 465.

64 Weber bezeichnete seine Untersuchungen über die »protestantische Ethik« als »positive Widerlegung« des dialektischen Materialismus.

65 Vgl. dazu Abramowski, a. a. O., S. 25.

66 GAzRS, Bd I, S. 252 f.

67 Ebenda.

68 Brief vom 5. Februar 1906 an Adolf von Harnack. Vgl. GPS, S. 321.

69 WuG, S. 497.

70 WuG, S. 2; hier werden die Menschenrechte als ein Beispiel »extrem religiöser Fanatismen« aufgeführt.

71 GAzRS, Bd. 1, vgl. Abramowski, a. a. O., S. 54.

72 WuG, S. 337: »Die Welt ist eben hier nur in ihrer kreatürlichen Verworfenheit ausschließlich und allein bedeutsam als Gegenstand der Pflichterfüllung durch rationales Handeln.« Vgl. auch GAzRS, Bd. I, S. 521, sowie Abramowski, a. a. O., S. 25.

73 Vgl. GAzRS, Bd. I, S. 259: »Wenn ... die Art der erstrebten Heilsgüter stark beeinflußt war durch die Art der äußeren Interessenlage und der ihr adäquaten Lebensführung der herrschenden Schichten und also durch die soziale Schichtung selbst, so war umgekehrt auch die Richtung der ganzen Lebensführung, wo immer sie planmäßig rationalisiert wurde, auf das tiefgreifendste bestimmt *durch die letzten Werte, an denen sich diese Rationalisierung orientierte*« (Die Hervorhebung vom Vf.).

74 GAzRS, Bd. 3, S. 296.

75 Ebenda, S. 334.

76 Ebenda, S. 332.

77 GAzRS, Bd. 1, S. 521, Vgl. Wirtschaftsgeschichte, München 1923, S. 308 f.

78 GAzW, S. 547.

79 GAzRS, Bd. 1, S. 431.

80 Abramowski, a. a. O., S. 54.

81 Vgl. Abramowski, a. a. O., S. 56, der indes diesen Gesichtspunkt leider nicht näher verfolgt hat.

82 Man hat verschiedentlich, und sicher mit Recht, darauf hingewiesen, daß Weber mit seiner Analyse der »Wirtschaftsethik der Weltreligionen« im Grunde das Ziel verfolgte, einen solchen indirekten Beweis für die Richtigkeit seiner These vom Puritanismus als Vater des modernen Kapitalismus zu führen. Siehe Jacob Taubes, Die Entstehung des jüdischen Pariavolkes, Diskussionsbeitrag auf dem Heidelberger Soziologentag 1964, Verhandlungen S. 222 ff., und Abramowski, a. a. O., S. 70.

83 Siehe GAzSuS, S. 402: »matter-of-fact-men«, das sind in Webers Sprachgebrauch Männer, »die sich gegebenen Situationen ... anzupassen wissen«. Männer ohne alle eigenen Ideale.

84 Ein Vergleich der verschiedenen Schichten des monumentalen Torsos von »Wirtschaft und Gesellschaft« gibt ein beredtes Zeugnis von Webers Bemühen, eine immer höhere Ebene der Allgemeinheit zu erklimmen.

85 Vgl. oben S. 263, sowie GAzW, S. 476: »Nicht minder aber richtig ist, daß das Mögliche sehr oft nur dadurch erreicht wurde, daß man nach dem jenseits seiner liegenden Unmöglichen griff.«
86 Diese den Sachverhalt vorzüglich treffende Formulierung bei Abramowski, a. a. O., S. 56.
87 WuG, 666.
88 Ebenda, vergleiche auch S. 142 f. und S. 670, sowie GAzRS, Bd. I. S. 269.
89 WuG, S. 587.
90 Vgl. David Easton, The Perception of Authority and Political Change, in: Nomos, Bd. 1, hrsg. von C. J. Friedrich, Harvard University Press 1958, S. 174, über Webers Auffassung gesellschaftlichen Wandels: »Patterns of change typically involve the appearence of a charismatic chief whose charisma later becomes routinized«, sowie Parsons, The Structure of Social Action, S. 633 f.
91 GAzRS, Bd I, S. 238.
92 Ebenda, S. 259.
93 Ebenda.
94 Ebenda, S. 252, vgl. auch oben S. 26.
95 WuG, S. 546 f., Wirtschaftsgeschichte, S. 308.
96 GAzW, S. 535 ff., WuG, S. 142.
97 WuG, S. 666.
98 Vgl. GAzRS, Bd. I, S. 552.
99 GAzRS, Bd. I, S. 203 f., vgl. dazu S. 544. Das Wort »stahlharten« ist sinngemäß vom Vf. eingefügt, es fällt in dem dem Zitat vorangehenden Text.
100 WuG, S. 128.
101 GAzRS, Bd. I, S. 203.
102 WuG, S. 665 ff., vgl. S. 142: »... die ebenfalls revolutionierende Macht der *›ratio‹*, die entweder geradezu von außen her wirkt: durch Veränderung der Lebensumstände und Lebensprobleme und dadurch mittelbar der Einstellung zu diesen, oder aber durch Intellektualisierung.«
103 Vgl. GAzW, S. 418 ff.
104 Der Typ wertrationaler Vergesellschaftung hatte für Max Weber aus Gründen, die wir hier nicht näher erörtern können, jegliche Aktualität eingebüßt und spielt in seiner soziologischen Theorie eine ganz untergeordnete Rolle. Vgl. meine Auseinandersetzung mit Winckelmanns die entgegengesetzte Auffassung vertretendem Buch Legitimität und Legalität in Max Webers Herrschaftssoziologie, Tübingen 1952, in: Max Weber, a. a. O., S. 414 ff. Eine ausführliche Widerlegung Winckelmanns bringt die Dissertation von Alfred Karsten, Das Problem der Legitimität in Max Webers Idealtypus der rationalen Herrschaft, Hamburg 1960.
105 WuG, S. 690.
106 Brief vom 26. April 1872 an Friedrich v. Preen, siehe Jacob Burckhardt, Briefe, hrsg. von Fritz Kaphahn, Leipzig, J., S. 364.
107 WuG, S. 691.
108 Auf den dem Geschichtsdenken Max Webers zugrunde liegenden fundamentalen Dualismus der beiden revolutionären Mächte der Rationalisierung und des charismatischen Heldentums hat zuerst Albert Salomon,

Max Weber, in: Die Gesellschaft, Jg. 3, Heft 1 (1926), S. 145, hingewiesen.

109 Es gibt davon nicht weniger als drei verschiedene Fassungen, die jeweils verschiedenen Phasen der Entstehung von »Wirtschaft und Gesellschaft« angehören: 1. WuG, S. 541–550 und 559–695 (1911–1913). – 2. WuG, S. 122–176 (1916?). – 3. Die drei reinen Typen der legitimen Herrschaft (1919–1920), ursprünglich erschienen in den Preußischen Jahrbüchern, Bd. 187, 1922, S. 1 ff., jetzt in WuG in unsachgemäßer Weise auf den Seiten 551–556 eingeschoben. Leider werden die verschiedenen Schichten des Werkes auch in der vorliegenden 4. Auflage nicht voneinander gesondert. Die eben erschienene Studienausgabe weist dagegen gewisse Verbesserungen auf. Die Aufgabe, »Wirtschaft und Gesellschaft« in einer Form herauszugeben, in welcher die drei verschiedenen Fassungen nicht bunt durcheinandergewirbelt, sondern klar voneinander geschieden sind, bleibt gleichwohl noch zu lösen. Weber selbst war nur mit der dritten Fassung, die er nur für den ersten Teil, WuG S. 1–180, herstellen konnte, zufrieden und hätte das Übrige wahrscheinlich nie zum Druck gegeben. Man sollte nicht übersehen, daß »Wirtschaft und Gesellschaft« in der uns überlieferten Form nicht *ein* Torso, sondern ein Konglomerat von *drei* verschiedenen Torsi ist, an dem sich die Entwicklung der Methode Webers deutlich ablesen läßt.

110 Vgl. dazu auch Nolte, a. a. O., S. 22 f.

111 Ein ausführlicher Nachweis dafür bei Mommsen, Max Weber, S. 401 ff., ferner bei Parsons, The Structure of Social Action, Glencoe 1949, S. 665. Vgl. Mommsen, Zum Problem der plebiszitären Führerdemokratie, a. a. O., S. 320, Anm. 76.

112 Abramowski, a. a. O., S. 120.

113 Immerhin wäre zu erwägen, ob hier nicht doch Anregungen Roschers eine Rolle gespielt haben. Man könnte die Typenlehre Webers in gewissem Sinne als eine Formalisierung der Theorie Roschers vom Ablauf der Herrschaftsformen auffassen, wobei allerdings das teleologische Element radikal eliminiert worden ist. Vgl. Wilhelm Roscher, Politik, Geschichtliche Naturlehre der Monarchie, Aristokratie und Demokratie, Leipzig 1892, und Max Webers Auseinandersetzung damit, GAzW, S. 1 ff.

114 WuG, S. 688.

115 Siehe Anm. 109.

116 Vgl. auch GAzSuW, S. 278: »Das Kontinuum der mittelländisch-europäischen Kulturentwicklung kannte bisher weder abgeschlossene ›Kreisläufe‹ *noch* eine eindeutig orientierte ›gradlinige‹ Entwicklung.« Siehe dazu aber oben S. 267 ff.

117 WuG, S. 148 und insbesondere S. 154.

118 Zu Nietzsches Geschichtsphilosophie vgl. Heinz Heimsoeth, Nietzsches Idee der Geschichte, Tübingen 1938.

119 Vgl. WuG, S. 142 und S. 666 ff. Weber spricht in diesem Zusammenhang charakteristischer Weise häufig von den seitens des charismatischen Führers »Beherrschten«. Die Begriffe »Beherrschte« und »Geführte« sind bei ihm nicht selten austauschbar.

120 Siehe die Belege bei Mommsen, Max Weber, a. a. O., S. 50 f.

121 GPS, S. 538. Vgl. Fleischmann, a. a. O., S. 213 und S. 232.

122 GAzW, S. 479, dazu Mommsen, a. a. O., S. 45 ff. Die Herkunft von We-

bers Machtgedanken von Nietzsche betont auch Raymond Aron in seinem großen Referat auf dem Heidelberger Soziologentag 1964, Max Weber und die Machtpolitik.

123 Nachweis in meinem Diskussionsbeitrag auf dem Heidelberger Soziologentag 1964, Verhandlungen S. 135. Ein charakteristischer Beleg WuG, S. 455: »Ein Befehl kann seine Wirkung durch ›Einfühlung‹ oder durch ›Eingebung‹ oder durch ›rationale Einredung‹ oder durch eine Kombination von diesen Hauptformen der Wirkung vom Einen zum Andern erzielen.«

124 Fleischmann, a. a. O., S. 219.

125 Max Webers Randbemerkungen zu Simmels Schopenhauer und Nietzsche (vgl. oben S. 17, Anm. 1) dokumentieren seine leidenschaftliche Zustimmung zu der Lehre Nietzsches, daß der Wert eines großen Mannes niemals bloß in seinen Wirkungen liege, sondern in ihm selbst als geistiger Persönlichkeit, »und ob er auch den Erdball erschütterte« (Zitat aus Der Wille zur Macht, a. a. O., S. 537). Zu Simmels Satz: »Wenn so adelige Naturen mit dem zahlen, was sie sind, Gemeine mit dem, was sie tun ...« schrieb Weber am Rand: *»Bismarck! Napoleon!«* Simmel entwickelte diesen Nietzscheanischen Gedanken weiter: »Der Gesellschaft liegt ausschließlich an dem, was das Individuum tut« (d. h. nicht an dem, was es »ist«). Weber kommentierte: *»Sehr richtig. Cf. der Bismarckismus«* (S. 236). D. h., die Bismarckisten machten aus dem Schöpfer des deutschen Nationalstaates einen Heroen und einen »Blut-und-Eisen«-Politiker, wobei ihnen der Reichtum und die Größe seiner Persönlichkeit ganz aus den Augen kam. Soweit zeigt sich völlige Übereinstimmung mit Nietzsche. Hingegen distanzierte sich Weber in einem damit in innerem Zusammenhang stehenden Punkte mit aller Deutlichkeit von Nietzsche; er mißbilligte die Ansicht, daß die Größe des großen Individuums in einem schroffen Gegensatz zu den Massen, zur »Herde«, zu den »Viel-zu-Vielen«, Ausdruck finden müsse und daß das aristokratische Selbstgefühl des großen Individuums der Herrschaft über die »Herde« gewissermaßen bedürfe, als eine auch äußerliche Konkretisierung seiner eigenen Herrenstellung. Er bestritt, daß das große Individuum zu seiner Selbstvervollkommnung der Herrschaft über andere bedürfe; diese Ansicht war für ihn ein Spießerideal. Auch Simmel beanstandete (S. 236 f.) diese Seite von Nietzsches Lehre: »Nietzsche hätte wenigstens die Grenze seines Machtwillens gegen das gemeine Habenwollen deutlich ziehen müssen, indem er klarmachte, daß nicht die Herrschaft und Gewalt als äußere Wirklichkeit, sondern die Beschaffenheit der souveränen Seele, deren Erscheinung und Äußerung jenes soziologischen Verhältnisses ist, den Wert eben dieses trägt.« Dazu bemerkte Weber: »Das ist aber eben *nicht* Nietzsches Ansicht! Er war eben selbst in diesem Punkt ein deutscher Spießer« (was natürlich gelesen werden sollte im Sinne von: »er war eben in diesem Punkt selbst ein deutscher Spießer«). Also gerade das »realpolitische« Geschrei der deutschen Zeitgenossen nach Macht rein um ihrer selbst bzw. der Annehmlichkeiten ihres Genusses willen, ohne jegliche ideelle Zielsetzungen, dies schien ihm auch in Nietzsches Lehre einen Anhalt zu finden. Das zeigt auch sein Kommentar zu Simmels Darlegung, daß bei Nietzsche »die Selbstsucht« des großen Individuums nicht bloße Willkür und Genußfrage sei,

sondern zugleich Selbstzucht und »unnachgiebige Strenge gegen sich selbst« beinhalte (a. a. O., S. 244): »Ganz richtig. So hat er *gelegentlich* gedacht! Aber das naturalistische Schweinepack, welches ihm nachfolgt, denkt anders.« Auch hier wirft Weber Nietzsche indirekt vor, daß er sich nicht immer klar genug von dem sterilen Kult des durch seine Herrschaft über andere legitimierten Machtmenschen distanziert und so den »Bismarckianern« Vorschub geleistet habe. Nicht zufällig hat Weber daher auch gegen die Nietzscheaner immer wieder leidenschaftlich polemisiert, wie auch Fleischmann (a. a. O., S. 220 f.) hervorhebt. Fleischmanns These von einer mehr oder minder vollständigen »›conversion‹ de Weber à la vision nietzschéenne« vermögen wir daher nicht ganz zu folgen. Fleischmanns durchgängige Parallelisierung Webers mit Nietzsche (z. B. die charismatischen Führerfiguren hie – die »Übermenschen« dort S. 232) ist möglich nur aufgrund einer etwas undifferenzierten Deutung Max Webers, welche die unzweifelhaft vorhandene »liberale« Komponente in seinem Denken unterspielt. Auch die Option Webers für Nietzsche und gegen Marx, wie sie Fleischmann beschreibt, erhält eine gänzlich unangemessene Zuspitzung dadurch, daß Webers Polemik gegen den Marxismus und Sozialismus überscharf als Todfeindschaft gedeutet wird. Dabei wird eine auf Trotzky in Brest Litowsk 1918 gemünzte Äußerung Webers: »Mit Glaubenskämpfern ist kein Friede zu schließen, man kann sie nur unschädlich machen« (a. a. O., S. 218) in ungerechtfertigter Weise auf die Sozialisten überhaupt bezogen, welche man mit Gewalt unterdrücken müsse. Letzteres war niemals Webers Ansicht. Es läßt sich vielleicht sagen, daß Weber Nietzsche so weit, aber nur soweit rezipierte, als es sich mit seiner puritanischen Grundauffassung von der Pflicht zu rationaler Lebensführung und der Forderung steter Rechenschaftslegung über das eigene Tun, und schließlich mit dem Postulat, die Würde *eines jeden* Menschen zu achten, vereinbaren ließ. Fleischmann gebührt ein beträchtliches Verdienst, die Frage des Verhältnisses Webers zu Nietzsche zum ersten Male systematisch aufgerollt zu haben, mag er auch ein wenig über das Ziel hinausgeschossen sein.

126 GPS, S. 273.

127 Vgl. unsere Auseinandersetzung mit Fleischmann, Anm. 125.

128 Vgl. GPS, S. 323.

129 Vom Nutzen und Nachteil der Historie für das Leben, Werke Bd. 1, S. 270.

130 Vgl. Webers Randbemerkungen zu Simmel, Schopenhauer und Nietzsche, a. a. O., S. 216, 236.

131 In der Freiburger Antrittsrede verspottete Weber das deutsche Großbürgertum, weil es sich nach »dem Erscheinen eines neuen Cäsars« sehne, GPS, S. 21. Was die negativen Auswirkungen der Herrschaft großer cäsaristischer Persönlichkeiten angeht, siehe Die Herrschaft Bismarcks, ebenda, S. 299 ff., und Mommsen, Max Weber, a. a. O., S. 97.

132 Vgl. etwa Webers Spott über den »heutigen deutschen Bürger«, dessen Panier »die Ordnung« sei, GAzSuW, S. 278.

133 WuG, S. 157. Vgl. dazu Mommsen, Max Weber, S. 206 und 392.

134 GAzRS, Bd. I, S. 204; vgl. Friedrich Nietzsche, Also sprach Zarathustra, Vorrede, Kapitel 5.

135 WuG, S. 695.

136 Ebenda, S. 734.
137 GAzSuW, S. 278, vgl. GPS, S. 320 und GAzSuS, S. 413 f., sowie Mommsen, Max Weber, S. 181 f.
138 GAzW, S. 552, ebenda S. 551 heißt es: »... Der Prophet, nach dem sich unsere jüngsten Generationen sehnen, ist eben *nicht* da.«
139 Ebenda, S. 540, auch GAzRS, Bd. I, S. 204.
140 Also sprach Zarathustra, Werke, Bd. 2, S. 284.
141 Vgl. dazu auch Fleischmann, a. a. O., S. 219.
142 GPS, S. 61.
143 Ebenda, S. 321.
144 Siehe GAzSuS, S. 413 f., GPS, S. 420, GAzSuW, S. 278 f.
145 Diesen schon in meinem Buche betonten Gesichtspunkt (a. a. O., S. 408 f.), daß nämlich Webers Eintreten für den charismatischen Politiker auf dem Hintergrunde des zunehmenden Zurücktretens des Charisma gesehen werden müsse, hat neuerdings Nolte, a. a. O., S. 22 f., mit Recht nachdrücklich herausgestellt.
146 Vgl. Mommsen, Max Weber, S. 189 ff.
147 GPS, S. 532.
148 Vgl. dazu meinen Aufsatz Zum Begriff der ›plebiszitären Führerdemokratie‹ bei Max Weber, a. a. O., S. 308 ff., in dem die in meinem Buche angeschnittenen Fragen weiter entwickelt worden sind.
149 Mensch und Gesellschaft im Zeitalter des Umbaus, Wissenschaftliche Buchgesellschaft, Darmstadt 1958, S. 102.
150 Dies hat neuerdings Gustav Schmidt, a. a. O., S. 289 ff., bes. betont.
151 GPS, S. 532.
152 Vgl. Mommsen, Max Weber, S. 401 ff., und Zum Problem der plebiszitären Führerdemokratie, a. a. O., S. 309 ff. Ferner WuG, S. 156.
153 Siehe u. a. GPS, S. 496.
154 Der berühmte Vortrag »Politik als Beruf« vom Jahre 1919 bringt in seinem zweiten Teil eine großangelegte Rechtfertigung der Machtpolitik gegenüber dem humanitären Pazifismus der Zeit. In dem Konzept zu dem Vortrag (ein Ausschnitt bei Baumgarten, a. a. O., Tafel 16), stand charakteristischerweise an einer Stelle statt des Gegensatzpaares »Gesinnungs-Verantwortungspolitik« ursprünglich »Gesinnungs-Machtpolitik«, was den Schluß zuläßt, daß Verantwortungspolitik nach Webers Ansicht normalerweise Machtpolitik war.
155 Vgl. GAzRS, Bd. 1, S. 547 f., sowie GAzW, S. 464 f., ferner Mommsen, Max Weber, S. 49 ff.
156 Vgl. auch GPS, S. 540 ff., sowie Fragment aus dem Nachlaß bei Baumgarten, a. a. O., S. 399 ff.
157 Vgl. Mommsen, Max Weber, a. a. O., S. 55 ff.
158 Ein indirekter Beweis dafür GAzW, S. 501.
159 GPS, S. 124.
160 So auch Nolte, Max Weber vor dem Faschismus, a. a. O., S. 23.
161 Ds., S. 28.
162 Siehe insbesondere ebenda, S. 60.
163 Vgl. die bei Mommsen, Max Weber, a. a. O., S. 111 f., angegebenen Belege, ferner GAzSuW, S. 278.
164 Vgl. das große Referat Marcuses auf dem Heidelberger Soziologentag 1964, Verhandlungen S. 161 ff.

165 Siehe Mommsen, Max Weber, a. a. O., S. 118 und 123.

166 Vgl. ebenda, S. 106 f.

167 Siehe u. a. Joseph Redlich, Das politische Tagebuch, Bd. 2, Köln, 1954, S. 120 f., sowie Webers Rede in Nürnberg am 1. August 1916, in der er die großen Leistungen des deutschen Unternehmertums im Kriege nachdrücklich hervorhob (nach Berichten der Nürnberger Zeitung und des Fränkischen Kuriers vom 2. August 1916), ferner GAzSuS, S. 503. Die Belege für die Revolutionszeit bei Mommsen, Max Weber, a. a. O., 295 f.

168 WuG, S. 129.

169 Z. B. GAzSuS, S. 395 f.

170 Vgl. den Ausfall gegen die »deutschen sogenannten Wohlfahrtseinrichtungen«, GPS, S. 60.

171 Man mag gegen diese Deutung einwenden, daß Max Weber nur empirische Forschung habe leisten wollen. In der Tat hat er, wie wir gesehen haben, alle globalen Kulturtheorien weltanschaulichen Charakters leidenschaftlich bekämpft. Die empirische Wissenschaft müsse alle Formen der Weltbetrachtung zurückweisen, welche »nach einem ›Sinn‹ des innerweltlichen Geschehens« fragen (GAzRS, Bd. I, S. 564). Aber dies bedeutet nicht, daß sie auf die richtungsweisende Kraft letzter Ideale und Überzeugungen ganz und gar verzichten könne oder solle. Im Gegenteil: »Transzendentale Voraussetzung jeder Kulturwissenschaft ist, ..., daß wir Kulturmenschen sind, begabt mit der Fähigkeit und dem Willen, bewußt zur Welt Stellung zu nehmen und ihr einen Sinn zu verleihen!« (GAzW, S. 180.) Auch die empirische Wissenschaft wird in diesem Sinne von höchsten Kulturidealen geleitet.

172 Siehe Mommsen, Max Weber, S. 71. Vgl. ferner Ernst Troeltsch, der Folgendes als Quintessenz des Weberschen Werkes bezeichnet: »Der durch Judentum und Christentum hindurchgegangene Europäer könne nur *einen* Wertgott anbeten und aus den unheilbaren Spannungen der Werte herausholen: es ist für Weber die nationale Kraft und Größe. In den Dienst dieses einzigen, unbeweisbaren, nur durch Entschluß und Willen zu schaffenden Wertes tritt die umfassendste und sorgfältigste Geschichtserkenntnis, die für die Gegenwart die entscheidende Bedeutung der demokratisierten mechanisierten Technik des staatlichen Großbetriebs mit cäsaristischen Führernaturen erweist. Das ist seine Geschichtsphilosophie ...«, in: Der Historismus und seine Probleme. Gesammelte Schriften, Bd. III, S. 161. Dazu ferner auch Fleischmann, a. a. O., S. 207.

Max Webers historische Bedeutung

GÜNTHER ROTH

Max Webers Einfluß auf die amerikanische Soziologie 1945–1968

Der Zweite Weltkrieg und die Vorkriegszeit mit der Weltwirtschaftskrise und dem Aufkommen des Totalitarismus übten einen nachhaltigen Einfluß auf die amerikanische Soziologie in der Zeit von den vierziger bis zu Anfang der sechziger Jahre aus. In ihren Fragestellungen gingen jetzt viele Soziologen weiter als die einst beherrschende Chikago-Schule mit ihrer besonderen Berücksichtigung der Unterprivilegierten: der Armen, Gestrandeten, Landstreicher, Prostituierten – mit einem Wort: der politischen und sozialen Randexistenzen der amerikanischen Gesellschaft. Die Chikago-Schule, die ihre Blütezeit in den Jahren zwischen den beiden Weltkriegen erlebte, versuchte, die Härten der Industrialisierung zu mildern; sie vertrat weitgehend die Auffassungen des reformwilligen Mittelwestens mit seiner Abneigung gegen die Industrie- und Finanzzentren, deren kapitalistische Ausbeutung, Herrschaft der Bosse und religiösen »Aberglauben«. In dieser Hinsicht setzte diese Schule die Tradition des Aufspürens von Korruptionsfällen fort, nur mit dem Unterschied, daß sie statt mit Zeitungsartikeln mit Monographien arbeitete. Angesichts der Ausrichtung ihrer Soziologen auf »soziale Fragen« wirkte ein Großteil des Weberschen Werks »zu historisch«, und insoweit die Soziologen noch evolutionistischen Lehren oder holistischen Gesellschaftstheorien anhingen, fanden sie in Weber auch keinen Verbündeten. Statt dessen wurde die Stadtforschung von Georg Simmel beeinflußt, und zwar über die Schriften und Lehre von Robert Park und Louis Wirth, zweier führender Vertreter der Chikago-Schule. Auch Ferdinand Tönnies fand starke Beachtung, allerdings mehr für seine evolutionäre Dichotomie von Gemeinschaft und Gesellschaft als für seinen Beitrag zur empirischen Sozialforschung. Karl Mannheims Schriften aus der Kriegszeit ließen manche hoffen, daß eine Soziologie des Wissens vielleicht eines Tages doch vernünftige politische Empfehlungen werde beisteuern können.

Aus: R. Bendix/G. Roth, Scholarship and Partisanship. Essays on Max Weber, Berkeley 1971, S. 47–54. Deutsche Übersetzung von Jürgen Schwab. Mit freundlicher Genehmigung der University of California Press, Berkeley.

Trotz der theoretischen Bedeutung, die Weber von Parsons bereits 1937 in »The Structure of Social Action« zuerkannt worden war, fand Weber erst ein Jahrzehnt später eigentliche Beachtung, als sich die Soziologie den komplexen organisatorischen Strukturen der Industrie- und Regierungsbürokratien sowie den politischen Aspekten der sozialen Schichtung zuwandte. Auf diesen Gebieten hatte Weber einschlägiger gearbeitet als Tönnies, Simmel oder Durkheim. Wenn man die Chikago-Schule in der geistigen Nachbarschaft des Mittelwesten-Isolationismus ansiedeln kann, so läßt sich die »Küsten-Soziologie« Neuenglands und Kaliforniens zumindest teilweise als Parallele zu den internationalen Verflechtungen der Vereinigten Staaten nach dem Zweiten Weltkrieg verstehen. In der Zeit von Mitte der fünfziger bis Mitte der sechziger Jahre machte die amerikanische Soziologie (und Politikwissenschaft) ihre bedeutendsten Fortschritte auf den Gebieten der politischen, sozialen und wirtschaftlichen Entwicklung. Für die neuen Staaten mit ihren alten Gesellschaften waren Webers Forschungen unmittelbar relevant, denn sein besonderes Interesse hatte ja den geschichtlichen Varianten ethischer Überzeugungen sowie politischer und ökonomischer Organisation gegolten. Sein Widerhall im letzten Vierteljahrhundert wäre jedoch ohne den Zustrom von Flüchtlingen aus Deutschland nicht so stark gewesen, denn sie brachten die erforderlichen Fähigkeiten der Interpretation und des Übersetzens mit[1].

Die seit Mitte der sechziger Jahre in den Vereinigten Staaten herrschende schwere innere Krise im allgemeinen und Fiaskos wie das fehlgeschlagene Camelot-Projekt im besonderen haben dazu geführt, daß man sich wieder auf inneramerikanische Fragen konzentrierte und aus Auslandsforschungen zurückzog. Wenngleich die staatlichen Zuschüsse zur Sozialforschung spärlicher fließen, zweigen jetzt Stiftungen Mittel für die Rassen- und Städtekrise ab. Auf den ersten Blick hat Weber diesem wiedererwachten Interesse an sozialen Inlandsproblemen scheinbar weniger zu bieten. Schließlich hat er sich nie mit Slums und Fragen der Stadtsanierung befaßt. Sein Ansatz jedoch ist von Nutzen, wenn man die Herrschaftssoziologie – den Kern von »Wirtschaft und Gesellschaft« – auf die politischen Auseinandersetzungen innerhalb der Gettos und Universitäten anwendet, sie kreist um die Pole der Legitimität und der Usurpation und analysiert den sich durch die ganze Geschichte ziehenden Dreieckskampf zwischen Herrschenden, Gefolgsleuten und Untertanen.

Die Frage nach der Qualität eines Forschungswerks läßt sich unabhängig von den politischen Überzeugungen seines Urhebers beurteilen – dies ist die herrschende Meinung der amerikanischen Sozialwissenschaften. Besonders ein Punkt an Webers politischen Anschauungen war dem liberalen Geist vieler amerikanischer Soziologen nicht sympathisch: seine starke Identifizierung mit dem Schicksal des deutschen Nationalstaates und seine Überzeugung, Deutschland müsse eine wichtige Rolle in der Weltpolitik spielen, obwohl diese verbunden war mit einer kritischen Einstellung zu den Methoden der *Realpolitik* und des Sozialdarwinismus. Andere politische Ansichten machten ihn sympathischer: sein Engagement für eine politische Demokratisierung und seine Forderung nach einer parlamentarischen Regierung, das Ein-Mann-eine-Stimme-Prinzip, die Befürwortung der Gewerkschaften und Tarifverhandlungen. Radikalere Geister fanden Gefallen daran, daß er die monopolistischen Interessen der akademischen Zunft – eine Form der Notablenherrschaft – verurteilte, wie er auch die Titeljagd der in ihrer Mehrzahl nach Sicherheit strebenden Studenten verabscheute. Doch bleibt ein sehr wichtiger Teil des Weberschen Denkens für den Neuen Radikalismus unannehmbar: seine Überzeugung, daß in den Großorganisationen der Industrieländer die Imperative der Autorität unentbehrlich seien. Diese politisch sehr bedeutsame Auffassung wird zusammen mit der akademischen Neutralität in einer Zeit abgelehnt, die sich zunehmend gegen die Auffassung wendet, daß es möglich und wünschenswert sei, Politik und Forschung voneinander zu trennen. Wenn die Soziologen der Chikago-Schule ihre liberale Weltanschauung nahezu unbewußt in ihre reformerische Forschungsarbeit einfließen ließen, so befürworten viele der jungen Radikalen heute eine bewußte Verschmelzung von Weltanschauung, Forschung und politischer Aktivität; die gegenwärtigen organisatorischen und Rollendifferenzierungen halten sie für einen reinen Schwindel und die Anhänger der akademischen Neutralität für naiv oder aber korrupt. Die polemischen Interpretationen der »ethischen Neutralität« sind jedoch oft so oberflächlich und unüberlegt, daß es sich schließlich vielleicht doch lohnt, einmal nachzulesen, warum Weber auf einer *institutionell* definierten »Wertneutralität« bestand, und seine Gründe an der heutigen Situation zu messen.

Das Postulat der *Wertfreiheit* hat eine moralische Grundlage und einen institutionellen Rahmen. Weber zeigte den hinter der epistomologischen Frage verborgenen moralischen Aspekt auf, als er »eine höchst triviale Forderung« erhob: »... daß der Forscher und Darsteller die Feststellung empirischer Tatsachen ... und *seine* praktisch wertende, d. h. diese Tatsachen ... als erfreulich oder unerfreulich *beurteilende*, in diesem Sinn: ›bewertende‹ Stellungnahme unbedingt *auseinanderhalten* solle, weil es sich da nun einmal um heterogene

Probleme handelt[2].« Als jemand, der Institutionen erforscht hatte, wußte Weber besser als viele seiner Kollegen, daß es zur Beachtung dieses Unterschieds nicht nur des guten Willens bedurfte, sondern eines ausdrücklichen Konsensus über die Spielregeln. Die Universität könne nur dann wesentlich an Vernunft gewinnen, wenn ihre Administratoren eine Form des politischen Pluralismus akzeptierten und Professoren wie Studenten die Regeln intellektueller Selbstdisziplin befolgten.

Weber war einer der wenigen Hochschullehrer im kaiserlichen Deutschland, die sich eindeutig gegen die Heranziehung politischer Kriterien seitens der Kultusministerien aussprachen, besonders dagegen, daß angesehene Gelehrte diskriminiert wurden, weil sie Juden, Pazifisten oder Sozialisten waren. Auch ging er weiter als jene, die jeden, der kein Anarchist war, zu tolerieren bereit waren: »Der Anarchist kann sicherlich ein guter Rechtskundiger sein. Und ist er das, dann kann gerade jener sozusagen archimedische Punkt *außerhalb* der uns so selbstverständlichen Konventionen und Voraussetzungen, auf den ihn seine objektive Überzeugung – wenn sie echt ist – stellt, ihn befähigen, in den Grundanschauungen der üblichen Rechtslehre eine Problematik zu erkennen, die allen denjenigen entgeht, welchen jene allzu selbstverständlich sind. Denn der radikalste Zweifel ist der Vater der Erkenntnis[3].« Weber wandte sich besonders gegen Gustav Schmoller, den langjährigen, einflußreichen Leiter des Vereins für Sozialpolitik; als Wissenschaftler achteten die beiden einander, politisch aber gingen ihre Ansichten weit auseinander. Schmoller, der zuweilen selbst als zu liberal galt und von der Regierung geschnitten wurde, trat dafür ein, daß Lehrende Werte setzen sollten, hielt jedoch Marxisten und Manchesterleute als Lehrstuhlinhaber für ungeeignet, da es ja die Aufgabe der Universität sei, loyale Diener des monarchistischen Wohlfahrtsstaates heranzuziehen. In Webers Augen kam dies einer Rückverwandlung der Universität in ein »Priesterseminar« gleich – »nur ohne ihr dessen religiöse Würde geben zu können«. Auch setzte er den Kampf der ihm vorausgegangenen liberalen Generation um eine »voraussetzungslose Wissenschaft« fort – Theodor Mommsens Schlachtruf gegen die Berücksichtigung religiöser Kriterien bei akademischen Berufungen.

Weber war also ein Verfechter der liberalen Universität, die bestrebt ist, sich allen politischen und philosophischen Richtungen zu öffnen, selbstverständlich mit dem Vorbehalt, daß die Professoren kompetente und produktive Gelehrte und nicht bloß Propagandisten ihrer Sache sein sollten. Dazu hätte es jedoch bei den Kultusministerien einer aktiveren Tolerierung bedurft als ihrer bloßen Bereitschaft, die Errichtung neuer Universitäten, wie in den Niederlanden, dann zu genehmigen, wenn die Dissidenten über die erforderlichen Mittel und Qualifikationen verfügten: »Denn das prämiiert nur den Geldbesitz und die ohnehin im Besitz der Macht befindlichen autoritären Organisationen.« Die deutschen Länderregierungen gaben aber den Universitäten – Heidelberg teilweise ausgenommen – nicht genug Spielraum, sich zu Foren der nationalen Diskussion zu entwickeln. »Gerade die entscheidendsten und wichtigsten praktisch-politischen Wertfragen sind heute von den Kathedern deutscher Universitäten durch die Natur der politischen Verhältnisse ausgeschlossen.« Weber hoffte, eine pluralistischere Universität würde als geistiges Korrektiv auf das unbewegliche politische Leben im Reich einwirken. Natürlich wußte er, daß das verfassungsmäßige Regierungssystem nicht untergraben oder gestürzt werden könnte, sondern in der überschaubaren Zukunft lediglich allmähliche Veränderungen möglich wären. Erst 1918 hielt er es für möglich, daß eine extreme Rechts- oder Linksbewegung die bestehende Universität zerschlagen und die von ihm angestrebte verhindern könne. Als er starb, war das Ausmaß, in dem die bevorstehenden Diktaturen die Universitäten total politisieren sollten, noch schwerlich vorstellbar.

Verglichen mit der Zeit des kaiserlichen Deutschland oder sogar der dreißiger Jahre in Amerika erfreut sich die amerikanische Universität heute eines erstaunlich hohen Maßes an Freiheit von direkter politischer Kontrolle, falls nicht einige Entwicklungen der jüngsten Zeit auf die Umkehrung des Trends zu größerer Autonomie dessen hindeuten sollten, was in Wirklichkeit ein inneruniversitäres liberales Establishment ist. Gleichzeitig haben die Sozialwissenschaften einen Grad wissenschaftlicher Objektivität erreicht, wie er wahrscheinlich in der Hochschulgeschichte der westlichen Hemisphäre ohne Vorbild ist. Thesen und Veröffentlichungen werden in erster Linie nach ihrer empirischen Vertretbarkeit und nicht nach ihrer politischen Ausrichtung oder Übereinstimmung mit einer Schule bewertet; Professoren werden weniger aus ideologischen Gründen und parteilichen Interessen berufen, und Studenten haben nicht mehr so oft ihre politische Konformität unter Beweis zu stellen, um ihre Examen zu bestehen. Diese Verhältnisse sind ein Ärgernis in den Augen der extremen Rechten, die darüber klagt, daß die Universität sich von der »geistigen Formungsfunktion« von Bildung und Erziehung losgesagt habe. Von der Linken werden die ihr bedenklichen Ergebnisse der amerikanischen Universitäten, besonders die der Sozialwissenschaften, mit dem Argument heruntergespielt oder ignoriert, sie liefen im Grunde ja nur auf einen Ausverkauf des »militärisch-industriellen Komplexes« oder der »Machtelite« hinaus. Es wird der Vorwurf erhoben, die Verbesserung der Qualität und Sachlichkeit der Forschung sei, wenn sie überhaupt eingetreten seien, einhergegangen mit einem Abbau der »kritischen Funktion« der Universität, ohne die sie gar nicht anders könne, als den etablierten Interessen zu dienen. Die reformistische Version dieses Arguments, die sich noch im Rahmen des politischen Pluralismus bewegt, weist auf soziale Gruppen hin, denen die Universität nicht die gleiche Beachtung und materielle wie ideelle Unterstützung habe zukommen lassen wie den besser organisierten Gruppen. Die radikale Version, die sich nicht mehr mit der liberalen Universität als freiem Markt der Ideen vereinbaren läßt, fordert von den Sozialwissenschaften, sie selbst müßten revolutionär sein, denn es genüge nicht, daß der einzelne Sozialwissenschaftler sich als Staatsbürger politisch betätige[4].

Weber betrachtete die Frage des Bekennens zu Werten vor Studenten als zweitrangig im Vergleich zum logischen Problem der *Wertfreiheit* und dem politischen Problem der geistigen Freiheit. Wie sich ein Lehrer im Unterricht verhält, war für ihn im wesentlichen eine pädagogische Frage. Weber war weit davon entfernt zu fordern, der Lehrer solle seine Werturteile einschränken und seine Emotionen nicht zeigen. Doch machte er einen Unterschied zwischen einer Vorlesung und einem Vortrag, verwahrte sich dagegen, den Hörsaal als Propagandaforum für die politischen Ansichten eines Dozenten zu mißbrauchen, und meinte: »... daß von allen Arten der Prophetie die ... ›persönlich‹ gefärbte Professoren-Prophetie die einzige ganz und gar unerträgliche ist[5].« Denn dann hätten die einzelnen Studenten keine Möglichkeit der Erwiderung, sondern könnten nur ihre Zustimmung auf die Tischplatte klopfen oder ihre Ablehnung durch Füßescharren kundtun – Bräuche, die sich bis in die sechziger Jahre hinein hielten und dann von radikaleren Kollektiv-Reaktionen abgelöst wurden. Weber war strikt gegen eine emotionale Aufheizung des Hörsaals; besonders bedauerlich fand er Treitschkes Exzesse, doch vor die Wahl zwischen einer hochdramatischen und einer völlig leidenschaftslosen Vortragsweise gestellt, gab er der ersteren den Vorzug, weil sie den Studenten ermögliche, den Zusammenhang zwischen Affekt und Vernunft klarer zu erkennen[6]. Er lehnte jede Pseudo-Objektivität, hinter der sich ein bestimmtes Interesse verbarg, ebenso ab wie den Persönlichkeitskult. Oft wurden die Bedingungen eines rationalen Vortrags durch den Wunsch der Studenten aufgehoben, ein »Bekenntnis« zu hören: »Jeder Dozent wird natürlich die Beobachtung machen, daß die Gesichter der Studenten sich aufhellen und ihre Mienen sich entspannen, wenn er persönlich zu ›bekennen‹ anfängt, und ebenso, daß die Besuchsziffer seiner Vorlesungen durch die Erwartung, daß er dies tun werde, höchst vorteilhaft beeinflußt wird... Ich fürchte aber meinerseits, daß jedenfalls ein durch allzu interessante persönliche Noten erzielter Reiz den Studenten auf die Dauer den Geschmack an schlichter sachlicher Arbeit abgewöhnen würde.«

In den Vereinigten Staaten ist der Vorlesungsbetrieb schon seit langem weniger formell und autoritär als in Deutschland, und deshalb ist Webers pädagogisches Problem heute auch weit weniger akut. Doch wurde in jüngster Zeit die bloße Tatsache, daß ein Hochschullehrer die Autorität hat, einen Überblick über ein Wissensgebiet zu geben und Prüfungen abzunehmen, als »repressiv« verurteilt, und der Lehrstoff der Studienpläne kam unter Beschuß wegen seiner »Irrelevanz« – für die leidenschaftlichen Sehnsüchte und hehren Ideale der jungen Radikalen. Dies führt uns zu der letzten institutionellen Frage, die Weber beschäftigte: dem unüberbrückbaren Konflikt zwischen dem liberalen Gelehrten und dem radikalen Studenten.

Weber bekämpfte, was er den »zoologischen Nationalismus« sehr vieler Studenten nannte, die von ihren Hochschullehrern schallende chauvinistische und antisemitische Erklärungen verlangten. Im Augenblick sind die Studenten in den Vereinigten Staaten (und in Westeuropa) längst nicht so patriotisch, wie sie es in früheren Jahrzehnten waren. Vorläufig schlummert dieses Bedürfnis. Gegen Ende seines Lebens bewegte sich Weber jedoch auf eine Kraftprobe mit einer Studentenminderheit zu, die der Faszination eines »apolitischen Ethos der Brüderlichkeit« erlegen war, wie er diese Hinwendung zum romantischen Anarchismus und Syndikalismus nannte. Dieses Ethos ist heute mit großer Gewalt wieder hervorgebrochen. Seine Glaubensanhänger legen solchen Nachdruck auf die »Gesinnungsethik«, daß sie die »Verantwortungsethik« über Bord werfen. Weber wollte, daß die Studenten – wie die Lehrer – jeder politischen Richtung zu den Konsequenzen ihrer Überzeugungen stehen und sich nicht mit ihren »guten Absichten« zufriedengeben. Er bewunderte den Idealismus dieser jungen Radikalen sehr und versagte ihnen weder seine Sympathie noch seine persönliche Hilfe. Doch sah er auch die Unlösbarkeit des Konflikts, der über den Rahmen der Universität hinausreichte.

Weber war davon überzeugt, daß ein politischer Grundsatz-Konsensus oder »Waffenstillstand« innerhalb des akademischen Bereichs Voraussetzung für eine geistig disziplinierte Lehre und Forschung sei.

Er hat keinen Zweifel daran gelassen, daß das Ringen um institutionelle Unparteilichkeit nichts mit der »beliebten mittleren Linie« zu tun habe; vielmehr gehe es dabei um die Sicherstellung des Rechts, die Tatsachen zu prüfen und die Möglichkeiten empirischer Forschung zu erweitern. Heute wird der amerikanischen Universität vorgeworfen, sie sei eine relativ neutrale Arena. Ständige Pressionen von innen und außen, sie zu politisieren, könnten sie zugrunde richten, denn die Forderung, Forschung und Lehre sollten ihre Arbeit ausschließlich nach einem bestimmten Katalog politischer und moralischer Imperative ausrichten, ist dazu angetan, die Universität in einen bewaffneten Stützpunkt zu verwandeln, der von dieser oder von jener Seite besetzt gehalten wird.

Anmerkungen

1 Über Webers Einfluß bis Ende der fünfziger Jahre berichtet der gemeinsam mit Reinhard Bendix geschriebene Aufsatz Max Webers Einfluß auf die amerikanische Soziologie, in: Kölner Zeitschrift für Soziologie und Sozialpsychologie, 11/1 (1959), S. 38–53.

2 Max Weber, Der Sinn der »Wertfreiheit« der soziologischen und ökonomischen Wissenschaften, in: GAzW, Tübingen [3]1968, S. 489–540, und: Methodologische Schriften, Studienausgabe, Ffm. 1968, S. 229–277.

3 Dies und die folgenden Weber-Zitate sind dem Aufsatz Der Sinn der »Wertfreiheit« der soziologischen und ökonomischen Wissenschaften entnommen.

4 Eine Stellungnahme hierzu aus zeitgenössischer liberaler Sicht, die zwischen der gesellschaftlichen Rolle des Soziologen und den logischen Möglichkeiten der Soziologie unterscheidet, findet sich bei Ralf Dahrendorf, Die Soziologie und der Soziologe. Zur Frage von Theorie und Praxis, Konstanz 1967.

5 Erinnerungen an Hörsaal-Propaganda kurz vor und nach dem Zusammenbruch des kaiserlichen Deutschland finden sich bei Franz Neumann, The Social Sciences, in: Neumann u. a., The Cultural Migration. The European Scholar in America, New York 1961, S. 15 f. Neumann, ein führender Vertreter der alten Linken, erklärt: »Ich halte es nicht für die Aufgabe der Universitäten, die Demokratie zu predigen. Hierin stimme ich völlig mit Max Webers Ideen überein ... Doch ist es gewiß auch nicht die Funktion der Universitäten, die Demokratie zu verspotten, nationalistische Leidenschaften zu schüren, ein Loblied auf frühere Regime anzustimmen – und das alles mit der Behauptung zuzudecken, man sei ›unpolitisch‹.«

6 Zu Treitschke siehe einen Brief aus Webers Studentenzeit an Hermann Baumgarten vom 14. Juli 1885, in: Marianne Weber (Hrsg.), Max Weber, Jugendbriefe, Tübingen 1936, S. 174. Der Hinweis in Der Sinn der »Wertfreiheit« der soziologischen und ökonomischen Wissenschaften wurde aus einer Distanz von drei Jahrzehnten geschrieben.

KARL LÖWITH

Max Webers Stellung zur Wissenschaft

Max Webere studierte Rechtswissenschaft und habilitierte sich 1892 für Handelsrecht und römisches Recht. Schon ein Jahr darauf erhielt er eine a. o. Professur in Berlin und wieder ein Jahr später ein Ordinariat für Nationalökonomie in Freiburg. Der Übergang von der Rechtswissenschaft zur Nationalökonomie und Soziologie war vermittelt durch das Studium der römischen Agrargeschichte. Seine Antrittsvorlesung über »Der Nationalstaat und die Volkswirtschaftspolitik« erregte unwilliges Aufsehen, weil er es gewagt hatte, dem deutschen Bürgertum unangenehme Wahrheiten zu sagen. »Ich bin ein Mitglied der bürgerlichen Klasse, fühle mich als solches und bin erzogen in ihren Anschauungen und Idealen. Allein es ist der Beruf gerade unserer Wissenschaft zu sagen, was ungern gehört wird – nach oben, nach unten und auch der eigenen Klasse –, und wenn ich mich frage, ob das Bürgertum Deutschlands heute reif ist, die politisch leitende Klasse der Nation zu sein, so vermag ich *heute* nicht diese Frage zu bejahen.« Das sind für eine akademische Antrittsrede eines Dreißigjährigen ungewöhnlich herausfordernde Feststellungen. Der Ton des Vortrags »Wissenschaft als Beruf«, den Weber fünfundzwanzig Jahre später, ein Jahr vor seinem Tode, hielt, klingt bereits an; denn auch dieser Vortrag sagt vom ersten bis zum letzten Satz ungern gehörte Wahrheiten. Weber hielt es für einen Hauptvorzug der wissenschaftlichen Ausbildung, daß man durch sie lerne, auch und gerade unbequeme Tatsachen anzuerkennen – ohne Rücksicht auf die herkömmlichen und allgemein herrschenden Vorurteile, ohne Rücksicht vor allem auch auf die eigenen religiösen und moralischen, sozialen und politischen Befangenheiten, die man gern »Tradition« und »Überzeugung« nennt. Aber nicht nur der Ton, auch der Grundgedanke von »Wissenschaft als Beruf« klingt bereits in der Antrittsvorlesung an.

Aus: Karl Löwith, Vorträge und Abhandlungen. Zur Kritik der christlichen Überlieferung, Stuttgart 1966, S. 228–252. Mit freundlicher Genehmigung des Verlags W. Kohlhammer GmbH, Stuttgart.

Weber bekämpft die »optische Täuschung«, als ließen sich die *Maßstäbe* der Beurteilung und Bewertung ökonomischer und politischer Vorgänge diesen Vorgängen selbst entnehmen, während es sich in Wahrheit um sehr bedingte subjektive Beurteilungen und Vorurteile handle, von denen aber der Urteilende selber meist kein Bewußtsein habe. »Nicht die Regel, sondern fast die Ausnahme ist es, daß der Urteilende andere *und sich selbst* ins Klare setzt über den letzten subjektiven Kern seiner Urteile, ... über die *Ideale*, von welchen aus er zur Beurteilung der beobachteten Vorgänge schreitet: die bewußte Selbstkontrolle fehlt ... und wo er sein spezifisch ›ökonomisches‹ Prinzip der Beurteilung allgemein zu formulieren sucht, fällt er in vage Unbestimmtheiten. In Wahrheit sind es *keine* eigenartigen und selbstgewonnenen, sondern die *alten allgemeinen Typen menschlicher Ideale,* die wir auch in den Stoff unserer Wissenschaft hineintragen.«

Die unangenehmen Wahrheiten, die Weber nach oben dem preußischen Junkertum, nach unten der Sozialdemokratie, und nicht zuletzt seiner eigenen Klasse zu sagen hatte, sind folgende: Es war das Verhängnis der deutschen Reichsgründung, daß ihr keine innerpolitische Reife folgte. Bismarcks Menschenverachtung hatte keine selbständigen und aufrichtigen Charaktere neben sich aufkommen lassen; er hinterließ eine Nation »*ohne alle und jede* politische Erziehung«, gewohnt, daß der große Staatsmann an ihrer Spitze für sie die Politik schon besorgen werde. Das Bürgertum war nach dem nationalen Erfolg von 1870/71 saturiert, ohne jeden politischen Willen und »ohne die Fähigkeit des Hasses gegen das Kleine«, allenfalls etwas ängstlich vor den aufsteigenden Volksmassen, in der Hauptsache ein Spießbürgertum. Die Frage für die politische Zukunft sei darum jetzt (1895), ob etwa die Arbeiterklasse Träger der politischen Zukunft Deutschlands werden könne. Aber auch sie sei nicht zur Übernahme der politischen Führung befähigt, denn es fehle ihr dazu der große Machtinstinkt und es lebe in ihr »kein Funke jener katilinarischen Energie der *Tat*[1]«, auch kein Hauch der nationalen Leidenschaft, die in den Räumen des Konvents wehte. Als Weber die Antrittsrede veröffentlichte, stellte er ihr eine Vorbemerkung voran, die den für ihn so charakteristischen Einleitungssatz enthält: »Nicht die Zustimmung, sondern der Widerspruch, welchen die nachstehenden Ausführungen bei vielen ihrer Hörer fanden, veranlaßten mich, sie zu veröffentlichen.«

1897 wurde Weber nach Heidelberg berufen. Hier kam es dann bald zu einem rätselhaften jähen Abbruch der so glänzend begonnenen Lehrtätigkeit: eine schwere psychische Erkrankung hinderte ihn über zehn Jahre lang an der Ausübung seines Berufs. Erst mit der Begründung des Heidelberger »Archivs für Sozialwissenschaft und Sozialpolitik«, das er zusammen mit E. Jaffe und W. Sombart leitete, begann für ihn eine neue Tätigkeit, die sich universalgeschichtlich orientierten soziologischen Forschungen zuwandte und um ihretwillen der Frage nach der methodischen Begriffsbildung. Die beiden späteren Abhandlungen »Über einige Kategorien der verstehenden Soziologie« (1913) und »Der Sinn der ›Wertfreiheit‹ der sozialen und ökonomischen Wissenschaften« (1917) sind das Ergebnis dieser kritischen Reflexion auf das eigene wissenschaftliche Tun. Der ungeheure Torso von »Wirtschaft und Gesellschaft«, des erst posthum erschienenen systematischen Hauptwerks, und die drei Bände der »Religionssoziologie« begründeten Webers wissenschaftlichen Ruhm. Man staunt, wie es in weniger als zwei Jahrzehnten möglich war, sich diese ebenso umfassenden wie ins einzelne gehenden Kenntnisse auf den Gebieten des Rechts, der Wirtschaft, der Gesellschaft und der Religion nicht nur anzueignen, sondern sie zu beherrschen und mit einem eigenen Gesichtspunkt methodisch zu durchdringen. Erstaunlich ist aber auch die persönliche Faszination, die dieser Mann, der seit 1903 überhaupt keine öffentliche Lehrtätigkeit entfalten konnte, sondern nur bei sich zu Hause Freunde, Kollegen und junge Gelehrte empfing – Ernst Bloch und Georg Lukács gehörten dazu – auf seine Zeitgenossen ausgeübt hat. Die »Entzauberung« der geschichtlichen Welt durch rationale Wissenschaft, die er in seinen soziologischen Arbeiten vornahm, muß selbst einen Zauber ausgeübt haben. Auf manchen freilich lastete Weber durch die Überlegenheit seines Wissens, die kompromißlose Schärfe seiner Argumentation und die verhaltene Macht seiner sensiblen, aber unsentimentalen Person. Und bei denjenigen, die dem Kreis um Stefan George mehr oder minder nahestanden (Kahler, Salin, Wolters) war der Respekt mit einer heftigen Abwehr verbunden. Wenn Weber in einer Diskussion sprach, und er konnte stundenlang seine Ansichten in dichter Folge frei entwickeln, verblaßte alles, was andere zuvor und nachher zum Thema geäußert hatten, als unoriginell und schemenhaft. Er lastete auch auf seinem jüngeren Bruder Alfred Weber, dem die Heidelberger Universität und die Soziologie so viel zu verdanken haben. Max Weber schreibt 1887 in einem Brief über den damals zwanzigjährigen Bruder: »Was Alfred betrifft, so sind seine gegenwärtigen Philosopheme meine intimsten Bekannten von früher her ... Er ist in einer Hinsicht glücklich veranlagt, insofern als er sich seine verschiedenen Doktrinen ... künstlerisch und poetisch verklärt, worunter freilich gelegentlich die Klarheit des Denkens leidet – während ich im gleichen Stadium mit einer schauderhaften Nüchternheit ... meine abstrusen Konsequenzen zog[2].«

1918 übernahm Weber wieder versuchsweise eine Professur für Soziologie in Wien. Das Thema seiner Vorlesung war: »Positive Kritik der materialistischen Geschichtsauffassung«, also eine Auseinandersetzung mit Marx und dem historischen Materialismus. Merkwürdigerweise hat weder die marxistische noch die bürgerliche Soziologie beachtet, daß Webers Soziologie *das* Gegenstück zum Kapital von Marx ist. Schon die Abhandlung über die sozialen Gründe des Untergangs der antiken Kultur beruht auf einer freien Anwendung der Methode des historischen Materialismus, indem sie den Widerspruch zwischen Produktionsverhältnissen und Produktionskräften zum Leitfaden der Erklärung nimmt. Der wesentliche Unterschied besteht jedoch darin, daß Weber das, was Marx als »Selbstentfremdung« durch Verdinglichung interpretiert und bekämpft, als das unaufhebbare Schicksal der Rationalisierung anerkennt. In Wien hielt er auch vor österreichischen Offizieren den Vortrag über »Sozialismus«. Die russische Revolution war seit einem Jahr in Gang gekommen, und Weber hatte schon anläßlich der Revolution von 1905 in kürzester Zeit russisch gelernt, um die politischen Nachrichten verfolgen zu können. In dem Vortrag, der »zur allgemeinen Orientierung« gedacht war, analysierte er die Lehre des »Kommunistischen Manifests«. Er würdigte es – nota bene vor kaiserlichen Offizieren und kurz vor dem Ende der Habsburger Monarchie – als eine »wissenschaftliche Leistung ersten Rangs« und als ein »prophetisches Dokument«, das politisch »sehr weitgehende, wenn auch nicht immer angenehme Folgen« gehabt habe (die noch viel weitergehenden waren 1918 noch nicht voraussehbar), »befruchtendere Folgen« auch für die Wissenschaft der Ökonomie, als sie eine »geistlose Korrektheit« haben könne.

Nach einem Semester in Wien nahm Weber als Nachfolger von Lujo Brentano eine Berufung nach München an. Dort starb er, erst sechsundfünfzigjährig, im Juni 1920. Seinen größten Erfolg verdankt Weber seiner schon 1904 erschienenen Abhandlung über »Die protestantische Ethik und der Geist des Kapitalismus«. Als Politiker kam er nicht zum Zug; er stand zwar auf der Kandidatenliste zur Weimarer Nationalversammlung und er war am Entwurf der neuen Verfassung beteiligt, aber selbst seine eigene Partei hat sich ihm versagt.

Es war kurz nach der Abdankung der bayerischen Monarchie und dem Zwischenakt der Räterepublik, der Ermordung Kurt Eisners und Gustav Landauers, als Weber den Vortrag »Wissenschaft als Beruf« und bald hernach den zweiten über »Politik als Beruf« hielt. Ich war aus dem Kriege zurückgekehrt und hatte mein Studium in München begonnen. Man stand nach dem Ersten Weltkrieg allgemein unter dem Eindruck von Spenglers Buch »Der Untergang des Abendlandes«, das 1918 erschienen war, und es gab in einem kleinen Kreis eine Diskussion über Spenglers geschichtsphilosophische Thesen, in der Weber der einzig Kompetente war, der immer noch mehr und vor allem Genaueres als Spengler selbst zu sagen wußte. In diesen meinen ersten Münchner Semestern war ich mit Percy Gothein, einem Sohn des Heidelberger Historikers, befreundet, und wir gingen zusammen zu Webers Vortrag. Der Vortragssaal war kein Auditorium maximum, sondern der Vortragsraum der Schwabinger Buchhandlung Steinicke, in der sich die studentische Avantgarde traf. Der Raum konnte etwa einhundertfünfzig Zuhörer aufnehmen. Veranstalter des Vortrags war eine freie Studentenvereinigung, ernsthaft bemüht, sich in der Wirrnis der Zeit zurechtzufinden. Weber kam verspätet aus einer politischen Versammlung der Demokratischen Partei mit raschem, elastischem Schritt in den Saal herein, in der Hand hatte er einen kleinen Zettel mit ein paar Notizen – das war alles; und dann trug er völlig frei vor. Der Vortrag wurde mitstenographiert und wörtlich so gedruckt, wie er gehalten worden war. Beneidenswert, wer sein Wissen und seine Gedanken ohne schriftliche Ausarbeitung so präsent hat! – In diesen Ausführungen zu der Frage »Wozu überhaupt Wissenschaft?« verdichtete sich alles, was Weber schon seit seiner Einleitung zu der Abhandlung über die protestantische Ethik und den Geist des Kapitalismus zur Frage der Rationalität des europäischen Geistes untersucht und bedacht hatte. Auch in diesem Vortrag sagte er unangenehme Wahrheiten, weil er überhaupt die Sachlichkeit und Wahrhaftigkeit in Person war. Zu dieser Sachlichkeit gehört, was Weber im höchsten Maße besaß: die Freiheit von jeder Selbstgefälligkeit und Eitelkeit, und zur Wahrhaftigkeit, wie er sie verstand, gehört die Freiheit von Illusionen: daß man sich selbst und andern nichts vormacht. Die »Wahrheit«, von der er als wissenschaftlich denkender Mensch sprach, ist nicht die Enthüllung eines geheimnisvollen Seins, sondern die offenbare Geheimnislosigkeit der *durch den Fortschritt der Wissenschaft entzauberten Welt.*

Der Vortrag handelt vom Beruf zur Wissenschaft und von dem fraglichen Beruf der Wissenschaft selbst. Weber gebraucht hier das Wort »Beruf« in seinem banalen, alltäglichen Sinn, wie in der Rede vom Beruf des Zahnarztes oder des Kellners. Man kann sich zu diesem oder jenem Beruf entscheiden, je nach Neigung, Zufall und ökonomischen Aussichten. Eine solche Berufswahl hat nichts mit innerer

Berufung zu tun. Und doch geht auch das nivellierte moderne Berufsethos auf ein ursprünglich religiöses zurück, das sich vor allem im Protestantismus ausgebildet hat, besonders im englischen Puritanismus calvinistischer Prägung. Wir können uns aber kaum mehr vorstellen, in welchem Ausmaß religiöse Überzeugungen auch die alltägliche Lebensführung bestimmt haben, weil der Gedanke der ursprünglich religiös begründeten »Berufspflicht« nur noch »als ein Gespenst ehemals religiöser Glaubensinhalte« in unserem Leben umgeht.

»Wissenschaft als Beruf« handelt nicht von der Philosophie, die als Logik, Erkenntnistheorie und Methodologie für Weber auch eine Fachwissenschaft war, so wie es heute die Reduktion der Philosophie auf logische Analyse des Sprachgebrauchs ist. Das Faktum der immer weiter fortschreitenden Spezialisierung ist nicht mehr aus der Welt zu schaffen, und alles Verlangen nach »Synthese« lebt von dieser produktiven Zerteilung. Wer auf wissenschaftlichem Gebiet etwas leisten will, muß Spezialist sein, sehr genaue und bestimmte Kenntnisse haben, mögen solche Details auch noch so unbedeutend und trocken sein. Diese universale Spezialisierung besagt aber nicht, daß die Wissenschaft zu einem Rechenexempel geworden ist und zu einer bloßen Verstandestätigkeit. Produktive Wissenschaft bedarf außer der systematischen *Arbeit* auch des zufälligen *Einfalls*. Er läßt sich nicht erzwingen; er würde sich aber auch nicht einstellen, wenn ihm nicht die Bemühung des Verstandes vorherginge. Und nur der Verstand kann auch die Tragweite eines Einfalls und seine Ausführbarkeit abschätzen. Der wissenschaftliche Einfall, dem wir alle großen Entdeckungen verdanken, ist im Prinzip nicht verschieden von dem, was auch den großen Unternehmer, Kaufmann, Techniker und Künstler ausmacht. Kaufmännische Phantasie, mathematische Phantasie, künstlerische Phantasie, das ist in jedem Fall eine Gabe, eine Eingebung. Nebst Arbeit und Einfall bedarf es aber noch eines Dritten: des *leidenschaftlichen Fragens*, weil die Art und Weise der Fragestellung im voraus auch Methode und Ergebnis bestimmt. Wer zum ersten Mal, wie Nietzsche, nach dem Wert der bisherigen Werte fragt oder, wie Weber, nach Wert und Sinn der Wissenschaft – wozu überhaupt Wisssenschaft? –, der fragt prinzipiell über das Bestehende, den ganzen Bestand der Wissenschaften hinaus und insofern philosophisch, auch wenn er dem Fach nach auf Philosophie keinen Anspruch macht.

Die Frage nach dem Sinn der Wissenschaft ergibt sich für Weber zunächst schon daraus, daß alle wissenschaftliche Arbeit und Forschung dem *Fortschritt* unterliegt, daß sie nichts Dauerndes und ewig Wahres hervorbringen kann. Das unterscheidet sie vom Schaffen des großen

Künstlers. Ein Werk der Kunst, das künstlerisch vollendet ist, kann nie überboten werden. Homer ist durch Dante und dieser durch Shakespeare nicht überholt. Aber die Himmelskunde des Aristoteles ist durch die von Kepler, Galilei und Newton in der Tat überholt, so wie Newton durch Einstein. Wer in einer Wissenschaft etwas geleistet hat, weiß, daß seine Arbeit in zehn oder hundert Jahren veraltet sein wird. Das ist geradezu der »Sinn« der wissenschaftlichen Arbeit, daß jede Antwort neue Fragen erzeugt, daß sie im Fortgang und Fortschritt des Wissens überboten werden will. Wir können, sagt Weber, nicht wissenschaftlich arbeiten, ohne zu hoffen, daß andere künftig weiter kommen werden als wir. Dieser Fortschritt und Fortriß der Wissenschaft geht prinzipiell ins Unendliche, d. h. ins Endlose, nie Vollendbare. Damit erhebt sich aber bereits die Frage nach dem Sinn der Wissenschaft als Beruf. Denn weshalb sollte man etwas betreiben und sich in einen Betrieb einspannen lassen, der keine Aussicht auf Erfüllung hat? Wozu, zu welchem Ende, ein so endloses Unternehmen? Gewiß: zu begrenzten praktischen Zwecken (besseres Wohnen, bessere Ernährung, längere Lebensdauer, größerer Wohlstand usw.), aber wer die Wissenschaft als Beruf ergreift, meint doch, sie sei an ihr selber sinnvoll und wertvoll. Immer noch wird uns seit Aristoteles versichert, daß wahres Wissenwollen nicht um eines praktischen Nutzens willen, sondern rein um des Wissens willen gepflegt werden müsse und darin seinen höchsten Sinn habe.

Um eine Antwort auf die Frage zu geben: »Wozu überhaupt Wissenschaft?«, geht Weber zunächst vom wissenschaftlichen Fortschritt aus, also von dem, was ihren Sinn gerade fraglich macht. Der wissenschaftliche Fortschritt charakterisiert zwar nicht das Ganze der Wissenschaft, aber doch den wichtigsten Bruchteil eines Prozesses der Rationalisierung, dem wir seit Jahrtausenden unterliegen und zu dem so viele Intellektuelle »üblicherweise in so außerordentlich negativer Art« Stellung nehmen. Was bedeutet diese Rationalisierung des gesamten öffentlichen Lebens durch Wissenschaft und wissenschaftliche Technik? Wissen wir denn von den Bedingungen, unter denen wir heute existieren, mehr als etwa ein afrikanischer Buschmann? Keineswegs! Der Primitive kennt seine Werkzeuge und seine Umwelt ungleich besser als wir, die wir im allgemeinen keine Ahnung haben, wie man ein Flugzeug herstellt und in Bewegung bringt, wie man mit New York telefonieren und ein Konzert aus London hören kann oder wie es ein Hundertmarkschein macht, daß man damit etwas kaufen kann. Die Rationalisierung bedeutet also nicht eine zunehmende allgemeine Kenntnis der Lebensbedingungen, sondern das Wissen oder den Glauben, daß man – wenn man nur *wollte*, es jederzeit wissen *könnte*, weil es prinzipiell keine geheimnisvollen, unberechenbaren Mächte gibt, die hereinspielen, daß man vielmehr, im Prinzip, alle Dinge *durch Berechnen beherrschen kann.* Das Motto der neuzeitlichen Wissenschaft ist Bacons Satz: Wissen ist Macht. Die wissenschaftliche Rationalisierung – genauer: zweckrationales Handeln – bedeutet aber: *Entzauberung der Welt.*

Weber fragt weiter: Hat dieser, in unserer okzidentalen Kultur durch Jahrtausende fortgesetzte Prozeß der fortschreitenden Rationalisierung, den die Wissenschaft betreibt, irgendeinen über das Technisch-Praktische hinausreichenden Sinn? Er verweist auf den alten Tolstoi, der zu dieser ganzen modernen, wissenschaftlich-technischen Zivilisation »Nein« gesagt hat[3], und zwar aus einem sehr triftigen Grund. Er frug sich nämlich, ob innerhalb einer so betriebenen Zivilisation der Tod eine sinnvolle Erscheinung ist. Für den Menschen einer prinzipiell fortschrittswilligen und fortschrittsgläubigen Zivilisation ist er es nicht, denn dem endlosen Fortschritt gemäß dürfte das Leben eigentlich kein Ende haben. Irgendein Bauer der alten Zeit starb alt und lebensgesättigt, weil sein Leben ihm am Ende seiner Tage erbracht hatte, was es bieten konnte. Für den Menschen einer unersättlich fortschreitenden Zivilisation ist der Tod ein vorzeitiger Abbruch und eine sinnwidrige Begebenheit. Er kann lebensmüde werden, aber nicht lebensgesättigt, denn er existiert ständig im Hinblick auf eine noch unerfüllte Zukunft. Der immer noch weitergehende Fortschritt stempelt den endgültigen Tod zur Sinnlosigkeit. Der billigste Ausweg aus diesem Dilemma ist, daß man sein unerfülltes Leben in die nächste Generation projiziert und sich damit vertröstet, daß sie es besser haben wird und daß die Kinder das Problem der Väter lösen. Aber sie tun es nicht! Sie müssen sich wieder mit *ihren* Kindern trösten. Wir werden also auf die Frage zurückgeworfen, ob der wissenschaftliche und soziale Fortschritt in der Beherrschung der Natur und in der Organisation der menschlichen Gesellschaft einen über das Technische hinausreichenden Sinn hat, der die Wissenschaft als Beruf rechtfertigt.

Ungeheuer ist der Unterschied zwischen einst und jetzt in der Beantwortung dieser Frage, weil sich die Vorstellung von dem, was wahres Wissen ist und wozu es dienen kann, von Grund aus verändert hat. Weber gibt dazu folgende Hinweise: Platon erzählt im siebten Buch der »Politeia«, wie die Menschen gefesselt in einer Höhle sitzen und nur die Schattenbilder der Dinge sehen, die hinter ihrem Rücken vorübergetragen und von einem verborgenen Licht an die gegenüberliegende Wand geworfen werden, bis es einem der Gefesselten gelingt, sich zu befreien und aus der Höhle herauszusteigen. Er sieht nun zum ersten Mal die ursprüngliche Quelle allen Lichtes, in dem die Dinge so erscheinen, wie sie in Wahrheit sind. Er sieht im Licht der Sonne die unverborgene Wahrheit des Seins. Der von den Fesseln und aus der Höhle Befreite ist der wahrhaft Wissende, der von dem Anblick bloßer Schattenbilder zu deren Urbild aufgestiegen ist. Wahre Wissenschaft ist für die Griechen der Weg zum *wahren Sein*, vor allem auch zur wahren Politik, d. h. zur wahrhaft gerechten Verfassung des Zusammenlebens in einer öffentlichen Gemeinschaft. Und das *wahre* Sein ist zugleich das *gute* und das *schöne Sein*, weil es kein Gutsein und kein Schönsein geben kann ohne wahre Einsicht in das, was etwas gut und schön sein läßt.

In der Renaissance hat die Wissenschaft einen andern, neuen Weg beschritten, um zu wissen, was ist: das *rationale Experiment*, eine künstliche Veranstaltung, welche die Natur wie ein Werk der Kunst nach bestimmten Erwartungen, die sich erproben müssen, erfinderisch entwirft. Die Bahnbrecher waren die großen Experimentatoren auf dem Gebiet der Kunst: Leonardo vor allem, sodann die Musiktheoretiker des sechzehnten Jahrhunderts und die naturwissenschaftlichen Experimentatoren. »Wissenschaft« bedeutete ihnen den *Weg zur wahren Kunst und damit zugleich zur wahren Natur,* weil auch die Natur nur durch technische Kunst, durch kunstvoll angesetzte Experimente ihre Geheimnisse an den Tag bringt.

Für die Begründer der neuzeitlichen Astronomie, Physik und Physiologie war die Naturwissenschaft aber nicht nur der Weg zur wahren Natur durch wissenschaftliche Kunst, sondern damit zugleich der *Weg zu Gott*. Kopernikus, Kepler, Galilei, Newton, sie alle waren überzeugt, daß Gott die Welt mathematisch verfaßt habe und daß sie Gott erkennen, wenn sie im »Buch« der Natur lesen, wie es in Analogie zum Buch der Bibel hieß. Der Biologe Swammerdam erklärte triumphierend: »Ich bringe Ihnen hier den Nachweis der Vorsehung Gottes in der Anatomie einer Laus«, so selbstverständlich war noch bis zu Kants Kritik des physiko-teleologischen Gottesbeweises die Wissenschaft von der Natur ein Weg zu Gott. – Wer glaubt heute noch, daß die Wissenschaft ein Weg zum wahren Sein oder zu Gott ist, daß Astronomie und Biologie oder Chemie uns über den Sinn der Welt aufklären? Wissenschaft lehrt nicht nur nichts über den Sinn der Welt, sie erschüttert vielmehr den Glauben, daß es so etwas gibt. Was schon Kant befürchtet hat, daß die neue mechanische Weltansicht zu einer »unheiligen Weltwissenschaft« werden könnte und ihre Fürsprecher zu Apologeten des Atheismus, das ist längst zur anerkannten

Tatsache geworden. Daß die Wissenschaft als Wissenschaft gottlos und eine gottfremde Macht ist, sagt Max Weber, darüber werde heute niemand im Zweifel sein, außer einigen »großen Kindern«, die oft Naturwissenschaftler sind. Aber auch die letzte Auskunft, mit der man den Fortschritt der Wissenschaft als sinnvoll meinte rechtfertigen zu können: daß sie, wenn schon kein Weg zu Gott, so doch der Weg zum *Glück* der menschlichen Gesellschaft sei, ist in die Brüche gegangen. Weber geht darauf gar nicht weiter ein, denn *diesen* Glauben könne man wohl nach Nietzsches vernichtender Kritik an jenen »letzten Menschen«, die »das Glück erfunden haben«, ganz beiseite lassen.

Wenn nun aber alle diese früheren Sinne der Wissenschaft: als Weg zum wahren Sein, zur wahren Kunst und Natur, zu Gott und schließlich zum sozialen Glück vergangene Illusionen sind, dann muß man fragen, »in welchem Sinn die Wissenschaft keine Antwort gibt und ob sie nicht doch vielleicht dem, der die Frage richtig stellt, etwas leisten könnte«. Inwiefern ist das, was bei wissenschaftlicher Arbeit herauskommt, wichtig im Sinn von wissenswert? Wie soll aber der faktische Betrieb der Wissenschaft entscheiden können, ob solches Wissen wissenswert ist? Ob z. B. die Gesetze der Bewegung der Himmelskörper wert sind, erkannt zu werden, das läßt sich aus dem Faktum der Physik nicht ableiten, und die selbstverständliche Voraussetzung der medizinischen Wissenschaft, daß menschliches Leben unter allen Umständen möglichst lange erhalten werden müsse, ist zum mindesten fragwürdig. Alle Naturwissenschaften geben uns nur Antwort auf die Frage: was sollen wir tun, *wenn* wir das Leben technisch beherrschen wollen – ob wir es aber sollen und wollen und ob das letztlich einen Sinn hat, das lassen sie dahingestellt oder setzen es für ihre Zwecke voraus. Dasselbe gilt von den sogenannten historischen Geisteswissenschaften: sie lehren bestimmte politische und soziale, künstlerische und literarische Hervorbringungen historisch verstehen; sie geben aber keine Antwort auf die Frage, ob sie überhaupt wert sind zu bestehen. Indem die moderne Kulturwissenschaft voraussetzt, daß es »Kultur« geben soll, beweist sie ja nicht, daß diese ihre Voraussetzung selbstverständlich ist. Weitverbreitete Religionen der Weltablehnung bestreiten eine solche Voraussetzung und Weber hat der Soziologie der religiösen Weltablehnung einen bedeutenden Abschnitt gewidmet, wie er überhaupt die Möglichkeiten »innerweltlicher« Lebensführung an überweltlichen, religiösen bemißt, obgleich er deren Wirkung auf das alltägliche Leben soziologisch analysiert. Keine Religions- und Kirchengeschichte kann aber entscheiden, ob es Religion und Kirchen geben soll. Ob es diese oder jene Fachwissenschaft, ob es Wissenschaft überhaupt geben soll, darüber kann naturgemäß nicht die Wissenschaft entscheiden, sondern nur der Mensch, indem er für oder gegen sie ist. Wenn man sich aber heutzutage *für eine Wissenschaft* als Beruf entscheidet und mithin an den Beruf der Wissenschaft glaubt, dann hat man sich auch schon *gegen* Magie und Mythologie, Wunderglauben und Offenbarungsglauben entschieden. Auch der wissenschaftliche Kirchenhistoriker würde sich selbst widerstreiten, wenn er sich nicht bemühte, die Entstehung der christlichen Kirche empirisch-historisch verständlich zu machen, wie eine Institution unter anderen. Ein gläubiger Christ wird zwar über die Entstehung des Christentums anders denken als ein von dogmatischen Vorurteilen unberührter Historiker, aber er kann nicht Historiker *als gläubiger Christ* sein, wohl jedoch gläubig, und außerdem ein wissenschaftlicher Spezialist. Wollte er die Entstehung des Christentums auf übernatürliche Weise, aus einem Eingriff Gottes in die Geschichte der Menschheit erklären, so ließe sich wissenschaftlich nicht mit ihm diskutieren; wohl aber läßt sich mit einem Marxisten diskutieren, der die These aufstellt, daß bestimmte soziale und ökonomische Verhältnisse auch die Entstehung von Religionen bedingen, so wie umgekehrt Weber gezeigt hat, daß bestimmte religiöse Überzeugungen und Erwartungen die Wirtschaftsgesinnung mitbestimmen können.

Webers kompromißlose und mit leidenschaftlicher Insistenz in umständlichen Abhandlungen über den Sinn der »Wertfreiheit« in den sozialen Wissenschaften vorgetragene These vom radikalen Unterschied zwischen objektiver Wissenschaft und subjektiver Wertung, zwischen allgemein verbindlicher Erkenntnis von Tatsachen und für andere nicht verbindlicher, persönlicher Stellungnahme – politischer, sozialer, moralischer und religiöser Art – ist schon zu seinen Lebzeiten heftig bekämpft worden, weil sie einen empfindlichen Punkt in unserem Verhältnis zur Wissenschaft und der durch sie bestimmten Welt traf. Die Kontroverse ist keineswegs erledigt. Sie setzt sich fort, besonders in England und Amerika, unter dem Titel: »*facts* and *value*« oder »*facts* and *decision*«, während die Gegner dieser Unterscheidung meinen, es sei ein leichtes, das Zweierlei von facts und value naturrechtlich oder dialektisch-marxistisch oder hermeneutisch zu beseitigen und sich vernünftig und der Sache gemäß zu entscheiden[4]. Sowohl die Gegner wie die Fürsprecher der Entzweiung von Erkenntnis und Wertung verkennen das zentrale Motiv, das bei Weber die Unterscheidung trägt, nämlich die Einsicht, daß *wir heute* in einer Welt leben, die durch wissenschaftliche Technik versachlicht ist und daß uns andererseits die sachliche Rationalität der Wissenschaft aus der Bindung an allgemeinverbindliche Normen moralischer und religiöser Art befreit hat. Die Wissenschaft ist kraft ihres unaufhaltbaren Fortschritts eine die Autorität der Tradition zerstörende Macht. Unsere letzten Bewertungen können sich deshalb weder auf Tradition stützen noch wissenschaftlich begründen; sie sind wohl oder übel Sache der persönlichen Entscheidung. Wie sollte man z. B. wissenschaftlich entscheiden können, ob – wie Husserl behauptet – das im Griechentum zum Durchbruch gekommene und in der Folge das europäische Menschentum kennzeichnende Ethos der Begründung von allem und jedem aus wissenschaftlicher Vernunft eine »absolute Idee« in sich trägt, so daß die Europäisierung auch aller anderen Menschheiten »das Walten eines absoluten Sinnes bekundet«, oder ob dieses Ethos der Vernunft nur *ein* anthropologischer Typus unter anderen kulturellen Möglichkeiten ist, etwa von China und Indien, die von sich aus keine europäische Wissenschaft kennen? Weber verzichtet darauf, den Wert verschiedener Kulturen vergleichend-unterscheidend abzuschätzen, wie er sogleich in der »Vorbemerkung« zur Religionssoziologie lakonisch erklärt. Der Grund für diese Enthaltung liegt aber nicht schon in dem Relativismus des historischen Bewußtseins, sondern darin, daß Weber angesichts des »Ganges von Menschheitsschicksalen« zu der philosophischen Einsicht kam, daß man gut tun werde, seine »kleinen persönlichen Kommentare« für sich zu behalten, »wie man es bei dem Anblick des Meeres und des Hochgebirges auch tut«. Das gilt auch für das Schicksal der Rationalisierung der Welt durch Wissenschaft, die Weber weder blindlings bejaht noch als Entfremdung verneint.

Ein anderes, innereuropäisches Beispiel für die wissenschaftliche Unbegründbarkeit letzter Stellungnahmen: wie sollte man die Forderungen der Bergpredigt in allgemeinverbindlicher Weise als wahr und richtig beweisen oder auch widerlegen können? Man hat auch innerhalb des christlich gewordenen Okzidents zu wählen und zu entscheiden zwischen dem Ethos innerweltlicher, menschlicher Würde und Selbstachtung, die uns sagt, daß man dem Übel widerstehen soll, und dem ganz anderen, überweltlichen Ethos, welches das Gegenteil fordert, weil Gott die Liebe und nur er der gerechte Richter über die Menschen ist[5]. Das ursprünglich christliche Ethos, das in der Erwartung des Endes dieser Welt lebte, ist unvereinbar mit der von aller Religion emanzipierten Wissenschaft und Technik, die der Beherrschung der Welt dient. Daß trotz dieser Emanzipation der Wissenschaft auch ihren Erkenntnissen bestimmte und sogar fundamentale Wertungen moralischer und halbreligiöser Art als Voraussetzungen zugrunde liegen, gerade das wollte Max Webers Forderung einer wert-

freien Wissenschaft zeigen. Sie sollte frei werden zu einer ihrer selbst bewußten, entschiedenen und konsequenten Wertung, anstatt sie unter dem Deckmantel der wissenschaftlichen Erkenntnis sich selbst und andern zu verbergen. Die Forderung der Wertfreiheit des wissenschaftlichen Urteils bedeutet keinen Rückzug auf pure Wissenschaftlichkeit, sondern will gerade die *außer*wissenschaftlichen Maßstäbe wissenschaftlicher Beurteilung in Rechnung stellen. Was Weber verlangt, ist keine Ausmerzung der maßgebenden »Wertideen«, sondern deren Vergegenständlichung als Voraussetzung einer möglichen Abstandnahme von ihnen. Es ist eine *»haarfeine«* Linie, welche die Wissenschaft vom Glauben an letzte Werte scheidet, und eigentlich ist das wissenschaftliche Urteil von der bewertenden Beurteilung überhaupt nicht zu *scheiden,* sondern beides ist nur *auseinanderzuhalten.* Was zum Zweck der wissenschaftlichen »Objektivität« geschehen kann und soll, ist das bewußte und deutliche Hervortretenlassen und In-Rechnung-Stellen gerade dessen, was wissenschaftlich unerweisbar ist, obwohl es wissenschaftlich relevant ist. Die sogenannte Objektivität – und anders als von einer sogenannten, in Anführungsstrichen, spricht Weber überhaupt nicht von ihr – »beruht darauf und nur darauf, daß die gegebene Wirklichkeit nach Kategorien geordnet wird, welche in einem spezifischen Sinn *subjektiv*, nämlich die *Voraussetzung* unserer Erkenntnis darstellen und an die Voraussetzung des *Wertes* derjenigen Wahrheit gebunden sind, die das Erfahrungswissen allein uns zu geben vermag«. Daraus aber, daß bindende Normen und Ideale wissenschaftlich überhaupt nicht begründbar sind und daß es mithin für die Praxis keine »Rezepte« gibt – aus diesem Grundsatz Webers folgt keineswegs, »daß Werturteile deshalb, weil sie in letzter Instanz ... ›subjektiven‹ Ursprungs sind, der wissenschaftlichen Diskussion überhaupt *entzogen* seien ... Die Kritik macht vor den Werturteilen nicht halt. Die Frage ist vielmehr: was bedeutet und bezweckt wissenschaftliche Kritik von Idealen und Werturteilen?« Und so kommt es Weber vor allem darauf an: durch wissenschaftliche Kritik und Selbstbesinnung die »Ideen«, für welche »teils wirklich und teils vermeintlich gestritten und gekämpft wird«, *als solche* dem Verständnis zu erschließen. Diese Aufdeckung der leitenden Wertideen und Ideale wissenschaftlicher Untersuchungen, überhaupt des »in letzter Linie Gewollten«, bezeichnet Weber als Sozial*philosophie.* Das letzte, was die wissenschaftliche Besinnung darauf leisten kann, ist: die »letzten *Maßstäbe,* welche sich in dem konkreten Werturteil einer wissenschaftlichen Untersuchung manifestieren, zum *Bewußtsein* zu bringen« und sie damit einer über sich selber *klaren* Auseinandersetzung freizugeben. Die wissenschaftliche Selbstbesinnung, welche die naive Positivität der Fachwissenschaft hinter sich läßt, zeigt zwar nicht auf, was man »soll«, wohl aber, was man bei gegebenen Mitteln für einen vorausgesetzten Zweck konsequenterweise wollen kann; sie läßt *wissen*, was man eigentlich *will*. Die von Weber vorausgesetzte Subjektivität unserer letzten Wertmaßstäbe und das Fehlen allgemein verbindlicher »Normen« gehört aber nicht etwa zum allgemeinen Wesen *der* Wissenschaft, sondern dieser Mangel entspringt der Eigenart derjenigen Kulturepoche, deren Schicksal es ist, erkannt zu haben, daß *wir* den »Sinn« des Weltgeschehens »selbst zu schaffen imstande sein müssen«. »Nur ein optimistischer Synkretismus ... kann sich über den gewaltigen Ernst dieser Sachlage entweder theoretisch hinwegtäuschen oder ihren Konsequenzen praktisch ausweichen.« Gäbe es jedoch noch »große *Gemeinden*« oder Gemeinde stiftende »Propheten«, so könnte es auch allgemein anerkannte »Werte« geben. Weil wir aber nicht mehr als Glieder einer religiösen Gemeinschaft leben, gibt es nur einen Kampf zwischen den vielen möglichen Stand- und Gesichtspunkten[6].

Es ist also der Glaube an objektive Normen und deren wissenschaftliche Begründbarkeit, den Weber mit den Mitteln der wissenschaftlichen Reflexion bekämpft. Seine umständliche Enthüllung des »in letzter Linie Gewollten«, der maßgebenden Wertideen wissenschaftlicher Forschung, hat nicht nur den Zweck, sie überhaupt als wirksame Voraussetzungen nachzuweisen, um sie dann auf sich beruhen zu lassen, sondern den viel bestimmteren Sinn ihrer »Entzauberung« durch Bloßstellung. Der eigentliche und positive Zweck seiner wissenschaftstheoretischen Abhandlungen ist *der radikale Abbau von »Illusionen«*. Die zwei exemplarischen Abhandlungen über Roscher und Knies bedeuten eine methodische Destruktion von ganz bestimmten Vorurteilen und Werturteilen, nämlich von solchen, die der menschengeschichtlichen Tatsache widersprechen, daß »Heute« »religiöser Alltag« ist, daß Wissenschaft – mit Nietzsche gesagt – »wissenschaftlicher Atheismus« ist. Aus dem Bewußtsein um diese besondere Lage, »nachdem durch ein Jahrtausend die angeblich oder vermeintlich ausschließliche Orientierung an dem großartigen Pathos der christlichen Ethik die Augen dafür geblendet hatte«, entspringen die »methodologischen« Erörterungen Webers. Sie gehen mit innerer Konsequenz aus der Einsicht hervor, nicht nur in die Fragwürdigkeit moderner *Wissenschaft* und *Kultur*, sondern in die unserer *gegenwärtigen Orientierung im Leben überhaupt*. Sie sind alles andere als ein Leerlauf von methodologischen Reflexionen. »Alle kulturwissenschaftliche Arbeit in einer Zeit der Spezialisierung wird, nachdem sie durch bestimmte

Problemstellungen einmal auf einen bestimmten Stoff hin ausgerichtet ist und sich ihre methodischen Prinzipien geschaffen hat, die Bearbeitung dieses Stoffes als Selbstzweck betrachten, ohne den Erkenntniswert der einzelnen Tatsache stets bewußt an den letzten Wertideen zu kontrollieren, ja ohne sich ihrer Verankerung an diesen Wertideen überhaupt bewußt zu bleiben. Und es ist gut so. Aber irgendwann wechselt die Farbe: die Bedeutung der unreflektiert verwerteten Gesichtspunkte wird unsicher, der Weg verliert sich in die Dämmerung. Das Licht der großen Kulturprobleme ist weitergezogen.« Dann rüstet sich auch die Wissenschaft, ihren Standort und ihren Begriffsapparat zu überprüfen.

Bis ins einzelne durchgeführt hat Weber die Herausstellung und Entzauberung von bodenlos gewordenen letzten Maßstäben wissenschaftlicher Forschung in den Abhandlungen über Roscher und Knies. Die merkwürdigen Widersprüche, welche er in Roschers Arbeiten nachweist, werden zurückgeführt auf ein ungeklärtes Verhältnis von *»Begriff und Wirklichkeit«*, das bedeutet aber: auf ein ungeklärtes Verhältnis des *erkennenden Menschen* zur *Realität unserer gegenwärtigen* Welt. In Roschers Analyse des geschichtlichen Geschehens bleibt überall ein unklarer »Hintergrund« bestehen, und zwar ein solcher, den Roscher auch gar nicht aufklären will, obwohl es gerade dieser Rest ist, der bei ihm den Zusammenhang des Ganzen herstellt. Diesen überall wirksamen Hintergrund nennt Roscher bald »Lebenskraft«, bald »Gedanken Gottes« und »übermenschliche Ratschlüsse«. Ein unbestimmter *Vorsehungsglaube* begründet somit letztlich den »emanatistischen« Charakter seiner logischen Argumente, wenngleich Roscher in der Formulierung einer direkten Berufung auf Gottes Vorsehung ausweicht. Er deduziert zwar nicht Hegelisch die Wirklichkeit aus »Ideen«, aber er reduziert die Erkenntnis der Wirklichkeit auch nicht auf das empirisch Erweisbare. Auch im Wirtschaftsleben soll ein »höherer« göttlicher Trieb den irdischen Eigennutz beschränken, und diese Voraussetzung greift bis in die logische Struktur seiner »Staatswirtschaft« ein. So bleibt Roschers Methode ein inkonsequentes Gebilde. Seine Methode ist so widerspruchsvoll, wie es überhaupt die Vereinigung einer »wissenschaftlich unbefangenen« Nachforschung mit einem »religiösen Standpunkt« ist. Roscher bildet zu Hegel weniger einen Gegensatz als eine *Rückbildung* zu einer halb-religiösen Geschichtsdeutung.

Ähnlich wie bei Roscher macht sich Weber auch bei Knies klar, auf welcher prinzipiellen philosophischen Basis sein Freiheitsbegriff ruht und welche Konsequenzen das für seine Methodik der Wirtschaftswissenschaft hat. Wie Roscher, so stößt auch Knies überall auf einen »dunklen Hintergrund«, eine Art Lebenskraft, als dem letzten Agens im geschichtlichen Geschehen. Die Individuen und Völker werden »im Geiste der Romantik« substanzhaft-*metaphysisch* vorausgesetzt. Auch Knies steht noch unter dem Einfluß des Epigonentums Hegelscher Geschichtsmetaphysik, abgebogen ins Anthropologisch-Biologische. Auch er vermag das Verhältnis zwischen »Begriff und Wirklichkeit« nicht mit wissenschaftlicher Unbefangenheit klarzustellen. Was ihm nicht »gelingt«, beruht aber auch hier nicht auf einem Mangel an logischem Scharfsinn, sondern auf dem Restbestand einer metaphysischen Stellungnahme zur Wirklichkeit. Was Weber aufzeigen will, ist, daß Knies *wissenschaftlich unklar* ist, sofern und soweit er noch nicht entschieden *diesseitig* denkt. Webers radikale Preisgabe der noch halb metaphysischen und theologischen Begrifflichkeit von Roscher und Knies bedeutet keine bloße Veränderung des logischen »Begriffsapparats, sondern eine solche der *Methode* und des maßgebenden Begriffs von der *Wirklichkeit selbst,* welche durch diese Methode und in jenen Begriffen so und nicht anders zur Darstellung kommt. Ineins mit der völlig diesseitig und *»objektiv«* sinnlos gewordenen *Wirklichkeit* verwandelt sich auch die »emanatistische« Begrifflichkeit in eine *idealtypische »Konstruktion«* und verschwinden alle »substanzhaften« Definitionen der sozialen »Gebilde«[7]. Die idealtypische Konstruktion dient der Abgrenzung des wissenschaftlichen Begriffs von der geschichtlichen Wirklichkeit, die er begreifen soll, die aber nicht in unsere Begriffe eingeht, weil sie sich selber nicht ausspricht. Sie beruht auf der Einsicht in den geschichtlichen Tatbestand, daß alle sogenannten »Gebilde« der Kulturgeschichte nicht objektiver, metaphysischer Geist sind, sondern Veranstaltungen des kulturschaffenden Menschen, ohne einen eigenen, »objektiven« Sinn. Zu Ende gedacht, müßte man sagen: Die idealtypische Konstruktion beruht darauf, daß die durch technische Wissenschaft hervorgebrachte Wirklichkeit schon selber eine reale Abstraktion und Konstruktion ist. Nur deshalb konnte Weber in einem Brief von 1917 sagen, daß für ihn Staatsformen Techniken seien wie jede andere Maschinerie und daß er darum ebenso *gegen* das Parlament und *für* den Monarchen sein könnte, wenn dieser kein »dilettierender Fatzke« wie Wilhelm II., sondern ein fähiger Politiker wäre.

Der konstruktiv-technische oder, wie man es auch genannt hat, »nominalistische« Charakter von Webers methodischen Grundbegriffen und seiner ganzen Art von Wissenschaftlichkeit ist ein folgerichtiger Ausdruck einer ganz bestimmten Stellung des Menschen zur Wirklichkeit, und auf »Stellungnahme« kam es Weber in jedem ernsthaften Fall an, wobei er aber aus langer Erfahrung überzeugt war, »daß *nur* durch Erprobung der eigenen vermeintlichen ›letzten‹ Stellungnahme an dem Verhalten zu scharf zugespitzten *ganz konkreten* Problemen« dem einzelnen sein eigenes wirkliches Wollen klar werde, wogegen das bloße Reden von letzten Standpunkten nichts als »Geschwafel« ergebe. Die idealtypische »Konstruktion« motiviert sich aus der Stellungnahme eines spezifisch »illusionslosen« Menschen, der in eine objektiv sinnlos und nüchtern gewordene Welt hineingestellt und auf sich selbst zurückgeworfen und nun genötigt ist, den gegenständlichen Sinn und Sinnzusammenhang, überhaupt das Verhältnis zur Wirklichkeit als das »seine« allererst herzustellen und den Sinn »zu schaffen«, praktisch und theoretisch. »Kultur« definiert Weber, »ist ein vom Standpunkt des *Menschen* aus mit Sinn und Bedeutung bedachter endlicher Ausschnitt aus der sinnlosen Unendlichkeit des Weltgeschehens[8].« Genau dieselbe Stellungnahme begegnet uns bei Dilthey, wenn dieser sagt: »Wir tragen keinen Sinn von der Welt in das Leben, wir sind der Möglichkeit offen, daß Sinn und Bedeutung erst im Menschen und seiner Geschichte entstehen.« Beide Sätze implizieren: Kosmos und Physis sind ohne Logos, denn die Welt der Natur ist kein Produkt des mit Vernunft begabten Menschen, wogegen alle Kultur etwas vom Menschen für Menschen Gemachtes ist, und darum ein nur für uns bedeutungsvolles Gemächte. Unter dieser Voraussetzung der erstmals von Vico zum Prinzip der historischen Wissenschaften erhobenen Konvertibilität des *verum* und *factum* können dann konsequenterweise Staaten, Kirchen, Parteien, Vereine und Sekten nicht mehr wie Substanzen mit tieferen Hintergründen angesehen und ausgelegt werden – aber nicht weil das schlechterdings unwissenschaftlich wäre, sondern weil eine solche Auffassung in *transzendenten* Vorurteilen befangen wäre und die Welt, in die *wir* »hineingestellt« sind, *solche* Vorurteile nicht mehr rechtfertigt. So ist z. B. Webers exemplarische Definition des »Staats« als eines politischen »Anstaltsbetriebs«, der das Monopol legitimen Zwangs für die Durchführung seiner Ordnungen in Anspruch nimmt und der nur insoweit existiert, als die *Chance* besteht, daß »bestimmte Arten *sozialen Handelns* ablaufen«, nur daraus zu verstehen – daraus aber auch völlig verständlich –, daß ihr de facto eine ganz bestimmte staatliche »Realität« als Vorbild zugrunde liegt, nämlich der Staat, in den *wir* hineingestellt sind und der selber eine Art »Anstalt«, ein »Betrieb« ist – mit Hegel gesagt: der »Verstandesstaat« der bürgerlichen Gesellschaft, mit Marx gesagt: eine »abstrakte Allgemeinheit« *über* den Individuen.

Die letzte Voraussetzung von Webers Definitionen der sozialen Gebilde ist: daß wahrhaft wirklich und existenzberechtigt nur der auf sich gestellte einzelne Mensch ist, nachdem den »Objektivitäten« jeder Art infolge ihrer Entzauberung durch Rationalisierung keine *selbständige*, substanzielle Bedeutung mehr zukommt. Wäre der Staat dagegen wirklich noch ein Gemeinwesen und der Mensch *als solcher* ein Stadt- und Staatsbürger und nicht in erster Linie eine sich selbst überantwortete Privatperson, dann hätte es sehr wohl Sinn, auch den Staat *selbst* substanzhaft und nicht nur auf die »Chance« seiner »Existenz« hin zu interpretieren. Auch hier äußert sich also Webers wissenschaftliche »Unbefangenheit« als ein Nichtmehrbefangensein in transzendenten Vorurteilen. Zu diesen im weitesten Sinn »transzendenten«, den nüchternen Alltag einer entzauberten Welt überschreitenden Vorurteilen gehört auch noch der Glaube an *objektive* »Entwicklung« und »Fortschritt«. Er stellt sich nur dann als notwendig ein, »wenn das Bedürfnis entsteht, dem religiös entleerten Ablauf des Menschheitsschicksals einen *diesseitigen* und *dennoch objektiven* ›Sinn‹ zu verleihen«. Dieses Bedürfnis ist aber nach Weber eine Inkonsequenz gegen die Diesseitigkeit. In deren »Licht« steht nun die »Wirklichkeit« und der Leitfaden für die Interpretation dieser nüchtern gewordenen Welt ist der Prozeß der Rationalisierung, durch den sie sich entzaubert und ernüchtert hat.

Um aber diesem »Schicksal der Zeit« in sein ernstes Antlitz blicken zu können, muß man dem »religiösen Alltag«, d. h. dem Faktum, daß unsere alltägliche Welt areligiös ist, gewachsen sein. In die Sprache Nietzsches übersetzt: Weber denkt auf dem Boden der Wissenschaft als »wissenschaftlichem Atheismus« und auf dem Boden des Atheismus als der heute einzig redlichen Denkweise. Nietzsche nannte diese Redlichkeit, die sich den Glauben an Gott und göttliche Vorsehung in Natur und Geschichte verbietet, unsere »letzte Tugend«. Dem entspricht Webers Forderung einer unbedingten intellektuellen Rechtschaffenheit, obschon er sich nicht in einen Kampf gegen das Christentum einließ. Aus seiner sympathetischen Darstellung alttestamentlicher Unheilspropheten und puritanischer Ethik herausdeuten zu wollen, daß er von einer »geheimen Gläubigkeit« oder gar ein »homo religiosus« gewesen sei, ist absurd. Er bezeichnete sich selbst als »religiös absolut unmusikalisch«, und er bekannte in einem Brief von 1918 mit Bezug auf den politischen Glauben an eine bessere, sozialistische Zukunft, daß er diesen Glauben nicht teile und auch in diesem Sinn »glaubenslos« leben könne. Er bestritt auch, in einem Brief an Vossler, daß Not beten lehre, wenngleich er zugebe, daß dies sehr oft zutreffe – »für die Menschenwürde nur allzu oft«. Noch mehr ins Gewicht fällt aber eine Äußerung anläßlich des Freitodes eines Verwandten: »Wir sind tief innerlich bewegt bei dem Abschluß dieses Lebens. Jedesmal ... wenn O. länger ausblieb, fürchteten wir, ihn nicht wieder zu sehen – *fürchteten* es nicht seinet-, sondern unserer Verantwortung wegen. Ich habe es immer für eine Verirrung unserer lebensunkundigen Alltagsmoral gehalten, daß sie, im Gegensatz zu der viel freieren und größeren Empfindungsart des Altertums, das irdische Leben zu einem Gut stempeln will, auf welches der Mensch nie, auch nicht, wenn seine Fortsetzung jeden geistigen *Sinn* verliert, verzichten dürfe.« Und als sich wenige Wochen vor dem eigenen Tod eine Schwester M. Webers das Leben nahm, schrieb er: »Ihr Tun erscheint mir immer sicherer als das *einzig* Berechtigte. Und: Schöne. Wer will da von Pflichten reden?« Und er fügte hinzu: »Hätten doch unsere Offiziere, wie die chinesischen und japanischen, so viel Würde gehabt: statt Kriegserinnerungen zu schreiben, die Konsequenzen zu ziehen, die ein echter Mensch zieht, wenn das Leben ihn verurteilt hat, ein hohes Spiel zu *verlieren*. Der Eindruck wäre anders.«

Webers Wille zur unbedingten Wahrhaftigkeit hat zur Voraussetzung die Einsicht, daß *wir* nicht in der Wahrheit sind, wenn Wahrheit soviel wie Heilswahrheit meint, im christlichen oder auch griechischen Sinn; denn auch für Platon war das Wahre identisch mit dem Guten und dieses mit dem Schönen. Noch für Kant war das Schöne ein Symbol des sittlich Guten. Dem entgegen sagt Weber: »Wenn irgend etwas, so wissen wir es heute wieder: daß etwas heilig sein kann nicht nur: obwohl es nicht schön ist, sondern: *weil* und *insofern* es nicht schön ist, – in dem 53. Kapitel des Jesaiasbuches ... können Sie die Belege dafür finden, – und daß etwas schön sein kann nicht nur: obwohl, sondern: in dem, worin es nicht gut ist, das wissen wir seit Nietzsche wieder, und vorher finden Sie es gestaltet in den »fleurs du mal«, wie Baudelaire seinen Gedichtband nannte[9], – und eine Alltagsweisheit ist es, daß etwas wahr sein kann, obwohl und indem es nicht schön und nicht heilig und nicht gut ist.«

Wenn nun aber die Wissenschaft, wie sie heute betrieben wird und betrieben werden muß, um die auf ihr beruhende technische Zivilisation am Leben und am Fortgang zu halten, weder ein Weg zur Wahrheit des Seins noch ein Weg zur wahren Kunst und Natur, noch zu Gott und nicht einmal zum irdischen Glück ist, und wenn etwas wahr sein kann, obwohl es weder heilig und gut noch schön ist, muß man sich fragen: was leistet dann die Wissenschaft Positives für das persönliche Leben? Zunächst natürlich unentbehrliche Kenntnisse für die rationale Behandlung und Beherrschung der Umwelt und Mitwelt. Ferner: Schulung im methodischen Denken und schließlich – und das ist das Wichtigste – *Klarheit* im Sinne von klarer Konsequenz, d. h. sie kann uns klar machen, daß, *wenn* man die und die letzte Stellung einnimmt und sich demgemäß die und die letzten Zwecke vorsetzt, man erfahrungsgemäß die und die Mittel zur Erreichung dieser Zwecke anwenden muß. Unter Umständen muß man den Zweck aufgeben, wenn nämlich die Mittel zu ihm moralisch nicht zu rechtfertigen sind – es sei denn, man glaubt, daß ein großer Zweck auch die verwerflichsten Mittel heilige. Das sind jedoch alles noch Fragen, wie sie auch jedem Techniker begegnen, nur daß für ihn der Zweck von vornherein feststeht. Das ist aber, wenn es sich um *letzte* Fragen handelt, gerade nicht der Fall, und damit kommt Weber auf die letzte Leistung der Wissenschaft zu sprechen und auf ihre Grenzen. Der »Grundsachverhalt« aber, der auch dieser begrenzten Aufgabe der Wissenschaft: uns Klarheit zu verschaffen über die letzten Voraussetzungen, die geeigneten Mittel und die wahrscheinlichen Konsequenzen bestimmter Zwecksetzungen, zugrunde liegt, ist, daß das menschliche Leben, solange es »aus sich selbst« verstanden wird, d. h. ohne Bezug auf »Transzendenz«, unter den *möglichen* Standpunkten zum Leben wählen und entscheiden muß, z. B. für oder gegen die Wissenschaft und somit gegen oder für die Religion. Einfach vorbeigehen kann man an der Wissenschaft nicht, denn sie prägt unser gesamtes äußeres und inneres Leben. Man kann aber auch nicht hinter dem Fortschritt der Wissenschaft herlaufen, wenn man noch einen Rest von prinzipieller Fragestellung aufrechthält.

Wie wenig man an der durch Wissenschaft geprägten modernen Welt vorbeigehen kann, zeigt Weber z. B. in der Dichtung Stefan Georges, die der Absicht nach alles Heutige radikal ablehnt. In einer Diskussionsrede von 1910 zu einem Vortrag über Technik und Kultur sagt er: »Ich glaube, daß eine Lyrik, wie etwa die Stefan Georges: – ein solches Maß von Besinnung auf die letzten, von dem Taumel der *Technik* ... uneinnehmbaren Festungen rein künstlerischen Formgehalts gar nicht errungen werden konnte, ohne daß der Lyriker die Eindrücke der modernen Großstadt, die ... seine Seele zerrütten und parzellieren ... dennoch voll durch sich hat hindurchgehen lassen.« Diese, an sich banale soziologische Einsicht in die sozialen Bedingungen einer Dichtung – *jeder* Dichtung (Milton z. B. könnte nicht im London des neunzehnten Jahrhunderts »Paradise Lost« gedichtet haben) sagt mehr als der ohnmächtige Angriff, den Webers Vortrag aus dem Georgekreis erfuhr und der sich darauf reduziert, daß eine »organische«

Wissenschaft postuliert wurde, die es nicht gibt und auch nicht geben kann.

Daß Wissenschaft heute ein fachlich betriebener Beruf ist, ist ein unentrinnbares Faktum unserer geschichtlichen Situation und deren »entscheidender Sachverhalt« ist für Weber, daß wir in einer »gottfremden« Zeit leben. Diese Feststellung bringt Weber zum Schluß auf die Frage der *Theologie als Wissenschaft*. Theologen und Dogmen gibt es auch außerhalb des Christentums, aber nicht alle Religionen haben eine so systematische Theologie entwickelt wie das okzidentale Christentum, weil nur dieses griechisches Denken in sich aufgenommen und zu dogmatischen Zwecken verarbeitet hat. Die christliche Theologie ist eine intellektuelle Rationalisierung religiöser Heilsgewißheit und als solche eine Wissenschaft mit der spezifisch unwissenschaftlichen Voraussetzung, daß eine bestimmte, übernatürliche *Offenbarung* als ein für das Heil entscheidendes Ereignis schlechthin geglaubt werden muß. Diese fundamentale Voraussetzung liegt auch für die Theologie selbst jenseits ihrer als Wissenschaft. In jeder »positiven« Theologie gelangt der Gläubige an den springenden Punkt des *credo non quod sed quia absurdum est*. Er muß einen Sprung machen, um glauben zu können. Die Fähigkeit zu diesem »Opfer des Intellekts« – Weber nennt es eine religiöse »Virtuosenleistung« – ist »das entscheidende Merkmal des positiv religiösen Menschen«. Ein solches Opfer bringt rechtmäßiger Weise nur der Jünger dem Propheten und der Gläubige der Kirche. Daß manche moderne Intellektuelle das Bedürfnis nach einer »Hauskapelle« haben und sich für ihre leere Seele ein Surrogat für Religion verschaffen, bezeichnet Weber einfach als »Schwindel und Selbstbetrug[10]«. Durchaus kein Schwindel sei es, aber vielleicht eine Mißdeutung ihrer selbst, wenn junge Menschen ihr Verlangen nach einem unbürgerlichen, neuen Gemeinschaftsleben religiös auslegen. Weber dachte dabei an die deutsche Jugendbewegung, die das »Ergebnis« für sich in Anspruch nahm. Er hatte überhaupt, bei aller unerbittlichen Kritik an dem, was er als unecht empfand, ein ernstes Verständnis für die Nöte der jungen Generation nach dem ersten Weltkrieg, und er war während der Münchner Räterepublik stets bereit, linksradikalen Studenten, wie Ernst Toller, Rede zu stehen und reaktionären Studentengruppen entgegenzutreten, ohne selber die geringsten Sympathien für die literarische Revolution in München von 1918/19 zu haben. Er war überzeugt, daß die Welt durch wissenschaftliche Rationalisierung und Bürokratisierung fortschreitend entzaubert wird und jenes Etwas, das in anderen Zeiten, vor allem zur Zeit der jüdischen Propheten, wie ein verzehrendes Feuer durch große Gemeinden stürmte, heute nur noch

– wenn überhaupt – in kleinsten Kreisen pulsiere, am ehesten noch in religiösen Sekten, die soziologisch der Urtypus des Vereinswesens sind. In einer Diskussionsrede zu einem Vortrag von Troeltsch entwickelte Weber die These, daß Amerika, mindestens bis zum Beginn unseres Jahrhunderts, das religiöseste Land war, weil es keine staatlich anerkannte Kirche, aber zahllose Sekten hat. »Und die Zugehörigkeit zu einer Religionsgemeinschaft kostet in Amerika unglaublich viel mehr als bei uns ... Suchen Sie einen deutschen Arbeiter, der so viel für irgendeine kirchliche Gemeinschaft ... bezahlen würde. Gerade weil der religiöse Typus dort faktisch der Sektentypus ist, ist die Religion dort Volkssache, und *weil* dieser Sektentypus ... exklusiv ist und als exklusiver seinen Anhängern innerlich und äußerlich ganze bestimmte Vorzüge bietet, darum ist dort die Stätte des Universalismus der effektiven Zugehörigkeit zu religiösen Gemeinschaften, und nicht bei dem Namenchristentum in Deutschland, wo ein Teil der Begüterten alle Steuern für die Kirche bezahlt – dafür, daß ›dem Volke die Religion erhalten wird‹ – und im übrigen froh ist, wenn er seinerseits nichts mit der Sache zu tun hat, und nur deshalb nicht austritt, weil das unangenehme Konsequenzen hat für das Avancement und für alle möglichen sonstigen gesellschaftlichen Chancen.« Das war 1910 gesagt. Die Situation ist in der deutschen Bundesrepublik auch heute nicht wesentlich anders. Und erst recht ist das, was Weber als das »Schicksal unserer Zeit« begriff und woraus alles weitere folgt: die Entzauberung der Welt durch wissenschaftliche Technik, nach wie vor und mehr denn je der maßgebende Gesichtspunkt für den, der sehen will, was vor sich geht. Es könnte aber sein, daß sich die jüngere Generation inzwischen in dieser unserer Zeit schon so gut eingerichtet hat, daß sie nicht mehr begreift, was denn jemals anders gewesen und nun entzaubert sein soll, zumal die wissenschaftliche Technik immer mehr eine eigene Art von Phantastik und Bezauberung hervorbringt.

Weber beschloß seinen Vortrag mit dem Satz: »Wer dies Schicksal der Zeit nicht männlich ertragen kann, dem muß man sagen: Er kehre lieber, schweigend, ohne die übliche öffentliche Renegatenreklame, sondern schlicht und einfach, in die weit und erbarmend geöffneten Arme der alten Kirchen zurück. Sie machen es ihm ja nicht schwer.« Für jene aber, die auf neue Propheten harren, gebiete schlichte intellektuelle Rechtschaffenheit festzustellen, daß heute die Lage die gleiche ist, wie sie aus einem unter die Jesaia-Orakel (21) aufgenommenen Wächterlied in der Exilzeit klingt: »Wächter, wie lange noch die Nacht?« Der Wächter spricht: »Es kommt der Morgen, aber noch ist es Nacht; wenn ihr fragen wollt, kommt ein andermal wieder!« Aber auch ein solches Ausharren bis zum Anbruch eines neuen Morgens war nicht Webers letztes Wort. Denn mit Hoffen und Warten sei es nicht getan, und besser sei es, der »Forderung des Tages« gerecht zu werden. Die aber sei schlicht und einfach, »wenn jeder den Dämon findet und ihm gehorcht, der *seines* Lebens Faden hält«.

Ich denke, es versteht sich von selbst, daß *nicht* »jeder« von uns, daß vielleicht keiner von uns, mit einem solchen Dämon begabt ist, der in Weber so spürbar war, und der nur ungewöhnliche, bedeutende Menschen auszeichnet.

Webers Grundposition, wie sie mit der ihm eigenen, fast demagogisch wirkenden Deutlichkeit[11], besonders in dem Vortrag »Wissenschaft als Beruf«, zum Ausdruck kommt, hat seine Zeitgenossen nicht unberührt gelassen, aber irritiert und heftigen Widerspruch erregt. Wenn man sich jetzt, nach fünfundvierzig Jahren, die gegen sie erhobenen Einwände vergegenwärtigt, soweit sie von prinzipieller Art sind, erweisen sie sich als ohnmächtige Reaktionen auf das, was Weber als das »Schicksal unserer Zeit« erkannt und mit einem »dennoch« anerkannt hat: die fortschreitende Rationalisierung aller Lebensverhältnisse, der öffentlichen und der intimsten, privaten, die Weber noch glaubte ausnehmen zu können. Diese geschichtliche Situation ertrug er ohne Illusionen. Die Gegnerschaft, die er aus dem Kreise um Stefan George erfuhr – nicht von George selbst und nicht von Gundolf, der Weber aufs höchste verehrte –, entsprang dagegen der illusorischen Prätention, als könne »der Dichter« die Nächte der Zeit und ihre Not wenden, zu einem »neuen Reich«, das dann, um 1933, nicht wenige der Anhänger Georges mit dem Dritten Reich verwechselten. In den Briefen der Georgejünger sprach man unter sich vom »Staat«, und man meinte damit ein »geheimes Deutschland«, dessen ungekrönter Herrscher Stefan George war, während Weber, als ein Außenstehender, klar erkannte, daß dieser geheime Staat eine Sekte war mit allen Kennzeichen des Sektenwesens und -unwesens, vergleichbar den Sekten um Rudolf Steiner und andere, kleinere Propheten der Zeit. Das äußerste, was dieser esoterische Sektengeist Max Weber zugestand, war, daß er ein Repräsentant der »Zeitmächte« sei[12], aber gerade diese galt es ja zu bekämpfen. Auch ein so unabhängiger Beobachter wie Max Scheler hat in einem Aufsatz von 1922 Webers Vortrag zwar als ein bedeutendes »document humain« gewürdigt und es, darüber hinaus, das *»erschütternde Dokument einer ganzen Zeit«* genannt, die »leider die *unsrige«* sei, aber gemeint, man könne den Fortschritt der Wissenschaft durch ein »Erlösungswissen« begrenzen[13]. Andere Zeitgenossen wie Ernst Troeltsch verteidigten zwar Webers Vortrag gegen unverständige Angriffe[14], empfanden ihn aber doch auch »etwas erschreckend« und Webers politische Position als eine »Verzweiflungslösung«. F. Meinecke hat zwar bezeugt, daß unter den Gelehrten der neueren Generation Max Weber der einzige war, den er »ohne Vorbehalt genial« nennen könne, aber auch er erschrak vor dem »eisigen Wind«, den Webers Sachlichkeit ausströmte, und Jaspers verunklärte Webers Illusionslosigkeit philosophisch zu einem »echten Scheitern«. Keiner von ihnen hat, wie Weber, die »geschulte Rücksichtslosigkeit des Blicks« in die Realitäten des modernen Lebens gehabt und die Fähigkeit, ihnen innerlich gewachsen zu sein.

Anmerkungen

1 Vgl. dazu, zehn Jahre später, Webers Diskussionsrede im Verein für Sozialpolitik (GAzSuS, S. 410): »Ich hätte gern unsere deutschen Fürsten auf dem Mannheimer Parteitage oben auf die Tribüne führen und ihnen zeigen mögen, wie unten die Versammlung sich ausnahm. Ich hatte den Eindruck, daß die russischen Sozialisten, die dort als Zuschauer saßen, die Hände über dem Kopf zusammenschlugen beim Anblick dieser Partei, die sie für ›revolutionär‹ ... hielten, die sie anbeteten als die gewaltigste Kulturerrungenschaft Deutschlands und als die Trägerin einer ungeheuren revolutionären Zukunft der ganzen Welt – und in welcher nun das behäbige Gastwirtsgesicht, die kleinbürgerliche Physiognomie so schlechthin beherrschend hervortrat: von revolutionärem Enthusiasmus keine Rede, und ein lahmes, phrasenhaft nörgelndes und klagendes Debattieren und Räsonnieren an Stelle jener katilinarischen Energie des Glaubens, die sie von ihren Versammlungen gewöhnt waren. Ich glaube: das was von Angst vor dieser Partei ..., noch in einem solchen Fürsten gesteckt hatte, das wäre ihm da oben gründlich vergangen.«

2 Max Weber, Jugendbriefe, 1876–1893, hrsg. von Marianne Weber, Tübingen 1936, S. 227. Das Wort »Konsequenzen« hat bei Weber ein spezifisches Gewicht und einen besonderen Ton: es deckt sich mit der Rationalität »zweckrationalen« Tuns und Denkens, d. h. : man muß vor allem wissen, was man eigentlich will, und dann, wenn man sich einmal einen bestimmten Zweck vorgesetzt hat, an ihm festhalten und sich über die Voraussetzungen und Konsequenzen seiner Wahl und Entscheidung klar sein und die unausweichlichen Folgen seiner grundlegenden Voraussetzungen folgerichtig in Rechnung stellen. »Konsequent« handeln und denken ist für Weber identisch mit rationaler Lebensführung und »intellektueller Redlichkeit«. Die Frage, wieso es nur im Okzident auf allen Gebieten – in Wirtschaft und Gesellschaft, Recht und Staat, Kunst und Wissenschaft – zu einer *spezifisch okzidentalen, konsequenten Rationalität* kam, welche nun die Berechnung in alle Bereiche trägt, wurde später zum Leitfaden seiner soziologischen Forschung.

3 Siehe dazu Weltgeschichte und Heilsgeschehen, 1953.

4 Siehe dazu Jürgen Habermas, Analytische Wissenschaftstheorie und Dialektik. Ein Nachtrag zur Kontroverse zwischen Popper und Adorno, in: Festschrift für Theodor Adorno, 1963; Dogmatismus, Vernunft und Entscheidung, in: Theorie und Praxis, 1963. Am eindringlichsten hat Leo Strauss in Natural Right and History Webers Unterscheidung von persönlicher Wertung und sachlicher Erkenntnis durch scharfsinnige Argumente ad absurdum geführt, um seinerseits für eine unserm natürlichen und alltäglichen Verhalten entsprechende Bewertung sozialer und politischer Vorgänge einzutreten, denn es sei absurd, behaupten zu wollen, daß jede Wahl und Entscheidung für diesen oder jenen letzten Wert gleichberechtigt, weil rational nicht begründbar sei. Der einzige ethische Imperativ, der sich aus der »nihilistischen« Konsequenz von Webers historischem und existenziellem Relativismus ergebe, sei: »thou shalt have preferences«, ganz gleich welche. Hat aber Weber wirklich bewiesen, was er beweisen wollte: daß unsere letzten möglichen Stellungnahmen in einem unaufhebbaren Widerstreit liegen und durch menschliche Vernunft nie der Sache gemäß zu entscheiden sind? Die Probe auf Strauss' Kritik wäre, daß er uns seinerseits zeigen müßte, daß z. B. christliche und politische Ethik sich entweder nicht widerstreiten oder nur eine von beiden »wahr« ist, indem sie der menschlichen Natur entspricht. Strauss entzieht sich der Beantwortung dieser Frage, indem er sich als »social scientist« auf ein innerweltliches Verständnis menschlichen Zusammenlebens beschränkt und dieses areligiöse Verständnis »evidently legitimate« nennt. Gerade das ist es aber für Weber nicht, der in dieser Hinsicht philosophischer, weil prinzipieller als Strauss denkt, indem er nicht nur seine spezielle Wissenschaft, sondern alle Wissenschaft und damit unsere gesamte moderne Orientierung im Leben in Frage stellt. Wenn aber Strauss Webers Einsicht auf die heute betriebene Wissenschaft des modernen Menschen unserer Epoche beschränkt und sich selbst davon ausnimmt und dieses »Schicksal der Zeit« nicht anerkennt, dann müßte sich die Durchführbarkeit solcher Ausnahme in einer Wissenschaft erweisen, die ohne eine Transformation der geschichtlichen Welt in konstruktive Begriffe auskommt und dennoch »that wealth of meaning«, den das natürliche Verständnis und der common sense im Sinn haben, wenn sie von der »sozialen Welt« sprechen, zum wissenschaftlichen Begriff bringt. Dazu müßte aber Strauss eine der Weberschen Soziologie vergleichbare systematische Untersuchung vorlegen und sich nicht auf die historische Interpretation von wesentlichen Texten aus der Geschichte der politischen Philosophie beschränken. Erst dann könnte sich auch zeigen, ob der »Reichtum an Bedeutung« auf einer »*intrinsic* articulation« der sozialen Gebilde beruht oder, wie Weber voraussetzt, diesen vom Menschen in jeweils verschiedener Hinsicht zugesprochen wird. Vgl. zu Strauss' Kritik an Weber: Raymond Aron, Max Weber, Le savant et le politique, 1950, S. 31 ff.

5 In einer Debatte spricht Weber von der Schwierigkeit, zu Dostojewski und Tolstoi einen Zugang zu finden, denn ihre ganz uneuropäische Überzeugung von der Wertlosigkeit alles rational geformten Lebens beruhe auf der urchristlichen Überzeugung, daß nur die formlose Liebe zum Nächstbesten – also das, was Weber mit Baudelaire die *»heilige Prostitution der Seele«* nennt – den Zugang zum wahrhaft Menschlichen und Göttlichen eröffne.

6 C. Schmitt hat neuerdings (Die Tyrannei der Werte, 1960, Privatdruck, S. 6), unter Berufung auf ein Diktum Heideggers über das Reden von »Werten«, aus Webers These von der je eigenen Entscheidung für diesen oder jenen letzten Wert gefolgert, daß diese »Tyrannei« von sich gegenseitig bekämpfenden, weil einander ausschließenden »Werten« zu einem bellum omnium contra omnes führe, im Vergleich zu dem der mörderische Naturzustand der Staatsphilosophie des Thomas Hobbes eine Idylle sei. »Immer sind es die Werte, die den Kampf schüren und die Feindschaft wachhalten. Daß die alten Götter entzaubert und zu bloß geltenden Werten geworden sind, macht den Kampf gespenstisch und die Kämpfer verzweifelt rechthaberisch. Das ist der Albdruck, den Max Webers Schilderung hinterläßt.«

Wenn irgendwer völlig frei war von persönlicher Eitelkeit, Selbstgefälligkeit und folglich »Rechthaberei«, so ist es Weber gewesen, der jedem Andersdenkenden gerecht werden konnte, wenn er nur überzeugt war, daß auch sein Gegner mit vollem Bewußtsein die Verantwortung für die Folgen seiner Entscheidung auf sich nahm. Sein Relativismus war von einem entschiedenen Ethos getragen, das nicht mit sich handeln ließ; Schmitts diktatorischer Dezisionismus findet dagegen seine Erklärung in dem, was er an Adam Müller als »Okkasionalismus«, als Gelegenheitshandeln, entlarvt hat.

Man staunt, daß Schmitt, der in einer Schrift von 1917 über den »Wert« des Staates einen extremen Normativismus vertrat, ehe er einen ebenso extremen Dezisionismus propagierte, zu Webers politischer Position nicht mehr zu sagen hat, als daß sie in der Wertphilosophie befangen sei und daß zu jedem Setzen von weltanschaulichen Werten ein Sichdurchsetzenwollen gehöre, während andererseits die Produkte der »wertfreien Wissenschaft« und der von ihr bedienten Industrie und Technik »scheußliche Vernichtungsmittel und Ausrottungsverfahren« sind, über die sich Schmitt als Staatsrat des Dritten Reichs u. W. nicht weiter aufgeregt hat, da es ja nur darauf ankam, sich mittels einer rassischen Werttheorie durchzusetzen und entschieden zu sein gegenüber dem »totalen Feind«, um die eigene Art völkischen Daseins zu retten.

Schmitt verwirft die Werte setzende Wertphilosophie als eine »Punkt-Philosophie«, fixiert auf einem bestimmten Stand-, Gesichts- und Angriffspunkt. Versucht man seine Polemik zu konkretisieren, so müßte sie sich z. B. an dem Gesichtspunkt entweder christlicher oder politischer Wertsetzung verifizieren. Diese Zumutung liegt um so näher, als Schmitt ursprünglich der neukatholischen Bewegung nahestand und nach dem Ende des Dritten Reichs zu seiner Rechtfertigung »Ex captivitate salus« veröffentlichte, also irgendwie auf das Heil seiner Seele bedacht war. Es wäre deshalb interessant zu wissen, wie er sich zu dem möglichen Konflikt zwischen politischer und christlicher Ethik stellt, ohne, wie Weber, einen eigenen Stand- und Gesichtspunkt der Beurteilung und Bewertung einzunehmen. Weber sagt in »Politik als Beruf«: »Wer das Heil seiner Seele und die Rettung anderer Seelen sucht, der sucht das nicht auf dem Wege der Politik, die ganz andere Aufgaben hat: solche, die nur mit Gewalt zu lösen sind. Der ... Dämon der Politik lebt mit dem Gott der Liebe, auch mit dem Christengott in seiner kirchlichen Ausprägung, in einer inneren Spannung, die jederzeit in unaustragbaren Konflikt ausbrechen kann. Das

wußten die Menschen auch in den Zeiten der Kirchenherrschaft. Wieder und wieder lag das Interdikt ... auf Florenz, die Bürger aber fochten gegen den Kirchenstaat. Und mit Bezug auf solche Situationen läßt Machiavelli in einer schönen Stelle ... einen seiner Helden jene Bürger preisen, denen die Größe der Vaterstadt höher stand als das Heil ihrer Seele.« Weber war sich auch darüber klar, daß christliche Gesinnungsethik und machtpolitische Verantwortungsethik nicht absolute Gegensätze sind und daß gerade der politisch Handelnde, sofern er überhaupt noch ein Gewissen hat, vor ethische Paradoxien gestellt sein kann, die keine rationale Lösung haben. »Wer Politik ... und wer vollends Politik als Beruf betreiben will, hat sich jener ethischen Paradoxien und seiner Verantwortung für das, was aus ihm selbst unter ihrem Druck werden kann, bewußt zu sein. Er läßt sich ... mit den diabolischen Mächten ein, die in jeder Gewaltsamkeit lauern.« Wer im Bewußtsein um die Verantwortung für die Folgen seiner Entscheidung handelt, kann an einen Punkt kommen, wo er nur noch sagen kann: »Ich kann nicht anders.«
Hätte Weber noch die »Tyrannei«, nicht der ausgedachten »Werte« einer vergangenen Wertphilosophie, sondern die wirkliche Diktatur des von Schmitt legitimierten Nationalsozialismus erlebt (die Neuauflage vom »Begriff des Politischen« von 1963 bringt nicht den gleichgeschalteten Text von 1933, sondern den von 1932), er hätte in ihm eine politisch unverantwortliche Gesinnungspolitik gesehen, um so unverantwortlicher, als sie schon als Gesinnung verwerflich war, und er hätte keinen Augenblick gezögert, alles im Kampf gegen diesen »totalen Feind« zu riskieren. Den Vortrag von 1919 über »Politik als Beruf« schloß er mit der Voraussage, daß schon in weiteren zehn Jahren die Zeit der Reaktion auf den Zusammenbruch von 1918 hereingebrochen sein werde und er dann zu sehen wünsche, was aus denjenigen im inneren Sinn des Wortes »geworden« sein wird, die sich jetzt (1919) an Illusionen berauschen; er vermutete: verbitterte Banausen, die der Welt und ihrem eigenen Tun nicht gewachsen sind.

7 Siehe dazu Arnold Gehlen, Studien zur Anthropologie und Soziologie, Neuwied, Berlin 1963, S. 110 ff.

8 Wenn sich die Diskussion um Webers Methodologie nicht auf die *Wert*kategorien festgelegt, sondern deren Voraussetzung beachtet hätte, d. i. die allen Kulturwissenschaften zugrunde liegende Beurteilung und *Bewertung* nach Maßgabe dessen, was etwas für uns Menschen *bedeutet,* dann wäre Webers These sowohl in ihrem positiven wie negativen Aspekt (Voraussetzung maßgebender Wertideen und Forderung wertfreier Wissenschaft) in einem ganz anderen Licht erschienen. Was Weber mit seiner Reflexion auf die »maßgebenden Wertideen« klarstellen wollte, hat er schon in der Abhandlung über Die Objektivität sozialwissenschaftlicher und sozialpolitischer Erkenntnis (1904) unmißverständlich gesagt. Die werttheoretische Formulierung ist dabei nebensächlich und wird von ihm ausdrücklich als Angleichung an den »Sprachgebrauch moderner Logiker« bezeichnet, mag es sich bei diesen »Wertideen« um so disparate Kulturerscheinungen handeln wie Religion, Geld Prostitution. Sie alle *bedeuten* etwas, nämlich für uns Menschen, und jedes dieser Kulturphänomene kann in verschiedenen Kulturen und zu verschiedenen Zeiten und für verschiedene Menschen etwas ganz Verschiedenes bedeuten, je nach dem

maßgebenden Gesichtspunkt der Beurteilung und Bewertung. Wir treten, meist unbewußt, mit bestimmten Gesichtspunkten und Wertideen an die Sache heran; der für ihre Bedeutung maßgebende Gesichtspunkt der Beurteilung kann nicht der Sache selbst, objektiv, entnommen werden. Eine wissenschaftliche Erkenntnis von Kulturvorgängen ist nur denkbar »auf der Grundlage der *Bedeutung*«, welche sie in bestimmter Beziehung für uns hat. »In *welchem* Sinn und in *welchen* Beziehungen dies der Fall ist, enthüllt uns aber kein Gesetz, denn das entscheidet sich nach den *Wertideen,* unter denen wir die ›Kultur‹ jeweils .. betrachten.« Weil Kultur vom Menschen geschaffen ist und dieser die Fähigkeit und den Willen hat, bewußt zu seiner Welt *Stellung* zu nehmen und ihr einen *Sinn* zu verleihen oder auch abzusprechen, haben die Kulturerscheinungen für uns eine positive oder negative *Bedeutung*, und auf ihr allein beruht auch ihr wissenschaftliches Interesse. Sie gehen uns etwas an, nämlich genau in dem Maße, wie wir zu ihnen Stellung nehmen, indem wir sie beurteilen und bewerten (GAzW, S. 180 ff.).

9 Vgl. auch Politik als Beruf, in: GPS, S. 63 und 443.

10 Um Webers Polemik gegen Religionsersatz zu verstehen, muß man sich daran erinnern, daß nach dem Ersten Weltkrieg religiöse Gestimmtheit zu einer Mode geworden war: man las Meister Eckart und Heiligenleben, Rilkes »Geschichten vom lieben Gott«, Dostojewski und Kierkegaard.

11 Siehe dazu H. Lübbe, Die Freiheit der Theorie, Max Weber über Wissenschaft als Beruf, in: Archiv für Rechts- und Sozialphilosophie, 1962.

12 Siehe Friedrich Wolters, Stefan George, 1930, S. 430 ff., Der Dichter und die Zeitmächte.

13 Schriften zur Soziologie und Weltanschauungslehre, Bd. I, 1923.

14 Gesammelte Schriften, Bd. IV, S. 672 f., und Bd. III, S. 160 f.

ERIC VOEGELIN

Max Weber zwischen Abschluß und Neubeginn

Was die politische Wissenschaft betrifft, so gelangte die Bewegung der Methodologie in der Person und dem Werk Max Webers zu ihrem immanent-logischen Abschluß. Eine ausführliche Charakterisierung kann in diesem Zusammenhang nicht unternommen werden. Nur einige der Züge, die ihn als Denker zwischen Abschluß und Neubeginn kennzeichnen, sollen aufgezeigt werden.

Wertfreie Wissenschaft bedeutete für Weber die Erforschung von Ursachen und Wirkungen, die Konstruktion von Idealtypen des Handelns und der Institutionen, und insbesondere die Konstruktion typischer Kausalbeziehungen. Eine solche Wissenschaft wäre nicht in der Lage, jemandem zu sagen, ob er ein Wirtschaftsliberaler oder ein Sozialist, ein konstitutioneller Demokrat oder ein marxistischer Revolutionär sein solle, aber sie könnte ihm sagen, welche Folgen es hätte, wenn er die von ihm bevorzugten Werte in die politische Praxis umsetzen wollte. Auf der einen Seite standen also die »Werte« politischer Ordnung, jenseits kritischer Wertung; auf der anderen Seite eine Wissenschaft von der Struktur der sozialen Wirklichkeit, die als technisches Wissen von einem Politiker verwertet werden konnte. Indem Weber die Frage einer »wertfreien« Wissenschaft bis zu diesem pragmatischen Punkt zuspitzte, hob er die Debatte wieder über die methodologischen Streitigkeiten hinaus auf die Ebene theoretischer Relevanz. Es verlangte ihn nach der Wissenschaft, weil er Klarheit über die Welt suchte, an der er leidenschaftlich teilnahm; es drängte ihn wieder zum Wesentlichen. Seine Wahrheitssuche kam jedoch über die Ebene des pragmatischen Handelns nicht hinaus. Denn in dem intellektuellen Klima der methodologischen Debatte mußten die »Werte« als fraglos hingenommen werden und die Suche konnte nicht bis zur Betrachtung der Ordnung vordringen. Die *ratio* der Wissenschaft erstreckte sich

Aus: Eric Voegelin, Die neue Wissenschaft der Politik. Eine Einführung, München 1959, S. 33–44. Mit freundlicher Genehmigung des Verlags Anton Pustet, München. [Titel vom Herausgeber.]

für Weber nicht auf die Prinzipien, sondern nur auf die Kausalität des Handelns.

Die neue Empfindlichkeit für theoretische Relevanz konnte sich darum nur in der Schöpfung der Kategorien von »Verantwortung« und »Dämonie« in der Politik ausdrücken. Weber erkannte die »Werte« als das, was sie waren, nämlich als ordnende Ideen für das politische Handeln, aber er verlieh ihnen den Status »dämonischer« Entscheidungen jenseits des rationalen Arguments. Die Wissenschaft konnte mit der Dämonie der Politik nur fertig werden, indem sie den Politikern die Augen für die Folgen ihrer Handlungen öffnete und indem sie an ihr Verantwortungsgefühl appellierte. Diese »Verantwortungsethik« Webers ist durchaus nicht gering zu achten. Sie zielte darauf ab, den revolutionären Eifer verbohrter politischer Intellektueller, vor allem nach 1918, zu dämpfen; sie versuchte ihnen klarzumachen, daß Ideale weder die Mittel noch die Folgen von Handlungen rechtfertigen, daß Handlung in Schuld verstrickt, und daß die Verantwortung für politische Folgen voll und ganz auf dem ruht, der sich zu ihrer Ursache macht. Darüber hinaus enthüllte sie, durch ihre Diagnose als »dämonisch«, den irrationalen Charakter der fraglosen »Werte« und stellte fest, daß die Politik der Zeit in der Tat zu einem Feld dämonischer Unordnung geworden war. Die glatte Geschmeidigkeit, mit der dieser Aspekt des Weberschen Werkes von denen, die er angeht, ignoriert wurde und noch wird, ist der beste Beweis für seine Wichtigkeit.

Hätte Weber lediglich aufgedeckt, daß eine »wertfreie« politische Wissenschaft keine Ordnungswissenschaft ist und daß »Werte« dämonische Entscheidungen sind, so könnte die Größe seines Werkes (die mehr geahnt als begriffen wird) bezweifelt werden. Sein Aufstieg zum Wesen hätte dort Halt gemacht, wo der Seitenweg abzweigt, der heute »Existenzialismus« genannt wird – ein Ausweg für die Ratlosen, der in der jüngsten Vergangenheit durch das Werk Sartres internationale Mode wurde. Weber ging jedoch sehr viel weiter – wenn auch der Interpret seines Werkes sich in der schwierigen Lage befindet, daß er die positive Leistung aus den intellektuellen Konflikten und Widersprüchen, in die Weber sich verwickelt hat, herauslösen muß.

Das Abtasten des soeben beschriebenen Problems einer wertfreien Wissenschaft nötigt zu mehr als einer Frage. Webers Auffassung der Wissenschaft implizierte z. B., daß eine soziale Beziehung zwischen Wissenschaftler und Politiker bestehe, wie sie in der Institution einer Universität lebendig wird, wenn der Wissenschaftler als Lehrer seine Studenten, die zukünftigen *homines politici*, über die Struktur der politischen Wirklichkeit unterweist. Nun mag die Frage gestellt werden:

was ist der Zweck dieser Unterweisung? Webers Wissenschaft ließ ja angeblich die politischen Werte der Studenten unangetastet, da Werte jenseits der Wissenschaft lägen. Da sie sich nicht auf politische Prinzipien erstreckte, konnte die Wissenschaft nicht jene der Studenten formen. Konnte sie aber vielleicht indirekt die Studenten anregen, ihre Werte zu revidieren, wenn sie gewahr würden, welch ungeahnte und vielleicht unerwünschte Konsequenzen ihre politischen Ideen in der Praxis hätten? In diesem Fall aber dürften die Werte der Studenten nicht als so dämonisch fixiert angenommen werden, daß ein Aufruf zum Urteilen nicht mehr möglich wäre. Und was könnte ein Urteil, durch das ein Wert dem andern Wert vorgezogen würde, anders sein als ein Werturteil? Waren also rationale Werturteile doch möglich? Das Lehren einer wertfreien politischen Wissenschaft an einer Universität wäre ein sinnloses Unterfangen, wenn es nicht darauf abzielte, die Werte der Studenten dadurch zu beeinflussen, daß ihnen ein objektives Wissen von der politischen Wirklichkeit vermittelt wird. In seiner Eigenschaft als der große Lehrer strafte Weber die Ideen Lügen, die er über die Werte als dämonische Entscheidungen entwickelt hatte.

Inwieweit Webers Methode des Lehrens wirksam werden konnte, ist eine andere Frage. Denn erstens war sie ein Lehren auf indirekte Weise, da Weber eine eindeutige Darlegung positiver Ordnungsprinzipien vermied; und zweitens hätte selbst das Lehren durch direkte Erörterung der Prinzipien nicht wirksam werden können, wenn der Student in seiner Stellungnahme tatsächlich dämonisch fixiert war. Weber als Erzieher konnte nur an das Gefühl einer letzten Scheu (an die aristotelische *aidos*) im Studenten appellieren, um ihn zu rationalen Überlegungen zu bewegen. Wie aber, wenn der Student ein solches Gefühl gar nicht hatte? Wenn der Appell an seinen Verantwortungsgeist ihm nur Unbehagen verursachte, ohne einen Gesinnungswandel herbeizuführen? Oder wenn der Appell nicht einmal Unbehagen auslöste, sondern nur den Hörer bewegte, auf das zurückzufallen, was Weber »Gesinnungsethik« nannte, nämlich auf die These, sein Glaube enthielte in sich die eigene Rechtfertigung, so daß die Folgen nicht zählten, wenn die Absicht der Handlung richtig war? Diese Frage hat Weber ebenfalls nicht geklärt. Als Musterbeispiel der »Gesinnungsethik« verstand er eine, nicht gerade glücklich definierte, christliche »überweltliche« Moral; die Frage, ob die dämonischen Werte nicht vielleicht gerade deshalb dämonisch seien, weil sie »gesinnungsethischen«, nicht »verantwortungsethischen« Charakter haben, weil sie sich den Charakter göttlichen Auftrags für einen menschlichen Wunschtraum anmaßten – dieses Problem hat Weber nie berührt. Eine Diskussion solcher Fragen wäre nur auf der Ebene der philosophischen Anthropologie möglich gewesen, vor der Weber zurückscheute. Wenn er aber auch vor einer Diskussion zurückschreckte, so hatte er sich doch durch die bloße Tatsache seines Unternehmens entschieden, in die rationale Auseinandersetzung mit den Werten einzutreten.

Der Konflikt der *ratio* mit den fraglosen Werten politischer Intellektueller hatte seinen Ursprung im Unternehmen einer objektiven Wissenschaft von der Politik. Die ursprüngliche Konzeption einer wertfreien Wissenschaft löste sich auf. Für die Methodologen vor Max Weber konnte eine historische und soziale Wissenschaft wertfrei sein, weil ihr Objekt durch die »wertbeziehende Methode« konstituiert wurde; innerhalb des so konstituierten Bereiches sollte dann der Wissenschaftler ohne Werturteile arbeiten. Weber sah, daß es in der Politik seiner Zeit eine Vielzahl widerstreitender »Werte« gab; jeder von ihnen konnte verwendet werden, um ein »Objekt« zu konstituieren. Das Ergebnis war dann der schon erwähnte Relativismus. Die politische Wissenschaft wurde zu einer Apologie dubioser Vorstellungen politischer Intellektueller herabgewürdigt. Wie vermied nun Weber eine solche Degradierung (denn er vermied sie in der Tat)? Wenn keiner der sich widerstreitenden Werte für ihn den Bereich der Wissenschaft konstituierte, wenn er sich seine Integrität gegenüber den politischen Werten des Tages bewahrte, welches waren dann die Werte, die seine Wissenschaft begründeten? Eine erschöpfende Antwort auf diese Fragen würde über den Rahmen der vorliegenden Studie hinausgehen. Nur das Prinzip seines Verfahrens soll veranschaulicht werden.

Die »Objektivität«, soweit Webers Wissenschaft sie aufweist, konnte sich nur von den authentischen Ordnungsprinzipien, wie sie in der Menschheitsgeschichte entdeckt und erarbeitet waren, herleiten. Da in der geistigen Situation Webers die Existenz einer Ordnungswissenschaft nicht zugegeben werden konnte, mußte ihr Inhalt (oder soviel davon wie möglich) dadurch eingeführt werden, daß man die historischen Ausdrücke, die er gefunden hatte, als Tatsachen und Kausalfaktoren in der Geschichte anerkannte. Während Weber als Methodologe der wertfreien Wissenschaft bekannte, er verfüge über keine Beweise gegen einen politischen Intellektuellen, der sich »dämonisch« dem Marxismus als dem von ihm erwählten Wert verschrieben hatte, untersuchte er als empirischer Soziologe die protestantische Ethik und demonstrierte, daß religiöse Überzeugungen in der Entwicklung des Kapitalismus eine ausschlaggebende Rolle gespielt haben, und nicht etwa umgekehrt die Wirtschaftsethik durch die Produktionsverhältnisse bestimmt war. Auf den vorangegangenen Seiten wurde wiederholt betont, daß die methodische Willkür nicht in völlige Irrelevanz wissenschaftlichen Arbeitens ausartete, weil der Druck theoretischer Traditionen ein ausschlaggebender Faktor in der Auswahl des Materials und der Probleme blieb. Dieser Druck, könnte man sagen, wurde von Weber zu einem Prinzip erhoben. Die drei Bände seiner Religionssoziologie z. B. warfen gewaltige Massen mehr oder weniger klar gesehener Wahrheiten über die menschliche und soziale Ordnung in die Debatte über die Struktur der Realität. Dadurch, daß er die unbestreitbare Tatsache herausstellte, daß Wahrheiten über die Ordnung – und nicht etwa nur Macht und Reichtum oder Furcht und Täuschung – Faktoren in der Ordnung der Realität sind, konnte ansatzweise so etwas wie eine Rationalität der Wissenschaft zurückgewonnen werden, wenn die Prinzipien auch nur durch die Hintertüre des »Glaubens«, an dem sich das Handeln orientiert, Einlaß fanden und darum nur indirekt in Konflikt mit Webers »Werten« der Zeit geraten konnten.

Weber kümmerte sich nicht um die theoretischen Schwierigkeiten, in die sein Vorgehen ihn verwickelte. Wenn die »objektive« Untersuchung historischer Prozesse z. B. ergab, daß die materialistische Geschichtsauffassung falsch war, dann gab es offenbar einen Standard der Objektivität, nach dem die Konstitution des Gegenstandes der Wissenschaft durch die »Beziehung« von Tatsachen und Problemen auf den »Wert« eines Marxisten nicht zulässig war; oder – um es ohne methodologischen Jargon zu sagen – ein Gelehrter durfte nicht Marxist sein. Wenn aber die kritische Objektivität es einem Wissenschaftler verbot, Marxist zu sein, konnte dann überhaupt irgend jemand Marxist sein, ohne die Rationalität aufzugeben, zu der er als verantwortlicher Mensch verpflichtet war? Auf solche Fragen finden sich in Webers Werk keine Antworten. Die Zeit war noch nicht gekommen, in der man klipp und klar hätte aussprechen dürfen, der »historische Materialismus« sei nicht eine Theorie, sondern eine Verfälschung der Geschichte, oder ein »materialistischer« Interpret der Politik sei ein Ignorant, der die Elemente der Wissenschaft nicht beherrsche. Als zweite Komponente in der »Dämonie« der Werte beginnt sich, von Weber nicht als solche erkannt, eine kräftige Portion von Unwissenheit herauszustellen; und der politische Intellektuelle, der »dämonisch« die Entscheidung für seinen Wert trifft, nimmt bedenklich die Gestalt eines größenwahnsinnigen Ignoranten an. Es scheint fast, daß »Dämonie« eine Eigenschaft ist, die ein Mensch im umgekehrten Verhältnis zum Radius seines relevanten Wissens besitzt.

Der gesamte Ideenkomplex – von »Werten«, »Wertbeziehung«, »Werturteilen« und »wertfreier Wissenschaft« – schien in Auflösung begriffen zu sein. Weber hatte eine »Objektivität« der Wissenschaft wiedergewonnen, die sich offensichtlich nicht mehr in das Schema der methodologischen Debatte einfügte. Und trotzdem konnten nicht einmal seine religionssoziologischen Studien ihn bewegen, den entscheidenden Schritt auf eine Ordnungswissenschaft hin zu tun. Der letzte Grund seines Zögerns, wenn nicht seiner Furcht, bleibt undurchsichtig im Werk; aber der Punkt, an dem er Halt machte, ist klar erkennbar. Seine religionssoziologischen Studien haben, abgesehen von anderen Gründen, immer als eine *tour de force* Bewunderung hervorgerufen. Die Fülle des Materials, das er in diesen umfangreichen Studien über den Protestantismus, den Konfuzianismus, den Taoismus, den Hinduismus, Buddhismus, Jainismus und das Judentum, die noch durch eine Abhandlung über den Islam vervollständigt werden sollten, verarbeitete, ist in der Tat achtunggebietend. Angesichts einer so gewaltigen Leistung ist vielleicht nicht genügend beachtet worden, daß die Reihe dieser Untersuchungen ihren Gesamtton von einem bezeichnenden Verzicht empfängt – von dem Verzicht auf das vorreformatorische Christentum. Der Grund für diese Auslassung dürfte durch die folgende Überlegung klar werden: Man kann sich kaum ernsthaft mit dem Studium des mittelalterlichen Christentums befassen, ohne unter seinen »Werten« den Glauben an eine rationale Wissenschaft von der menschlichen und sozialen Ordnung und vor allem vom Naturrecht zu entdecken. Ja noch mehr: Diese Wissenschaft war nicht nur eine Sache des »Glaubens«, daß sie geschaffen werden könnte, sie war in der Tat als ein Werk der Vernunft durchgearbeitet vorhanden. Hier wäre Weber auf das Faktum der Ordnungswissenschaft gestoßen, ebenso wie er darauf gestoßen wäre, wenn er sich ernsthaft mit der griechischen Philosophie befaßt hätte. Webers Bereitschaft, Ordnungswahrheiten als historische Tatsachen einzuführen, machte halt vor der griechischen und der mittelalterlichen Metaphysik. Um die politische Wissenschaft eines Platon, Aristoteles oder Thomas zu »Werten« unter anderen herabzuwürdigen, hätte ein gewissenhafter Gelehrter erst zeigen müssen, daß ihr Anspruch auf Wissenschaftscharakter unbegründet sei. Und dieser Versuch, wenn er unternommen wird, überwindet sich selbst: denn wenn der Kritiker soweit in die Metaphysik eingedrungen ist, daß seine Kritik Gewicht hat, ist er selbst Metaphysiker geworden. Der Angriff auf die Metaphysik kann mit gutem Gewissen nur dann gewagt werden, wenn man ihn von der sicheren Distanz unvollständigen Wissens her unternimmt. Der Horizont von Webers empirischer Soziologie war außerordentlich weit; um so deutlicher werden in seiner Vorsicht, ihrem entscheidenden Kern zu nahe zu kommen, die positivistischen Schranken sichtbar.

Das Ergebnis von Webers Werk war zweideutig. Er hatte das Prinzip einer wertfreien Wissenschaft *ad absurdum* geführt. Ihr Programm, den Gegenstand der Wissenschaft durch »Wertbeziehung« zu begründen, konnte nur unter der Bedingung verwirklicht werden, daß ein Gelehrter gewillt war, sich für einen bestimmten »Wert« als Bezugspunkt zu entscheiden. Weigerte sich der Wissenschaftler aber, sich für einen »Wert« zu entscheiden, stellte er alle »Werte« gleich (wie Weber es tat), und machte er sie sogar zu sozialen Tatsachen unter anderen – dann konnten die zum Objekt gewordenen »Werte« nicht mehr das Objekt der Wissenschaft konstituieren. Diese Abschaffung der »Werte« als Konstituenten der Wissenschaft führte zu einer theoretisch unhaltbaren Situation, denn das Objekt der Wissenschaft hat ja schließlich doch eine »Konstitution«, und zwar durch das Wesen, auf das wir uns in unserer Wahrheitssuche hinbewegen. Da aber das positivistische Übel die Anerkennung einer Wissenschaft vom Wesen, einer echten *episteme*, nicht zuließ, mußten die Ordnungsprinzipien als historische Fakten eingeführt werden. Als Weber das große Gebäude seiner »Soziologie« (d. h. der positivistischen Flucht vor der Ordnungswissenschaft) errichtete, behandelte er keineswegs alle »Werte« als gleich. Er legte nicht eine wertlose Sammlung von Nichtigkeiten an, sondern wählte sinnvoll die Phänomene, die in der Menschheitsgeschichte »wichtig« waren; er konnte sehr wohl zwischen Hochkulturen und Nebenentwicklungen, zwischen »Weltreligionen« und unbedeutenden religiösen Phänomenen, unterscheiden. Wenn ihm auch ein durchdachtes Prinzip der Theoretisierung fehlte, so ließ er sich doch nicht von »Werten« leiten, sondern von der *auctoritas majorum* und von seinem eigenen Gefühl für das Bedeutende.

Max Webers Werk kann als ein Versuch bezeichnet werden, die politische Wissenschaft aus der Verstrickung in die Irrelevanz der Methode zu befreien und ihr wieder zu theoretischer Ordnung zu verhelfen. Die neue Theorie, um die er sich bemühte, konnte jedoch nicht klare Gestalt finden, weil er mit peinlicher Genauigkeit das positivistische Tabu gegenüber der Metaphysik beachtete. Durch Webers Bemühungen um theoretische Klarheit wurde jedoch etwas anderes klar. Durch sein ganzes Werk hindurch kämpfte er um die Gestaltung seiner Theorie durch die Konstruktion von »Typen«. Die verschiedenen Phasen, durch die der Kampf hindurch ging, können hier nicht behandelt werden. In der letzten Phase verwandte er Typen »rationalen Handelns« als Standardtypen und konstruierte dann weitere Typen der Abweichungen vom Standard der Rationalität. Dieses Verfahren war dadurch motiviert, daß Weber die Geschichte als eine Entwicklung zur Rationalität und seine eigene Zeit als den Höhepunkt der »rationalen Selbstbestimmung« des Menschen verstand. In verschiedenen Graden der Vollständigkeit führte er diesen Gedanken aus für die Wirtschaftsgeschichte, die politische Geschichte und die Religionsgeschichte und sehr erschöpfend für die Musikgeschichte. Die Grundkonzeption leitete sich offensichtlich von Comtes Geschichtsphilosophie her; und Webers eigene Geschichtsdeutung könnte zu Recht als das letzte der großen positivistischen Systeme verstanden werden. Bei Webers Durchführung des Themas wird jedoch ein neues Motiv vernehmbar. Für Comte war der Gang der Menschheit von der Theologie über die Metaphysik zur Rationalität der positiven Wissenschaft eine eindeutig progressive Entwicklung; für Weber war er ein Prozeß der Entzauberung und Entgöttlichung der Welt. Durch den Unterton seines Bedauerns über das Schwinden des göttlichen Zaubers aus der Welt, durch sein resigniertes Anerkennen des Rationalismus als eines Schicksals, das zwar zu tragen aber nicht zu wünschen sei, durch die gelegentliche Klage darüber, daß seine Seele religiös unmusikalisch sei, verriet er seine Bruderschaft im Leiden Nietzsches – wenn auch, trotz seiner Konfession, seine Seele ausreichend religiös musikalisch war, um nicht Nietzsche in dessen tragische Revolte zu folgen. Er wußte, wonach es ihn verlangte, aber er konnte nicht dahin gelangen; er sah das gelobte Land, aber er durfte es nicht betreten.

Bibliographie

Diese Literaturaufstellung versteht sich ausschließlich als Hilfestellung für die weitere Beschäftigung mit dem Werk Max Webers. Es wurden bei der Sekundärliteratur einzig Arbeiten aufgenommen, die seit 1945 erschienen sind, sich ausschließlich mit dem Gesamtwerk Max Webers beschäftigen und leicht zugänglich sind, d. h. keine Zeitschriftenartikel, keine Dissertationen/Habilitationen.

I. Schriften Max Webers

Weber, Max, Die römische Agrargeschichte, in ihrer Bedeutung für das Staats- und Privatrecht, Stuttgart 1891. (Nachdruck: Amsterdam 1962.)

ders., Die Verhältnisse der Landarbeiter im ostelbischen Deutschland. Dargestellt auf Grund der vom Verein für Sozialpolitik veranstalteten Erhebung: Die Verhältnisse der Landarbeiter in Deutschland, Bd. 3 (Schriften des Vereins für Sozialpolitik, Bd. 55), Leipzig 1892

ders., Die Ergebnisse der deutschen Börsenenquete, in: Zeitschrift für das gesamte Handelsrecht, Hefte 43 (1895), 44(1896), 45(1896)

ders., Kapitalismus und Agrarverfassung, in: Zeitschrift für die gesamte Staatswissenschaft, 108 (1952), S. 431–452. (Übers. der engl. Fassung des 1904 auf der Weltausstellung in St. Louis gehaltenen Vortrags: »Deutsche Agrarprobleme in Vergangenheit und Gegenwart.«)

ders., Wirtschaftsgeschichte. Abriß der universalen Sozial- und Wirtschaftsgeschichte, hrsg. v. Siegmund Hellmann und Melchior Palyi, 3., erg. Aufl. hrsg. v. Johannes Winckelmann, Berlin/München 1958

ders., Gesammelte Aufsätze zur Sozial- und Wirtschaftsgeschichte, hrsg. v. Marianne Weber, Tübingen 1924

ders., Gesammelte Aufsätze zur Soziologie und Sozialpolitik, hrsg. v. Marianne Weber, Tübingen 1924

ders., Jugendbriefe 1876–1893, hrsg. v. Marianne Weber, Tübingen 1936

ders., Gesammelte Aufsätze zur Wissenschaftslehre, 3., erw. Aufl. hrsg. v. Johannes Winckelmann, Tübingen 1968

ders., Wirtschaft und Gesellschaft. Grundriß der verstehenden Soziologie, 4., neu hrsg. Aufl. v. Johannes Winckelmann, 2 Bde, Tübingen 1956

ders., Gesammelte Politische Schriften, neu hrsg. v. Johannes Winckelmann, 3. Aufl. Tübingen 1971

ders., Rechtssoziologie, hrsg. v. Johannes Winckelmann, Neuwied 1960

ders., Gesammelte Aufsätze zur Religionssoziologie, 3 Bände, Tübingen 1963 (Neudruck)

ders., Wirtschaft und Gesellschaft. Grundriß der verstehenden Soziologie, Studienausgabe, hrsg. v. Johannes Winckelmann, 2 Bde, Köln/Berlin 1964

ders., Die protestantische Ethik. Eine Aufsatzsammlung, hrsg. v. Johannes Winckelmann, München/Hamburg² 1969

ders., Die protestantische Ethik. Kritiken und Antikritiken, hrsg. v. Johannes Winckelmann, München/Hamburg 1968

II. Bibliographische Übersichten

Gerth, Hans H., and Gerth, Hedwig Ide, Bibliography on Max Weber. Social Research, vol. 16. Nr. 1 (1949), pp. 70–89

Hufnagel, Gerhard, Kritik als Beruf. Der kritische Gehalt im Werk Max Webers, Frankfurt a. M. 1971, Literaturverz. S. 363–423

Winckelmann, Johannes (Hrsg.), Max Weber. Soziologie. Weltgeschichtliche Analysen. Politik, 4. Aufl. Stuttgart 1968, Schriftenverzeichnis S. 490–510

(Eine erschöpfende, nach Sparten aufgegliederte Bibliographie wird seit einigen Jahren im Max-Weber-Institut der Universität München vorbereitet und umfaßt bis jetzt bereits einige hundert Titel.)

III. Ausgewählte Sekundärliteratur

Abramowski, Günter, Das Geschichtsbild Max Webers. Universalgeschichte am Leitfaden des okzidentalen Rationalisierungsprozesses, Stuttgart 1966

Baumgarten, Eduard, Max Weber. Werk und Person. Dokumente, ausgewählt und kommentiert v. E. Baumgarten, Tübingen 1964

Bendix, Reinhard, Max Weber. Das Werk. Darstellung-Analyse-Ergebnisse, München 1964

Engisch, Karl (Hrsg.), Pfister, Bernhard (Hrsg.), Winckelmann, Johannes (Hrsg.), Max Weber. Gedächtnisschrift der Ludwig-Maximilians-Universität München zur 100. Wiederkehr seines Geburtstages 1964, Berlin 1966

Ferber, Christian von, Die Gewalt in der Politik. Auseinandersetzung mit Max Weber, Stuttgart/Berlin/Köln/Mainz 1970

Freund, Julien, Sociologie de Max Weber, Paris 1966

Henrich, Dieter, Die Einheit der Wissenschaftslehre Max Webers, Tübingen 1952

Hufnagel, Gerhard, Kritik als Beruf. Der kritische Gehalt im Werk Max Webers, Frankfurt/Berlin/Wien 1971

Jaspers, Karl, Max Weber. Politiker-Forscher-Philosoph, München 1958

König, René (Hrsg.), Winckelmann, Johannes (Hrsg.), Max Weber zum Gedächtnis. Materialien und Dokumente zur Bewertung von Werk und Persönlichkeit, in: Kölner Zeitschrift für Soziologie und Sozialpsychologie, Sonderheft 7, Köln/Opladen 1963

Löwenstein, Karl, Max Webers staatspolitische Auffassungen in der Sicht unserer Zeit, Frankfurt/Bonn 1965

Mitzzmann, Artur, The Iron Cage. An Historical Interpretation of Max Weber, New York 1970

Miller, Seymour Michael, Max Weber, New York 1963

Mommsen, Wolfgang J., Max Weber und die deutsche Politik 1890–1920, Tübingen 1959

Mühlmann, Wilhelm E., Max Weber und die Rationale Soziologie, Tübingen 1966

Stammer, Otto (Hrsg.), Max Weber und die Soziologie heute. Verhandlungen des 15. Deutschen Soziologentages, Tübingen 1965

Weber, Marianne, Max Weber. Ein Lebensbild, 2. Aufl. Heidelberg 1950

Winckelmann, Johannes, Legitimität und Legalität in Max Webers Herrschaftssoziologie, Tübingen 1952

ders., Gesellschaft und Staat in der verstehenden Soziologie Max Webers, Berlin 1957

Zeittafel

1864 21. April: Max Weber wird in Erfurt geboren.
Der Wiener Friede beendet den preußisch-österreichischen Krieg gegen Dänemark.
Gründung der Ersten Internationale in London mit Karl Marx als Vorsitzendem.
Päpstliche Enzyklika »Quanta cura«, die sich gegen zeitgenössische Anschauungen über die Religion richtet; beigefügt ist ein Verzeichnis aller Irrlehren (»Syllabus errorum«), wie Pantheismus, Naturalismus, Rationalismus, Liberalismus.

1865 Ende des amerikanischen Sezessionskrieges.
Gründung des »Allgemeinen Deutschen Frauenvereins« durch Luise Otto-Peters und Auguste Schmidt.
Gregor Mendel veröffentlicht »Versuche über Pflanzenhybriden«.
Die Wirtschaftsunternehmen Dyckerhoff & Widmann und die Badische Anilin- und Sodafabrik (BASF) werden gegründet.

1866 Max Weber erkrankt an einseitiger Meningitis.
Im »Bruderkrieg« Preußens gegen Österreich siegt Preußen.
Gründung des Norddeutschen Bundes durch Preußen.
Abspaltung der bismarckfreundlichen »Nationalliberalen« von der »Fortschrittspartei« unter Führung von Bennigsen und Miquel.

1867 Bismarck wird Bundeskanzler des Norddeutschen Bundes.
Die »Freikonservative Partei« (für Bismarck) spaltet sich in Preußen von der »Konservativen Partei« (gegen Bismarck) ab.
Die ersten Sozialdemokraten ziehen in das Parlament ein.
Karl Marx: »Das Kapital. Kritik der politischen Ökonomie«, Bd. I.
Werner v. Siemens baut die erste Dynamomaschine.

1868 Alfred Weber, Bruder Max Webers, wird geboren.
Die süddeutschen Staaten beteiligen sich an einem Deutschen Zollparlament in Berlin.

1869 Max Weber sen. wird besoldeter Stadtrat in Berlin und läßt sich in Charlottenburg nieder.
August Bebel und Wilhelm Liebknecht gründen die »Sozialdemokratische Arbeiterpartei«. Anschluß an die Erste Internationale (Erfurter Programm).
Der »Allgemeine Deutsche Arbeiterverband« wird gegründet.
Friedrich Nietzsche wird Professor der klassischen Philologie an der Universität Basel.
Die Grusonwerke in Magdeburg (Produktion von Panzertürmen und Gußgranaten für fast alle Militärstaaten) werden gegründet; Verkauf an Friedrich Krupp 1893.

1870 Karl Weber, Bruder Max Webers, wird geboren.
Marianne Schnitger, Max Webers sen. Großnichte und später Frau Max Webers jun., wird geboren.
Beginn des Deutsch-Französischen Krieges.
Rosa Luxemburg wird geboren.
Auf dem Vatikanischen Konzil wird das Dogma von der Unfehlbarkeit päpstlicher Ex-cathedra-Entscheidungen verkündet.

Heinrich Schliemann beginnt die Ausgrabungen des antiken Troja.

1871 Gründung des Deutschen Reiches. Wilhelm I. von Preußen wird Deutscher Kaiser. Bismarck wird Reichskanzler.

Friede von Frankfurt.

Charles Darwin: »Die Abstammung des Menschen«.

August Thyssen eröffnet ein Band- und Stabeisenwerk.

1872 Beginn des »Kulturkampfes«.

Das »Strafgesetzbuch für das Deutsche Reich« tritt in Kraft.

1873 Deutschland, Österreich und Rußland schließen das Dreikaiser-Abkommen.

Der »Verein für Sozialpolitik« wird von den sog. Kathedersozialisten (Wagner, Schmoller, Lujo Brentano, Knapp u. a.) gegründet.

1875 Clara Weber, Schwester Max Webers, wird geboren.

Vereinigung der Anhänger Lassalles und der Marxisten zur »Sozialistischen Arbeiterpartei Deutschlands« (Gothaer Programm) unter der Führung von August Bebel und Wilhelm Liebknecht.

Der »Zentralverband der Industrie« (Interessenvertretung der Schwerindustrie) wird gegründet.

1876 Gründung der »Deutschen Konservativen Partei«.

Adolph Wagner: »Grundlegung der politischen Ökonomie«.

Der erste Viertakt-Verbrennungsmotor (»Otto-Motor«) wird gebaut.

Carl v. Linde baut die erste Kompressions-Kältemaschine.

1877 Max Weber schreibt die Aufsätze: »Über den Hergang der deutschen Geschichte, namentlich in Rücksicht auf die Stellung von Kaiser und Papst« und »Über die römische Kaiserzeit von Konstantin bis zur Völkerwanderung«.

Arthur Weber, Bruder Max Webers, wird geboren.

Beginn des russisch-türkischen Krieges.

Die Sozialdemokraten erhalten in den deutschen Reichstagswahlen rund 9 Prozent der Stimmen.

Die Werft Blohm & Voß AG wird gegründet.

1878 Attentate auf Kaiser Wilhelm I. und Bismarck lösen das gegen die Sozialdemokratie gerichtete »Sozialistengesetz« aus.

Übergang zur »Schutzzollpolitik«.

Adolf Stoecker und Adolph Wagner gründen die »Christlichsoziale Arbeiterpartei«.

Friedrich Engels: »Herrn Eugen Dührings Umwälzung der Wissenschaft.«

1879 Max Weber schreibt den Aufsatz »Betrachtungen über Völkercharakter, Völkerentwicklung und Völkergeschichte bei den indo-germanischen Nationen.«

Zweibund Österreich-Deutschland.

Heinrich v. Treitschke: »Deutsche Geschichte im 19. Jahrhundert«.

Werner v. Siemens baut die erste Elektro-Lokomotive.

1880 Lili Weber, Schwester Max Webers, wird geboren.

Oswald Spengler wird geboren.

Adolf v. Baeyer eröffnet den Weg zur industriellen Synthese des Indigo-Farbstoffes.

1881 Neutralitätsvertrag zwischen Deutschland-Österreich und Rußland.

Die Sozialgesetzgebung Bismarcks beginnt.

Leopold v. Ranke: »Weltgeschichte.«

1882 Max Weber besteht in Berlin das Abitur. Erstes Semester der Jurisprudenz, Geschichte, Nationalökonomie, Philosophie an der Universität Heidelberg. Er hört bei Immanuel Bekker, Karl Knies, Kuno Fischer, u. a. Bei den »Alemannen« tritt er als Konkneipant ein. Befreundet sich mit Otto Baumgarten, seinem Straßburger Vetter, der sein Theologiestudium in Heidelberg abschließt. Besuche bei seinem Onkel Hermann Baumgarten in Straßburg.

Erweiterung des Zweibundes zum Dreibund durch den Beitritt Italiens.

Robert Koch entdeckt den Tuberkelbazillus und (1883) den Erreger der Cholera.

Erste Fernübertragung elektrischen Stroms über die 57-km-Strecke Miesbach–München.

1883 Max Weber beteiligt sich aktiv am Verbindungsleben der »Alemannen«. Er beginnt als Einjähriger mit seiner Militärzeit in Straßburg; enge Freundschaft mit Hermann Baumgarten und dessen Familie.

Einführung der staatlichen Kranken- und Zwangsversicherung.

August Bebel: »Die Frau und der Sozialismus.«

Friedrich Nietzsche: »Also sprach Zarathustra.«

Rudolf Sohm: »Institutionen des römischen Rechts«.

Hermann Baumgarten: »Treitschkes deutsche Geschichte.«

Karl Marx gestorben.

Gründung der Vorläuferin der AEG durch Emil Rathenau.

1884 Max Weber wird, als Einjährig-Freiwilliger, Korporalschaftsführer.

Beginn der deutschen Kolonialpolitik in Deutsch-Ostafrika, Südwestafrika, Togo, Neuguinea, im Bismarck-Archipel und auf den Marschallinseln.

Reichstagswahlen: weiterhin dominierende Stellung des Zentrums, die Deutsch-Freisinnigen verlieren, die Sozialdemokraten gewinnen an Mandaten.

Friedrich Engels: »Der Ursprung der Familie, des Privateigentums und des Staates«.

Gustav A. Wayss erwirbt das Patent für »Eisenbeton« (heute Stahlbeton) und gründet ein Unternehmen zu dessen Verwertung in der Bautechnik (heute Wayss &Freitag AG).

Die Brüder Mannesmann erfinden ein Verfahren zur Herstellung nahtloser Röhren.

1885 Max Weber studiert im Wintersemester und im Sommersemester in Berlin (4. und 5. Semester). Hört bei: Beseler, Aegidy, v. Gneist, Brunner, Gierke, Goldschmidt, Treitschke, Mommsen. Im April erste militärische Übung in Straßburg.

Karl Marx: »Das Kapital«, Bd. II (hrsg. v. Engels).

Theodor Mommsen: »Römische Geschichte«, Bd. V.

August Weismann weist als Biologe nach, daß erworbene Eigenschaften nicht vererbt werden.

1886 Max Weber bereitet sich im Wintersemester 1885/86 (6. Sem.) auf das Referendarexamen vor. Examen im Mai in Göttingen. Von 1886 bis 1893 im Elternhaus in Berlin-Charlottenburg.

Ende des Dreikaiser-Abkommens.

Beendigung des »Kulturkampfes«.

Schrittweise Aufhebung der »Maigesetze«.
Die Ostmarkenvorlage (ein Ansiedlungsgesetz für die Provinzen Posen und Westpreußen zur Stärkung des Deutschtums) verabschiedet.
Leopold v. Ranke stirbt.
S. Fischer-Verlag wird in Berlin gegründet.
Carl Benz bekommt das Patent für seinen »Motorwagen«.

1887 Max Weber macht seine zweite Offiziersübung in Straßburg. Während seiner Referendarzeit in Berlin Zusammentreffen mit Nationalökonomen, Sozialpolitikern und Theologen im Elternhaus. Doktorand bei Goldschmidt.
Rückversicherungsvertrag zwischen Deutschland und Rußland tritt in Kraft.

1888 Max Weber absolviert seine dritte militärische Übung in Posen. Der dortige Landrat Nollau verschafft ihm Einblick in die preußische Ansiedlungspolitik, wie sie seit der Ostmarkenvorlage betrieben wird. Weber wird Mitglied des »Vereins für Sozialpolitik«.
Thronbesteigung Wilhelm II. nach Tod seines Großvaters, Wilhelm I., und seines Vaters, Friedrich III.
Rudolf Eucken: »Die Einheit des Geisteslebens in Bewußtsein und Tat der Menschheit.«
Erstes Erscheinen des »Archivs für soziale Gesetzgebung und Statistik, Vierteljahresschrift zur Erfassung der gesellschaftlichen Zustände aller Länder«, hrsg. v. H. Braun.
Beginn der drahtlosen Nachrichtentechnik durch Heinrich Hertz.

1889 Max Weber promoviert mit »magna cum laude« bei Goldschmidt und Gneist über die »Entwicklung des Solidarhaftprinzips und des Sondervermögens der offenen Handelsgesellschaft aus den Haushalts- und Gewerbegemeinschaften in den italienischen Städten« (publiziert bei Kröner, Stuttgart 1889). – Sie bildet das dritte Kapitel einer größeren Arbeit »Zur Geschichte der Handelsgesellschaften im Mittelalter. Nach südeuropäischen Quellen« (F. Enke, Stuttgart 1889).
Gründung der Zweiten Internationale in Paris.
Großer Ruhrstreik bewirkt Lohnerhöhungen und Arbeitszeitverkürzungen.
Invaliditäts- und Altersversicherung gesetzlich geregelt.
Otto Lilienthal: »Der Vogelflug als Grundlage der Fliegerkunst.«
Adolf Hitler geboren.

1890 Max Weber wählt frei-konservativ bei den Reichstagswahlen. Er beteiligt sich am »1. Evangelisch-sozialen Kongreß«; Kontakte mit Paul Göhre, Friedrich Naumann, Adolf v. Harnack. Mitarbeit bei der »Christlichen Welt« (hrsg. v. Martin Rade). Er erhält vom »Verein für Sozialpolitik« den Auftrag, in der vom Verein geplanten »Landarbeiterenquete« die ostelbischen Gebiete zu bearbeiten.
Wilhelm II. entläßt Bismarck als Kanzler; Caprivi wird Nachfolger.
Der Rückversicherungsvertrag wird nicht verlängert.
Reichstagswahlen: 73 Konservative, 20 Reichspartei, 42 Nationalliberale, 66 Deutsch-Freisinnige, 106 Zentrum, 16 Polen, 35 Sozialdemokraten, 10 Volkspartei, 11 Welfen, 10 Elsässer, 1 Däne, 3 Antisemiten, 2 Parteilose.
Aufhebung des Sozialistengesetzes. Umbildung der Sozialistischen Ar-

beiterpartei zur Sozialdemokratischen Partei Deutschlands (SPD) unter August Bebel.
Die Freien Gewerkschaften haben 13 000 Mitglieder.

1891 Max Weber übernimmt redaktionelle Arbeiten für das von seinem Vetter Otto Baumgarten gegründete Blatt »Evangelisch-soziale Zeitfragen«. Vergebliche Bewerbung um eine Syndikusstelle bei der Stadt Bremen. Beendigung der Habilitation bei Meitzen über: »Die römische Agrargeschichte in ihrer Bedeutung für das Staats- und Privatrecht.«
Gründung des »Alldeutschen Verbandes«.
Proklamation des »Erfurter Programms« der SPD (Verfasser: Karl Kautsky und Eduard Bernstein).
Päpstliche Enzyklika »rerum novarum«, die die Sozialpolitik der katholischen Kirche festlegt.
Friedrich Engels: »Die Entwicklung des Sozialismus von der Utopie zur Wissenschaft.«

1892 Max Weber vertritt den erkrankten Goldschmidt durch Vorlesungen und Übungen über Handelsrecht an der Berliner Universität. Auswertung der Enquete über »Die Verhältnisse der Landarbeiter im ostelbischen Deutschland«. Verlobung mit Marianne Schnitger.
August Bebel: »Christentum und Sozialismus.«
Wilhelm Windelband: »Lehrbuch der Geschichte der Philosophie.«

1893 Max Weber bekommt einen Ruf als Ordinarius für Nationalökonomie an der Universität Freiburg; an der Universität Berlin wird ein Ruf als Ordinarius für Handelsrecht erwogen. Intrigen des Ministerialdirektors Althoff gegen die Freiburger Berufung. Weber berichtet auf einer Tagung des »Vereins für Sozialpolitik« über die Landarbeiterenquete in den ostelbischen Provinzen. Auftrag vom »Evangelisch-sozialen Kongreß«, zusammen mit Paul Göhre eine zweite Enquete zu veranstalten. Weber tritt dem »Alldeutschen Verband« bei, hält dort Vorträge über die »Polenfrage«. Sein Onkel Hermann Baumgarten stirbt. Eheschließung mit Marianne Schnitger.
Auflösung des Reichstages. Spaltung der »Deutsch-Freisinnigen Partei«. Der neugebildete Reichstag nimmt die »Militärvorlage« an (Verstärkung des Heeres, zweijährige Dienstpflichtzeit). Gründung des »Bundes der Landwirte«.
Dritter Internationaler Sozialistischer Arbeiterkongreß in Zürich.
Vierter Evangelisch-sozialer Kongreß. Tagung des »Vereins für Sozialpolitik«.
Gründung des Rheinisch-Westfälischen Kohlensyndikats (Monopolisierung der Ruhrkohlenförderung).

1894 Max Weber nimmt an einer militärischen Übung in Posen teil.
Übersiedlung nach Freiburg: Professur für Nationalökonomie.
Referat über die Landarbeiterenquete auf der Frankfurter Tagung des Evangelisch-Sozialen Kongresses; die gegen den Großgrundbesitz zielenden Schlüsse führen zum Bruch zwischen den links-gerichteten Christlich-Sozialen (Schulze-Gävernitz, Naumann, Göhre, Weber) und den Konservativen unter Stöcker.
Nach der Entlassung Caprivis wird Hohenlohe-Schillingsfürst deutscher Reichskanzler.
Beginn der christlichen Gewerkschaftsbewegung in Deutschland. Der

»Alldeutsche Verband« fordert die Schließung der östlichen Grenze für polnische Wanderarbeiter.
Friedrich Naumann gründet die Wochenzeitschrift »Die Hilfe«.
Karl Marx: »Das Kapital«, Bd. III (hrsg. v. Engels).
Wilhelm Ostwald entdeckt den Mechanismus der Katalyse.
Carl Ludwig Schleich entwickelt die Lokalanästhesie.

1895 Max Weber hält in Freiburg seine akademische Antrittsrede: »Der Nationalstaat und die Volkswirtschaftspolitik.« Reisen durch England und Schottland.
Friedrich Engels stirbt in London.
Parteitag der Christlich-Sozialen in Eisenach.
Evangelisch-sozialer Kongreß in Erfurt.
August Bebel stellt im Reichstag den Antrag auf Einführung des Frauenwahlrechts.
Conrad Röntgen entdeckt die »X-Strahlen«.
Carl v. Linde gelingt die Verflüssigung der Luft.

1896 Max Weber wird als Nachfolger von Knies berufen. Er wird als Berichterstatter des Bundesrats zum Börsenausschuß zugezogen; Wahl in die Getreidehandelskommission. Teilnahme an der Erfurter Versammlung der National-Sozialen, Mitglied des dort gegründeten »National-Sozialen Vereins«. Beteiligung am 7. »Evangelisch-sozialen Kongreß«.
Der Reichstag verabschiedet das Börsengesetz.
»Krügerdepesche« vom 3. Januar.
Eduard Bernstein: »Probleme des Sozialismus.«
H. Rickert: »Grenzen der naturwissenschaftlichen Begriffbildung.«
Heinrich v. Treitschke gestorben.

1897 Max Weber wird nicht in den endgültigen Börsenausschuß aufgenommen. Ablehnung einer Reichstagskandidatur in Saarbrücken. Auseinandersetzungen mit seinem Vater, Max Weber sen., der im August stirbt.
Erste Tirpitzsche Flottenvorlage im Reichstag.
Achter Evangelisch-sozialer Kongreß.
Karl Ferdinand Braun konstruiert die Kathodenstrahl-Leuchtschirm-Röhre.

1898 Erste Anzeichen einer Erkrankung Max Webers. Erholungsaufenthalt am Genfer See. Sanatoriumsaufenthalt am Bodensee. Gegen Ende des Jahres erneuter Zusammenbruch.
Reichstag verabschiedet das Erste Flottengesetz.
Graf Posadowski legt das »Gesetz zum Schutz der Arbeitswilligen« (»Zuchthausvorlage«) vor, das eine Beschränkung des Koalitions- und Streikrechts enthält.
Streik der Hamburger Hafenarbeiter.
Bismarck gestorben.
Die Opel-Werke stellen in Rüsselsheim ihr erstes Automobil vor.

1899 Max Weber läßt sich aus gesundheitlichen Gründen von den Vorlesungen dispensieren. Erneuter Zusammenbruch im Herbst. Austritt aus dem »Alldeutschen Verband«. Gesuch um Entlassung aus dem Amt.
Haager Friedenskonferenz.
Die »Zuchthausvorlage« wird vom Reichstag abgelehnt.
Dritter Gewerkschaftskongreß. Erster Kongreß der christlichen Gewerkschaften.

Eduard Bernstein: »Die Voraussetzungen und die Aufgaben der Sozialdemokratie.«
Karl Kautsky: »Bernstein und das sozialdemokratische Programm.«

1900 Max Weber wird in einer Nervenheilanstalt in Urach behandelt. Erholungsaufenthalt auf Korsika.
v. Bülow wird Reichskanzler.
Das BGB tritt in Kraft. Zweites erweitertes Flottengesetz wird verabschiedet.
Rosa Luxemburg: »Sozialreform oder Revolution.«
Friedrich Naumann: »Demokratie und Kaisertum.«
Gustav Schmoller: »Grundriß der Allgemeinen Volkswirtschaftslehre.« Bd. 1.
Wilhelm Liebknecht gestorben. Friedrich Nietzsche gestorben.
Graf Zeppelin vollendet den Bau des ersten starren Luftschiffs. Die Industrieproduktion Deutschlands steht, nach den USA, an zweiter Stelle der Weltproduktion.

1901 Max Webers Reisen durch Italien und die Schweiz. Längere Aufenthalte in Rom.
Gründung des »Internationalen Gewerkschaftsbundes«.
Karl Landsteiner entdeckt die menschlichen Blutgruppen.

1902 Nach längerem Aufenthalt in Florenz Rückkehr Webers nach Heidelberg. Beginn seiner methodologischen Arbeiten. Zu Jahresende wieder in Italien.
Robert Bosch entwickelt die Hochspannungsmagnetzündung für Verbrennungsmotoren.

1903 Max Weber reist erneut nach Rom, danach nach Holland und Belgien. Rücktritt vom Lehramt; er wird Honorarprofessor mit Lehrauftrag ohne Promotionsrecht. Beginn der Arbeit zur Schrift »Die protestantische Ethik und der ›Geist‹ des Kapitalismus«.
Reichstagsneuwahl. Stärkste Parteien: Zentrum, Sozialdemokraten, Konservative und Nationalliberale.
Die Deutsche Bank finanziert die Bagdad-Bahn.
Herbert Spencer gestorben.

1904 Max Weber reist auf Einladung von Hugo Münsterberg in die USA zum wissenschaftlichen Weltkongreß anläßlich der Weltausstellung in St. Louis. Webers Referat: »Deutsche Agrarprobleme in Vergangenheit und Gegenwart.« Nach seiner Rückkehr übernimmt er mit Edgar Jaffe und Werner Sombart die Redaktion des »Archivs für Sozialwissenschaften und Sozialpolitik« (früher: »Archiv für soziale Gesetzgebung und Statistik«).
Entente cordiale zwischen England und Frankreich.
Zweiter Börsengesetzentwurf scheitert am Widerstand der Konservativen.
Lenin: »Ein Schritt vorwärts, zwei Schritt zurück.«
Gustav Schmoller: »Grundriß der allgemeinen Volkswirtschaftslehre.« Bd. 2.
Theodor Boveri erkennt die Chromosomen des Zellkerns als Träger der Erbanlagen.

1905 Max Weber hofft auf eine Liberalisierung durch die Revolution in Rußland, die er begrüßt; er lernt Russisch, um die Vorgänge besser

verfolgen zu können. Er verteidigt das Streikrecht auf der Tagung des »Vereins für Sozialpolitik«.
Revolution in Rußland, der Zar erläßt eine neue Verfassung. Bergarbeiterstreik im Ruhrgebiet. Fünfter Kongreß der Gewerkschaften Deutschlands, zentrales Diskussionsthema: Massenstreikrecht.
Sympathieerklärung für die Arbeiter Rußlands auf dem Parteitag der SPD in Jena.
Lenin: »Zwei Taktiken in der demokratischen Revolution.«
Jacob Burckhardt: »Weltgeschichtliche Betrachtungen.«
Albert Einstein veröffentlicht die grundlegenden Arbeiten zur »Speziellen Relativitätstheorie«.

1906 Max Weber beschäftigt sich intensiv mit den Vorgängen in Rußland. Er nimmt am SPD-Parteitag teil und kritisiert den kleinbürgerlichen Charakter und die fehlende Programmatik. Im Herbst längere Reise nach Sizilien.
Auflösung des Reichstages nach erbitterten Kolonialdebatten.
Erweiterung des Flottengesetzes.
Protestbewegungen gegen das Preußische Dreiklassenwahlrecht.

1907 Max Weber kritisiert den Kaiser und die Sozialdemokratie auf der Tagung des »Vereins für Sozialpolitik«. Der »Heidelberger Kreis« trifft sich regelmäßig in Webers Haus: Emil Lask, Friedrich Gundolf, Karl Jaspers, Werner Sombart, Robert Michels, Georg Simmel, Paul Honigsheim, Karl Loewenstein. Reise an den Comersee.
Staatsstreich in Rußland, Auflösung der zweiten Duma, das neue Wahlrecht entzieht der Bevölkerungsmehrheit das Stimmrecht. Verbannung Trotzkis nach Sibirien; Flucht Lenins.
Neuwahlen für den Reichstag. Stärkste Parteien: Zentrum, Konservative, Nationalliberale, Sozialdemokraten.

1908 Max Weber weilt längere Zeit in der Provence und in Florenz. Durch eine Erbschaft weitestgehende Lösung der finanziellen Schwierigkeiten. Reise nach Holland. Weber greift die Diskriminierung von Sozialdemokraten bei Habilitationen an deutschen Hochschulen scharf an.
Gesetz über die Bestrafung von Majestätsbeleidigungen.
Kaiserinterview im »Daily Telegraph« löst Staatskrise aus.
Friedrich Meinecke: »Weltbürgertum und Nationalstaat.«
Joseph Schumpeter: »Wesen und Hauptinhalt der theoretischen Nationalökonomie.«
Georg Simmel: »Soziologie. Untersuchungen über die Formen der Vergesellschaftung«.

1909 Max Weber übernimmt die Redaktion des »Grundrisses der Sozialökonomik«. Mitgliedschaft der Heidelberger Akademie der Wissenschaften.
Verstärkte Demonstrationen gegen das Preuß. Dreiklassenwahlrecht.
Bethmann Hollweg wird Reichskanzler nach dem Rücktritt Bülows.
Karl Kautsky: »Der Weg zur Macht.«
Helene Lange: »Die Frauenbewegung in ihren modernen Problemen«.
Lenin: »Materialismus und Empiriokritizismus.«
Fritz Haber entwickelt ein Verfahren der Ammoniakherstellung unter hohem Druck; die BASF und die Leunawerke produzieren mit Hilfe des neuen Verfahrens Dünger und Sprengstoffe.

1910 Max Weber erstattet auf dem 1. Deutschen Soziologentag in Frankfurt, für dessen Zustandekommen er maßgeblich verantwortlich ist, den Geschäftsbericht, der die zukünftige Arbeit der Soziologischen Gesellschaft bestimmen sollte. Persönliche Konflikte mit Universitätskollegen und der Presse. Reisen nach Italien und England. Begegnungen mit Stefan George, Georg v. Lukácz und Ernst Bloch.
Regierungsvorlage bestätigt das Dreiklassenwahlrecht. Massendemonstrationen gegen das Wahlgesetz.
Russisch-deutsches Abkommen über gegenseitige Bündnispolitik.

1911 Max Weber kritisiert auf dem Vierten deutschen Hochschullehrertag die Bildungs- und Personalpolitik des preußischen Kulturministers Althoff. Umfangreiche Pressediskussion mit Erklärungen und Gegenerklärungen. Auseinandersetzungen mit Freiburger Kollegen. Reisen nach Italien, München und Paris.
Zweite Marokkokrise.
Die staatliche Angestelltenversicherung wird verabschiedet.
Heeresverordnung sieht Truppenverstärkung vor.
Wilhelm Dilthey und Georg Jellinek gestorben.
Casimir Funk entdeckt das erste Vitamin.
Gründung der Kaiser-Wilhelm-Gesellschaft zur Förderung der Wissenschaften.

1912 Max Weber gibt den Rechenschaftsbericht auf dem Berliner Soziologentag. Er plant mit dem linksstehenden Flügel des »Vereins für Sozialpolitik« eine Demonstration zum Thema »Fortschritte in der Sozialpolitik«. Reisen in die Provence.
Beginn des Balkan-Krieges.
Erneuerung des Dreibundes Deutschland-Österreich-Italien.
Reichstagswahlen. Stärkste Parteien: Sozialdemokraten, Zentrum, Nationalliberale und Konservative.
Neue Flottenvorlage.
Rosa Luxemburg: »Die Akkumulation des Kapitals.«
Adolph Wagner: »Die Strömungen der Sozialpolitik und des Katheder- und Staatssozialismus«.
Ernst Troeltsch: »Die Soziallehren der christlichen Kirchen und Gruppen.«
Beginn der Humangenetik durch Fritz Lenz.

1913 Max Weber beschäftigt sich schwerpunktmäßig mit methodologischen Problemen. Reisen nach Italien.
Zweiter Balkankrieg.
Erste Lesung der Militärvorlage, die eine wesentliche Erhöhung des Heeresetats vorsieht.
August Bebel gestorben.
Karl Jaspers: »Allgemeine Psychopathologie.«
Otto Gierke: »Das deutsche Genossenschaftsrecht.«
Stalin: »Marxismus und die nationale Frage.«
Max Scheler: »Zur Phänomenologie der Sympathiegefühle.«
Werner Sombart: »Der Bourgeois.«
Edmund Husserl: »Ideen zu einer reinen Phänomenologie und phänomenologischen Philosophie.«
Feier der Wandervögel auf dem Hohen Meißner.

Hans Geiger entwickelt ein Gerät zum Nachweis radioaktiver Strahlen. Alexander Meissner erfindet die Rückkoppelungs-Schaltung, die später als Funktionsprinzip der Kybernetik erkannt wird.

1914 Max Weber weilt im Frühjahr in Italien. »Werturteilsdiskussion« im Ausschuß des »Vereins für Sozialpolitik«. Nach Kriegsausbruch Dienst als Disziplinoffizier bei der Reservelazarettkommission in Heidelberg, wo er mehrere Lazarette einrichtet.

28. Juli: Österreich-Ungarn erklärt an Serbien den Krieg.

1./3. August: Deutschland erklärt Rußland und Frankreich den Krieg. Verletzung der belgischen Neutralität. Abbruch der diplomatischen Beziehungen Englands mit Deutschland.

Schlacht bei Tannenberg. Marneschlacht. Stellungskrieg in Ost und West.

Karl Kautsky: »Der politische Klassenstreik.«

Othmar Spann: »Gesellschaftslehre.«

Eduard Spranger: »Lebensformen.«

1915 Durch Vermittlung von Edgar Jaffe soll Max Weber für wirtschaftspolitische Untersuchungen für die deutsche Militärverwaltung in Brüssel gewonnen werden. Eine Reise nach Brüssel endet erfolglos. Infolge organisatorischer Änderungen im Lazarettwesen ersucht Weber um Entlassung. Vergebliche Bemühungen um eine politische Aufgabe. Hinwendung zu religionssoziologischen Studien. Karl Weber, Professor für Architektur und jüngerer Bruder Max Webers, gefallen.

Krieg: Winterschlacht in Masuren.
U-Boot-Handelskrieg gegen England.
Versenkung des englischen Passagierdampfers Lusitania.
Kriegserklärung Italiens an Österreich-Ungarn.

Friedrich Naumann: »Mitteleuropa.«

Max Scheler: »Abhandlungen und Aufsätze.«

1916 Max Weber tritt durch die Vermittlung Friedrich Naumanns dem »Arbeitsausschuß für Mitteleuropa« bei, der die Voraussetzungen für eine Zoll- und Wirtschaftsgemeinschaft der mitteleuropäischen Länder prüft. Im Auftrag des Ausschusses Fahrt nach Wien und Budapest. Journalistische Aktivität über Pazifismus, gegen den verschärften U-Boot-Krieg, für Bethmann Hollweg. Herbstferien am Bodensee.

Krieg: Schlacht von Verdun.
Schlacht an der Somme.
Verschärfter deutscher U-Boot-Krieg.
v. Hindenburg wird Chef des Generalstabes des Feldheeres.

Lenin: »Der Imperialismus als höchstes Stadium des Kapitalismus.«

Max Scheler: »Der Formalismus in der Ethik und die materielle Wertethik.«

Lujo Brentano: »Die Anfänge des modernen Kapitalismus.«

Ferdinand Sauerbruch konstruiert bewegbare Prothesen.

1917 Journalistische Tätigkeit Max Webers insbesondere für die »Frankfurter Zeitung«. Konflikte mit der Militärzensur. Arbeit an Verfassungsentwürfen. Teilnahme an den »Lauensteiner Tagungen« von sozialistischen und pazifistischen Studenten (u. a. Erich Mühsam, Ernst Toller). Fahrt nach Wien und Verhandlungen über dortigen ökonomischen Lehrstuhl.

Revolution in Rußland. Abdankung Zar Nikolaus' II. Errichtung der Sowjetrepublik unter Lenin, Trotzki, Sinowjew.
Krieg: Beginn des »uneingeschränkten« U-Boot-Krieges.
Kriegserklärung der USA gegen Deutschland und Österreich-Ungarn.
Gründung der »Unabhängigen Sozialdemokratischen Partei Deutschlands« unter Hugo Haase und Karl Kautsky.
Gründung des »Spartakusbundes« unter Karl Liebknecht und Rosa Luxemburg.
Osterbotschaft Wilhelms II.: Versprechen der Einführung des direkten, geheimen und gleichen Wahlrechts und einer Reform des Dreiklassenwahlrechts nach dem Krieg.
Streiks in Berlin, Kiel und Leipzig. Hungerstreiks der Matrosen der Hochseeflotte. Unruhen der Kieler Matrosen.
Gründung der »Deutschen Vaterlandspartei«, die den »Siegfrieden« propagiert.
Gustav Schmoller gestorben.
Die UFA (Universum Film AG) wird auf Veranlassung Erich Ludendorffs zur Propagierung der deutschen Kriegsziele gegründet.

1918 Max Weber übernimmt probeweise den Lehrstuhl für Nationalökonomie an der Universität Wien. Vorlesungen über seine religionssoziologischen Forschungen unter dem Titel »Positive Kritik der materialistischen Geschichtsauffassung«. Journalistische Aktivität für die »Frankfurter Zeitung«. Entwurf einer republikanisch-föderalistischen deutschen Verfassung. Auf Drängen von Alfred Weber, Erich Koch-Weser und Friedrich Naumann Beitritt zur Deutschen Demokratischen Partei. Aktive Teilnahme am Wahlkampf. Aufstellung als Reichstagskandidat in Hessen-Nassau an aussichtsloser Listenstelle. Trotz der Vorschläge, insbesondere von Konrad Haußmann, Max Weber zum Staatssekretär des Inneren, zum Botschafter in Wien oder zum Vorstandsmitglied der DDP zu machen, erhält Weber keine politische Aufgabe. Er nimmt trotzdem in nicht-amtlicher Funktion an den Beratungen über die Grundzüge des Verfassungsentwurfs teil.
Revolution in Rußland, Ermordung des Zaren und seiner Familie, Sieg der Bolschewiki unter Lenin.
Rüstungsstreik von 300 000 Arbeitern in Berlin.
Verabschiedung des Pluralwahlrechts in Preußen.
Prinz Max von Baden wird Reichskanzler.
Friedensangebot an die USA.
Matrosenaufstand in Kiel. Streiks in ganz Deutschland.
Bildung eines Arbeiter-, Soldaten- und Bauernrats unter Kurt Eisner in München. Ausrufung der Republik in Bayern.
Abdankung Wilhelms II. Friedrich Ebert wird Reichskanzler. Ausrufung der deutschen Republik.
Waffenstillstand.
Einführung des Frauenstimmrechts und des gesetzlich vorgeschriebenen Achtstunden-Arbeitstages.
Aufhebung der kirchlichen Schulaufsicht in Preußen.
Josef Schumpeter: »Zur Soziologie der Imperialismen.«
Ernst Bloch: »Vom Geist der Utopie.«

1919 Wahlkampftätigkeit Max Webers für die DDP. Journalistische Tätigkeit, insbesondere zum Thema der »Kriegsschuld«. Mitarbeit an der deutschen Antwortnote auf die Kriegsschulddenkschrift der Siegermächte. Mit Graf Montgelas, Hans Delbrück und A. Mendelssohn-Bartholdy Fahrt nach Versailles, um die deutsche Note zu übergeben. Übersiedelung nach München. Vorlesungstätigkeit an der Universität München.
Unterzeichnung des Friedensvertrages in Versailles.
Friedrich Ebert wird zum Reichspräsidenten gewählt.
Ermordung von Karl Liebknecht, Rosa Luxemburg, Kurt Eisner, Gustav Landauer.
Gründung der Deutschen Arbeiter-Partei, später NSDAP.
Annahme einer demokratisch-republikanischen Verfassung durch die Weimarer Nationalversammlung.
Lenin: »Staat und Revolution.«
Karl Jaspers: »Psychologie der Weltanschauung.«
Karl Barth: »Der Römerbrief.«

1920 Vorlesungstätigkeit Max Webers an der Universität München.
Arbeit an der Herausgabe seiner gesammelten religionssoziologischen Schriften und am 1. Teil von »Wirtschaft und Gesellschaft«. Im Juni Erkrankung an einer Lungenentzündung: Max Weber stirbt am 14. Juni.
Inkrafttreten des Vertrags von Versailles.
Kapp-Putsch. Flucht der Regierung nach Stuttgart.
Generalstreik in Berlin. Kommunistische Aufstände im Ruhrgebiet.
Werner Sombart: »Der moderne Kapitalismus«.

Für die biographischen Daten Webers wurden als Quellen benutzt:
Marianne Weber: Max Weber. Ein Lebensbild, Tübingen 1926 (Heidelberg ²1950).
Eduard Baumgarten: Max Weber. Werk und Person, Tübingen 1964.

Sachregister

Vorbemerkung des Herausgebers: Das Sach- und das Namenregister beziehen sich ausschließlich auf den Haupttext, d. h. nicht auf die Anmerkungen, die Bibliographie oder die Zeittafel. – Das Sachregister erfaßt jene Begriffe, die von Max Weber stammen und die in der weiterführenden allgemeinen Weber-Diskussion eine wichtige Rolle spielen.

Namenregister